CARWYN

YN ERBYN Y GWYNT

I gydnabod gwreiddiau'r teulu Gibbard
yng Nghwm Gwendraeth

ac er cof am Dewi, brawd Carwyn
1927 – 2015

Diolch i Ceri Wyn Jones am ganiatâd i ddefnyddio 'Carwyn' a'i englyn, ac i Myrddin ap Dafydd am 'Y Maswr'. Diolch i Margaret Rowlands am ganiatâd i ddefnyddio 'Archipelago'.

Gwnaed pob ymdrech i ddod o hyd i ffynhonellau hawlfraint gweddill y cerddi a'r lluniau.

Archipelago

(I Euros ar ei ben-blwydd yn 21 oed)

Nid hollt mohono.
Bwlch mae'n debyg; neu fylchau
Rhwng y darnau chwâl.
Ac mae'r darnau chwâl yn lleng;
Mi wn i hynny o brofiad,
Oblegid un felly ydwyf innau.
Anodd deall yr hunan.
Nid cyfandir mohono lle mae'r tir i gyd yn un;
tebycach i archipelago –
ynysfor lle mae'r tiroedd i bob golwg yn ddigyswllt.
Ond mae 'no gyswllt:
y môr sy'n llanw a threio
rhwng traethau a chreigiau'r ynysoedd
yn yr haul a than y lloer,
mewn corwynt ac yn gerrynt cuddiedig.
Adnabod y môr sy'n cyfannu'r hunan.
A nofio'n ogoneddus ynddo o'r naill ynys i'r llall.
Nid bywyd yn unig sy'n daith;
Mordaith yw'r hunan hefyd.
Mae gwybod hynny'n bwysig;
mor bwysig â dysgu nofio
rhwng ynysoedd dy feddwl.
Nofio sy'n cadw rhywun rhag boddi.
Nofio, ac adnabod y môr.

Dafydd Rowlands

Rhagair

BU YSGRIFENNU'R GYFROL hon yn fodd i atgoffa'r hunan pa mor fregus yw llinyn bywyd. Ers dechrau'r gwaith, ddwy flynedd a hanner yn ôl, bu farw nifer fawr o Gymry amlwg, nifer o enwogion byd-eang a nifer o brif gymeriadau drama bywyd Carwyn ei hun. Diflannu a wnaeth enwau fel John Davies, John Rowlands, John Hefin, Merêd, Muhammad Ali, Cliff Morgan, Onllwyn Brace a brawd Carwyn, Dewi, ymhlith nifer o rai eraill.

Cymer Carwyn James ei le ochr yn ochr â chyd-Gymry adnabyddus a fu farw oddi cartref. Ar dir estron y bu farw Ryan, Dylan Thomas, Richard Burton a Ray Gravell. Bu Carwyn James farw yn ninas Amsterdam ar 10 Ionawr 1983. Ni fu prinder y dyfalu ynglŷn ag arwyddocâd y ffaith mai yn Amsterdam y bu farw; dinas lle'r oedd agwedd fwy agored at dueddiadau rhywiol gwahanol, lle nad oedd unigolion yn plygu dan bwysau mantell parchusrwydd. Ai mynd yno i farw wnaeth Carwyn, yn fwriadol felly? Dyna awgrym rhai, ac mae'n gwestiwn gwerth ei ystyried.

Ond mae unigrwydd ei ymadawiad yn llawer mwy arwyddocaol na'i leoliad. Dyma'r dyn a oedd yn adnabyddus ymhob gwlad drwy'r byd lle caiff rygbi ei chwarae, ac a fu'n darlledu'n wythnosol am flynyddoedd ac yn ysgrifennu colofn i bapur newydd Prydeinig y *Guardian*. Dyma'r un fu'n darlithio i fyfyrwyr di-ri. Roedd yn ddyn poblogaidd ond dim ond y fe, ar ei ben ei hun, oedd yno yn y diwedd yn Amsterdam. Dyma ymdrech i ddeall bywyd '... y dyn roedd pawb yn gwybod amdano er doedd neb yn ei adnabod' yn ôl ei ffrind, yr awdur Alun Richards. Tasg ddigon anodd felly yw croniclo ei hanes wrth i'w ffrindiau agosaf hyd yn oed ddweud nad oedden nhw yn ei wir adnabod.

Down i ddeall cyd-destun ei fywyd, gwelwn batrymau ei fywyd yn ystod y 53 o flynyddoedd a droediodd ar y ddaear hon. Gellir adnabod y gwahanol gyfnodau ym mhatrwm ei fywyd yn ôl y mannau lle bu Carwyn yn byw. Dyna sy'n rhoi siâp i'r gyfrol hon. Yn hyn o beth, mae cryn bwyslais ar flynyddoedd cynta ei fywyd; y blynyddoedd ffurfiannol, blynyddoedd ysgol, blynyddoedd yr arddegau. Y plentyn, yn wir, yw tad y dyn. Rydym yn ffodus fod ambell sylw gan Carwyn ei hun am y blynyddoedd hynny ar gael. Maent yn cynnig cipolwg dadlennol iawn ar y grymoedd a fowldiodd ei fywyd. Erbyn iddo adael yr ysgol, roedd yr hadau wedi'u hau, hadau a fyddai'n blaguro yn Carwyn y dyn, cyn gwywo yn Amsterdam.

Cawn gip ar fywyd Carwyn y myfyriwr yn Aberystwyth, yn ddyn ifanc yn y Llynges yn chwarae ei ran yn y Rhyfel Oer, cyn setlo yn ystod ei gyfnod fel athro. Digwydd hyn oll cyn y dyddiau pan ddaeth Carwyn James yn wyneb cyfarwydd i'r rhan fwyaf o bobol. Y Carwyn cyhoeddus oedd Carwyn y saithdegau. Yn bedwar deg oed y daeth yn ddyn adnabyddus.

Mae nifer fawr o bobl wedi cyfrannau at y broses o geisio ei adnabod. Holwyd bron i gant o bobol o feysydd a chefndiroedd gwahanol. Y llinyn mesur a ddefnyddiwyd wrth ddidoli'r hyn a rannwyd ganddynt oedd na fyddai stori'n cael ei chynnwys os mai dim ond gan un person yn unig y clywyd hi.

Mae dau lyfr wedi'u cyhoeddi eisoes ar Carwyn, y ddau wedi ymddangos o fewn tua blwyddyn i'w farwolaeth. Casgliad o ysgrifau amrywiol yw *Un o 'Fois y Pentre'*, wedi'u golygu gan John Jenkins. Bu John yn ddisgybl i Carwyn yng Ngholeg Llanymddyfri ac yna'n gweithio i BBC Cymru yr un pryd ag e. Alun Richards yw awdur *Carwyn: a Personal Memoir*. Roedd yr awdur Eingl-Gymreig poblogaidd yma'n ffrind agos i Carwyn ac fel mae'r teitl yn awgrymu, ymateb ffrind yw'r gyfrol. Mae'r ddwy gyfrol yn werthfawr o ran deall y dyn ei hun. Mae Alun Richards wedi'n gadael erbyn hyn ond cefais sawl sgwrs ddifyr gyda John Jenkins wrth baratoi'r gwaith a diolch yn fawr iddo am ei gefnogaeth a'i gydweithrediad.

Rhaid cydnabod y cymorth a gafwyd gan ffrind agos arall i

Carwyn pan oedd yn yr Eidal, Angelo Morello. Aed ar ymweliad â Rovigo, lle bu Carwyn yn byw am ddwy flynedd, ac ar gefn beic fe aeth Angelo â fi o amgylch Rovigo i weld y prif fannau a oedd yn gysylltiedig â Carwyn. Bu ei help ar y pryd ac ers hynny, trwy e-byst ac ati, yn amhrisiadwy.

Yn ola, rhaid cydnabod cefnogaeth teulu Carwyn. Roedd brawd Carwyn, Dewi, yn rhy anhwylus i fi ei gyfarfod a bu farw flwyddyn cyn cyhoeddi'r llyfr hwn. Rhaid diolch i un aelod o'r teulu yn benodol, Llŷr James, mab Dewi. Mae ei gefnogaeth wedi bod yn drylwyr a chyson. Ond, yn bwysicach nag unrhyw sgyrsiau manwl a help ymarferol, rhoddodd rywbeth mwy gwerthfawr o lawer i awdur. Rhoddodd y rhyddid i fi rannu beth bynnag a ddeuai i'r amlwg yn sgil yr ymchwil. Nid rhoi caniatâd roedd e, ond rhoi rhyddid i rannu'r pethau trist, tywyll ac annerbyniol a allai gael eu hamlygu. Mae'n dipyn haws ysgrifennu pan nad yw llaw'r teulu yn pwyso'n drwm ar ysgwydd y llaw sy'n ysgrifennu. Diolch hefyd i'w chwaer Non am ei chyfraniad.

Daeth y sgyrsiau eraill o fannau amrywiol y gellir eu crynhoi yn bedwar piler ym mywyd Carwyn – rygbi, llenyddiaeth, cenedlaetholdeb a darlledu. Awgrym o allu a mawredd y dyn yw bod ei gyfraniad yn ymestyn ar draws meysydd mor amrywiol a gwahanol i'w gilydd. Gyda phwy y gallwn ei gymharu heddi, tybed? Does dim ateb amlwg.

Cawn yn y gyfrol hon stori athrylith o ddyn a oedd yn bersonoliaeth fregus. Clywn am ei frwydr bersonol gyda'i rywioldeb a'i ymwneud â dau o sefydliadau amlycaf Cymru. Darllenwn am ddyn a garai ei gynefin a dyn a fu ar grwydr. Roedd yn ddyn na lwyddodd i ymsefydlu'n dawel, roedd yn dal ar grwydr pan benderfynodd ei gorff ddod â'r cyfan i ben, ac yntau ond yn 53 mlwydd oed.

Fel dywedodd un o'i ffrindiau agosaf, y Prifardd Dafydd Rowlands:

Nid bywyd yn unig sy'n daith;
Mordaith yw'r hunan hefyd.

Cofio

Carwyn

1929-1983

Y Tabernacl, Cefneithin

29 Ionawr, 1983

Cymru
Cyd-ddyn
Crist

"A feddo gof a fydd gaeth
Cyfaredd cof yw hiraeth"

T. Gwynn Jones

1

Tabernacl

*Dau grwt sy yno'n eistedd ar ben wal yn yr heulwen. Maen
nhw'n ddigon ifanc, yn ddigon heini, i fedru eistedd ar ben y
wal er ei bod hi'n uchel. Y tu ôl iddynt, mae'r fynwent lle mae
'Er serchus gof am...' yn glos, glos, at 'Er cof annwyl am'... Mae
sodlau'r ddau'n taro'n ysgafn ar gerrig y wal, a'r tu ôl iddynt,
mae gorffennol y pentre yn gorwedd boch wrth foch, ystlys
wrth ystlys, morddwyd wrth forddwyd, a'r tip glo'n gwgu ar yr
heulwen sy'n gwenu'n llawen oddi ar 'ymdrechaist ymdrech deg'.*

Glaw Tyfiant Bernard Evans

ROEDD Y FLWYDDYN 1983 newydd groesi'r pedair wythnos oed.
Lledaenodd yr haul gaeafol ei belydrau dros fore Sadwrn ola'r
mis. Byddai'r oriau golau dydd, cyn i'r lleuad ymddangos yn y
ffurfafen, yn oriau a fyddai'n crynhoi stori bywyd Carwyn Rees
James yn gryno, yn gynhwysfawr ac yn deimladwy.

Ganol bore ym mhentre Cefneithin, Sir Gâr, roedd capel
Annibynwyr y Tabernacl yn orlawn a phobl wedi'u gwasgu yn
eu seddau a rhai yn eistedd ar y grisiau fel mewn cymanfa,
neu gyrddau mawr yn y dyddiau a fu. Roedd y festri hefyd yn
gwegian dan bwysau'r galarwyr. Yn y fynwent roedd pobl yn
sefyll ysgwydd wrth ysgwydd wrth ochr y ffordd fawr gyferbyn
â'r parc, lle'r oedd plant y pentre'n chwarae.

Mae arwyddion amlwg yn y fynwent o wir natur y pentre.
Dengys yr ysgrifen ar ambell garreg fedd mai colier oedd yr
ymadawedig, a hyd yn oed heb ddarllen y cerrig beddau, mae'n
amlwg mai ardal lofaol oedd hon. Mae cipolwg bach sydyn ar y

fynwent yn dangos bod ambell garreg fan hyn yn gwyro i'r dde ac ambell un arall fan draw yn gwyro i'r chwith, arwyddion clir o symudiadau, neu lithriad o dan y ddaear, ymhell islaw'r cyrff. Ie, olion gwegian talcen neu ffas dan bwysau'r pridd a'r graig uwch ben ydynt, a hynny'n gadael ei ôl ar yr wyneb.

Roedd y BBC wedi sicrhau y byddai pobl y fynwent a phobl y festri yn cael clywed y gwasanaeth yn y capel mawr a thrwy gyfrwng y radio, gallai pobl trwy Gymru gyfan rannu'r profiad hefyd. Y tu mewn ac oddi allan i'r capel, roedd y gynulleidfa yn un yn ei galar a phawb yn un yn eu hatgofion. Ymgasglodd y cwmwl tystion yn y 'cilcyn o ddaear' yng ngorllewin Cymru er mwyn rhoi eu ffarwél olaf i Carwyn James. Cyfeiriwyd ato fel: 'y meistr', 'gŵr unigryw', 'dyn cyn ei amser', 'y dyn cymhleth ac unig', 'yr athrylith', 'yr un direidus', 'un o fois y pentre', 'diacon y sêt gefen' ac wrth gwrs byddai 'trueni mawr' wedi ei ychwanegu at y geiriau hynny, wedi'u sibrwd yn dawel wrth i bawb gofio amdano yn eu ffordd eu hunain. 'Carwyn y Cymro cyfan,' fel y'i galwyd gan Dic Jones.

Bu Carwyn farw bron i dair wythnos ynghynt, mewn gwesty yn Amsterdam ar ei ben ei hun, a dychwelyd i'r pentre mewn arch estron. Roedd mwy yn y capel na chyfanswm holl drigolion Cefneithin, er efallai nid cymaint ag a fyddai yn y dorf ar Barc y Strade i wylio arwyr Llanelli yn trin a thrafod y bêl hirgron. Roedd rhai o'r arwyr sgarlad yn y dorf, er nad oedd lle yn y capel i un bach, y dewin o faswr a eisteddodd wrth draed Carwyn yn y Strade, sef Phil Bennett. Sefyll y tu allan wnaeth e.

Cyrhaeddodd Frank Keating yn hwyr, ond agorodd môr coch y galarwyr o'i flaen pan erfyniodd un o'r dynion lleol wrth ddrws y capel ar bawb i adael iddo ddod i mewn gan ei fod yn cynrychioli'r *Ammanford Guardian*. Dod i'r casgliad hynny wnaeth y brodor wrth i'r newyddiadurwr ddweud ei fod o'r *Guardian*, er mai o'r *Guardian* Llundeinig y deuai Keating wrth gwrs – newyddiadurwr o gryn awdurdod, a chyfaill i Carwyn. Ond roedd proffil ac awdurdod tipyn uwch i'r papur lleol o Rydaman nag i'r un o'r tu draw i Glawdd Offa ym mhentre glofaol Cefneithin, er bod yr ymadawedig wedi cyfrannu'n rheolaidd i'r papur Prydeinig yn ystod blynyddoedd olaf ei fywyd.

Fel sy'n digwydd yn aml mewn achlysuron yn ymwneud â mawrion cenedl, tyfodd chwedloniaeth ynglŷn ag oedfa'r Tabernacl. Yn ôl chwedl pobl Cefneithin, daeth y Pump Mawr a ddewisai dîm Cymru i'r gwasanaeth coffa – system ddewis a feirniadwyd yn hallt gan Carwyn. Ond yn y Tabernacl, chawson nhw mo'r un driniaeth â Frank Keating. Gwrthodwyd lle iddyn nhw ymhlith y cwmwl tystion a bu rhaid i'r pump adael y Tabernacl am y Dwyrain yn ddigroeso. Yn eu tyb nhw, y werin, roedd yr Undeb wedi gwrthod yr un roedd pawb arall am ei dderbyn, un â chymwysterau gwell na neb arall i hyfforddi ei wlad ar y cae rygbi. Ond chafodd e mo'i ddewis. Roedd hynny'n gam anfaddeuol i'r rhai a drigai yn y strydoedd cyfagos yng Nghefneithin ac i filoedd ar hyd a lled de Cymru. A wrthodwyd mynediad i'r Pump Mawr ai peidio? Nid hynny sy'n bwysig. Roedd ffrindiau Carwyn yn teimlo'n ddigon cryf i gredu iddo ddigwydd ac i greu'r chwedl, hyd yn oed os na ddigwyddodd mewn gwirionedd. Mae'n dangos dyfnder teimlad a natur ffyddlondeb.

Ar y galeri, yn eistedd ar y grisiau, roedd dau a ddaeth i'w adnabod yn ystod ei ddyddiau yng Ngholeg Llanymddyfri. Chwarddai'r ddau yn ysgafn wrth feddwl am Carwyn yn eu gweld yn sgwatio'n dwt ar stepiau cul y galeri yn eu dillad galar gorau.

O'r pulpud, cafwyd geiriau o ganmoliaeth a gwerthfawrogiad gan gyd-weithwyr a chyfeillion. Handel Greville, un a wisgai grys sgarlad Llanelli, ffrind i Carwyn a chyd-ddisgybl yn Ysgol y Gwendraeth, oedd y cyntaf i rannu ei feddyliau am Carwyn:

Wel, mae'n anrhydedd siarad ar ran Clwb Rygbi Llanelli yn y cyfarfod arbennig hwn. Dyma fachgen oedd yn feistr ar siarad yn gyhoeddus, ac mae gen i atgofion melys iawn o wrando arno yn y Gymraeg ac yn Saesneg, nid dim ond am rygbi ond mewn llawer maes arall. Fe welwn ni eisiau ei arweiniad fel llywydd yn y clwb.

Rwy'n cofio yn y cinio a drefnwyd cyn y gêm rhwng Llanelli a'r
Maorïaid, fe'n llywyddu ac yn feistr wrth ei waith. Teimlwn ar
y pryd yn falch fod person mor ddawnus a disglair wrth y llyw.
Rwy'n siŵr y bydd Carwyn James yn fyw iawn yng Nghlwb Rygbi
Llanelli am byth. Mae cyfraniad Carwyn i'r clwb i'w weld mewn
sawl cyfeiriad – fel chwaraewr, hyfforddwr ac aelod o'r pwyllgor.
      Chwaraewr penigamp a disglair, ac roedd yn bleser gweld ei
berfformiad. Byddai'n gwisgo yn *immaculate* o hyd, ro'n i'n teimlo.
Fe chwaraeodd ei gêm gyntaf i Lanelli yn ystod fy nghyfnod i fel
capten. Druan ag e, achos dyna'r tymor gwaetha yn hanes clwb
Llanelli, yn anffodus.
      Ond 'wy'n teimlo taw fel hyfforddwr roedd cyfraniad mwya
Carwyn, i ni yn Llanelli a hefyd i'r gêm rygbi. Roedd dawn
arbennig ganddo ac mae 'da ni lawer iawn i ddiolch iddo am
wneud ein clwb ni'n glwb arbennig iawn. Un o'r bois oedd Carwyn,
a phan fydden ni'n teithio ar y *bus*, yn y cefen bydde Carwyn gyda'r
chwaraewyr, yn chwerthin, dadlau a chanu. Wrth ei fodd. Ac roedd
llais bach eitha da ganddo 'fyd – tenor – a dylech chi glywed fe a
Bert Peel – tenor arall – yn canu 'Myfanwy' neu 'Hywel a Blodwen'.
      Geiriau Carwyn amdanon ni fel pwyllgor oedd 'y diaconiaid'
neu'r 'alacadŵs'. Er doedd e byth yn eistedd gyda ni yn ffrynt y
bus, a'r un fath oedd e 'ma yn y Tabernacl, lle'r oedd e'n ddiacon.
Byth yn eistedd yn y sêt fawr, yn y cefen bob amser. Pam? Wn i'm.
Hwyr yn cyrraedd y gwasanaeth falle. Neu am fod y cynta mas i
gael mwgyn! Achos roedd e'n hoff iawn o'i sigarét. Cofio'r cyd is-
lywydd yn Llanelli, Peter Rees, yn dweud amdano un bore mewn
gwesty, wrth i Carwyn ddod lawr i frecwast, â ffag yn ei ben fel
arfer. 'Ma Peter yn dweud, "Carwyn, nawr o'n i'n dweud wrth y
bois – brecwast Carwyn James yw cwpaned o goffi, ffag a pwl o
beswch".
      Mae gan y gêm rygbi lawer iawn i ddiolch i Carwyn. Rwy'n
cofio fe'n siarad mewn rhyw gymdeithas rai blynyddoedd yn ôl yn
dweud: 'Rugby is going to be *the* spectator game.' Fe ddechreuodd
gyda ni yn Llanelli, cyn mynd gyda'r Llewod i Seland Newydd.
Mae ganddon ni atgofion melys iawn o dymhorau disglair o dan ei
arweiniad: maeddu'r All Blacks; ennill y cwpan bedair gwaith yn
olynol; Pencampwriaeth y *Western Mail* a llawer mwy. Ma 'da ni
lawer iawn i ddiolch iddo.
      Roedd e'n hoff iawn o'r Strade, 'wy'n teimlo, y clwb mwya
Cymreigedd yn y wlad. Gwnaeth Carwyn yn siŵr o hynny. 'Wy'n

teimlo bod yr emyn 'Tydi a Roddaist' yn bwrpasol iawn i'r person y'n ni'n cofio amdano bore 'ma. Mae Côr y Mynydd Mawr yn bresennol ac yntau'n is-lywydd arnynt. Bois, pan fyddwch chi'n canu'r emyn hyn, rhowch eich gorau yn y canu, achos 'wy'n siŵr bydde Carwyn mor falch ohonoch chi.

Felly, ga' i droi, ar ran y clwb, i gydymdeimlo â chi fel teulu – Gwen, Eilonwy a Dewi, wrth i chi golli brawd mor ifanc a oedd mor boblogaidd a dawnus. Does dim neb wedi bod yn debyg iddo, a 'wy'm yn meddwl y daw neb tebyg iddo fe 'to. Er bod Cymru, Prydain Fawr a'r byd yn ei hawlio, y Cefen a ni yn Llanelli bia fe.

Thomas Davies oedd pennaeth Adran Chwaraeon BBC Cymru ar y pryd ac fe soniodd am Carwyn a rygbi wrth gwrs, ond hefyd, dyna nodi cysylltiad Carwyn â'r byd darlledu. Fe ddechreuodd trwy ddarllen un o gerddi Gwenallt:

Breuddwydiem drwy'r wythnos am ŵyl y Crysau Coch,
A dyfod yn Sant Helen wyneb yn wyneb â'r Sais,
A gwallgofi pan giciai Bancroft ei gôl Gymreig
A sgorio o Dici Owen ei genedlaethol gais.

A ninnau wythnos cyn dod wyneb yn wyneb â'r Sais unwaith eto, a Carwyn o hyd yn dyfynnu'r ddwy linell ola 'na, o'n i'n meddwl y byddai'n addas iawn i mi ddechrau gyda barddoniaeth Gwenallt, un o'i hoff feirdd. Gŵr llengar oedd Carwyn, ac o bosib mae'r bwlch mae wedi'i adael cymaint yn y byd hwnnw ag y mae ym myd rygbi.

Ond am y bwlch a adewir ganddo ym myd darlledu y byddaf i'n siarad. Mi fûm i'n cydweithio ag ef am dros ugain mlynedd ym myd teledu a radio sain. Rwy'n teimlo mai ei gyfraniad mawr tuag at ddarlledu oedd ei syniadau yn ymwneud â rhaglenni, eitemau a hefyd ei ofalaeth fawr dros yr iaith – y ddwy iaith mewn gwirionedd, y Saesneg hefyd. Athro oedd e wrth gwrs, trwy gydol ei oes ac yn dal yn athro gyda ni, yn y Gorfforaeth Ddarlledu. Athro gostyngedig iawn wrth gwrs. Byth yn aflednais. Bydd yn anghwrtais, ond o hyd yn cynnig rhyw fath o wers i ni mewn tactegau rygbi a gwers ieithyddol.

Gostyngeiddrwydd yn sicr oedd ei brif rinwedd. Roedd yn ddyn mawr yn llygaid pobl eraill, er doedd e ddim yn fawr yn ei feddwl

19

ei hun. Byddai ei chwerthiniad iach yn help ar sawl adeg pan
nad oedd pethau yn mynd yn iawn. Pan ofynnwyd i Delme dalu
teyrnged iddo yn y ddwy raglen a gynhyrchwyd gennym ni ar ôl ei
farwolaeth, dyma Delme'n gorffen trwy ddweud:

"Wyddoch chi," medde fe, "dyn mawr oedd Carwyn. Roedd
pawb eisie cwrdd ag e. Os felly, all dim lot fod yn bod ar ddyn fel
'na."

A 'dan ni i gyd yn teimlo felly wrth gwrs.

Roedd e'n wrandäwr penigamp. Dyna sut roedd e'n gallu holi
pobl, nid yn unig am bynciau yn ymwneud â rygbi, ond ymhob un
maes. Gwrando'n astud ar farn pobl eraill. Rhoi gymaint o amser
i'r ffyliaid ag i'r doethion. Mewn un cyfarfod gelon ni'n trafod
dull o holi, dyma Carwyn yn dweud, "Un cwestiwn sydd eisiau
cael yn eich meddwl cyn dechrau holi. Y cwestiwn cynta. Os ydi'r
cwestiwn yna'n iawn, yna fe ddylai pob un cwestiwn arall ddod o'r
ateb i'r cwestiwn hwnnw." Roedd e ar lefel uwch na ni i gyd.

Alla i ddim dweud na fu problemau gyda Carwyn wrth gwrs.
Yn enwedig ambell fore Sadwrn, tua'r adeg hon. Y naill yn gofyn,
'Pryd daw Carwyn?' a'r llall yn gofyn 'Ble mae e?' Ond, 'dan ni'n
gwbod ble mae e heddi. Er bod y problemau hynny wedi diflannu,
mae un broblem fwy na'r lleill i gyd yn aros. Pwy all lenwi'r bwlch
a adawyd ar ei ôl yn adran chwaraeon Llandaf?

Mynd i feysydd eraill wnaeth James Nicholas y diwrnod
hwnnw, i faes yr Eisteddfod ac i faes llenyddiaeth:

Fe gefais y fraint o gwrdd â Carwyn bymtheg mlynedd ar hugain i'r
mis Mawrth yma, pan aeth y ddau ohonon ni i Aberystwyth i sefyll
arholiad ysgoloriaeth i'r Coleg. Anghofia i ddim y cyfarfyddiad
cyfareddol cyntaf hwnnw. Ond fy mraint y bore 'ma yw dweud gair
ar ran yr Eisteddfod a Gorsedd y Beirdd.

Fe glywes i raglen yn ddiweddar, lle'r oedd Carwyn yn sôn am
rygbi fel gêm y werin, ac yn yr un ffordd, roedd yr Eisteddfod
iddo'n ŵyl fawr y werin. Fe gawson ni fraint arbennig iawn yn
Eisteddfod Hwlffordd i estyn gwahoddiad iddo fod yn Llywydd
y Dydd. Dyma fe'n dweud ar y llwyfan ei fod yn falch iddo gael
ei ddewis i fod yn Llywydd ar ddydd Mawrth, am mai dydd yr
ieuenctid a dydd y coroni oedd e – a hynny cyn ei fod e'n gwybod
mai ei gyfaill annwyl, y prifardd Dafydd Rowlands, oedd yn mynd

i gael ei goroni ar y testun, Dadeni. Mae'r anerchiad yn un o'r anerchiadau mwyaf gwefreiddiol a wnaed ar lwyfan yr Eisteddfod. Dw i'n credu mai'r coffâd pennaf fedra i roi iddo yw dyfynnu un neu ddau o bwyntiau a wnaeth e ar y llwyfan.

Mae e'n gofyn cwestiwn – i bwy yr ydym yn perthyn? Yna mae'n holi i bwy yr ydym ni yn y gynulleidfa yn perthyn cyn troi a dweud 'Dyna 'nhestun i'. Mae'n dyfynnu ei destun, mor nodweddiadol ohono, o'r Mabinogion:

'Yntau Pwyll Pendefig Dyfed a ddaeth i'w deyrnas ac i'w wlad a dechrau ymofyn â gwyrda ei wlad, beth a fuasai ei arglwyddiaeth ef arnynt y flwyddyn honno wrth a fuasai cyn hynny.'

'Sut un oedd Pwyll?' Yna, mae'n disgrifio Pwyll Pendefig Dyfed gan ddyfynnu disgrifiad Gwenallt o D J : 'Gŵr bonheddig o'i gorun i'w sawdl.' Ac fe allwn ni ddweud yr un peth am y pendefig mawr yr ydyn ni'n ei goffau heddiw: 'Gŵr bonheddig o'i gorun i'w sawdl.'

Nawr, roedd Pwyll ac Arawn wedi newid eu lle. Ond roedd 'na ryw ddawn arbennig gan Bwyll ac roedd Dyfed wedi'i cholli hi. Beth oedd y ddawn honno? Y bobl hyn a'r cynefin hwn, oedd wedi mowldio bywyd Pwyll. Ac mae Carwyn yn dweud, 'Roedd gan Bwyll barch at ei bobl. Yn yr un modd, roedd gan y bobl barch ato fe'. Dw i'n credu mai dyna'r geiriau i ddisgrifio Carwyn hefyd...

Wrth bwysleisio cof Pwyll, dywed mai bod heb gof yw bod heb genedl. Pwysleisia fod Pwyll yn perthyn i'w bobl ac wrth ofyn beth yw adnabod, mae'n dyfynnu Waldo fel ateb, 'Cael un gwraidd o dan y canghennau'. Mae'n mawrhau Pwyll, am ei fod yn adnabod y cwmwl tystion. Down i adnabod y cwmwl tystion oedd gan Carwyn hefyd. Bellach, mae yntau'n un ohonynt. Dangosodd mor bwysig oedd agosatrwydd pobl at ei gilydd. Roeddech chi'n teimlo'n agos pan oeddech chi'n siarad gyda Carwyn.

Beth oedd Dyfed wedi'i golli pan gollwyd Pwyll oedd cwrteisi. A dyna elfen arall o gymeriad Carwyn – cwrteisi. Mae e'n dweud, 'Doedd Arawn ddim yn ffein wrth berson'. Dawn Carwyn oedd bod yn ffein.

Roedd yn croesawu testun y goron y diwrnod hwnnw – Dadeni. Croesawai hefyd fod ieuenctid dros y byd i gyd yn deffro ac yn arbennig yng Nghymru, oherwydd roedd hwnnw'n ddadeni gwahanol, yn ddadeni bywiol, yn ddadeni pur. Yn ei ffordd ddihafal ei hunan dyfynna waith... Gruffudd ab yr Ynad Goch, a Dafydd Nanmor, a holl gyfoeth y traddodiad i ddangos mai perthynas rhwng dyn a dyn yw'r elfen hanfodol.

Mae'n terfynu drwy fawrhau a diolch. Gallwn ninnau fawrhau
a diolch. Diolch am y pendefig hwn a oedd wedi adnabod ei bobl.
Diolch yng Nghefneithin y bore 'ma am y cwrteisi. Diolch am yr
haelioni. Diolch am y caredigrwydd. Dw i am ddweud wrthych
chi am y tro ola gwrddes i ag e. Fe gyflwynodd ddyn i mi. Cawr
o ddyn. Er mawr gywilydd i mi, doeddwn i ddim yn ei nabod e.
Gŵr o'r enw Colin Meads o Seland Newydd. Ond fel roedd hi'n
digwydd, roedd Carwyn eisiau gwybod beth ro'n i'n neud yn y BBC
y diwrnod hwnnw. Roeddwn wedi cael fy ngwahodd yno i ddweud
gair am Niclas y Glais. Dyna'r coffa olaf fydd gen i amdano, gŵr a
oedd yn gallu cyfuno Colin Meads a Niclas y Glais. Diwylliant maes
chwarae a diwylliant gwerin Cymru. Cyfandir Seland Newydd a
Chymru.

Roeddwn i'n teithio yn y car pan glywes i'r newyddion trist
am farw Carwyn, ac roedd mynyddoedd Eryri ar un ochr i mi, a
geiriau'r athro mawr yn canu yn 'y nghlustiau i ac rydw i'n sicr y
bydd e heddi yn cymeradwyo'r geiriau hyn a ganodd T H Parry-
Williams yn ei gerdd anfarwol, 'Bro':

> Fe ddaw crawc y gigfran o glogwyn y Pendist Mawr
> Ar lepen yr Wyddfa pan gwffiwyf ag Angau Gawr...
> Nid creu balchderau mo hyn gan un o'i go' –
> Mae darnau ohonof ar wasgar hyd y fro.
>
> Nos da, gymwynas Dewi
> A'i dir nawdd. Dyro i ni
> Yr un wedd, yr hen addaw
> A thŷ llwyth nid o waith llaw.

Bellach mae Carwyn yn cyfanheddu yn y tir hwnnw. Llewyrched ar
ei enaid anfarwol oleuni tragwyddol.

Yr ola i gamu i'r pulpud oedd Gwynfor Evans, Llywydd
Plaid Cymru:

Myfyriwr yng Ngholeg Aberystwyth oedd Carwyn pan ddes i gynta
i'w adnabod e. Yn barod roedd e'n adnabyddus. Roedd e wedi
chwarae deirgwaith dros fechgyn Cymru ac wedi chwarae fel
llanc ysgol dros Lanelli. Roedd e'n ŵr ifanc, diwylliedig ac yn caru
llenyddiaeth Cymru. Eisoes roedd e'n genedlaetholwr Cymreig,
ac un o nodweddion mawr ei fywyd oedd y ffordd y safodd trwy'r

blynyddoedd dros Gymru fel cenedl. Pan oedd e'n enwog ac yn boblogaidd iawn beth ddewisodd Carwyn wneud oedd sefyll fel ymgeisydd Plaid Cymru yn Llanelli. Nawr, tase fe wedi sefyll dros unrhyw blaid arall, bydde fe yn y Senedd ar ei ben. Ond nid dyna oedd Carwyn, wrth gwrs, ond un a safai dros ei argyhoeddiadau, beth bynnag y costie y rheiny iddo fe.

Pan safodd e hyd yn oed fel ymgeisydd am sedd ar y cyngor bro fan hyn, chath e ddim cefnogaeth anrhydeddus iawn ac er mai fe oedd yr awdurdod mwyaf ar rygbi yng Nghymru, chas e ddim ei osod mewn swydd uchel iawn yn y maes hwnnw. Roedd e'n barod i dalu'r pris am ei argyhoeddiadau, yn ŵr a oedd yn ffyddlon i Gymru. Roedd e'n berson unigryw a'i ffyddlondeb, dw i'n credu, sy'n destun balchder i ni heddiw.

Er ei holl dalent, ei deyrngarwch oedd ei brif ogoniant. Lle bynnag y bydde fe, sefyll fel Cymro a wnâi. Cymro cadarn fel craig oedd Carwyn. Nid Cymro sentimental maes chwarae, ond Cymro oedd yn glynu wrth Gymru gyda ffyddlondeb ac unplygrwydd angerddol. Hyd yn oed gartref, roedd e'n ffyddlon i bethau gorau'r genedl. Roedd e'n aelod yn y capel hwn ac yn ddiacon – yr ifanca a gafodd ei ethol yma erioed. Doedd arno ddim cywilydd o'i gapel – y capel y magwyd ef ynddo a dim cywilydd chwaith o arddel Iesu fel Arglwydd.

Ry'n ni'n cofio amdano fel chwaraewr galluog, fel hyfforddwr rygbi disgleiriaf y byd ac ry'n ni'n cofio hefyd amdano fel gŵr o ddiwylliant eang. Ond fe gofiwn ni hefyd amdano fel personoliaeth fwyn, addfwyn, gynnes a diymhongar, a oedd yn driw fel y dur i'w etifeddiaeth Gristnogol a Chymreig.

Roedd y weddi yn nwylo'r Parchedig Elfed Lewis, mab un o weinidogion y Tabernacl gynt, lle bu Carwyn yn ddiacon. Carwyn fyddai'n gyfrifol am drefnu pregethwyr i wasanaethu yno ar un adeg pan nad oedd y gweinidog gyda'i braidd. Yn rhinwedd y cyfrifoldeb hwn, cyfeiriai Carwyn ato'i hun fel y 'Fixture Sec' yn aml, a gwên ddireidus yn ymledu ar draws ei wyneb wrth ddweud. Rhwng y teyrngedau, y darllen a'r canu roedd yn wasanaeth grymus. Roedd Côr y Mynydd Mawr, dan arweiniad Rhyddid Williams o Ysgol y Gwendraeth yno hefyd i ganu 'Tydi a Roddaist'.

Ar glawr y daflen goffa, o dan lun o'r Carwyn trwsiadus, smart, a'r llygaid addfwyn yn syllu i wyneb y rhai oedd yno i gofio amdano, roedd dau gyfeiriad at y diwylliant a oedd yn guriad calon i'r ymadawedig. Llw yr Urdd i Gymru, Cyd-ddyn a Christ ac oddi tano, cwpled T Gwynn Jones:

A feddo gof a fydd gaeth,
Cyfaredd cof yw hiraeth...

Go brin fod neb yn cofio nac yn hiraethu'n fwy personol na theulu 'Carwyn yn y capel. Ei ddwy chwaer, Gwen ac Eilonwy, ei frawd, Dewi, a'u plant. Roedd y teulu bach Cymraeg yn deulu agos.

Wrth i'r dyrfa adael y Tabernacl roedd gêm rygbi'r prynhawn hwnnw ar dir halogedig Parc y Strade. Yn briodol ddigon, dynion y brifddinas, Caerdydd oedd gwrthwynebwyr tîm Llanelli. Yr achlysur, nid y gêm, oedd yn arwyddocaol. Yn yr eisteddle, ochr yn ochr â gwerin y Sosban, roedd Gerald Davies, Gareth Edwards, Barry John a nifer o sêr dyddiau euraidd rygbi Cymru rai blynyddoedd cynt. Yn ôl dyn y *Guardian*:

Wedi i'r gêm orffen, gwasgarodd y ffyddloniaid yn ôl eu harfer i fannau dyfrio amrywiol y dre. Dros beint o Felinfoel fan hyn, o Buckleys fan draw a Brains hefyd mae'n siŵr, parhaodd y trin a'r trafod am rinweddau Carwyn ymhell i'r oriau mân. Addas iawn i ddiwrnod y cofio orffen yn sŵn murmur sgyrsiau byrfyfyr pobol gyffredin y gêm genedlaethol, yn sŵn y clincian gwydrau ac yn niwl y sigarennau, â'r Strade yn gefnlen dirdynnol i'r cyfan.

Hyd yn oed yn ei farw, doedd Carwyn ddim wedi cymryd ei le yn y sêt fawr. Doedd dim arch yng nghwtsh y diaconiaid y diwrnod hwnnw yn y Tabernacl. Cyn i'r galarwyr ymgasglu yng Nghefneithin, roedd yr arch a'r corff wedi ymadael â'r byd yma, a'r llwch wedi'i chwythu i'r pedwar gwynt. Mewn modd sy'n berthnasol ac arwyddocaol tu hwnt i fywyd

Carwyn James, ymadawodd ymhell o sylw'r cyhoedd. Roedd y digwyddiad preifat wythnos cyn y gwasanaeth yn y Tabernacl yng nghwmni'r teulu ac ambell ffrind agos. Parchodd pobl Cefneithin ddymuniadau'r teulu i gael llonydd i ddweud ffarwél drwy gadw'u pellter parchus. Ceisiodd ambell un o'r tu allan fod yn rhan o'r angladd, yn ddigon didwyll a chwrtais, ond drws caeëdig a'u hwynebodd.

Oedfa syml a byr iawn oedd yr angladd swyddogol rai dyddiau wedi i gorff Carwyn Rees James gael ei ddarganfod. Roedd y gwasanaeth yn ystafell ffrynt Hawen, y byngalo lle bu Carwyn yn byw gyda'i chwaer Gwen am flynyddoedd lawer. Roedd y teulu agos yno ac aelodau eraill y teulu o Landysul, Rhydlewis a Chefneithin. Roedd y gwasanaeth o dan ofal y Parchedig Emrys Williams, gweinidog y Tabernacl, ac yno hefyd yn cymryd rhan roedd y Parchedigion Elfed Lewis, Eifion Lewis a Gwyn Davies-Jones. Cariwyd arch Carwyn o Hawen gan Cyril Rogers a Wil Morgan o Gefneithin, ynghyd â Ray Gravell, Delme Thomas, Derek Quinnell a Norman Gale. Draw â nhw wedyn i Amlosgfa Treforys lle cynhaliwyd oedfa breifat i ddyn preifat. Efallai fod eu nifer nhw'n fach, ond roedden nhw'n fwy na digon.

Chwilio am y perthyn fu ei bererindod. Ac roedd y perthyn hwnnw ynghlwm yn annatod yn ei berthynas â'r mannau lle bu'n byw. Roedd arwyddion ei fod am ailblannu gwreiddiau yn y flwyddyn cyn ei farw, ond chafodd e mo'r cyfle i ailgysylltu. O leia roedd y cwlwm gwaed wedi aros yn gadarn a nhw oedd yno ar y diwedd olaf un i ffarwelio. Nhw rannodd yr oedfa olaf.

Wedi gadael Hawen, trodd y fintai angladdol tuag at ganol Cefneithin a throi i lawr Heol y Dre at Garreg Hollt. Wedi cyrraedd y gyffordd T ar ei diwedd, roedd plisman yn aros yno i stopio'r traffig ar yr heol fawr er mwyn hwyluso'r ffordd i res o geir yr angladd ymuno â hi. Wrth iddyn nhw fynd ar hyd y ffordd honno, tuag at Cross Hands, cododd y plisman ei law, a rhoi salíwt urddasol i'r car a gariai Carwyn. I Dai Rees Davies roedd hynny'n dipyn o beth, 'Ro'dd fel 'sa fe'n rhoi salíwt i frenin,' meddai wrth gofio'r arwydd yna o barch a ddangoswyd wrth i Carwyn basio.

Doedd un ffrind agos i Carwyn ddim yn yr angladd er y byddai croeso iddo fod yno. Roedd y cyfan yn ormod i'r bardd a'r llenor sensitif, Dafydd Rowlands. Fe adawodd ei gartre'r diwrnod hwnnw, yn ôl ei arfer, ac anelu am Gaerfyrddin a Choleg y Drindod. Cyrhaeddodd oleuadau traffig sgwâr Cross Hands a bu'n rhaid iddo stopio wrth iddyn nhw droi'n goch. Yr ochr arall, roedd hers wedi gorfod stopio hefyd. Eisteddodd Dafydd Rowlands yn ei gar, gan wybod iddo ddod wyneb yn wyneb â rhes ceir angladd Carwyn, ei ffrind mynwesol. Doedd dim angen iddo weld neb i wybod hynny. Roedd ei enaid yn dweud wrtho – y gwybod greddfol cyntefig. Trodd Dafydd Rowlands i edrych ar yr arch lle'r oedd Carwyn yn gorwedd. Cododd ei law yn araf, yn syml i ddweud ffarwél, cyn i'r ddau gar fynd heibio a gwahanu am byth.

Trefnodd ffawd fod y ddau ffrind yn cael bod 'nôl yn agos at ei gilydd unwaith yn rhagor. Prifardd wedi'i ysgwyd a'i gyffwrdd yn ddwfn gyrhaeddodd adre y diwrnod hwnnw, yn ôl ei wraig. Llwyddodd Dafydd Rowlands i gymeryd ei le yn y Gwasanaeth Coffa rai wythnosau'n ddiweddarach ac fe gyfrannodd at y cofio drwy ddarllen detholiad o gerddi un o arwyr Carwyn, sef Gwenallt.

Bu'r angladd ar ddydd Llun 17 Ionawr. Roedd y Gwasanaeth Coffa yn y Tabernacl ar ddydd Sadwrn 29 Ionawr. Rhwng y ddau wasanaeth, cynhaliwyd oedfa arall ar nos Sul 23 Ionawr. Roedd yn noson gwasanaeth cymun yn y Tabernacl ac fe ddefnyddiwyd yr achlysur hwnnw i gofio'r un a fu'n ddiacon yn eu plith. Bu gwasanaeth coffa pellach ym mhencadlys BBC Cymru, Caerdydd, ar ddydd Sadwrn 5 Chwefror.

Cafwyd teyrngedau di-ri o bedwar ban byd i gofio'r Cymro cyflawn, cymhleth a hoffus. Does dim modd gwadu gwres diffuant y geiriau ac roedd hyd yn oed y rhai a frwydrai i ddeall paradocsau dryslyd personoliaeth ddirgel Carwyn, yn un yng ngwres eu teimladau tuag at y person a'r unigolyn. Mewn ysbryd llawn cydymdeimlad yr holwyd cwestiynau anodd ynglŷn â'i gyflwr meddwl ar ddiwedd ei oes, a pham roedd yn Amsterdam. Doedd neb am feddwl yn ddrwg ohono a does neb wedi cyhoeddi straeon aflednais amdano yn y blynyddoedd ers ei farw chwaith.

Cipiwyd Carwyn yn gynnar yn ei fywyd. Yn rhy gynnar o lawer. Dyna'r pwyslais amlwg yn y teimladau a oedd yn cyniwair bryd hynny a dyna'r teimlad hyd heddiw. Yng ngeiriau'r maswr a gadwodd Carwyn allan o dîm Cymru am gyfnod hir, ac a ddaeth yn gyd-ddarlledwr ac yn gyfaill agos hefyd, sef y dewin Cliff Morgan:

> Mae Carwyn James wedi marw. Ond does dim rhaid i chi gredu hynny os nad ydych chi eisie.

2

Rhydlewis

*Bwthyn bach to gwellt oedd Nantoer, fel y rhan fwyaf o dai
bychan yr ardal honno. Nid oedd ond dwy ystafell ar y llawr a
math o daflod uwchben. Llawr pridd oedd iddo, wedi'i wneud
yn galed a gloywddu gan fynych gerdded arno. Ceid ambell
i lech yma a thraw tua chyfeiriad y tân. Isel oedd y muriau
a bychain y ffenestri, ond oddi fewn ac o gylch y tŷ, roedd
popeth yn lân a threfnus odiaeth.*

Teulu Bach Nantoer Moelona

'BA RIN I bren heb ei wraidd?' gofynnodd B T Hopkins, y bardd
a'r ffarmwr o Fynydd Bach, Ceredigion. Sylw digon tebyg
a wnaed gan fardd mwy adnabyddus, 'Dylanwad y cynefin
yw'r dylanwad trymaf ar bawb ohonom,' meddai Gwenallt.
Daeth Carwyn James yn agos at y ddau yn eu hanian, eu
hawen a'u daearyddiaeth. Roedd yn gyfarwydd â Cheredigion
BT Hopkins yn ogystal â Sir Gâr a Sir Forgannwg Gwenallt.
Daeth ar draws y bardd gwlad ar ei deithiau eisteddfodol. Bu
Gwenallt yn ddarlithydd iddo yn y Brifysgol ac yn ddylanwad
mawr arno.

Darlunio cefn gwlad amaethyddol Ceredigion a wna B T
Hopkins tra darlunia Gwenallt y tensiwn rhwng y diwydiannol
a'r gwledig yn ei waith. Daeth Carwyn o dan gysgod y themâu
hyn sy'n fynegiant personol o ddylanwad cynefin ar unigolion.
Wrth drin a thrafod bywyd a gwaith Dylan Thomas, dywed y
beirniad llenyddol o Gwm Gwendraeth, Walford Davies, mai
bardd ardal yn hytrach na bardd cyfnod oedd Dylan. Wrth
agor y ddadl honno ar Dylan yn y llyfr *The Loud Hill of Wales*
mae Walford Davies yn dyfynnu George Eliot:

A human life, I think, should be well rooted in some spot of a native land, where it may get the love of tender kinship for the face of the earth, for the labours men go forth to, for the sounds and accents that haunt it, for whatever will give that early home a familiar unmistakeable difference amidst the future widening of knowledge...

Gwelir hyn nid yn unig yng ngwaith Dylan, ond yn ei ymddygiad hefyd. Roedd yna berthynas agos rhwng yr awydd i gamymddwyn a'r fan lle'r oedd ar y pryd. Pan nad oedd breichiau cynefin i'w teimlo, roedd y crwt bach yn troi'n ddihiryn di-wardd.

Nid bardd nac awdur mo Carwyn James wrth gwrs, nid o ran ei alwedigaeth o leia. Ond roedd calon llenor ganddo ac roedd grym cynefin yn un amlwg iawn yn holl droeon ei yrfa. Byddai'n gorfod chwilio am y cyfarwydd trwy bob gwahaniaeth y deuai ar ei draws. Hanfod person yw'r lle mae'n byw. Ym mywyd Carwyn James, mae'r tirwedd o'i amgylch yn rym diffiniol. Nid dim ond 'y cilcyn o ddaear' lle troediodd arno gynta erioed, ond yn ogystal y mannau eraill lle bu wedi hynny. Nid yw'n rym unffurf, sefydlog am oes. Bydd y berthynas yn newid wrth iddo symud o'r lle a'i moldiodd, ond byddai pob cam wedi gadael y fath le, yn ymwybodol neu beidio, yn fynegiant, yn ddehongliad, yn ymateb i'r tir cynta hwnnw. Caiff y gwreiddiau eu hymestyn lle mae'n anodd iawn, neu'n amhosib, teimlo eu grym a'u sicrwydd. Yn nilyniant Alan Llwyd yn Eisteddfod Aberteifi, mae llinell yn sôn iddo yntau '... ennill gradd a cholli gwreiddiau'. Gadwodd ei gartre, ei fro, a graddio ond collwyd rhywbeth wrth adael a fu'n golled fawr i'r bardd. Bydd y mannau newydd hyn yn cynnig eu dylanwadau hwythau hefyd. Cawn weld fod hyn yn wir yn achos Carwyn. Roedd yn ddyn a adawodd i'r mannau lle bu'n byw ac yn gweithio ddylanwadu ar ei atgofion, ei deimladau a'i feddyliau. Roedd yna dir a oedd yn gefn iddo ymhob annibyniaeth ac amrywiaeth barn. Yn ôl Gwenallt yn ei gerdd 'Y Meirwon':

Bydd dyn wedi troi'r hanner-cant yn gweld yn lled glir
Y bobl a'r cynefin a foldiodd ei fywyd e'.

Mae cwestiwn amlwg a chlir yn codi o'r berthynas rhwng
Carwyn a'i gynefin. Mae'n gwestiwn sy'n treiddio trwy'r gyfrol
hon. Os ydym ni'n dod at yr hunan drwy'r tir rydym ni'n rhan
ohono, a dadl y gyfrol hon yw ein bod, beth sy'n digwydd pan
mae'r cysylltiad gyda'r tir hwnnw yn newid, yn gwanhau, yn
cymhlethu, yn colli ffocws?

Petai Carwyn wedi darllen *Gwaedd yng Nghymru* gan
J R Jones, a gyhoeddwyd yn 1970, byddai wedi darllen am
wreiddiau a chynefin a'r angen sylfaenol ynom i sefydlu
lleoliad mewn 'mangre gynefin'. Anallu dyn i saernïo iddo'i
hun 'gartref' allan o ofod diffiniadau, nas cyfyngwyd arno,
sy'n creu'r angen hwn.

Roedd hwn, meddai J R Jones, yn ymwybyddiaeth a oedd
yn magu poblogrwydd.

Y mae yna fwy nag un chwyldroi distaw ar syniadau dynion
yn cymryd lle bellach yn y byd, ac nid y lleiaf ohonynt yw'r
dealltwriaeth newydd sy'n graddol ennill tir o ddyfnder a
phwysigrwydd yr angen am wreiddiau. Ac yng nghraidd yr angen
hwnnw y mae'r angen am droedle – am ddaear o dan draed y
gwahanrwydd a ddyry i chwi hawl i gydnabyddiaeth a pharch ...

Roedd yr angen am ymwybyddiaeth o'r fath newid ym
mywyd Carwyn. Roedd teimlad o wahanrwydd ynddo, ynghyd
ag awydd i dderbyn parch. Ond wrth i'w ddyddiau a'i amserau
fynd yn eu blaen, siglo fwyfwy roedd y tir a'r gwreiddiau fel
ei gilydd. A chyn y diwedd, bregus fu'r cysylltiad rhyngddo a'r
ddaear o dan ei draed. Daw perthnasedd hynny yn amlwg. Ond
cyn gweld symudiadau'r tir, rhaid gweld y tir ei hun.

Pentref a phlentyn

Medd y ddihareb, Affricanaidd ei tharddiad, 'Mae'n cymryd
pentre cyfan i godi plentyn'. Yng Nghefneithin y ganwyd
Carwyn James ac, yn ddiamau, y pentre hwnnw a'i magodd.

Ond nid dyna lle mae'r daith yn dechrau ond mewn man lle na fu Carwyn yn byw yno erioed. Amhosib yw deall Carwyn James heb wybod am bentre Rhydlewis yn ne Ceredigion, lle mae ei wreiddiau. Yno roedd teulu Carwyn yn byw cyn symud i Gwm Gwendraeth. Roedd yn bentre traddodiadol Cymreig a Chymraeg bryd hynny, wedi'i guddio yng nghefn gwlad de Ceredigion, ar lannau'r afon Ceri, sy'n ymuno â'r Teifi ar ben ei thaith. Bryd hynny roedd bywyd ei thrigolion yn rhannu'r un patrwm â chymunedau hynafol eraill y sir: gwlad y melinau di-ri, y diwydiannau bwthyn a'r crefftau. Mae bwrw golwg cyflym ar *Atlas Hanesyddol Ceredigion* yn dangos pa mor frith ocdd y diwydiannau bychain a gadwai economi wledig Ceredigion i ffynnu. Yn y ganrif cyn y ddiwetha, melinau blawd ac odynau calch oedd yr arwyddion gweledol amlwg ar y tirwedd ac yn ymyl byddai gweithfeydd llifio coed, turnio coed, crwyno, gweithdai clociau, canhwyllau, cwryglau a hetiau brwyn, ambell waith brics a chwar cerrig, gwaith haearn, gwaith halen, a gwaith argraffu a rhwymo llyfrau. Wrth iddynt weithio yn lleol cadwai'r gweithiwyr yn agos at eu gwreiddiau, yn agos at eu cyndeidiau ac at eu llinach hefyd. Roedd y crefftwr, y diwydiannwr bychan, y llafurwr, yn gyfrifol am gyflymdra ei gloc ei hun. Sylwn nad oes unrhyw air yn yr iaith Gymraeg i gyfleu'r syniad o brysurdeb a awgrymir gan y gair Sbaeneg 'mañana'.

O gwmpas y pentre roedd tir y ffermwyr ac ynddynt y gwartheg i gynhyrchu llaeth i'r gymdeithas leol ac i ddinasyddion y tu hwnt. Ynghanol sgwâr y pentre heddi mae adeilad sydd wedi sefyll yno ers y ganrif cyn y ddiwetha. Mae'n adeilad trawiadol, anghonfensiynol, di-drefn, yn un hen ewythr hoff o adeilad. Sied sinc goch ydyw, sy'n gwarchod y brif hewl wrth iddi rannu i'r dde a'r aswy, lawr drwy ganol y pentre. Ym mhen arall y pentre, yn sownd yn wal tŷ capel Hawen mae blwch post ac enw'r Frenhines Victoria arno. Mae'n cysylltu ddoe a heddiw yn Rhydlewis.

Byddai teulu Carwyn yn nôl eu nwyddau o Siop y Sgwâr, cyn troi i'w cartre ar gyrion y pentre, heibio siop y teiliwr, y felin a'r efail. Fe fydden nhw wedi cerdded heibio'r dafarn hefyd, y Gwernant Arms, ond caeodd ei drysau yn yr 1920au. Roedd y gweinidog, y Parchedig John Green, yn ddirwestwr mawr, a chasglodd enwau ar ddeiseb i gau'r dafarn, a llwyddo. Tŷ preswyl yw'r Gwernant erbyn hyn a does yr un dafarn arall wedi agor yn Rhydlewis ers hynny. Ar daith trwy'r pentre, byddai Michael ac Annie, rhieni Carwyn, wedi pasio dau gapel. Ond Hawen oedd capel y teulu, a'r enw a roddwyd ar y byngalo a brynwyd gan Carwyn a'i chwaer yng Nghefneithin.

Daeth Michael James i Rydlewis o bentre cyfagos Beulah i weithio ar fferm ond roedd teulu ei wraig, Annie Davies, yn byw yn y pentre eisoes. Mae'r ffordd y cyfarfu'r ddau â'i gilydd yn rhan o batrwm a llif bywyd y sir ers cenedlaethau. Byddai unigolion yn codi pac ac yn symud i bentre Rhydlewis i fyw. Gwaith mae'n siŵr oedd y prif symbyliad, er y gallai priodi fod yn ganlyniad cyflym a chyfleus.

Yn nheulu Annie, o ardal Llanarth y daeth David Davies a'i wraig Elinor i Rydlewis, i fwthyn Bronallt heb fod ymhell o gapel Hawen. Ganwyd eu mab, Thomas, yn 1836 ac fe dyfodd i fod yn gowper yn y pentre, yn gwneud casgenni a bandiau metal a fyddai'n amgylchynu olwynion cart a gambo. Wedi iddo briodi, cafodd yntau a'i wraig Annie, un o ferched y pentre, fab yn 1864 ac fe'i enwyd yntau yn David hefyd. Ond fel Dafi Sa'r y byddai pawb yn adnabod tad-cu Carwyn, a seiri coed oedd dau o'i feibion hefyd, Tommy a Joe. Tair cenhedlaeth felly, a byddai cenedlaethau o'r un teulu yn gallu cynnal busnes fel seiri coed o un genhedlaeth i'r llall mewn pentre. Roedd gan Tommy a Joe chwaer o'r enw Annie, sef mam Carwyn.

Mae stori teulu mam-gu Carwyn ar ochr ei fam yn dechrau ym mhlwyf Brongwyn, Dyffryn Teifi. O'r fan honno y daeth Thomas Rhys ac Elizabeth Rees i Rydlewis. Fe ddaeth i weithio fel melinydd ym Melin Brithdir, un o'r degau o felinau drwy Geredigion ac un o ddwy a oedd yn Rhydlewis. Roedd hynny yn 1786. Cawson nhw ddau fab, Rees Arthur a David. Daeth Rees Arthur, a anwyd yn 1837, yn amlwg fel bardd adnabyddus, dan yr enw Rhys Dyfed. Cystadlai'n frwd mewn eisteddfodau di-ri gan ennill llawer o wobrau. Yn naw ar hugain oed roedd wrthi'n casglu ei farddoniaeth gyda'r bwriad o gyhoeddi cyfrol, ond cafodd salwch y gorau arno a bu farw cyn llwyddo i gyhoeddi ei waith.

Aros yn Rhydlewis gydol ei oes wnaeth ei frawd David. Trodd yntau i fod yn saer coed yn y pentre. Cafodd ei eni yn 1824, a phriododd ag un o ferched y pentre, Mary Evans. Yn 1880, adeiladodd gartre i'r ddau ohonyn nhw, a'i alw yn Pendre.

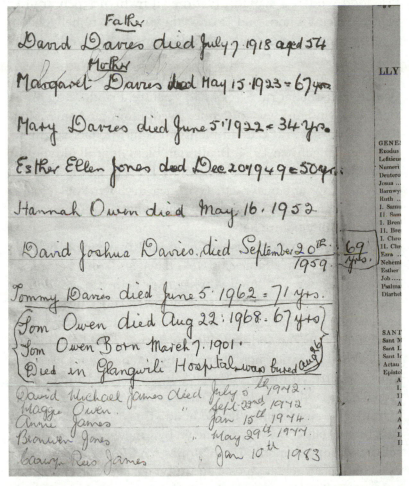

Cofnodion marwolaethau ym Meibl y teulu ac enw Carwyn yn olaf.

Cafodd help nifer o ddynion eraill y pentre, yn ôl yr arfer ar y pryd, gan wneud y gwaith saer i gyd ei hun, wrth gwrs. Cododd fwthyn carreg, yn sefyll ar ei dir ei hun, drws ffrynt yng nghanol y tŷ ac ystafell bob ochr iddo. Roedd dwy stafell wely lan llofft. Mae ôl ei waith yn dal i'w weld ar un wal yn y tŷ heddi wrth i waith naddu cerrig ddoe ymwthio drwy'r plaster llyfn.

Cafodd David a Mary Rees ferch fach o'r enw Margaret. Fel Margaret Rees Pendre y câi ei hadnabod ar hyd ei hoes. Yn ferch i saer coed, fe gyfarfu â saer coed arall, David Davies. Priododd y ddau a symud i fyw mewn bwthyn y pen arall i'r pentre o'r enw Llain, ond Bronwylfa yw enw'r tŷ bellach. Yn y cartre yma y cawson nhw eu plentyn cynta, merch, ac fe'i henwyd yn Annie.

I fywyd Annie daeth gŵr ifanc, Michael, o bentre cyfagos Beulah, i weithio ar rai o ffermydd y pentre. Priododd ag Annie ac fe aeth y ddau i fyw yn Pendre, wedi i fam-gu Annie, Mary Rees, farw yn 1912. Cafodd plentyn cynta Michael ac Annie, sef Gwen, ei geni yn 1914. Daeth dau blentyn arall iddyn nhw ym Mhendre – Eilonwy, a anwyd yn 1918, a Dewi, a anwyd yn 1927. Cawsant fagwraeth Gymraeg drylwyr. Pobl y capel oedd y ddau riant, yn cymryd rhan yng ngweithgareddau cymdeithasol y pentre hefyd.

Roedd man cymdeithasol pwysig yn Rhydlewis a fyddai'n rhan o fywyd teulu'r Jamesiaid, fel i bawb arall yn y pentre, sef siop Dan Teiliwr. Ynghanol y brethyn a'r deunydd, yr edau a'r offer gwnïo yr ymgasglai'r dynion er mwyn rhoi'r byd yn ei le, gan gynnwys Michael James. Dyma lle câi pynciau llosg y dydd eu dadansoddi, gan fod yn seiat, yn fforwm wleidyddol ac yn gylch llenyddol gyda'r nos. Dyma lle byddai bechgyn a merched ifanc y pentre yn mynd i ddysgu adrodd hefyd. Un o'r rhai a fyddai'n gwneud hynny fyddai Dai Rees Davies, y bardd, ac un o gyfranwyr cyson *Talwrn y Beirdd* heddi. Un o'r rhai a ddenwyd i siop Dan y Teiliwr oedd gŵr ifanc yn byw mewn pentre cyfagos, sef yr awdur poblogaidd, T Llew Jones. Yn y fan honno byddai'r cysylltiadau a'r achau yn cael eu trafod a'u cadw'n fyw, fel bod pob cenhedlaeth yn gwybod yn llinach pwy roedden nhw'n perthyn. Yma hefyd byddai'r plant yn ymgasglu i chwarae gan gynnwys Carwyn yn nyddiau gwyliau haf ac wrth wneud hynny, byddent yn clywed straeon pobl fel T Llew Jones.

Pan oedd Michael ac Annie yn ymgartrefu ym Mhendre a dechrau cael plant, rhwng 1912 a 1915, roedd dau a anwyd yn Rhydlewis yn cyhoeddi eu hargraff nhw o fywyd y pentre lle'u ganwyd. Dau begwn gwahanol o fywyd Rhydlewis a geir yn *Teulu Bach Nantoer*, Moelona, a *My People: Stories of the Peasantry of West Wales*, Caradoc Evans. Cymeriadau yr un fath â Michael ac Annie – y melinydd, y saer, y teiliwr, y ffarmwr, y gweinidog a'r siopwr – oedd cymeriadau'r ddwy gyfrol, sy'n ceisio ail-greu bywyd y pentre bach hwn, yn seiliedig ar brofiadau'r ddau awdur yn eu cynefin clòs, traddodiadol, Gymraeg. Ond ni allai'r ddwy argraff o'r un lle bach fod yn fwy gwahanol i'w gilydd.

Cyflwynodd Moelona ei straeon hi o fywyd clyd, cartrefol pentre Cymraeg i Eisteddfod Wrecsam yn 1912. Cyhoeddwyd y gwaith y flwyddyn ganlynol a dod yn un o'r llyfrau plant Cymraeg mwyaf poblogaidd erioed. Byd braf iawn yw byd Nantoer. Mae'r teitl yn seiliedig ar fwthyn a orweddai'n llonydd wrth ochr ffrwd Nantoer, ar y llethrau uwchben y pentre ei hun. Byddai Moelona'r ferch ifanc yn gyfarwydd iawn â'r lle, wrth iddi chwarae yn y caeau a cherdded heibio gyda'i rhieni. Gellir dweud mai golwg rhy sentimental a rhamantaidd a geir yn straeon Moelona. Roedd bywyd Nantoer yn fêl i gyd yn ei chyfrol.

Go brin fod byd mwy tywyll na byd Caradoc Evans. Byd o losgach, trais, marw a dioddef, a hynny'n aml ar yr un aelwyd, yw'r darlun a grëir ganddo yn y casgliad o straeon a gyhoeddwyd yn y gyfrol *My People* yn 1915. Creodd storm drwy Gymru gyfan, a thu hwnt.

Cafodd Moelona a Caradoc eu

geni yn yr un flwyddyn. John Newton Crowther oedd prifathro'r ddau – Sais uniaith a oedd wedi dysgu Cymraeg ac yn aelod blaenllaw o gapel Hawen. Ond Moelona, nid Caradoc Evans, gafodd ei phenodi yn ddisgybl athrawes, er i'r ddau drio am yr un swydd. Gan i fam Moelona farw yn 1890, doedd hi ddim yn bosib iddi wireddu eu dymuniad o fynd i goleg. Arhosodd gartre i ofalu am ei thad a pharhau yn ddisgybl athrawes yn Rhydlewis tan iddi ennill tystysgrif athrawes. Gadawodd Caradoc Evans yr ysgol yn dair ar ddeg oed a mynd i weithio mewn siop *draper* yng Nghaerfyrddin.

Trwy ei gwaith hi, addolwyd Moelona gan bobl y pentre ac ardal ehangach, yn ddigwestiwn. Trwy ei waith yntau, cafodd Caradoc Evans ei wawdio, ei wrthod a'i bardduo am ddwyn anfri ar ei bobl. 'The literature of the sewer' oedd ffordd y *Western Mail* o grynhoi'r hyn a gyhoeddodd yn *My People*.

Mae gwaith Moelona a Caradoc Evans yn berthnasol i stori Carwyn James oherwydd y darlun mae'r ddau yn ei greu o'r bywyd y byddai cyndeidiau Carwyn wedi'i fyw yn y pentref. Cawn gipolwg clir o fywyd Rhydlewis trwy ddarllen y ddwy gyfrol, er bod Pendre Michael ac Annie yn dipyn agosach at ddarlun Moelona o'r pentref. Yn ôl yr arlunydd o'r cymoedd, Anthony Rhys, sydd â chasgliad o waith yn seiliedig ar bortreadau o gymeriadau straeon yr awdur, wyneb du Rhydlewis mae Caradoc Evans yn ei ddangos. Mae'n dadlau bod Caradoc yn iawn i ddangos y wedd honno, am nad oedd bywyd yn fêl i gyd bryd hynny. Ond yr ymateb poblogaidd pan welodd y llyfr olau dydd oedd i'r awdur anwybyddu unrhyw rinwedd a gwerthoedd a amlygid yn Rhydlewis a bod felly ddiffyg cydbwysedd dybryd. Roedd diffyg cydbwysedd yn y ddwy gyfrol ond o ddau begwn gwahanol.

Go brin y byddai unrhyw aelod o deulu'r Jamesiaid wedi profi'r arferiad gwerinol maen nhw'n dweud sy'n perthyn i Rydlewis, sef defod y ceffyl pren. Y sawl a gâi eu hystyried yn ddihirod neu yn ddrwgweithredwyr fyddai'n profi'r ceffyl. Byddai grŵp o ddynion y pentre yn duo eu hwynebau, er mwyn i bobl beidio â'u hadnabod, ac yn ymweld â chartre'r dihiryn.

Byddai'n cael ei orfodi allan o'i dŷ a chael ei glymu ar gefn naill ai foncyff, neu ystyllen drwchus neu ysgol. Câi wedyn ei gario drwy'r pentre a châi pawb gyfle i'w wawdio ar gefn y ceffyl pren.

Erbyn yr 1920au, wedi cyfnod hir, sefydlog, roedd amgylchiadau'r teulu yn dechrau newid. Daeth y tlodi a brofodd teulu Caradoc Evans a Moelona rai blynyddoedd ynghynt i daro teulu'r Jamesiaid. Roedd yn gyfnod gwael ar amaethyddiaeth yn y sir a doedd Rhydlewis ddim yn eithriad. Dyma gyfnod o newid yn economi Ceredigion. Yn sgil tranc y diwydiant gwlân, aeth yn fwy amaethyddol. Gwerthwyd nifer o'r stadau mawr wedi'r Rhyfel Byd Cyntaf ac o ganlyniad, bu cynnydd yn nifer y tirfeddianwyr bach. Ffermio mewn cyfnod o ddirwasgiad oedd hi, a bywyd felly'n galed.

Roedd y sir yn newid. Dangoswyd y cwymp cyntaf erioed yn nifer siaradwyr Cymraeg y sir yng nghyfrifiad 1921. Ond eto i gyd, nac yn y cyfrifiad hwnnw na'r nesa yn 1931, doedd nifer y Cymry Cymraeg ddim wedi gostwng o dan 80%. Er ffurfio Plaid Cymru yn y ddegawd honno, ac er cryfder yr iaith a'r diwylliant Cymraeg, doedd dim un ymgeisydd wedi sefyll yn enw'r Blaid yn y sir yn ystod y blynyddoedd cynnar.

Yn y cyfnod hwn, gadawodd nifer fawr o'r trigolion y sir a bu symud oddi mewn i'w ffiniau hefyd. Gwelwyd hyn fel bygythiad i'r ffordd o fyw traddodiadol, mewn pentrefi megis Rhydlewis. Yn nauddegau'r ganrif ddiwetha, mynegai rhai bryderon fod y beic modur yn achosi diflaniad bywyd traddodiadol pentrefi Ceredigion, wrth i fechgyn a merched ifanc gwrdd â phartneriaid o ardaloedd ymhellach i ffwrdd. Yr hyn sy'n sicr yw ei fod yn arwydd o newid, nad oedd bob amser yn fanteisiol, fel y profodd Michael James a'i deulu.

Trafodwyd ar aelwyd Pendre y ffordd orau o ddelio â'r diffyg gwaith a wynebai Michael fel gwas ffarm. Yn y diwedd, bu'n rhaid edrych am waith tipyn pellach i ffwrdd na'r pentre lle'r oedden nhw'n byw. Roedd Michael yn un o bump brawd a bu'n rhaid i bob un adael ei gynefin er mwyn chwilio am waith, un mor bell ag Awstralia. Gadawodd nifer o ddynion ifanc eraill

Rhydlewis yn y 20au, wedi'u denu gan addewid am waith ac arian ym mhyllau glo'r Rhondda. Roedd chwilio am waith, a oedd yn talu'n ddigonol, yn golygu gadael y sir.

Doedd dim modd i Michael ystyried y gweithfeydd gwlân yng Ngheredigion, gan nad oedd gwaith yno ac roedd amaethyddiaeth de Ceredigion yn rhy fregus i'w gynnal. Ond roedd yna ddiwydiant arall yn Sir Gâr a allai gynnig ateb heb orfod mentro i bellteroedd Cwm Rhondda. Daeth o hyd i waith yng ngwaith glo Cross Hands, ar gyrion gorllewinol maes glo de Cymru. Dyma ardal y glo caled. Trwy rwydwaith effeithiol y capel, trefnwyd ei fod yn cael lojins yng Nghefneithin, pedwar tŷ o gapel y Tabernacl. Mentrodd o'i gartre gan gyfnewid ehangder awyr agored cefn gwlad Rhydlewis am dywyllwch y ffas. Yn ystod yr wythnos, gweithiai'n galed o dan ddaear er mwyn dychwelyd ag arian i Annie a'r plant ar y penwythnos. Dyna oedd y drefn am rai blynyddoedd.

Dyma faes glo gorau'r byd, medden nhw. Pan fyddai cyfnodau tawel, heb fawr ddim gwaith, gallai Michael fynd adre a gweithio ar ffermydd yr hen ardal. Ond pan fyddai gwaith yn y pwll âi'n ôl i Cross Hands, gan mai dyna'r drefn yr adeg honno. Hyd yn oed drwy galedi'r dauddegau, y Dirwasgiad a'r Streic Fawr, heb sôn am Streic Glo Caled 1925 yn yr union ardal lle'r oedd e'n gweithio, llwyddodd Michael i gael gwaith mewn ffordd na lwyddasai i'w wneud yn Rhydlewis.

Flwyddyn ar ôl Dirwasgiad 1926, roedd un cam arall yn aros teulu Pendre. Teimlai Michael James fod teithio'n ôl a blaen yn ormod ac yn 1927 ymunodd Annie, Gwen, Eilonwy a Dewi ag ef yng Nghefneithin. Bellach roedd Michael yn löwr ac ni ddychwelodd wedyn i fyw yn Rhydlewis. Symudodd y teulu o Geredigion â llond cês o ddylanwadau cymdogaeth y byddai Carwyn, yn ddyn ac yn blentyn, yn cymryd oes i'w dadbacio. Roedd pump unigolyn ar aelwyd Cefneithin a gawsai eu geni a'u moldio gan rinweddau'r Cardi a byw'r rhinweddau hynny wnaethon nhw. Yn eu canol roedd Carwyn.

3

Cwm Gwendraeth

Dyneiddiaeth y pwll glo, duwioldeb y wlad.

Gwenallt

Y Cwm

GWELODD CARWYN JAMES olau ddydd ar Dachwedd yr ail, 1929 yn Rose Villa, Hewl yr Ysgol, Cefneithin. Erbyn heddiw, dim ond rhif 2, Heol yr Ysgol yw'r cyfeiriad. Mae'r enw Seisnigaidd, gydag elfen o geisio bod yn grand hyd yn oed ar dŷ *semi-detached* yn awgrymu naws yr ardal yn y cyfnod. Awgryma'r enw fod dylanwadau a gwerthoedd o'r tu fas wedi dechrau ymddangos yn yr ardal fwyaf gorllewinol o faes glo de Cymru. Gwelid yr un dylanwad ar enwau'r plant a anwyd yno wrth i enwau Saesneg ddod yn boblogaidd ar blant a thai'r Cymry. Hyd yn oed mewn ardal Gymraeg fel Cwm Gwendraeth, Saesneg oedd iaith cynnydd a thrwy'r iaith honno roedd mynegi elfen o barchusrwydd.

Flynyddoedd wedi i'r Jamesiaid adael y pentre, Rose Villa, Cefneithin oedd cartref cynta Menna Baines, yr awdur a'r golygydd, a Peredur Lynch, o Ysgol y Gymraeg, Prifysgol Bangor. Wrth edrych 'nôl ar ei chyfnod yn yr ardal, dywed iddi ddysgu'n gyflym iawn nad oedd enw unigolion yn unrhyw fath o gliw i benderfynu oedden nhw'n gallu siarad Cymraeg neu beidio. Dywed Robert Rhys hefyd fod y duedd yna'n amlwg yn y cwm, gan enwi'r awdur Bernard Evans fel enghraifft. Cyfeiria hefyd at enwau rhai o lenorion amlwg eraill Cymru a ddeuai o ardaloedd tebyg; Bryan Martin (Davies) Derek (Llwyd Morgan) a David, a drodd yn Dafydd, Rowlands.

Mae Carwyn yn eithriad. Cafodd ei enwi ar ôl mab gweinidog pentre cyfagos Pen-y-groes. Closiodd teulu'r Parchedig Berian James a theulu Carwyn at ei gilydd oherwydd salwch. Cawsai Dewi, plentyn ieuengaf Michael ac Annie, ei daro'n wael gan difftheria a hefyd mab y gweinidog. Gwella oedd hanes Dewi, ond bu farw mab y gweinidog. Pan anwyd Carwyn, rhoddwyd enw'r mab hwnnw arno – yr un enw bedydd a'r un cyfenw â'r bachgen fu farw. Pan oedd Dewi'r brawd yn dioddef o difftheria, y chwaer hynaf, Gwen, gymrodd y cyfrifoldeb o ofalu am Carwyn, gan fod Dewi angen sylw'i rieni o fore gwyn tan nos. Roedd gan Gwen gryn ddylanwad ar Carwyn o'i ddyddiau cynta felly, gan chwarae rôl y fam cymaint ag Annie. Gwnaeth Eilonwy ei siâr hefyd, felly doedd dim prinder sylw mamol ym magwraeth Carwyn. Sylw cyson ymhlith y teulu, yn hanner pryfoclyd, yw bod gan Carwyn dair mam. Dylanwadau mwy traddodiadol Gymraeg oedd ar waith wrth i Michael ac Annie enwi eu plant, yn perthyn yn fwy i dde Ceredigion, na'r cwm a ddaeth yn gartre iddynt.

Canolbwynt Cwm Gwendraeth yw mynydd Llangyndeyrn, lle mae'r garreg wenithfaen yn gwthio ei hun trwy dirwedd glas y tir comin, ac yn gwahanu'r glo oddi wrth bridd y tir amaethyddol. Ardal yn llawn deuoliaethau. Dyma wlad chwedl Llyn Llech Owain a hanes Merched Beca; gwlad Owain Glyndŵr a Gwenllian; y Tywi a'r Llwchwr; yr Arglwydd Rhys ac Arglwydd Cawdor; Cyndeyrn, Dewi, Cadog a Non; Cwmderi a'r Ffatri Maswyr; ffas a ffridd, camlas a ffos; lonydd cul cefn gwlad a'r M4; castell Cydweli a Pharc Busnes Cross Hands.

Mae'r cwm yn cymryd ei enw oddi ar ddwy afon, sef y Gwendraeth Fawr a'r Gwendraeth Fach. Mae'r ddwy yn tarddu gerllaw Llyn Llech Owain, rhwng pentrefi Maes y Bont a Gorslas. Oddi yno, maen nhw'n ymlwybro i'r môr lle mae Cydweli'n gorwedd. Cyfuniad o ddau gwm yw Cwm Gwendraeth ac ynddo mae dwy ffordd o fyw. Mae ardal y Gwendraeth Fach yn amaethyddol ei naws, tebyg i Rydlewis, ond ardal fwy diwydiannol ei natur yw cymunedau'r Gwendraeth Fawr, a dyna lle saif Cefneithin.

Eto i gyd, yn achos y Gwendraeth, dydy'r ddeuoliaeth ddim wedi arwain at densiwn, nac unrhyw fath o rwyg na gwrthdaro. Cawn yno gyd-dynnu ac undod cymdeithasol cryf ac ymwybyddiaeth glir o'r hyn mae'n ei olygu i berthyn i'r cwm. Mae'r cwm yn un yn ei ysbryd gwerinol, Cymraeg a Chymreig. Cawn ddarlun clir o'r ardal yng ngwaith Bernard Evans mewn cyfnod pan oedd y cwm dan fygythiad. Mae 'lle' yn ganolog i'w lenyddiaeth, a chaiff ymwybyddiaeth o berthynas lle a bywyd yr unigolyn ei amlygu. Dywed y darlithydd yn y Gymraeg ym Mhrifysgol Abertawe, Robert Rhys, i Bernard Evans grynhoi bywyd Cwm Gwendraeth yn ei waith:

> Cael ei sigo gan un ergyd ar ôl y llall yw hanes yr achos a'r
> gymdeithas sy ynghlwm wrtho: anghydfod rhwng y gweithwyr
> a'u meistri, streic fawr 1926, newid patrymau hamdden, arlwy
> ddiwylliannol newydd a olygai fod côr Caersalem lân yn brwydro
> yn erbyn Bryn and his Band, y motor beic a'r papur Sul.

Ond drwy bob newid, mae ysbryd lle pendant yn dal yng Nghwm Gwendraeth. Ysbryd a foldiwyd gan rymoedd y fferm a'r pwll fel ei gilydd, a gan y diwylliant a grëwyd gan bobol y pridd a'r gwaith glo. Tynnwyd gwerthoedd oddi ar y naill a'r llall, yn un cymhathiad o werthoedd syml, bob dydd. Dyma fywyd y toc o fara a'r cnapen lo, y peli mond a'r pice ar y ma'n.

Os mai hagrwch tlodi a'r safonau byw llwm a ddisgrifiwyd gan Caradoc Evans yn ei nofelau a yrrodd Michael o Rydlewis, erbyn i Carwyn gael ei eni, dehongliad Moelona o fywyd Rhydlewis oedd ar yr aelwyd yng Nghefneithin. Roedd y Carwyn ifanc wrth ei fodd yn gwrando ar straeon Nantoer ar lin ei fam ar aelwyd Rose Villa, a'r cyfan yn creu naws mwy cartrefol, cysurus, diogel, na'r bywyd a'i hwynebai ar gornel stryd neu wrth edrych mas drwy'r ffenest. Dyma'r man saff. Daeth dwy hen ffordd Gymreig o fyw at ei gilydd pan symudodd y teulu o dde Ceredigion i Gwm Gwendraeth ac fe orweddodd y ddau yn gyffyrddus gyda'i gilydd.

Cwm Gwendraeth Michael James

Newidiodd diwydiant wyneb Cwm Gwendraeth yn yr 1920au. Canolwyd diwydiannau yn y Gwendraeth o amgylch pentre Cross Hands, yn agos iawn i Gefneithin. Gwlad y Pyramidiau oedd enw'r ardal arni yn ystod hanner cyntaf y ganrif ddiwetha, oherwydd y tomenni glo a safai yn siâp pyramid fan hyn a fan draw. Fe fyddai'r pyramidiau hyn yn rhan o gefnlen bywyd Carwyn trwy gydol ei fagwraeth, ei ddyddiau ysgol a blynyddoedd cyntaf ei fywyd yn oedolyn hefyd. Roedd un pyramid yn bresenoldeb amlwg ym mhen ucha'r cae lle byddai bois y Cefen yn chwarae eu rygbi. Mae un rhaglen deledu a wnaed ar Carwyn yn ei ddangos yn cerdded ar y cae, sigarét yn ei law, y pyst rygbi tu cefn iddo a'r domen lo yn gefndir i'r cyfan. Os rhewir y llun, cawn ddelwedd glir o Carwyn yn ei gynefin o ddiwrnod ei eni tan ymhell wedi iddo adael yr ardal yn oedolyn.

Gwahanol iawn yw'r cynefin heddiw wrth gwrs ac arwydd o'r cysylltiad â'r hyn a fu yw enw'r heol lle saif siop Leekes, Heol Stanllyd. Enw ydyw ar un o'r saith gwythïen a weithiwyd yng ngwaith glo y Cross a agorwyd yn 1869. Yn negawdau cyntaf y ganrif ddiwetha, daeth y gwaith drifft, y New Cross, i weithio ochr yn ochr â'r pwll dwfn. Pan gyrhaeddodd Michael James, roedd dros wyth cant a hanner o lowyr yn gweithio yno. Roedd y ddau bwll yn tra-arglwyddiaethu ar ardal dipyn ehangach na'r fan lle'r oedden nhw'n sefyll.

Un gwaith ymhlith nifer o weithfeydd oedd y Cross. Pan gyrhaeddodd Michael James yr ardal, byddai hyd at bedair mil o lowyr yno'n naddu'r glo ym mhyllau'r Emlyn, Blaenhirwaun, Mynydd Mawr, Dynnant, Gwaith Bach, Glyn Hebog, Capel Ifan, Carwe, Pont Henri a Thrimsaran, ar gyrion pella'r maes glo. Hawdd anghofio eu presenoldeb a'u dylanwad.

Byddai'r rhan fwyaf o ddynion Cefneithin yn cerdded o'r pentre i weithio yng ngwaith glo Cross Hands. Mae un o blant Cefneithin, Nan Lewis, yn cofio'r patrwm bywyd a luniwyd gan y gweithfeydd glo'n glir:

Bron nad oedden ni blant yn credu bod pawb yn y byd yn goliers, fod 'na hwter ymhob pentref a bod pob dydd wedi rhannu'n shiffts. Clywed shifft y bore y bydden ni – clywed sŵn y sgidie hoelion yn sgathru ar hyd yr hewl a hithau'n dal yn dywyll. Gweld shifft y prynhawn a wnaem – gweld dynion dierth yn dod 'sha thre ac yn tuchan lan y tyle. Dod 'nôl yn glystyrau ac ambell un yn loetran i dynnu mwgyn tra byddai'r lleill yn cyrcydu wrth dynnu ana'l. Pob un â'i focs bwyd a'i botel de yn ei boced, a phlocyn o bren i gynnau tân dan ei gesail. Y rhain oedd dynion y 'gwithe' a'r rhain oedd ein tadau ni.

Dyna guriad cynefin Carwyn James. Roedd y diweddar Barchedig Gareth Davies wedi dechrau ei ddyddiau gwaith o dan ddaear, yng ngwaith glo Blaenhirwaun. Glöwr oedd ei dad hefyd, yng ngwaith y Cross:

> Yng nghylch y pyllau glo roedd modd gwybod yr amser heb na wats na chloc. Yr hwteri oedd yn nodi'r amser deirgwaith y dydd – tyrn bore, prynhawn a nos – ac wrth gwrs, cyhoeddent hefyd amser gorffen pob tyrn. Yr un eithriad arall oedd pan fyddai damwain yn y pwll. Rywbryd ar fore'r 18 Chwefror 1928, fe ganodd hwter y Cross, ac i'n cartref ni y dygwyd y newyddion drwg am farwolaeth fy nhad. Yn dilyn Streic Fawr 1926 bu cyfnodau aml o ddiweithdra yn y pyllau, ac felly roedd hi yn Chwefror 1928. Byddai'n rhaid i'r swyddogion hynny a oedd yn ymwneud â diogelwch weithio er mwyn cadw'r pwll yn ddiogel erbyn ailgydio yn y gwaith. A'r bore hwnnw bu cwymp, a daliwyd fy nhad dano. Nid oedd digon o ddynion yno i'w arbed.

Roedd Michael James a'i deulu wedi symud i Gefneithin rai misoedd cyn Chwefror 1928, ac roedd ef yn löwr yn y Cross adeg y ddamwain a gipiodd tad Gareth Davies. Roedden nhw wedi dod i fyd a oedd yn cynnig gobaith newydd ond roedd sawl achlysur pan gaent eu hatgoffa mai digon bregus oedd y gobaith hwnnw, ac y gallai damwain ei ddiffodd fel fflam cannwyll. Dim rhyfedd i Annie James addunedu na fyddai ei dau fab hi'n mynd yn agos at bwll glo. Fe aeth Dewi yn rheolwr banc a Carwyn i gyflawni ei wrhydri mewn sawl maes ymhell o'r maes glo. Dyna un o'r prif resymau y câi'r ddau grwt eu hanfon i Rydlewis bob gwyliau haf rhag ofn iddyn nhw ddilyn cryts eraill Cefen i lawr o dan ddaear yn eu harddegau i weithio yn ystod gwyliau'r ysgol. Mae'n amlwg bod mam Gwenallt o anian ddigon tebyg. Arferai hi anfon ei mab i gefn gwlad Sir Gâr ar wyliau haf hefyd, ymhell o fwg diwydiant Cwm Tawe.

Deg ar hugain oed oedd Michael pan ddechreuodd ei waith fel glöwr ac ni allai ei amgylchiadau gwaith fod yn fwy gwahanol na'i waith ar gaeau cefn gwlad Rhydlewis. Swyddog glowyr ardal y glo caled pan oedd Michael yno oedd Jim Griffiths, a ddaeth yn Aelod Seneddol Llanelli, ac ef oedd Ysgrifennydd Gwladol cyntaf Cymru. Un o'r 'cryts' yn y Cross oedd Peter Rees. Heddiw, fe yw cyn-chwaraewr hynaf tîm rygbi'r Scarlets sy'n dal yn fyw. Cafodd ei gap cyntaf dros Gymru yn 1947 ond yn grwt oedran ysgol roedd yng ngwaith glo'r Cross:

> Roedd fy nhad wedi dweud wrtha i'n gyson, 'Os na fyddi di'n gweithio'n galed yn yr ysgol, trowsus *moleskin* fydd i ti!' Dyna'r bygythiad o'dd 'da fe wastad ac ro'dd e'n fygythiad real iawn. Ro'n i yn Ysgol Ramadeg y Gwendraeth, ond do'dd dim diddordeb 'da fi mewn gwaith ysgol o gwbwl. Cwrso pêl rygbi a chwrso merched o'dd fy unig ddiddordebe! 'Nes i ddim gwrando arno fe, a dan ddaear es i'n 14 oed yn gwisgo'r trowsus *hard wearing*, garw yna.
>
> Cyn hir, ro'n i'n gweithio ochr yn ochr 'da Michael James, yn un o'r cryts yn 'i helpu fe, yn casglu'r glo ro'dd e'n cael mas o'r talcen a'i roi wedyn yn y drams er mwyn mynd â fe i'r wyneb. Boi tawel iawn o'dd Michael, digon ffein wrth bob un ohona ni.

Wrth i'r ardal newid, ac i newydd-ddyfodiaid fel Michael James setlo yn yr ardal, cafodd hynny ddylanwad amlwg ar iaith y cwm. Daeth acenion Cymraeg amrywiol i gymysgu gydag acen naturiol Cwm Gwendraeth. Ond hefyd wrth gwrs, daeth pobl nad oedd yn siarad Cymraeg o gwbwl i fyw yn yr ardal.

Yn ei *Study in Nationality* yn 1912, mae J Vyrnwy Morgan yn sôn am y newid ieithyddol a oedd yn digwydd i gymunedau Cymru yn y blynyddoedd cyn y Rhyfel Byd Cyntaf. Dwysáu wnaeth y broses a ddisgrifir ganddo yn y blynyddoedd pan oedd Carwyn yn byw yng Nghwm Gwendraeth:

> Mae'n wir dweud fod yna fwy o Gymry yn siarad y Gymraeg heddiw nag mewn unrhyw gyfnod a fu. Ond mae llawn cyn wired bod mwy o Gymry yn siarad Saesneg heddiw, sy'n ystyriaeth lawer pwysicach.

Cwm Gwendraeth Carwyn James

Doedd y pentre yr adeg honno ddim yn edrych fel pentre glofaol. Roedd yn fwy gwasgaredig o lawer – ambell res o dai fan hyn a fan draw a chae neu ddarn o dir rhyngddyn nhw. Tai cerrig, dau yn sownd yn ei gilydd oedd y rhan fwyaf, a sawl tŷ yn sefyll ar ei ben ei hun hefyd. Prin iawn oedd y rhesi o dai teras a gysylltir â phentre glofaol traddodiadol. Ar un olwg, roedd y Cefneithin y ganwyd Carwyn iddo'n ddigon tebyg i Rydlewis ei gyndadau. Pentre bach gwledig. Doedd dim tafarn yno. Un capel yn unig a alwai'r ffyddloniaid ynghyd. Er ei fod yn lle bach, roedd wyth siop yno.

Roedd dwy siop ar Hewl yr Ysgol, gan gynnwys siop Morris ar gornel y stryd fawr, lathenni o gartre Carwyn. Siop yn gwerthu tipyn bach o bopeth a man cyfarfod cymdeithasol pobl Cefen, fel siop Dan Teilwr yn Rhydlewis. Ond nid dysgu adrodd, barddoniaeth a llenyddiaeth oedd ffocws y cymdeithasu yma. Roedd bwrdd darts yn y pasej ar y ffordd i mewn a bwrdd yn y siop ei hunan lle'r ymgasglai'r dynion i chwarae cardiau. Yn eu plith roedd Michael James. O gwmpas y ford byddai'r sgwrs yn troi at weithgaredd y pwll; pynciau llosg a fyddai'n gwasgu ar y glowyr; y caledi, y streiciau, a'r hyn roedd gan y pregethwr i'w ddweud o'r pulpud y Sul cynt. Masnach yn hytrach na diwylliant oedd curiad mangre cymdeithasu Cefneithin wrth i'r cryts a'r crotesi redeg i mewn ac allan o'r siop i gael losin.

Ochor draw'r hewl safai siop y crydd. Ond doedd y crydd hwn ddim yn un a fyddai'n denu'r bobl leol i'w weithdy i drafod a segura fel mewn sawl pentre arall. Chwarae'r ffidil oedd ei ddiléit a chwaraeai mewn sawl cerddorfa, gan gynnwys yr un yn Theatr y Grand yn Abertawe. Drws nesa, yn sownd iddo fe, roedd siop yr ironmonger ac yna drws nesa lan, siop John. Gwnâi ei arian drwy werthu bwyd ffowls a bwyd anifeiliaid gan ei ddosbarthu drwy'r ardal. Y tu allan iddi roedd pwmp petrol. Roedd John yn berchen ar nifer o dai yn yr ardal, a byddai'n eu rhentu i lowyr a ddeuai yno i chwilio am waith. Roedd ei denantiaid yn ganran uchel o'i gwsmeriaid hefyd.

Yn Siop Get gyferbyn câi'r bara ei grasu. Ychydig yn is i lawr y pentre roedd siop Swithybank, un o gadwyn o siopau ym meddiant teulu dŵad a chanddynt siopau yn Rhydaman a Chapel Hendre hefyd. Ac yna, filltir lawr yr hewl ym mhentre Gorslas, roedd y Co-op. Unwaith yr wythnos, byddai byddin o wragedd tai yn cerdded 'nôl i Cefen o'r Co-op, a'u bagiau yn llwythog. Efallai fod yr un nifer o siopau yn Rhydlewis a Chefneithin, ond roedden nhw'n adlewyrchu ac yn creu cymdeithas dra gwahanol.

Rhentu tŷ wnaeth Michael James, ac roedd perchennog Rose Villa yn byw drws nesa iddo yn ei gartre ei hun, sef rhif 1, Hewl yr Ysgol. Bu farw perchennog y tŷ yn 1920 pan oedd ei fab Eifion yn wyth mis oed. Ar ddiwedd yr Ail Rhyfel Byd, priododd y mab â Nancy Williams, a symudodd hithau i Rhif 1 at ei gŵr newydd:

> Roedd hi'n drwm ar fam Eifion, achos roedd tri o'i brodyr hi a'i thad hefyd yn byw yn y tŷ pan fu farw tad Eifion. Felly ro'dd llond tŷ drws nesa pan symudon nhw i mewn.

Roedd ewythrod Eifion i gyd yn gweithio yn y gwaith glo. Glowyr oedd cymdogion Carwyn ar bob llaw ac yn rhif pump wedyn, teulu Grant Peregrine:

> Roedd Carwyn a fi 'nôl a mlaen yn nhai 'yn gilydd drwy'r amser ac ro'dd ei dad, Michael, yn galw'n amal yn tŷ ni hefyd. Ro'dd Dad yn gweithio shifft nos ac ar ôl iddo fe ddod gatre o'r gwaith, bydde Michael yn galw ar ei ffordd i'w shifft ddydd e. Ro'dd e ishe

gwybod beth o'dd wedi digwydd yn y gwaith dros nos, beth o'dd y trafod, beth o'dd y storïe. Miwn â fe i tŷ ni i ga'l clonc 'da Dad cyn bod y gweddill ohona ni yn y tŷ yn cael brecwast!

Roedd llond tŷ yng nghartre'r Peregrines; pob stafell wely yn llawn a mwy nag un yn rhannu. Er mwyn gwneud lle i bawb yn y stafelloedd lawr llawr, ac yn bwysicach fyth efallai, er mwyn cadw sancteiddrwydd y parlwr dan glo, byddai oriau bywyd bob dydd y Peregrines, fel y Jamesiaid, mewn un stafell glyd benodol:

Y rwm byw o'dd y sied yn yr ardd, gyferbyn â drws y bac. Ro'dd Rayburn 'na a ford weddol o seis ar ei bwys. Fan'na bydden ni'n byta bwyd yn amal iawn. Ro'dd yr un peth gyda'r Jamesiaid yn Rhif 2 a sawl tŷ arall yn yr hewl. Ro'dd e'n lle twym, cysurus.

Pan fyddai mam Carwyn neu mam Grant wedi mynd ar neges byddai un yn bwydo plentyn y llall yn rheolaidd. Roedd y ddau yn rhannu un gweithgaredd hoff hefyd:

Do'dd dim cwningod rownd ein hardal ni, achos y gwaith dan ddaear ma'n siŵr. Yr hyn o'dd ar ôl i ni wedyn o'dd saethu brain. Ro'dd Carwyn a fi'n dwli neud 'ny. Bydden ni rownd yng ngerddi'n gilydd, yn saethu'r brain oddi ar do'r tŷ neu'r sied.

Pan ddaeth yn un o fechgyn hŷn yr ysgol gynradd, câi Carwyn gais arbennig bob Nadolig. Dywed Grant Peregrine mai i Carwyn byddai'r postfeistr yn gofyn am help i ddosbarthu'r llythyron a'r cardiau ar adeg prysura'r flwyddyn.

Yn ôl Gwynne D Evans a fu'n athro arno yn ysgol fach y pentre, roedd presenoldeb y crwt bach wedi gwneud argraff arno:

Gan mai dim ond yr ysgol ac un tŷ oedd rhwng fy nghartre i yn Siop y Post a Rose Villa, cartref Carwyn, mae'n debygol 'mod i'n ei nabod oddi ar ei blentyndod. Ond y tro cynta i mi gymryd sylw arbennig ohono oedd pan soniodd Mam amdano fel y crwt bach dan oed ysgol yn siopa dros henoed a chleifion Heol Holven, gyda phob eitem yn saff ar ei gof a phob cownt yn gywir i'r ddime. Gwnaeth hyn barhau pan oedd Carwyn yn hŷn hefyd.

Roedd Mam yn arfer dal ar y cyfle i helpu myfyrwyr i ennill tipyn o arian poced trwy gynnig gwaith iddynt dros y gwyliau. Daeth tro Carwyn i sefyll y tu ôl i gownter y Post ac i sylweddoli fod hwnnw'n fwy na lle i gynnal masnach y P.O. Yno, dan deyrnasiad Mam, byddai Biwro Cyngor Dinesig answyddogol y pentre yn cyfarfod. Clywais hi'n dweud fwy nag unwaith ei bod yn synnu gweld bachgen mor ifanc yn ennill ymddiriedaeth pobol mor llwyr a chyflym. Byddai bob amser yn barod i wrando a chynghori, cysuro neu longyfarch yn ôl y galw, ac yn gwneud hynny'n gwrtais a didwyll heb arlliw o 'fusnesan'. Onid ei allu i greu empathi o'r fath oedd ei gyfrinach fel hyfforddwr? Erbyn y daith i Seland Newydd 1971, roedd wedi perffeithio'r grefft.

Mae darlun clir o blentyndod a chynefin Carwyn yn ffurfio felly. Ond mae'n werth troi'n sylw at yr hyn roedd gan Carwyn ei hun i'w ddweud am y dyddiau hynny.

Cwm Gwendraeth yng ngeiriau Carwyn James

Pan oedd Carwyn yn oedolyn, penderfynodd ddechrau ysgrifennu nodiadau a'u cadw at greu hunangofiant, er na welodd y gyfrol honno olau dydd, yn anffodus. Mae ambell ddarn o hunangofiant Carwyn wedi'u cynnwys yn y gyfrol a olygwyd gan John Jenkins, *Un o 'Fois y Pentre'*, ac yng nghyfrol Alun Richards, *Carwyn: a personal memoir*. Dywed y gyfrol Gymraeg mai yn y gyfrol honno y gwelodd y nodiadau hynny olau dydd am y tro cyntaf. Dydy hynny ddim yn gywir. Fe'u cyhoeddwyd yn y *Western Mail* un mlynedd ar ddeg ynghynt, ym mis Gorffennaf 1972. Dyna pam, mae'n siŵr, mai yn y Saesneg maen nhw'n wreiddiol. Cymro i'r carn, ond dim ond yn Saesneg mae ei atgofion ef ei hun am ei blentyndod.

Diddorol nodi i nifer o'r paragraffau hyn gael eu cyhoeddi yn y *Western Mail* yn ystod haf 1972, wedi iddo brofi llwyddiant ysgubol gyda'r Llewod yn Seland Newydd. Roedd sylw'r byd arno ac yntau ar fin wynebu'r Crysau Duon gyda'i glwb Llanelli,

4   WESTERN MAIL, MONDAY, JULY 24, 1972

PERSONAL COLUMN

Carwyn James

A NEIGHBOUR'S turn to kill a pig, and we shall have the bladder to play with and faggots for supper. I like the aftermath, I hate the killing, but like a feast day it is in the air and, hiding behind my brother, I am drawn by fear to peer round the corner, to see and not to see, and I despise Dai Y Morchwr for his sharp knife, his butcher's apron, his boiling water, and I despise him even more for not being afraid.

The greedy animal, fat and over-fed by a few score pounds, maintains a piercing high screech as he fights to the death. Now it is all over, he is as dead as the last one, and as he hangs from the ceiling dripping red blood, he suddenly twitches nervously and I run away.

DAFYDD Jones kneels and gropes for his favourite Godly idioms, slowly, falteringly, seeking help from the occasional lengthy neighing cough, and I feel nervous and want to help him because phrase them all many times before. With my left hand on my face I open two fingers just slightly to peer at the slow moving finger on the large face of the clock made in Birmingham, and note with relief, as he hits second gear, that 10 minutes have gone.

Another five and a whole torrent of words, of bits of hymns and scripture, coughless and unpunctuated, will pour forth into a mad over-drive crescendo, and I shall wipe the sweat from my brow. I like Dafydd Jones, and I practise his Wednesday prayer on my own, in private. Tonight it is hard going, the sun is still hot outside, and above the buzzing of claustrophobic bees I can hear the thud of ball on bat, of bat on ball, and the occasional recognisable soprano appeal. As William Rees kneels I wonder if I will still get a knock before going home.

I ATTEND my first funeral, a large funeral of men only, and the singing is loud and I feel small and glad that my father is with me. I look around the gallery of dark suits, white collars and black ties, and count the blue and black scars on the faces and on the huge hands holding the white pamphlets.

I feel sorry for John and David crying in the front row of the mourners, and when Mr. Jones, the minister, refers to the passing of a young man, I do not understand. I look at the pamphlet again and find that he was quite old. He was 36. We leave the chapel and stand outside, and I listen to two strangers.

"Great pity, full of silicosis, poor chap, and so young."

"Let's hope his wife gets compo."

"Ai, more than his mother did. Old Ianto was full of it too, but they said he died of a heart condition. A bloody heart condition, I ask you. And there are thousands like him."

"It's about time they did something about it."

As we walk home quietly I think of the "they" and do not understand, and then begin to count the thousands, and by the time I have reached 500 we are home and tea is ready and I forget the thousands. And I soon forget John and David's father . . . and mother.

I DO not like the sickly smell of new leather or the fumes and welcome the break at Carmarthen and Pont Henllan to change buses. The rounded hills, the wooded slopes and the animals in the field are a joy, and to arrive in Rhydlewis is like entering the promised land. I had looked forward to it so much, keeping awake at night as I did on Christmas Eve and on the eve of the Sunday school trip, and I had travelled hopefully on many occasions, but those nocturnal journeys were as nothing compared with the real experience.

And here I am in Moelon, a dairy farm, and everyone speaks nervously and quickly in my mother's Welsh and in Moelon's Welsh and I feel at home as if it were Nantoer, a family novel which my mother was so proud to read to us during the long winter nights before we had a radio because she knew the author. I rush out to meet the cows and the calves, pretend to look at the bull and ride on my uncle's tractor, and savour the prospect of a month's holiday in the heart of South Cardiganshire away from the coal dust and the black pyramids, and I decide not to be homesick.

Before going to the Y.M. to play ping-pong and snooker and renew friendships made last year, I call on Dan Teilwr and Ianto Bass and they tell me yet again about my grandfather whom I had never seen, a carpenter, a real craftsman and master builder, so they claim, and they go into ecstasies over another forebear who apparently was a poet or, as I suspect, a versifier.

I feel I belong, that my roots are here, and I feel guilty that I am the only one of the family not born a Cardi. Tonight I am not just a small boy, but the Romantic who has found his Ynys Afallon away from the realities of life, the school, the dread of the ambulance and the siren.

MONDAY, JULY 24, 1972.

PEOPLE do not keep pigs anymore. The same phrases fill the vestry every Wednesday night. The miner's widow still carries, despite years of medical research and the feeble excuses of Members of Parliament. And Rhydlewis has changed.

Carwyn James, coach to the victorious British Lions rugby team last year, is to be admitted to the Gorsedd's white robed order of druids of the National Eisteddfod in Haverfordwest next month.

A frequent broadcaster on Welsh topics, he is a lecturer at Trinity College, Carmarthen.

Rhai o atgofion Carwyn o'i blentyndod, yn y *Western Mail*, 1972.

a'r cynnwrf am y gêm honno'n aruthrol. Roedd wedi sefyll dros Blaid Cymru yn etholaeth Llanelli yn Etholiad Cyffredinol 1970. Felly, er i lwyddiant, enwogrwydd a phrysurdeb ddod i'w ran, myfyrdodau ar ei blentyndod a geir ganddo a'r pwyslais ar ei wreiddiau. Atgofion bore oes. Dyn ar y brig yn edrych 'nôl ar ei blentyndod mewn ffordd mor wresog. Doedd llwyddiant ddim wedi lleddfu ei deimladau, na newid ei ffordd o weld bywyd.

Mae darllen am ei blentyndod yn magu arwyddocâd pellach o gofio'r adeg pan gawsant eu hysgrifennu.

Mae'r tri darn cynta yn ymwneud ag Ysgol Gynradd Cefneithin a chwarae ar y stryd, ac yntau'n blentyn ifanc iawn. Ynghanol y sbri diniwed, mae'n amlwg yn ymwybodol o'r cysgodion sy'n llechu mewn cymunedau o'r fath:

I go to school early, in the morning, Vivi, Gwyn and Llyn are already there and we play soccer with a small, soft ball on the hard playground. The smallest and youngest, I play with Cliff because he is bigger and older but we lose. I loathe playtime. I have to drink milk, which I hate, so I stuff my mouth with chocolate biscuits before gulping the cold milk down: I feel sick. I lose most of my break and most of the game and I'm very angry. I sulk in the lesson: refuse to listen to Miss Jones, Standard Two, who in her anger raps me on the knuckles.

Every evening after school, we play on our road, Hewl yr Ysgol, two brothers versus two brothers, Meirion, the eldest and I, the youngest, against our brothers, Dewi and Euros. We play touch rugby but, as always, touch becomes tackle. We quarrel: Meirion fights Euros, and I kick Dewi on the shins, before bolting to hide in the cwtsh dan stâr. In the afternoon we play again and sometimes I can beat them with a side-step. I believe I'm Haydn Top y Tyle or Bleddyn. I love these games, but especially I love playing cricket on the road, for the ball somehow grips better on the road and I can bowl Peter round his legs. I think I'm Doug Wright and occasionally I'm Johnny Clay, but although I bowl better when I'm Doug Wright, I support Glamorgan and a photo of the team hangs in my bedroom.

Cricket on the road and I'm batting. The ball runs down the hill from an immaculate Emrys Davies drive over the bowler's head. An ambulance, the one vehicle feared by a miner's son, turns the corner and is coming towards us. We step on to the pavement. I can feel the uneasy silence. The dreaded ambulance comes slowly up the slope, over the pitch and the three stones, our wickets, and, at least, passes my home. From relief I hit the next ball wildly on the leg side into Ffynnon-cawr's hayfield: and I'm out.

Yng nghanol y mwynhad a'r sbri, mae yna gysgodion a

thawelwch anesmwyth. Mae Carwyn yn ymwybodol iawn o'r rhain drwy'r amser.

Mae ei ddewis o ffrindiau i chwarae gyda nhw yn arwyddocaol: chwarae gyda Cliff am ei fod yn fwy ac yn hŷn; ei bartner yn y gêm rygbi cyffwrdd yw Meirion, 'the eldest'. Cymerodd gysur o gadernid presenoldeb bechgyn hŷn. Meibion fferm oedd Meirion ac Euros, eu rhieni'n ffermio Ffynnon a'r unig ddau nad oedd yn feibion i lowyr. Roeddent yn ffrindiau da gyda Carwyn, a bywyd y ffarm yn rhan gyson o'r chwarae gyda'r ddau frawd. Arwydd amlwg o natur ddeuol cynefin Cefneithin.

Mae'n amlwg fod gan Carwyn gof da. Cofiai'r adeg pan oedd yn dair blwydd oed, ac unwaith eto, yr angen i deimlo cadernid. Mae'n sôn am waelod eu gardd yn Rose Villa, un a oedd yn cefnu ar y cae lle'r oedd y dynion yn chwarae rygbi. Roedd bwlch yn y clawdd, er mwyn iddo yntau a'i ffrindiau redeg drwyddo i chwarae, a hefyd er mwyn iddo allu sefyll yno gyda'i dad i wylio gemau rygbi.

I'm afraid to watch on my own lest I fall off the gap in the hedge, my hiding place, on to the playing field, and I don't like the stinging nettles. I plead with my father to stop working in the garden, to stop admiring the grunting pig and to take me to watch the 'beetball'. I hold his large, warm, collier's hand and I feel safe, and I watch the huge men throwing the ball around. I enjoy watching them and I think my father does too, perhaps only because his three year old son is so quiet. Their voices, coarse and primitive, frighten me.

I'm nine. A Saturday afternoon in late March, and Cefneithin are at home to Trimsaran. My job is to recover the ball from the gardens. The gardens are neat and tidy, and I've had strict orders from Dat and the neighbours to tread gently and to avoid the onion beds during the match. The touchline, which I guard, is only a yard from the hedge protecting the gardens, so usually I'm kept busy.

This afternoon is no exception as Trimsaran play to their forwards, and their halves kick a lot. Geraint, our fly-half, is playing well, whilst on two occasions, running like a corkscrew,

Haydn Top y Tyle almost scores. He eventually does and in my
excitement I fall and I'm stung by the nettles. I swear under
my breath as I get back on my perch just in time to see Iestyn
converting from the touchline. The Trimsaran full-back drops a
lucky goal but we win by five points to four. I dash on to the field
to collect the balls and to pat the players on the back as they make
their way to the school to bath in the small tubs. I accept my
three penny bit from Dai Lewis, the ironmonger, who is the club
secretary and I look forward to spending it later in Eunice's fish-
and-chip shop.

Iestyn Evans, one of my heroes, is out practising his place-
kicking. I can hear the thud of the ball on the hard ground. I join
him. He is a tall man with fair, wavy hair, and freckles, and for the
occasion, he wears large, brown shoes and has a kick like a mule.
Standing behind the goalposts, miles from Iestyn, I try to catch
the ball before it bounces and then I use all my strength to kick it
back to him. I'm pleased when he says that one day I shall play for
Cefen.

Mae'r geiriau yma'n adlais o'r hyn ysgrifennodd Carwyn
mewn pennod yn y gyfrol *Crysau Cochion* – casgliad o erthyglau
ar Gymry amlwg mewn sawl camp wahanol, a gyhoeddwyd
yn 1958. Dyma'r llyfr Cymraeg cynta i groniclo llwyddiannau
Cymru amlwg y byd chwaraeon, wedi'i olygu gan Howard
Lloyd. Dyma ddywed Carwyn:

... clywais fy rhieni'n sôn am fy ngholli ar brynhawn Sadwrn, yn
dwlpyn teirblwydd swil, na feiddiai fynd byth o olwg y tŷ, a'm cael,
ar ôl oriau pryderus o chwilio, yn cwato'n llonydd o olwg pawb ac
yn pipo ar y chwarae ar barc y pentre sydd am y terfyn â'n gardd
ni.

Ar ei gyfaddefiad ei hun, roedd yn blentyn swil ac eiddil.
Roedd yn ofni lleisiau cryf ac roedd ysfa gref ynddo i deimlo'n
saff. Plentyn a deimlai'r angen i gydio mewn llaw.

Cyfeiria at gymeriad arall a fu'n gymaint o ddylanwad ar
bentre Cefneithin, nid dim ond arno fe. Haydn Top y Tyle
yw hwnnw. Roedd yntau, ynghyd â chymeriad arall, Lloyd

Morgan, yn fawr eu dylanwad ar Carwyn a'i ffrindiau drwy eu plentyndod. Yn Heol y Dre, neu Hewl y Baw fel mae'n cael ei hadnabod yn lleol, roedd y ddau yn byw a hynny drws nesa i'w gilydd.

Haydn oedd seren y tîm rygbi, y maswr disglair a ddenai edmygedd ei gyd-chwaraewyr a'r bechgyn ifanc fel ei gilydd. Daeth Carwyn i'r oedran i allu derbyn cyfrifoldeb pwysig iawn ym mywyd pentre fel Cefen. Cafodd gais i gario sgidiau rygbi Haydn. Dyma anrhydedd a oedd yn ddefod newid byd. Sefydlodd ef Carwyn yn rhan o fywyd y clwb a'r pentre yn ei ffordd syml, ddiniwed ei hun.

Daeth y rhyfel, ac roedd Haydn yn un o'r nifer o ddynion yn y pentre a aeth i ymladd dramor, i'r llynges yn ei achos ef. Cafodd le ar yr *HMS Hood*, y llong fwyaf yn y llynges yr adeg honno. Ym mis Mai 1941 drylliwyd y llong, wedi iddi gael gorchymyn i fynd ar ôl dwy o longau rhyfel yr Almaenwyr allan ym Môr yr Iwerydd, y *Bismarck* a'r *Prinz Eugen*. Cafodd yr *HMS Hood* ei tharo gan daflegrau'r llongau Almeinig a suddodd o fewn tair munud, gyda 1400 o ddynion ar ei bwrdd. Tri lwyddodd i ddianc yn fyw, ond doedd Haydn Top y Tyle ddim yn un o'r tri. Siglwyd pentre Cefen gan farwolaeth un o sêr yr ardal mewn trychineb erchyll.

Glôwr oedd Lloyd Morgan a aeth dan ddaear yn 14 oed. Tua'r un adeg ag y collodd Haydn ei fywyd, daeth Lloyd allan o'r pwll am y tro olaf, a'r label 'hundred percenter' yn cael ei roi arno. Roedd y niwmo, neu'r *pneumoconiosis* a felltithiodd fywydau miloedd o lowyr, wedi cydio ynddo gant y cant. Doedd dim modd iddo barhau i weithio ac yntau ond yn ddeg ar hugain oed.

Roedd ei chwaer yn byw yng Nghefneithin hefyd, ac roedd ganddi hi chwech o blant. Fe symudon nhw i Heol y Parc, yn union gyferbyn â chefn cartre Carwyn, a'r cae chwarae yn eu gwahanu. Glowyr oedd yn byw mewn 21 o'r 24 tŷ yn Heol y Parc, stad newydd o dai cyngor pan symudodd y teulu yno. Pan ddaeth geiriau Iestyn Evans yn wir, a Carwyn yn cymryd ei le fel maswr yn nhîm Cefen, cafodd un o bedwar mab chwaer

Lloyd gario sgidiau rygbi Carwyn – fel y gwnaeth Carwyn i Haydn Top y Tyle. Y mab hwnnw oedd Barry John. Mae Barry John yn dechrau ei hunangofiant, *The Barry John Story*, trwy ddweud ei fod yn pitïo nad oedd ei Wncwl Lloyd wedi byw'n ddigon hir i'w wylio'n chwarae dros Gymru. Mewn adlais gref o'r oedfa goffa i Carwyn, mae Barry'n disgrifio angladd Lloyd, a'r pentre i gyd yn bresennol ar ddechrau ei gofiant. Dywed hyn gryn dipyn am Lloyd.

Fe fyddai Carwyn yn gyfarwydd iawn â Lloyd pan oedd yn blentyn gan ei fod yn ymwelydd cyson â theulu Grant Peregrine. Lloyd oedd y dyn a fyddai'n mynd o dŷ i dŷ yn casglu tocynnau betio pawb, a châi ei adnabod yn lleol fel Lloyd y Bwci. Byddai Michael James yn un o'r dynion a fyddai'n mynd i dŷ'r Peregrine's er mwyn rhoi ei slip betio i Lloyd. Yn ôl Llŷr James, nai Carwyn, roedd Haydn a Lloyd yn ddau bresenoldeb mawr ym mywyd Carwyn gan y byddai ei ewythr yn sôn amdanynt yn gyson. Roedd bywydau'r ddau yn dweud cryn dipyn am fywyd Cefneithin: maen nhw'n ymgorfforiad o'r gwerthoedd a'r patrymau byw a roddodd siâp i fywyd Cefen.

Ynghanol y gwerthoedd hynny, mae'r capel ac un dyn dylanwadol arall:

Dafydd Morris next door, with whom I go to the prayer meetings in Tabernacl, kneels, and his mind gropes for his favourite Godly idioms, slowly, falteringly, seeking delay from the occasional lengthy neighing cough. I feel nervous and want to help him as phrase leads to phrase for I have heard them all so many times before. With my left hand over my face, I open two fingers slightly enough to peer at the slow, moving finger on the large face of the clock – made in Birmingham – and note with relief, as Dafydd hits second gear, that ten minutes have gone. Another five, and the whole torrent composed of bits of hymns and scriptures, but coughless and unpunctured, will pour forth in a mad over-drive crescendo, and as he ends I shall wipe the sweat from my brow. I like Dafydd Morris, and I practise his Wednesday prayer on my own in private. Tonight, in the chapel vestry, the going is hard: the sun is still hot outside, and above the buzzing of claustrophobic bees I can hear the thud of ball on bat, of bat on ball, and the occasional recognisable soprano appeal. As in turn Thomas Evans kneels, I wonder if I shall have a knock before going home.

Dafydd Morris oedd yr hen ddyn yn byw yn rhif 1, Hewl yr Ysgol, sef cartre'r teulu oedd yn berchen ar Rose Villa. Roedd gan yr hen ŵr rhyw gyfaredd dros Carwyn. Nid yn unig âi'r crwt bach law yn llaw ag e i'r cwrdd gweddi yn ystod yr wythnos, ond âi i'w weld sawl bore yn ystod yr wythnos hefyd a dyna lle byddai'r ddau yn gwrando ar yr oedfa fore ar y radio, Carwyn yn eistedd yng nghôl Dafydd Morris. Mae Nancy Williams yn cofio'i gŵr, Eifion, yn sôn am hynny droeon, ac yn rhyfeddu bod crwt mor ifanc yn dangos diddordeb i wneud y fath beth. Mae chwaer Carwyn, Eilonwy, hefyd yn cofio'i brawd bach yn diflannu'n ddisymwth. Yn y rhaglen, *Diacon y Sêt Gefen*, rhaglen deyrnged a wnaed gan BBC Cymru i'w gofio ddwy flynedd wedi'i farw, dywed:

> Pan o'dd e tamed bach yn henach, bydde fe'n gadael y plant eraill a bydde fe ddim yn gweud ble bydde fe'n mynd. Ond mynd i'r cwrdd gweddi o'dd e.

Wrth glywed sylwadau gan ffrindiau iddo'n hwyrach yn eu bywydau, yn sôn am arferiad Carwyn o fynd i'r cwrdd gweddi, does dim un ohonyn nhw'n mynegi syndod iddo wneud hynny. Yn hytrach, ceir yr argraff y byddai Carwyn yn siŵr o wneud yr hyn roedd am ei wneud beth bynnag fyddai ymateb ei ffrindiau. Cafodd Carwyn ei dderbyn yn aelod cyflawn o gapel y Tabernacl yn 1946, ac yntau'n dal yn grwt ysgol. Erbyn 1955, roedd yn ddiacon ac yn ysgrifennydd gohebol y capel, ac yntau ond yn bump ar hugain oed. Cadwodd y cyfrifoldeb hwn am bron i chwarter canrif. Yn ôl Eifion, un o feibion y gweinidog, Morley Lewis:

> Roedd hi'n amlwg wrth ei osgo mewn oedfa fod Carwyn yn cael blas ar wrando'r Gair yn cael ei gyhoeddi a'i fod yn awyddus i ddysgu

mwy am Grist a'i Deyrnas. Pwysai ymlaen wrth wrando, â'i law ar
ei ên, ac wedi'r oedfa byddai'n awyddus i drafod rhyw bwyntiau
a godwyd yn y bregeth. Byddai'n aml yn cyfeirio at bregethau a
glywsai a châi pob pregethwr air o werthfawrogiad ganddo.

Doedd pob profiad crefyddol, fodd bynnag, ddim yn un
ffafriol i'r bachgen bach. Gadawodd un profiad argraff ddofn
ar galon feddal Carwyn a dod ag e i sylweddoli pa mor fregus
oedd bywyd mewn ardal lofaol:

> I attend my first funeral, a large funeral composed of men only,
> consequently the singing is loud, incredibly loud even for a chapel,
> and I felt small, glad that my father is with me. I look around the
> gallery of dark suits, white collars and black ties and I'm compelled
> to count the blue and black scars on the faces and on the large
> hands holding the white pamphlets. I count Dat's as well.
>
> I feel sorry for John, Mair, and David, crying in the front row
> of the mourners, but when the Reverend Llywelyn Jones refers to
> the passing of a young man, I don't understand, for I look at the
> pamphlets again and find that he was quite old. He was 36. We
> leave the chapel and stand outside and while my father lights his
> Woodbine I listen to the two miners I had never seen before.
>
> 'Pity, full of silicosis, poor chap, and so young.'
>
> 'Let's hope his wife gets compo.'
>
> 'Ai, more than his mother did. Old Ianto was full of it too, but
> they said he died of a heart condition. A bloody heart condition, I
> ask you. And there are hundreds like him'.
>
> 'It's about time THEY did something about it'.
>
> As we walk home quietly, I soon forget John and Mair and
> David's father… and mother. I'm no better than 'They'. Perhaps Dat
> won't get silicosis.

Yn ogystal â'r capel roedd un adeilad arall yn gyrchfan
bwysig i bobl y Cwm, Neuadd y Cross. Dyna sut y câi ei alw
ar lafar ond y Welfare Hall oedd yr enw swyddogol arno.
Wrth groniclo hanes y neuadd, dywed Lyn T Jones fod
galwedigaethau ac enwau y rhai a oedd ynghlwm â'r bwriad
i agor neuadd a llyfrgell gyhoeddus yn Cross Hands yn
adlewyrchu natur yr ardal ar y pryd – dau ddoctor, siopwr,

rheolwr pwll glo, gwneuthurwr celfi, dau atalbwyswr, saer maen a saith glowr.

Wedi i'r neuadd agor, trodd i fod yn ganolfan brysur, boblogaidd. Roedd cynyrchiadau dramâu a sioeau amrywiol yn boblogaidd yn yr ysgolion cynradd. Ond wedi agor Neuadd y Cross, roedd llwyfan dipyn yn fwy gan y trigolion i ddangos eu doniau. Tystia Carwyn i'r traddodiad celfyddydol hwn:

> In Standard Five my favourite afternoon is Friday, an afternoon of drama, music and games. I like drama except when the teacher asks me to do something on my own in front of the class. I feel proud that our teacher, Mr Evans (we call him Gwyn Shop behind his back because his parents run the combined Post Office and Shop opposite the school) writes plays and is a drama producer. He also helps Cecil James, a fine local musician, to produce the opera, and once I was invited to take part in Smetana's *The Bartered Bride*. I thus prefer the Welfare Hall to the Cinema, and I often go with my mother to the Hall to see the plays of Dan Matthews, Edna Bonnell, Gwynne D. Evans and Emlyn Williams, and on one memorable occasion, I even went to see Lewis Casson and Sybil Thorndyke.

Yr un flwyddyn ag yr ymddangosodd ei atgofion bywgraffyddol yn y *Western Mail*, recordiwyd rhaglen i gyfres *Holi Hynt* y BBC, a Carwyn yn westai i'r cyflwynydd Huw Jones. Darlledwyd y rhaglen yn Ionawr 1973. Ynddi, mae Carwyn yn sôn am ddylanwad Gwynne D Evans ac yn dewis golygfa mewn un o'i ddramâu i'w chwarae ar y rhaglen. Fe enillodd *Angladd i Bawb* gystadleuaeth ddrama gan BBC Cymru y flwyddyn honno. Wrth sôn am ei gyn-athro yn ysgol gynradd Cefneithin, mae Carwyn yn cyfeirio ato fel 'Sean O'Casey Cymru'. Roedd wastad yn ymwybodol o le ei dreftadaeth ei hun fel rhan o ddarlun ehangach treftadaeth ddiwylliannol y tu allan i Gymru.

Ernest Evans oedd un o'r actorion yn *Angladd i Bawb*, a daeth yn adnabyddus yn ddiweddarach fel un o sêr *Pobol y*

Cwm. Dyn o Cross Hands ydoedd, ac un y byddai Carwyn yn ei weld ar lwyfan dramâu amatur lleol. Roedd yn nai i W J Jones, prifathro ei ysgol gynradd, dyn a enillodd gap dros Gymru ac un arall a dylanwad ganddo ar Carwyn. WJ oedd y chwaraewr a ddechreuodd y symudiad arweiniodd at gais Ernie Finch dros ei glwb yn erbyn Crysau Duon 1924 – yr Invincibles, fel y cyfeirir atyn nhw. Roedd WJ yn fachwr i Lanelli ac Ernie Finch yn chwarae ar yr asgell i'r un clwb.

Yn ei nodiadau bywgraffyddol, mae Carwyn yn cysylltu byd y ddrama gyda'i gariad at rygbi: 'Gwynne D Evans is an all-round sportsman, while W J Jones played for Llanelli and had one cap for Wales as a hooker. I love the games lessons, particularly when we play rugby, for like WJ I also want to play for Wales.'

Yn y gyfrol, *Carwyn: Un o 'Fois y Pentre'*, mae WJ yn sôn am y cyswllt rygbi rhwng y ddau:

> Ambell dro, fe fyddai Carwyn yn fy nghyflwyno i fel y dyn a'i dysgodd i chwarae rygbi. Jôc fach breifat oedd hynny, wrth gwrs, gan ein bod ni'n dau yn gwybod o'r gore na 'nes i ddim o'r fath beth. Mae'n wir 'mod i wedi ceisio dysgu elfennau'r gêm i fechgyn yr ysgol ar ambell bnawn Gwener, ac rwy'n cofio canmol Dewi am ei redeg llithrig, ond y ffaith yw fod ei frawd yn rhy ifanc a bach i wneud marc ymhlith cewri Standard 7. Ysgol y Gwendraeth oedd ffatri'r maswyr ac erbyn i Carwyn gyrraedd yno, roedd o leiaf wedi gweld rygbi go iawn ac rwy'n hawlio peth o'r credyd am hynny.

O'i ddyddiau yn yr ysgol gynradd, yn nhridegau'r ganrif ddiwetha felly, roedd Carwyn yn gwbl gyfarwydd, mewn cartre, ysgol a phentre, gyda'r ddeuoliaeth o fod â diddordeb mewn rygbi a byd perfformio ar lwyfan.

Mae un arall o bobl Cefen, Nan Lewis, wedi ysgrifennu am rôl Neuadd Cross Hands a'i gweithgareddau, yn ei bywyd hi a'i thebyg:

> I Neuadd Cross Hands yr aem i weld pob drama. Heblaw am y cwmni drama lleol, deuai cwmnïau eraill atom yn eu tro – Cwmni

Dan Matthews, Pontarddulais; Cwmni Ivor Thomas, Pont Henri a Chwmni Edna Bonnell, Llanelli. Nid gwylio drama y byddem, ond byw yn ei chanol a diflannu i ebargofiant a wnâi ein byd bach ni.

Mae geiriau Gwynne D Evans yn berthnasol, geiriau sy'n cynnig cip cynnar ar un o ddoniau Carwyn, un na chafodd ei ddatblygu:

Rwy'n cofio iddo gyfansoddi drama ar ramant Llyn y Fan. Gwelais berfformiad ohoni a chredais fod llawer o addewid ynddi. Ond methais yn lân â'i berswadio i ddal ati. Eto, doedd yr awydd i gyfansoddi ddim wedi diflannu'n llwyr, ac ychydig amser yn ôl fe gytunasom i gydweithio i gyfansoddi drama o safbwynt y chwaraewyr yn hytrach na'r cefnogwyr. Wedi peth trafod, daethom o hyd i fraslun o gynllun addawol ond oherwydd ei brysurdeb ef a'm segurdod i, dyna i gyd. A nawr…

Roedd byd y corau'n amlwg ym mywyd Cefneithin ac ym mywyd Carwyn. Roedd Michael James yn aelod o un o gorau meibion yr ardal, Côr Cross Hands. Mae Grant Peregrine yn ei gofio'n sôn am ble y dechreuodd ei hoffter o ganu:

"Ti'n gwbod ble dechreuais i ganu?" bydde Michael yn gofyn i ni'n amal, yn llawn cellwair diniwed. "Wel, gyda'r Beulah Merry Boys!" Dw i ddim yn gwybod os o'dd y fath gôr â'r Beulah Merry Boys i'w gael, ond ro'dd Michael yn lico sôn amdanyn nhw ta beth, ac yn dweud mai nhw ddechreuodd ei ddiléit mewn canu.

Etifeddodd Carwyn y diddordeb yn y canu hefyd. Fel ei dad, mae yntau'n cofio ei ddechreuadau cerddorol:

Mr. Jones, the Schoolmaster, is strict and we have to develop a liking for the Modulator because he likes the Modulator. We touch the notes gently to 'lah' as we race up and down the ladder, and then, at the command of his ruler, we leap dangerously from 'doh' to 'soh' to 'doh' and leap down again. How we pray that we are not made to sing on our own, and long for the afternoon break, for the games lesson is to follow.

The Modulator, even, grows on one and I have it in the Band of Hope on Tuesdays as well. I have to practise sol-ffa at home, for Dat, who sings for the village Male Voice, communicates in sol-ffa with the confident air of a man conversing in his mother tongue, and insists that I read the tenor line to harmonise with his bass. I enjoy listening to the Male Voice, and often on a Saturday night I lend my support at an Eisteddfod, feeling so proud when I watch my father, Lloyd Low, W. J. and the demonstrative conductor, Tom Asa Williams, the barber, singing 'Comrades in Arms'. How eagerly I long for them to win, which they usually do.

Mae'n creu darlun hyfryd ohono yntau a'i dad yn cydganu ar yr aelwyd yn Rose Villa. Mae hynny'n dweud cryn dipyn am natur yr ardal ac yn magu arwyddocâd pellach pan ddaeth Carwyn i gysylltiad â gwlad y gân arall, Rwsia, yn hwyrach yn ei fywyd.

Disgrifia ddefod bwysig arall yn ei gymdogaeth:

Today it is our neighbours, Rhys and Menna's turn to kill the pig, so their uncle J P is there, fretful and fussy, to cast a critical eye on the operation. Soon we shall have the bladder to play rugby, and faggots for supper. I hate the killing. Hiding behind my brother, I'm drawn by fear to peep round his legs, fearful, even while eager to see. How I despise Wil y Mochwr for his sharp knife, his scraper which I shall hear and feel for a long time to come, perhaps for ever. The fat creature, over-fed by a few score pounds maintains a piercing, high-pitched screech as he fights for life. His hind legs hang from the ceiling in a vanquished V formation, his warm, red blood drips on the cold, stone floor. It is all over, he is dead as the last one. Suddenly, in defiance of death, he twitches and I run away.

Yn y darnau yma gwelwn allu Carwyn i drin geiriau a llwyddo i greu naws arbennig. Llwydda i droi defod gyffredin a chyfarwydd yn un i hel meddyliau ynglŷn â bywyd.

Hefyd, cawn ambell gip annisgwyl ar gymeriad Carwyn isod:

I'm ten and in Standard Four. The war is on, we have gas masks in cardboard boxes, air-raid shelters in the gardens and a talented Dad's Army in the village of which my father, trained as a marksman on rabbits in Cardiganshire, is a devoted member. I read Rockfist Rogan, RAF, in the *Adventurer*. Suddenly, in the middle of sums, at eleven o'clock exactly, the hooters of Cross Hands, Blaenhirwaun and Tumble colliers combine like massed brass bands at the National to sound the alarm, and at the sharp command of Miss Rachel Ann Jones we dive dutifully under our desks, so we miss all the fun.

For a German bomber, flying very low, is driven by a Spitfire towards the sea at Cefn Sidan. The Germans panic and drop their bombs over Gwendraeth Grammar School, just off-target fortunately, so no one is hurt. That night, as I listen to my friend Aeron, an eye-witness, bragging about what he had seen, I'm consumed with envy; feeling cheated of a memorable experience, of witnessing with my own eyes the skill of a Rockfist Rogan finding his prey, a real German bomber to the kill. To be a pilot, a fighter pilot, is now my only ambition. Goering is the enemy, God is on our side (the Minister told us so, yesterday) and we dutifully hang 'our washing on the Siegfried line' every Monday. I don't sleep well, for I plunge bomber after bomber into the sea at Cefn Sidan. How I long for the war to last until I'm old enough to join the RAF.

Peter Rees, y crwt ifanc a fyddai'n helpu tad Carwyn dan ddaear yng ngwaith glo'r Cross, oedd un o'r rhai a gafodd ei alw i'r pwll ar fyr rybudd i ganu'r seiren honno a glywsai Carwyn. Mae'n rhyfedd darllen geiriau Carwyn a gweld ei fod mor amlwg yn ymhyfrydu yn ei awydd i saethu'r Almaenwyr o'r awyr fel y brain o ben to'r sied. Erbyn heddiw, daw delwedd o Carwyn yr heddychwr i'r meddwl, mor wahanol i'w ddyhead yn Standard Four. Cyfeiria at y Rhyfel yn ei draethawd yn *Crysau Cochion* hefyd:

Nid oeddwn ond prin naw oed yn 1939 ond cofiaf lu o chwaraewyr tîm rygbi Cefneithin yn y cyfnod cyn y rhyfel. Dau yn arbennig a gollodd eu bywydau: un mewn awyren a Haydn Jones ar yr *HMS Hood*.

Os yw ymwybyddiaeth Carwyn o hanes yn gywir, ac mae'n siŵr ei fod, roedd yn dyst o dan y ddesg i ymosodiad cynnar iawn gan yr Almaenwyr ar orllewin Cymru. Roedd yn ddeg oed ym mis Tachwedd 1939, a byddai'r bomio wedi digwydd rhwng hynny a Tachwedd 1940.

Byddai wedi dod o dan ddylanwad cyfrol Moelona ar hanes Cymru, yn ogystal â llyfr O M Edwards, *Ystraeon o Hanes Cymru*. Mwy na thebyg hefyd byddai cyfrol Owen Rhoscomyl, yr anturiaethus *Flame Bearers of Welsh History* yn gyfarwydd iddo.

Wrth nodi dylanwad cyfrolau o'r fath ar ffordd o feddwl y Cymry rhwng y rhyfeloedd, dywed Katie Gramich y byddai llyfrau o'r fath yn llyfrau gosod rhwng y ddau ryfel, a bod ganddynt ddylanwad eang:

Such popular and didactic constructions of Welsh history have been pervasively influential, and not just on Welsh poets and novelists...I believe that such popular stories of Wales can speak volumes about changing conceptualizations of Welsh history, culture and identity over the decades.

Felly, byddai ei argraffiadau o hanes ei wlad, wrth ei seilio ar gyfrolau o'r fath, yn sicr ar yr un tir rhamantaidd â'r darlun oedd ganddo o Rydlewis. Roedden nhw'n seiliedig ar straeon poblogaidd am Gymru a glywid ar yr aelwyd yng Nghefneithin.

Cwm Gwendraeth a Rhydlewis

Mae un darn ymhlith nodiadau bywgraffyddol Carwyn yn sôn am gynefin ei achau. Daw â de Ceredigion a Chwm Gwendraeth at ei gilydd:

I hate the sickly smell composed of new leather and the fumes of the Western Welsh bus, so welcome the break at Carmarthenshire and Pont Henllan to change buses. The rounded hills, the wooded slopes and the placid, leisurely animals in the field are a joy, and to arrive in Rhydlewis, a little village in south Cardiganshire where my mother was born, is like entering the Promised Land. I always look forward to it so much, keeping awake at night as I used to on Christmas Eve and on the eve of Sunday School trip, but those nocturnal journeys on which I travelled so hopefully were as nothing compared with the real experience.

Here I am in Moelon, a dairy farm, where everyone speaks nervously and quickly in my mother's Welsh and in Moelona's Welsh, so I feel at home as if it were Nantoer. I rush out to meet the cows and the calves, pretend to look at the bull, because I'm afraid of him, ride on my Uncle Tom's tractor, and savour the prospect of a month's holiday in the heart of south Cardiganshire away from the coal dust and the black pyramids of waste. I finally decide not to be homesick.

Before going to the YMCA to play ping-pong and snooker and renew friendships made over the years with Terwyn Maesyfelin, Dai Dolanog, Albie and others, I call on Dan Teiliwr and Ianto Bach, still busily making suits, who tell me yet again about my grandfather – whom I had never seen – a carpenter, a real craftsman and master builder, so they claim. Later they go into ecstasies over another forebear who apparently was a poet, or, I suspect, a versifier.

Nid yn unig byddai ei fam yn darllen straeon Moelona iddo, ond byddai'r teulu'n hoff o ymgasglu o gwmpas y radio er mwyn gwrando ar rai o straeon Moelona yn cael eu darllen. Mae ei ffrind a'i gymydog, Grant Peregrine, yn cofio sôn am wrando ar stori gan rywun o'i hen ardal yn Rhydlewis. Ym mis Mai 1937, er enghraifft, pan roedd Carwyn yn saith oed, cafodd un o straeon Moelona, 'Y Lleian Lwyd', ei haddasu ar gyfer rhaglen *Awr Y Plant* ar y BBC.

Roedd adeilad y YMCA yn ganolfan bwysig yn Rhydlewis. Caban pren oedd e, wedi cael ei gludo o Sir Benfro ar ddiwedd y Rhyfel Byd Cyntaf, a rhai o seiri'r pentre – perthnasau Carwyn yn eu plith – wedi mynd i'w nôl a'i osod rhyw ddau gan llath o Siop y Sgwâr. Dai Dolanog oedd un o'i ffrindiau pennaf pan fyddai'n mynd yno yn ystod gwyliau haf yr ysgol.

Mae Dai yn dal i fyw yn Dolanog, ac wedi croesi'r naw deg oed:

> Bydde Carwyn a Dewi yn dod i Rydlewis bob gwylie haf pan o'n nhw yn eu harddegau a fan hyn bydden nhw o'r diwrnod wedi i'r ysgol gwpla tan y diwrnod cyn iddi ddechre eto. Roedd y ddau yn rhan o'n bywyd ni fel bechgyn y pentre bob blwyddyn ac yn rhan o'n chwarae ni bob dydd. Fydden ni byth yn chwarae rygbi yn y pentre, doedd neb yn gwneud hynny. Pêl-droed oedd ein gêm ni, a Carwyn yn cymryd ei le ym mha dîm bynnag ro'n ni'n ei roi i chwarae. Heblaw am hynny, criced bydden ni'n chwarae fel cryts, ar y cae wrth ymyl yr afon, y tu ôl i le roedd siop Dan Teiliwr, a Carwyn gyda ni.

Chwarae criced yw'r cof sydd gan Dai Rees Davies ohono hefyd ac yn ei gofio'n chwarae'r gêm yn y cae nes lan at dŷ Pendre. Roedd tad Dai Rees yn frawd i Annie, mam Carwyn, a Dai a'i wraig sydd nawr yn byw ym Mhendre. Mae'r tŷ felly yn dal yn yr un teulu yn ddi-dor ers bron i 130 o flynyddoedd. Mae Dai'n cofio ei gefnder yn dod bob haf ac yn aros mewn sawl man gwahanol:

> Pan o'dd e'n dod i Moelon, ei fodryb Maggie, chwaer Annie, oedd yn ffermio yno'r pryd hynny, felly aros gyda'r teulu fydde fe mewn gwirionedd. Ro'dd e wrth ei fodd ar y ffarm, yn groes i'r disgwyl falle. Wedyn, symudodd Maggie i fwthyn Ffynnon Wen, ochr draw yr hewl i Pendre. Bydde fe'n aros gyda hi hefyd yn Nhŷ'r Capel, pan symudodd i fan'na. Os nad o'dd lle gyda hi, bydde fe'n aros ym Melin Brithdir, a'r felin yn gweithio ar y pryd wrth gwrs.

Bob haf, drwy'r sir, roedd yr hyn a alwyd yn Summer League, pan fyddai nifer fawr o dimau yn cystadlu yn erbyn ei gilydd er mwyn ennill y Cwpan. Chwaraeodd Carwyn i dîm pêl-droed Rhydlewis yn y gystadleuaeth fwy nag unwaith.

Gwlad yr addewid oedd Rhydlewis i Carwyn. Dyna'i eiriau ei hun i ddisgrifio'r lle. Doedd yr un ddafad ddu yn pori ar gaeau ei gof, nac yn rhan o straeon ei deulu a fu'n byw yno chwaith. Mae'n amlwg mai Rhydlewis Moelona oedd ei Rydlewis yntau ac nid un Caradoc Evans. Roedd Rhydlewis yn bresenoldeb parhaol, emosiynol. Yno teimlai'n hollol gartrefol a byddai'n benderfynol i beidio â hiraethu am ei gartre yng Nghefneithin.

Yn ei ysgrifennu dysgwn sawl peth am Carwyn; am ei ddyheadau, am y math o Gymraeg y cafodd ei feithrin i'w siarad, am arferion yr aelwyd ac am y ffaith y byddai'n amlwg yn ymweld â Rhydlewis yn gyson yn grwt bach. Rygbi a ddaeth ag ef i amlygrwydd y tu hwnt i ffurfafen Cymru yn sicr, er ei bod yn amlwg iddo fod yn ymwybodol iawn y gallasai pethau wedi bod yn dra gwahanol:

> Bûm yn un o gefnogwyr mwyaf pybyr Cefneithin erioed ac mae fy nyled iddo'n drom iawn. Yn Sir Aberteifi mae fy ngwreiddiau, yno y ganed fy chwiorydd a'm brawd, ond symudodd y teulu i Cefen ryw ddwy flynedd cyn fy ngeni i. Mae'n ofid arnaf gysidro pa gymaint o ddiddordeb fyddai gennyf mewn rygbi pe'm ganesid a'm codasid yn Rhydlewis yng Ngheredigion.

Yn hwyrach yn ei fywyd cawn neges ddigon tebyg:

> My father left the farm and came to work as a miner in the Gwendraeth Valley, and so, like Dai Hughes and later Barry John, like most of the boys living in the village, I was doomed to play rugby.

Yn amlwg byddai Carwyn y dyn yn myfyrio'n aml pa mor wahanol fyddai bywyd wedi bod petai ei deulu wedi aros yng Ngheredigion. Mae defnyddio'r gair *doomed* yng nghyd-destun chwarae rygbi yn ddefnydd cryf iawn o'r gair. Efallai fod darn arall sy'n rhannu ei feddyliau emosiynol am Rydlewis yn cynnig ateb i'w ddefnydd o'r gair, wrth sôn am un o'i ymweliadau yn ei arddegau â'r pentre.

> I know I belong, that my roots are here, and I feel guilty that I am

the only one of the family not born a Cardi, not born in Rhydlewis. Tonight, I am not just a small boy, but the Romantic who has found his Ynys Afallon far away from the realities of life, the school, the black pyramids, the dread of the ambulance, and the disturbing siren.

Y Rhamantydd yn Carwyn felly sy'n gweld ei fod yn *doomed* i chwarae rygbi ac y gallasai pethau fod mor wahanol, petai... Dyma'r dyn â chalon llenor yn sensitif i'r ffordd roedd ffawd, neu Ragluniaeth, wedi trefnu ei fywyd. Nid teimlo trueni na chawsai ei eni yn Rhydlewis, nid teimlo'n flin chwaith ond teimlo'n euog na chawsai ei eni yn yr un pentre â'i frawd a'i chwiorydd. Rhamantydd ydyw sydd wedi dod o hyd i'w Afallon ac yn gwybod bod yna ffordd arall o fyw, sy'n wahanol i'r ffordd o fyw ym mro ei febyd. Eto i gyd, mae ganddo gariad amlwg tuag at Gefneithin ac mae straeon bore oes Cwm Gwendraeth wedi'u serio ar ei enaid.

Ysgol y Gwendraeth

Roedd Michael ac Annie James yn awyddus i Dewi ddod o dan ddylanwad yr hen fyd yn Rhydlewis. Pan ddaeth yn amser iddo fynd i'r ysgol fawr, penderfynwyd y dylai fynd i'r ysgol yn Llandeilo yn hytrach nag i'r Gwendraeth. Âi i'r ysgol ar fws LCW gyda bechgyn eraill Cefneithin a gâi eu haddysg yn Llandeilo. Cwmni lleol oedd LCW, ond i fechgyn Cefen, y Llandeilo Cattle Wagon oedd ystyr y llythrennau! Pan fyddai trafferthion gyda'r bws, neu pan fyddai plant wedi'i golli, nid *cattle wagon* fyddai Mr Williams yn ei ddefnyddio i'w cludo i'r ysgol, ond un arall o'i gerbydau – hers!

Plant o ardaloedd gwledig, amaethyddol fyddai'n mynd i Ysgol Llandeilo, y rhan fwyaf ohonynt yn feibion ffermydd. Cefn gwlad oedd curiad calon Llandeilo, bechgyn y glowyr oedd yn y Gwendraeth. Dwy flynedd ar ôl symud i'r Gwendraeth y cafodd Carwyn ei eni. Doedd yr un ystyriaethau ddim yn dylanwadu ar ei rieni wrth ddewis ysgol uwchradd iddo fe ac fe aeth i Ysgol y Gwendraeth lawr yr hewl.

Yn y gyfrol a gyhoeddwyd i nodi hanner can mlwyddiant Ysgol y Gwendraeth, mae Carwyn yn sôn am ddewis dwy ysgol wahanol i'r ddau frawd:

Rown i, fel pawb arall yng Nghefneithin, wedi cael y dewis rhwng ysgol Llandeilo neu'r Gwendraeth. Er bod Dewi 'mrawd yn Llandeilo ishws, eto roedd y dewis i mi'n ddigon hawdd a di-boen.

Does dim esboniad pellach gan Carwyn ei hun pam ei bod yn gwbl amlwg iddo mai i'r Gwendraeth y dylai fynd.

Yr unig beth amlwg ddigwyddodd rhwng 1938, pan aeth Dewi i Landeilo a Carwyn i'r Gwendraeth yn 1941, oedd dechrau'r Ail Ryfel Byd. Mae'n bosib fod hynny yn ddigon o reswm dros gadw Carwyn, y cyw melyn olaf, yn agosach at adre. Hefyd wrth gwrs, mae'n ddigon posib fod Carwyn am fynd i'r un ysgol â rhai o'i ffrindiau yn y pentre. Does dim unrhyw awgrym nad oedd y ddau frawd yn cyd-dynnu, yn sicr nid dyna'r dystiolaeth yn atgofion Carwyn o'i blentyndod ac roedd perthynas ardderchog rhwng y ddau frawd fel oedolion.

Erbyn iddo wisgo gwisg Ysgol y Gwendraeth, roedd ei ddwy chwaer wedi gadael y cartre. Roedd Gwen ac Eilonwy yn eu hugeiniau erbyn hynny a'r cartre wedi newid cryn dipyn ers y dyddiau pan setlodd y teulu yng Nghefneithin a geni Carwyn. Dau grwt ysgol uwchradd oedd teulu Michael ac Annie felly wrth i ynnau'r Ail Ryfel Byd ddechrau tanio. Pan gerddodd y Carwyn ifanc drwy gatiau'r ysgol fawr am y tro cyntaf, roedd yn camu ar safle a fu'n allweddol yn hanes twf Cwm Gwendraeth. Cododd dyhead am gael ysgol newydd yn y Cwm wedi diwedd y Rhyfel Byd Cyntaf. Ar y pryd, roedd y safle yn eiddo preifat teulu Tŷ Cwm Mawr.

Wrth iddo gamu trwy gât yr ysgol, go brin y byddai Carwyn yn ymwybodol o'r enw ar y gatiau fel plant pentre Drefach ei hun. Y Gât Wen oedd hi iddyn nhw, a hynny, yn syml, am fod y plant wedi cael eu codi i gredu bod ysbrydion yn Nhŷ Cwm Mawr a bod rhywun wedi gweld y diafol ei hun yn disgyn i lawr y simne. Fe fuodd Carwyn yn yr ysgol yn gynharach y flwyddyn honno, er mwyn sefyll yr arholiad i gael bod yn ddisgybl ynddi. Ond ar y diwrnod cyntaf go iawn roedd yn barod, meddai, am y trochiad dŵr oer mewn basn ymolchi gan fechgyn hŷn yr ysgol. Mewn ffordd dawel fach, roedd yn falch o'r fath ddefod. Er bod anferthedd yr ysgol yn rhywbeth i ddygymod ag e, un peth yn unig a boenai Carwyn ar ei ddiwrnod cynta yn yr ysgol fowr:

> Y sane oedd fy ngofid i. Mam ffrind i fi o'r Cefen, yn 'i seithfed nef am fod Gwyn bach wedi pasio'r scholarship, wedi bod wrthi mor ddyfal â'r wenynen drwy'r haf yn gwau dau bâr o sane, sane nefi bliw a thops melyn. Yn nyddiau'r trowsusau byr roedd y sane yn cyrraedd hyd at y ben-glin, felly roedden nhw'n amlwg ddigon. Sôn am embaras! Fe fydde Ifans y Tryc yn embaras hefyd. Petawn i wedi gorfod mentro i'r Gwendraeth mor noethlymun â'r bore y'm ganed, fyddwn i ddim wedi teimlo'n fwy anghysurus. Sôn am dynnu sylw. Fel petai dau o gefnogwyr Man. United (ond bod y lliwie'n wahanol) wedi mentro i wersyll y Spurs a phob un o'r rheiny, yn ei dro, am wneud rhyw sylw bachog am brydferthwch y gwlân, y gwau neu'r gwisgwr.
>
> Mam druan yn serchog ddigon fel arfer pan gyrhaeddais adre ar derfyn fy niwrnod cynta yn ysgol y Gwendraeth ac yn cael ateb annisgwyl, cwta, diserch, i'w chwestiwn, "Siwd a'th hi?"
>
> "Dim rhagor o'r blydi sane 'na i fi!"

Arwydd pellach o ddyfnder yr embaras oedd mai anarferol iawn fyddai clywed Carwyn yn rhegi o flaen ei fam.

Doedd dim rhaid iddo bryderi gormod am ei wisg ysgol drwy gydol ei gyfnod yno bron, gan ei bod yn ddyddiau'r Rhyfel a bod dogni dillad yn dylanwadu. Byddai'r bechgyn tal yn cael derbyn talebau dillad ychwanegol, gan fod y ddogn arferol o ddillad a ganiatawyd iddyn nhw braidd yn gyfyng eu dewis. Yr athro ymarfer corff, Gwynfil Rees, fyddai'n mesur y bechgyn mwy o faint na'r cyffredin i weld oedden nhw'n haeddu dogn ychwanegol o ddillad. Er bod Gwynfil Rees yn ddylanwad mawr ar Carwyn, go brin iddo orfod ei fesur am y rheswm hynny erioed.

Yn yr ysgol uwchradd, yr hen dŷ Cwm Mawr oedd canolbwynt yr ysgol. Yno, i'r Gwendraeth Valley Secondary School yr aeth Carwyn y diwrnod cyntaf hwnnw, ac yn 1946 fe newidiwyd yr enw i Ysgol Ramadeg y Gwendraeth. Ond, yr enw ar yr ysgol ar lafar oedd Ysgol Cwm Mawr, tan i'r 'Gwendraeth' gydio. Daeth yr arloesi amlycaf dan arweiniad y prifathro cyntaf, Llywelyn Williams. Wrth ddatblygu cwricwlwm, penderfynodd fabwysiadu cynllun addysgiadol dadleuol â'i wreiddiau yn yr Unol Daleithiau, sef cynllun Dalton. Yng nghyfrol dathlu hanner canmlwyddiant yr ysgol, mae D Leslie Williams yn cofio'r cynllun:

> Forms, except for registration purposes, were abolished; timetables were abolished; even lessons were abolished – which is where the plan came in. On the first Monday of every month every pupil was issued with a work-programme in every subject; they were called 'assignments', and had to be completed by the last Friday of the month ... it was the pupil's choice which subjects he proposed to study at any particular time; and it was to that subject room he would go, where the teacher would be at his desk to give individual help. 'Individual Attention' – that was the psychological basis of the Plan, plus free access to the subject library which was always left open for use.

Y prifathro a gyflwynodd gynllun Dalton oedd prifathro'r ysgol pan ddaeth Carwyn yno. Er bod y cynllun wedi dod i ben erbyn hynny, roedd rhai o egwyddorion Dalton wedi parhau ym mywyd yr ysgol.

Yn 1941 yn yr ysgol felly, doedd dim ofn y newydd. Eto, bu'n rhaid i deuluoedd aberthu llawer er mwyn rhoi addysg uwchradd i'w plant, a rhoi cyfleoedd iddynt na chawsant hwy. Ni wnaeth blynyddoedd yr Ail Ryfel Byd wanhau'r galw. Ar ddesgiau'r Gwendraeth yma y gosododd Carwyn Rees James ei bin ysgrifennu, ei bensil, ei bren mesur a'i *blotting paper* glân. Dros y saith mlynedd nesaf, sugnodd y cyfan oedd gan yr ysgol i'w gynnig iddo ac wrth gwrs, fe roddodd gryn dipyn yn ôl i fywyd yr ysgol ei hun. Dengys Carwyn yntau le'r ysgol yn nhir cymuned Cwm Gwendraeth a bod ymwybyddiaeth amlwg o berthynas ysgol â'i chynefin a'r gwerthoedd oedd yn bwysig iddo:

> Allwn i feddwl fod Ysgol y Gwendraeth yn adlewyrchu'r gymdeithas leol, lofaol a chanddi barch aruthrol i werth addysg. Cymdeithas gynnes, glos, pawb yn nabod ei gilydd, cyfeillgar, cyfarch pawb a phawb ymron yn barod i wisgo'u calonnau ar eu llewys. Doedd 'na ddim snobyddiaeth o unrhyw fath, a phob person yn gwybod ei seis. Os nad oedd hynny'n gynhenid ynddo, yn y math yma o gymdeithas, fe ddoi i wybod ei seis yn weddol fuan.

Roedd yn fyd o ryfel pan ddechreuodd Carwyn yn yr ysgol, er nad oedd dylanwad hynny'n amlwg iawn yn y Gwendraeth, heblaw am ei atgof o guddio o dan ddesg adeg y bomio yn yr ysgol fach, eto fe gafodd y Rhyfel effaith ar fywyd pob dydd Ysgol y Gwendraeth. Yn 1941 disgynnodd cannoedd o fomiau ar dre Abertawe, gan ladd nifer fawr o'i phobl ac achosi difrod sylweddol. Un canlyniad i hyn fu anfon plant Abertawe i ddiogelwch cymharol cefn gwlad Cymru. Dyna ddigwyddodd i ddisgyblion a staff Ysgol Uwchradd Abertawe, wrth ddod i ardal ac ysgol y Gwendraeth.

Pan ddaethant, byddai disgyblion y Gwendraeth yn mynd i'r ysgol yn gynt yn y bore ac yna'n gorffen yn gynnar yn y prynhawn er mwyn gadael i blant Abertawe gymryd eu lle yn yr ystafelloedd dosbarth. Wedi cyfnod felly o setlo, lluniwyd amserlen fel y gallai plant y ddwy ysgol gael eu dysgu gyda'i gilydd. Un o athrawon Ysgol Uwchradd Abertawe oedd Tysul Jones, Cymro Cymraeg a fu'n brifathro yng Nghastellnewydd Emlyn wedyn. Defnyddiwyd yr ysgol at ddefnydd rhyfel arall hefyd, fel y mae cyn-ddisgybl arall, Clive Rowlands, a fu'n ddisgybl yno rhwng 1942 a 1948, yn ei gofio'n iawn.

> My first visit to the art room will always remain in my memory because of the model planes hanging from the roof. I cannot recall exactly how many there were, but I believe there was a model of every British and German plane in being at the time. The reason

for the models being there was the fact the Art Room was also the headquarters of the Gwendraeth Valley Squadron of the A.T.C..'

Prifathro'r ysgol oedd Swyddog Rheoli ATC yr ardal. Mae'n siŵr y byddai ymweliad cyntaf Carwyn â'r stafell gelf hon wedi creu cryn argraff arno. Dyma'r awyrennau y byddai wedi darllen am eu gorchestion yn helyntion Rockfist Rogan. Un o'r awyrennau fyddai wedi gollwng y bom ar y Cwm, pan roedd yntau yn niogelwch y gofod o dan ei ddesg yn Standard 10. Tybed a fwydodd ei awydd i fod yn *fighter pilot*?

Ymhlith cyd-ddisgyblion Carwyn roedd John Meurig Thomas, un o gemegwyr amlycaf y byd yn ei faes. Wrth gofio'i gyfnod yn y Gwendraeth, dywed fod iddi naws gartrefol, hapus a dim ond ambell athro neu athrawes ffroenuchel. Mae'n cofio Carwyn a'i gyfraniad i fywyd diwylliannol yr ysgol:

Pan ddeuai'r eisteddfod flynyddol, yno roedd Carwyn, yn arwain y parti cydadrodd buddugol, neu'n disgyblu'r côr mwya soniarus, neu'n cynorthwyo'r athrawon fel arweinydd yr eisteddfod. Gallaf ei weld a'i glywed hyd heddiw yn ymuno mewn caneuon fel 'I Blas Gogerddan', 'Yr Aderyn Pur' neu adroddiad o Samson Agonistes.

Yn ei atgofion yntau o'i ddyddiau yn y Gwendraeth, mae Carwyn yn cofio'r gweithgareddau diwylliannol yn fwy na dim arall. Ond mae'n gwneud hynny'n dipyn mwy diymhongar na'i ffrind John Meurig:

Anghofia i fyth yr eisteddfodau. Un o'r Cochion own i, dan ddylanwad y plant hŷn i ddechrau ac yna nes ymlaen yn cael derbyn y cyfrifoldeb o barhau'r traddodiad. Cawn gyfle i siarad yn gyhoeddus yng nghyfarfodydd yr Urdd, perfformio ambell ddrama a chanu mewn côr... A chael y cyfle i ddarlledu am y tro cynta yn y cyfnod pan oedd plant Abertawe yn rhannu'r ysgol. Aeth Tysul Jones â phedwar ohonom ni i gymryd rhan mewn cystadleuaeth holi yn stiwdio Caerfyrddin a Hywel Davies yn holi.

Dyma atgof Tysul Jones o'r un achlysur:

71

Cofiaf i gais ddod i'r ysgol yn gofyn i ni fynd â phedwar o'r disgyblion i gymryd rhan mewn Cystadleuaeth Holi yn y Stiwdio. Cofiaf enwau tri o'r pedwar a aeth – dau o'r Gwendraeth a dau o Ysgol Abertawe – enwau personau adnabyddus iawn erbyn hyn – Carwyn James, Tegid Peregrine ac Urien Wiliam. Ai ysgol y Gwendraeth roddodd y cyfle cyntaf iddynt gymryd rhan yn rhaglenni'r BBC?

Yn nyddiau dogni petrol, yn ogystal â dogni dillad, roedd yn rhaid cyfyngu ar unrhyw daith i bellter gweddol agos i'r ysgol. Gan nad oedd mannau fel Castell Cydweli a Chastell Carreg Cennen yn rhy bell roedd y Gwendraeth yn ffodus fod digon o gyrchfannau hanesyddol ac arwyddocaol yn ymyl. Cyfyngiadau rhyfel efallai ddaeth â phlant yr ysgol yn gyfarwydd â'u treftadaeth yn eu cynefin.

Ar achlysuron eraill, roedd modd mynd ar deithiau o'r ysgol ar droed. Roedd hi'n daith o ryw dair milltir, ond byddai'r trip i Neuadd Cross Hands yn un o hoff deithiau plant yr ysgol, wrth fynd i weld ffilmiau yn ogystal â dramâu. Byw mewn cymdeithas roedd Carwyn a geisiai ddygymod â'r datblygiadau newydd fel y sinema yn Neuadd Cross. Doedd yn sicr ddim yn sefydliad a gâi ei dderbyn yn ddigwestiwn gan rai o arweinwyr eglwysig yr ardal. Cofia rhai trigolion y pennill yma'n cael ei daranu o'r pulpud:

O cadw fachgennyn o'r sinema ddu.
Mae rhwyd gan y gelyn
Dan flodyn a phlu.
Athrofa drygioni yw'r sinema i ni.

Roedd yn gyfnod o dyndra rhwng y gwerthoedd traddodiadol a'r gwerthoedd newydd, fel ym mhob oes wrth gwrs. Fe fyddai Carwyn wedi clywed syniadaeth o'r fath o bulpud ei gapel heb os, er doedd Carwyn ddim wedi'i dwyllo gan y blodau na'r plu, na chwaith wedi cyfaddawdu yn ei ffydd.

Daeth y tensiwn rhwng y capel ac un sefydliad canolog arall

yn y gymuned i'r amlwg hefyd yn y cyfnod hwn wrth i ffydd a gwleidyddiaeth ddod wyneb yn wyneb. Wrth i sefyllfa faterol y glowyr, a oedd yn llenwi'r capeli, waethygu, trodd ambell weinidog i wneud sylwadau yn ymwneud â'r byd hynny yn hytrach na'r byd a ddaw.

Roedd Carwyn yn ddigon agos i'r Tymbl i glywed am etifeddiaeth wleidyddol grefyddol yr adnabyddus Tom Nefyn Williams. Cafodd ef ei daflu o'r pulpud am feiddio cefnogi'r glowyr yn Streic Fawr 1926 ac yn y broses, fe feirniadodd ei gyd-aelodau yn y capel am beidio ag ochri'n agored â nhw. Roedd safiad Tom Nefyn yn destun trafod ar y talcen dan ddaear trwy gydol y cyfnod hwnnw ac roedd ei effaith yn dal yn destun siarad am flynyddoedd wedi hynny. Yn sicr, byddai Michael James wedi bod yn rhan o'r fath siarad, yn wrandawr astud ac yn gyfrannwr achlysurol, os nad yn arwain y sgwrs. Crynhowyd y newid hwn mewn llinellau gan J J Williams:

> Dyw Dai yn licio dim yn y capel nawr
> Ond ambell i bregeth ar gyflog a thai.

Roedd gwres y storom wedi hen dawelu erbyn i Carwyn ddod i oedran deall y fath ddadleuon, ond roedd seiadu yn ei waddol.

Cymraeg Cwm Gwendraeth

'Nôl yn yr ysgol, Saesneg oedd yr iaith swyddogol, ond roedd hefyd yn ysgol Gymraeg naturiol, fel cymaint o ysgolion eraill mewn ardaloedd tebyg trwy Gymru. I Wynford Davies, Pontyberem, doedd dwy iaith ochr yn ochr â'i gilydd ddim yn broblem:

> One thing we took for granted at the time was that the language of the playground was Welsh, whereas the language of the school was English. We saw nothing strange in this.

Mae atgofion Lynn Griffiths, a fu'n ddisgybl yno rhwng 1928 a 1935, ychydig yn wahanol:

> The constant struggle with the English language appeared to be the bane of our lives. Prior to entry to a Grammar School, the majority had been taught through the medium of Welsh, and the need to avoid the pitfalls of English grammar and the acquisition of a fair style became almost a nightmare.

Ddeng mlynedd ar hugain yn diweddarach, doedd y sefyllfa ddim wedi newid. Yn chwedegau'r Gwendraeth, dyma sut mae un o'i meibion enwocaf, Barry John, yn cofio iaith dyddiau ei ysgol:

> The language of education is largely English, although in my day the colloquial language of playground and corridor was Welsh. A master would teach you in English, but if he wanted to talk to you personally, or if he called out 'Be quiet!' or 'Sit down!', he usually used Welsh.

Yn ôl tystiolaeth gwaith ysgrifenedig Carwyn, ynghyd â'i ddarlledu yn y ddwy iaith ymhen blynyddoedd, roedd yntau, fel Wynford Davies, yn gwbl gyfforddus yn y ddwy iaith, ac yn gallu mynegi ei hun yn y ddwy yn rhydd. Daeth o dan ddylanwad naturiol dwy dafod y ddraig yng Nghefneithin ac yn y Gwendraeth gwelodd Gymreictod naturiol yn cael ei fynegi mewn dwy iaith.

Roedd iaith yn bwnc llosg i un athrawes a fu'n ddylanwad aruthrol ar Carwyn. Ond nid y cydbwysedd rhwng y Gymraeg a'r Saesneg oedd gofid Miss D E Williams, neu Miss Dora fel y câi ei hadnabod. Gogleddwraig oedd hi, o Benrhyn Llŷn, ac un a fu'n dysgu wrth draed Syr John Morris Jones ym Mhrifysgol Bangor. Ei chonsyrn hi oedd, 'Cymraeg sathredig Cwm Gwendraeth, druan â chi!' Mae'n amlwg nad oedd yn ddigon iddi mai Cymraeg oedd iaith naturiol yr iard a'r coridor, chwedl Barry John, gan ei bod yn diflasu ar safon iaith y plant.

Yn ei bennod ar Carwyn yn *Heart and Soul of Welsh Rugby* dywed yr Athro Gareth Williams:

It is a commonplace that the 'best' spoken Welsh – that is the purest, most idiomatic form of the language, uncontaminated by English borrowings and insertions – is to be found on the borders of north Carmarthenshire and south Cardiganshire. It was certainly a belief to which the James household subscribed, and the children were encouraged to avoid the vulgar street *patois* of the Cefneithin natives in favour of the unpolluted vernacular the family had brought from Rhydlewis, and which could be revitalized by summertime return journeys.

Er bod tipyn o wirionedd yn hyn, rhaid nodi i Carwyn ddefnyddio nifer o eiriau tafodieithol Cwm Gwendraeth ar lafar ac wrth ysgrifenu Cymraeg hefyd.

Yn yr hen dŷ preswyl ar dir yr ysgol, Tŷ Cwm Mawr, roedd Miss Dora yn byw. Ar y llawr gwaelod roedd y neuadd ginio a'r gegin, ynghyd â'r adran Gwyddorau Cartref. Dyna hefyd lle'r oedd stydi'r prifathro. Lan llofft, roedd dwy ystafell wnïo, bob ochr i'r stafell ymolchi ar gyfer y ddwy athrawes a fyddai'n rhentu'r fflat ar y llawr hwnnw, sef Miss Dora, a'r athrawes hŷn, Miss A M Williams. Caent eu galw'n Miss Maud a Miss Dora, a hwy gâi'r cyfrifoldeb o drosglwyddo negeseuon y prifathro i weddill y staff. Roedd gan Miss Dora ffordd bendant o ddangos a fyddai'n cytuno â chynnwys y neges ai peidio. Wrth gytuno byddai'n dechrau'r neges gyda "Mae Mr Williams yn dweud..." Os nad oedd hi, ei geiriau fyddai "Mae o'n dweud..."

Bu yn yr ysgol o'r dechrau yn 1925 tan 1963 ac roedd gan y disgyblion barch mawr iddi. Pan oedd hi'n wael yn ei chartre yng Nghricieth, ym mlynyddoedd olaf ei bywyd, arferai Carwyn fynd i'w gweld yn gymharol reolaidd. Yn anffodus, doedd hi ddim yn ddigon iach ar ddechrau'r saithdegau i allu gwerthfawrogi llwyddiannau ei chyn-ddisgybl. Byddai wedi bod yn falch, er mai rygbi oedd ei phrif gas beth yn yr ysgol. 'Yr hen ffwtbol 'na!' fyddai ei hebychiad cyson. Roedd yn arbennig o grac pan fyddai'r prifathro'n rhyddhau disgyblion o'i gwersi'n gynnar, er mwyn gwylio tîm yr ysgol yn chwarae gêm o rygbi.

Ei phrif gyfraniad oedd ysbrydoli pobl ifanc i werthfawrogi llenyddiaeth Gymraeg. Deuai â thudalennau ein llên yn fyw, gan fanteisio ar bob cyfle posib i wneud hynny. Meddai M Auriol Watkin-Griffiths amdani pan oedd yn yr ysgol rhwng 1927 ac 1934:

> An inspired Welsh literature teacher. When broadcasts to school on novels were few and far between she arranged a weekly visit for her sixth formers to a nearby house, Glyn Gwendraeth, where comfortably seated in front of Mrs Jones's blazing fire, we listened enthralled to T. H. Parry-Williams' first broadcast lessons on 'Barddoniaeth Gymraeg'.

Yn y flwyddyn 1933, cyflwynodd T H Parry-Williams gyfres o ddeuddeg rhaglen ar farddoniaeth Gymraeg. *Elfennau Barddoniaeth* oedd teitl y gyfres a'i gyfrol. Ar y radio byddai R Williams Parry a Gwenallt yn darllen eu gwaith eu hunain neu yn cyflwyno rhaglenni a oedd yn delio ag agweddau amrywiol ar lenyddiaeth Gymraeg, yn rhyddiaith ac yn farddoniaeth. Yn ogystal â disgyblion y Chweched dysgai Miss Dora gynghanedd i'r holl ddisgyblion.

Byddai T H Parry-Williams yn aml yn darllen ei waith ei hun ar y radio. Gwnaeth hynny pan oedd Carwyn yn y Gwendraeth, a Miss Dora yn parhau â'i harfer o roi cyfle i'r plant wrando arno. Pan oedd Carwyn yn y Chweched Dosbarth, cyflwynodd TH gyfres o'r enw *Y Bardd yn ei Weithdy*, gan holi beirdd am eu dull o gyfansoddi. Gwnaeth T H Parry-Williams argraff arbennig ar Carwyn. Yn wir, yn ddiarwybod iddo ef ei hun, mae'n siŵr, fe newidiodd y bardd gwrs ei fywyd. Yn westai i Huw Jones ar *Holi Hynt*, yn 1973, esbonia:

> Roeddwn i fod i astudio Cemeg, Ffiseg a Maths yn y Chweched.

Dyna'r bwriad. Ond yn sydyn, dod ar draws barddoniaeth T H Parry-Williams a chael fy swyno'n ifanc mewn arddull newydd. Torri cwys newydd a'r traddodiadol yn agored i'w gyfareddu gan y newydd.

T H Parry-Williams agorodd ddrws newydd i Carwyn. Cerdded trwy'r drws hwnnw er mwyn cyfoethogi profiad y byd newydd wnaeth Gwenallt yn ddiweddarach.

Byddai Miss Dora hefyd yn mynd â'i disgyblion i wrando ar rai o'r beirdd a'r llenorion pan fydden nhw yn y cyffiniau. Y gwaith allgyrsiol hwn fyddai'n ei gosod hi ar wahân i athrawon eraill. Yn sicr, roedd ei dulliau yn agosach at egwyddorion cynllun Dalton o ddysgu na'r hen ffordd draddodiadol. Yn aml, byddai'n cyfarch dosbarth wrth osod her ysgrifenedig iddyn nhw. Un gair yn unig fyddai'r her honno – Cyfansoddwch! Mae M Auriol Watkin yn cofio'r cyfansoddi:

> And we did. What a wealth of three act plays, short stories and poems emerged. This was a period of creativity indeed.

Byddai Miss Dora'n trefnu tripiau i weld dramâu yn cael eu perfformio yn neuaddau cyhoeddus yr ardal. Roedd hyn yn ychwanegol at y dramâu y byddai hi ei hun yn eu cynhyrchu yn yr ysgol ac mewn neuaddau lleol. Cynnil iawn yw geiriau Carwyn i gydnabod cyfraniad Miss Dora:

> Miss Dora, yr anwylaf o athrawon, hynod o ddiwylliedig, yn athrawes gampus yn y chweched dosbarth. Mae fy nyled yn fawr iddi.

Cafodd D F Marks ei ysbrydoli mewn ffordd wahanol i gofio athrawes a ddylanwadodd ar gymaint o'i disgyblion:

> Go brin, Miss Dora, y cofiwch erbyn hyn
> Y bachgen swil, afrosgo, o gymysg iaith
> A ddaeth i'r ysgol drannoeth i ddyddiau tyn
> Y streic a'i chegin gawl, un naw dau saith.

Anaml oedd ei rasusau, ac ni wn
Hyd eto, beth a welsoch ynddo ef
I beri i chwi gymryd arnoch bwn
Diwallu'i enaid a diwyllio'i lef.
Ond hynny a wnaethoch ag amynedd mwyn
Rhoi hunan hyder lle bu pryder prudd.
Gwneud o'r anghyfiaith Gymro, gan ei ddwyn
I gyfri'r 'pethe' yn erthyglau ffydd.
Ac wele'r bachgen hwnnw heddiw'r prynhawn
Yn atal dweud ei ddiolch o galon lawn.

Yn ddiddadl fe ddiwallodd Miss Dora enaid Carwyn ac fe ddiwylliodd ei lef hefyd. Agorodd dudalennau llên ei wlad i fachgen ifanc a chanddo ymwybyddiaeth o'r dreftadaeth lenyddol honno ar yr aelwyd ac yn ôl yn Rhydlewis. Dyma'r curiad a oedd gryfaf yng nghalon Carwyn; yr un a fu'n gyson drwy ei fywyd a'i waith, un na wnaeth ei siomi.

Mae ei ffrind, Alun Richards, yn ei gofiant yn pwyso a mesur cyfraniad Miss Dora i fywyd Carwyn mewn modd sy'n dangos yn glir i'r ddau drafod y peth yn aml:

It is not difficult to understand how Carwyn came to revere Gwenallt, nor indeed to understand his gratitude to the teacher who introduced him to such a writer. Miss Dora of course, would have none of the snobbish indifference, if not the total ignorance of Welsh writers frequently found amongst teachers of English literature in Wales, an ignorance that extended and extends to Welsh writers in both languages. The feeling, extraordinary to outsiders – if it's Welsh it can't be much good! – is a part of the anglicised provincial intellectual's inferiority and remains lurking like a deep mist in a good deal of Welsh life, particularly in towns and cities. It was always a matter of astonishment to Carwyn who frequently discussed it.

Byddai Carwyn ac yntau yn anghytuno'n chwyrn ar faterion yn ymwneud â'r iaith, yn ddiwylliannol ac yn wleidyddol. Ond mae'n amlwg fod Alun Richards wedi deall mor hyderus oedd Carwyn yn ei Gymreictod dwyieithog.

Dylanwad dau arall

Mae Carwyn ei hun yn talu teyrnged i'w athro Saesneg hefyd, sef Gwilym John Evans. Ef oedd un o'r ddau athro yn gyfrifol am rygbi yn yr ysgol. Roedd yn amlwg yn ymateb yn ffafriol i'w ddull o ddysgu llenyddiaeth Saesneg:

> ... nid y llyfrau gosod, ond yn magu'r chwaeth feirniadol. Diolch iddo yntau am ei weledigaeth.

Rhaid nodi un athro arall a fu'n gyfrwng i lywio cyfeiriad bywyd Carwyn, gan ddod am y tro cyntaf â byd rygbi i'w fywyd. Roedd Gwynfil Rees yn athro ymarfer corff ac yn gyfrifol am rygbi'r Gwendraeth. Bu hefyd ym Mhrifysgol Aberystwyth ac yn astudio dan Gwenallt a T H Parry-Williams. Dywedodd Carwyn wrtho ei fod am ddilyn ôl ei draed ac astudio wrth draed y ddau athrylith. Sylweddolai hefyd fod Miss Dora'n credu bod Carwyn yn chwarae gormod o rygbi. Er gwaetha'r undod rhwng y ddau athro ym myd llên Cymru, mae'n siŵr fod y sgyrsiau rhyngddynt yn ddigon tanllyd pan gâi rygbi ei drafod. Ond daeth rygbi a diwylliant y Gymraeg yn un ym mherson Gwynfil Rees yn ei ymwneud â Carwyn yn sicr. Mae gan yr athro bennod yn adrodd ei atgofion am Carwyn, yng nghyfrol John Jenkins, *Un o 'Fois y Pentre'*.

Byddai athro rygbi yn y cyfnod hwnnw mewn sefyllfa gref iawn mewn ardaloedd fel Cwm Gwendraeth. Meddai Gwynfil Rees yn 1983, blwyddyn marw Carwyn, dros ddeugain mlynedd ers ei gyfarfod am y tro cynta:

> Nid oedd fawr o waith hyfforddi ar y bechgyn hyn – bechgyn Cefneithin, Cross Hands, Y Tymbl a Phontyberem. Roedd rygbi yn eu gwaed a phob un ohonynt yn medru rhedeg, cicio a phasio'r bêl cyn dod i'r ysgol. Roeddwn wrth fy modd gyda'r talentau hyn, ac yn falch iawn o fedru eu cyfrif yn gyfeillion hyd y dydd heddiw.

Dengys ei sylwadau gryfder parhaol elfen gymdeithasol y gêm.

Cyfyngwyd ar y gemau y byddai timau'r ysgol yn eu chwarae yn ystod y Rhyfel. Cyfuniad mae'n siŵr o brinder athrawon i fynd â thimau ar draws gwlad, gan fod cymaint o ddynion yn y Rhyfel a hefyd yr angen i leihau'r teithio oherwydd y dogni ar betrol. Doedd Carwyn ddim yn ymwybodol o hyn:

At the time I don't think that we were aware of the restrictions imposed by the war effort, we simply took it for granted that organised games could not be played. I spent many a pleasant afternoon playing soccer for the local youth club. My tenuous claim to fame during this period was an offer by a smooth-talking Cardiff City scout to take part in a soccer trial which I declined. When the Cefneithin ex-schoolboys side began playing matches in the season 1945/46, I became a playing member, and I was barely sixteen when I played my first cup final against Pen y Banc.

Dyna ddechrau sefydlu patrwm o chwarae i'w ysgol ar fore Sadwrn ac yna i dîm Cefneithin yn y prynhawn.

Mae gan Gwynfil Rees gof clir, nid yn unig o gryfderau Carwyn ond ei wendidau hefyd. Wedi dweud bod ganddo ddoniau amlycach na'i gyfoedion, mae'n nodi achlysuron pan fu'n rhaid ffrwyno'r talent ifanc:

Roedd yn feistr ar y gic adlam (fe giciodd un dros Gymru ar Barc yr Arfau), a phregethwn wrtho weithiau ei fod yn ei defnyddio'n rhy aml. Efallai, yn y gêm nesaf ar fore Sadwrn, mai cic adlam Carwyn fyddai'n ennill y gêm i ni, a cherddai o'r cae tuag ataf, a gwên ddireidus ar ei wyneb.

Nododd wendid arall yn chwarae Carwyn hefyd, un a fu'n amlwg trwy gydol ei yrfa fel chwaraewr:

... nid oedd yn or-hoff o daclo. Felly roedd yn rhaid mynd ati i ymarfer. Gyda help cyfaill ar y Staff, Mr Gwilym Evans, aem â Carwyn allan i'r cae. Gyda ni roedd cyfaill i Carwyn ac is-gapten tîm yr ysgol, sef Dilwyn Roberts... Roedd Dilwyn yn fachwr cryf a chadarn, a phan gâi'r bêl yn ei law, hyrddiai ei hun yn hollol eofn at ei wrthwynebwyr. Dyna'r dasg a roddais i Carwyn, sef taclo

Dilwyn dro ar ôl tro. Cerddodd Carwyn yn reit ddolurus yn ôl i'r ysgol, ond daeth ei daclo'n sicrach a chadarnach ...

Roedd yn amlwg fod y sesiynau yma wedi creu cryn argraff ar Carwyn, fel y noda yn y gyfrol i ddathlu hanner canmlwyddiant ei ysgol:

I shall never forget the painful afternoon when I had to tackle my friend, Dilwyn Roberts, a tough hooker, whose brief was to run hard and straight at me, and mine was to knock him flying. As far as I could make out, Gwynfil Rees was the only one who enjoyed the sadistic proceedings. I certainly didn't, but, in turn, I must confess that I enjoyed the rewards.

Cofia nifer o'i gyd-ddisgyblion sut yr ymatebodd Carwyn i sylwadau ei athro ymarfer corff ynglŷn â'i ddiffyg gallu i daclo. Roedd Carwyn newydd chwarae gêm i dîm ysgolion Cymru ac yn yr adroddiad ar y gêm, yn yr *Yorkshire Post*, cyfeiriwyd at '... a brilliant last minute tackle by the Welsh Secondary Schools captain'. Nid yw'r ffordd yr ymatebodd Carwyn i hyn yn syndod – anfonodd gopi o erthygl yr *Yorkshire Post* i'w athro.

O ganlyniad efallai i'r gwersi rygbi caled wrth droed Gwynfil Rees, cafodd Carwyn ei ddewis i chwarae dros dîm rygbi ysgolion Cymru. Dyma'i atgofion o'r anrhydedd hwnnw:

I had two seasons and six caps for the Welsh Secondary Schools Rugby Union, and in my second year captained the side. It was a thrill to wear the Welsh jersey. The first time was at Ynysangharad Park, Pontypridd, versus Yorkshire. The Headmaster, half his staff and half the school, it seemed, were present at the match, and people like Dai Lewis and Lloyd Morgan had seen to it that the village was well-represented.

Ac yntau yn Chweched Dosbarth y Gwendraeth, chwaraeodd i dîm ysgolion Cymru allan ym Mharis, ei daith dramor gyntaf. Nid oedd wedi teithio ymhellach na Chaerdydd cyn hynny. Dywedodd iddo fwynhau'r profiad o chwarae yn Stade Colombes yn aruthrol. Yn yr un tîm ag e roedd Roy Bish a Ken Jones. Clem Thomas oedd y capten y diwrnod hwnnw a dyna ddechrau cyfeillgarwch oes rhwng y ddau. Ar y cae hefyd, roedd yr anghymharol Lewis Jones a ddaeth yn seren yn nhîm Cymru cyn ymuno â Rygbi'r Gynghrair.

Creodd Lewis Jones argraff ar Carwyn, wrth iddo gyfeirio ato fel un o'r chwaraewyr ymosodol mwyaf cyffrous i Gymru ei gynhyrchu erioed. Dylanwad cynnar amlwg ar athroniaeth rygbi Carwyn James:

> The boring coach will continually preach that mistakes must be cut to a minimum. The creative coach on the other hand, will invite his players to go out there and make mistakes. They will achieve little unless they make mistakes. We must introduce the spirit of adventure. I loved the Lewis Jones approach – "I may concede two tries but I'll score four!"

Os oedd dylanwad Gwynfil Rees a Gwilym Evans yn amlwg arno, yna roedd ei gyfnod gyda thîm ysgolion Cymru yn un gwerthfawr tu hwnt. Dysgodd wersi pwysig o dan ddylanwad Eric Evans, un a ddaeth wedi hynny yn Ysgrifennydd Undeb Rygbi Cymru. Ar y daith i Baris, fe anerchodd y chwaraewyr yng ngwesty'r Palais D'Orsay. Mae'n amlwg i'r geiriau gael eu serio ar gof ac ymwybyddiaeth rygbi Carwyn. Yn 1975, roedd yn eu cofio'n glir:

1. Never, ever question the decision of the referee.
2. Don't throw the ball around haphazardly in your own twenty five, but when the occasion allows, we want you to play the running, attacking game which is essentially our style of play.
3. When you score, don't make an exhibition of yourself; rather, start thinking about your next score.

Anodd fyddai meddwl am well crynodeb o egwyddorion

rygbi Carwyn ei hun fel chwaraewr, ac yn sicr fel hyfforddwr.

Mae hefyd yn cydnabod dylanwad arall carfan Ysgolion Cymru arno:

> I was so nervous at having to make my first speech at the dinner which followed our game against Yorkshire at Abbeydale Park, Sheffield, when Bob Oakes spoke brilliantly, that I vowed that night that I would study the art!

Crys newydd

Cyn rhoi'r wisg ysgol naill ochor, cafodd Carwyn gyfle arall i ddatblygu ei ddawn i chwarae rygbi drwy gael ei ddewis i chwarae i dîm enwog Llanelli. Gwisgodd grys maswr y Scarlets am y tro cyntaf erioed, yn erbyn Pen-y-Bont ar Ogwr ar Gae'r Bragdy ac wedyn ym Mhontypŵl. Y mewnwr ar yr achlysuron hynny, oedd Handel Greville, cyn-ddisgybl arall o'r Gwendraeth, ac aelod o'r teulu a gadwai siop ym mhentre Drefach, lle'r âi y plant ysgol am eu losin.

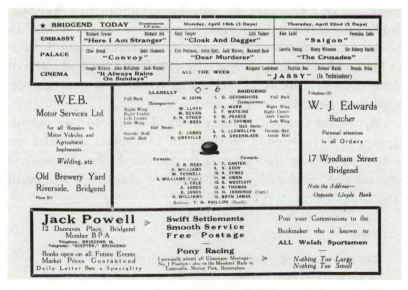

Gary Cooper ac Alan Ladd ar y sgrin arian, Carwyn ar y cae – ei gêm gyntaf dros Lanelli.

Ffurfiodd egwyddor rygbi gadarn arall yn ymwybyddiaeth y Carwyn 17 oed yn y crys sgarlad. Wrth gofio'r gêm yn erbyn Pontypŵl, dywed ei fod yn chwarae yn erbyn dau o flaen-asgellwyr amlycaf y cyfnod, sef Allen Forward a Ray Cale. Daeth yn amlwg yn ymwybodol o arwyddocâd ehangach chwarae yn erbyn dynion aeddfed:

> It speaks volumes for the lack of foresight of the club's twelve man selection committee in the late Forties that they should have given such a baptism to a raw 17 year old. The following season after a pleasant tour of Cornwall with Llanelli, I learnt my lesson at the Gnoll, in the form of a late tackle by a fourteen stone centre which shattered my confidence and put a temporary end to my first class career. Ever since, I have had strong reservations about blooding young players too soon.

Efallai ei fod yn chwaraewr rhyngwladol talentog tu hwnt, ond doedd calon ac ysbryd sensitif y llenor ddim ymhell o dan yr wyneb. Mae dwy bennod ganddo mewn cyfrol i gofio hanner can mlynedd cyntaf yr ysgol yn sôn am rygbi dyddiau ysgol, un yn y Gymraeg a'r llall, dipyn hirach, yn y Saesneg. Nodir yn y gyfrol fod y bennod Saesneg yn 'extract from C J's book, as yet unpublished'. Fel gyda'r paragraffau o atgofion am ei blentyndod, mae'n rhwystredig iawn meddwl bod Carwyn wedi cofnodi'r atgofion hyn am ei fywyd ond nad oes sôn amdanynt heddiw.

Mynegodd Carwyn ei sensitifrwydd cynhenid yng nghyd-destun rygbi pan oedd yn ddisgybl Chweched Dosbarth yn y Gwendraeth ar ffurf darn o farddoniaeth. Roedd newydd glywed nad oedd wedi cael ei ddewis i chwarae i dîm rygbi Ysgolion Cymru:

Siom

Minnau'n llawn hoen, ac mewn hwyl anghyffredin
Chwaraeais fel arwr y gad.
Disgwyliwn yn awchus am glywed y newydd,
A'm dewis fel maswr y wlad.

Drannoeth a minnau'n llawn hyder a sicrwydd
Ces gerdyn ar drothwy y drws –
Yr hyder a'r sicrwydd yn araf ddiflannu.
Pa newydd – ai cas ynteu tlws?

Oedais am funud gan feddwl drachefn
Ai arwr neu lwfryn o'wn i?
Wel, do'n eithaf sicr chwaraeais fy ngorau
A'r maswr oedd – neb ond myfi.

Ond syrthiodd fy nhrem ar air annymunol
A syrthiodd fy ngwep yr un pryd.
I lawr daeth fy nghestyll fel castell ar dywod
A llanwodd fy nghalon â llid.

Yn y rhaglen *Diacon y Sêt Gefen* i gofio Carwyn, mae Gwynfil Rees yn sôn am y gerdd yma. Darllenir y gerdd ar y rhaglen, ac yn y cefndir lluniau o gêm rygbi yn ysgol y Gwendraeth, a Carwyn yn sefyll ar yr ystlys yn gwylio'r gêm. Esbonia Gwynfil Rees rywfaint o'i chefndir:

Dewi gafodd afael yn y darn o farddoniaeth. Ddangosodd Carwyn ddim i fi iddo gael siom o gwbl. Fe gymrodd y cyfan yn neilltuol o hamddenol o'n i'n meddwl. Ond mae'n amlwg fod y siom yn ddwfwn iawn ynddo.

Dyna ymateb crwt ysgol a gawsai ei ddewis i chwarae ac i fod yn gapten ar ei wlad ymhen dim. Teimlodd yr ergyd o gael ei wrthod. Nid dyna'r tro olaf i Carwyn James brofi siom ym myd rygbi. Dengys hyn un o nodweddion ei gymeriad, sef yr awydd i gadw'i deimladau iddo fe ei hunan. Tyfodd y crwt ysgol siomedig i fod yn ddyn preifat iawn, nad oedd am ddangos unrhyw gymhlethdodau emosiynol i unrhyw un arall.

Ysgrifennodd Gwynfil Rees gerdd i gofio am Carwyn – enghraifft brin mae'n siŵr o waith barddonol hyfforddwr rygbi tîm yr ysgol:

Ni welir mwy ei ddawn ar Barc y Strade
Na'r llywydd mwyn yn eistedd yn ei sedd,

Mae'r hwn fu'n ymddiddori yn y 'Pethe' –
Y bywiog ŵr – yn llonydd yn y bedd.
Hyfryd oedd gwrando arno'n datrys awdl,
A'r geiriau yn byrlymu dros ei fin,
A chyn pen fawr o dro, yr un mor huawdl,
Yn annog ei Lanelli hoff i'r drin.
Teithiodd y byd a phrofi gwin a gwermod,
Ond daliai'r wên mor hynaws ag erioed.
Yn Seland Newydd cyrraedd brig awdurdod
A'r meistri gynt yn plygu wrth ei droed.
Y llednais ŵr a'r gŵr bonheddig rhadlon,
Heddwch i'th lwch ymhlith yr anfarwolion.

Cau drws y dosbarth

Daeth dyddiau ysgol Carwyn James i ben yn 1948. Bu ei gyfnod yn y Gwendraeth yn llewyrchus iawn iddo ymhob ffordd bosib. O'i adroddiad cyntaf ar ddiwedd Blwyddyn Un, pan gafodd A ymhob pwnc, i'r diwrnod olaf pan enillodd raddau digonol yn ei Lefel A i fynd i Brifysgol Aberystwyth i ddilyn cwrs gradd. Dyma eiriau ei brifathro, Llywelyn Williams:

He is the most able of the pupils who have passed through this school. Indeed, should the opportunity ever arise, I shall be pleased to offer him an appointment to my staff.

Canmoliaeth yn wir. Mae Alun Richards hefyd yn cydnabod gwerth dyddiau'r Gwendraeth ym mywyd Carwyn:

If he became one of the most confident Welshmen of his generation, it was because in his early years he had an education of which he could be proud.

Y tu hwnt i dir yr ysgol, roedd Carwyn hefyd yn ffigwr amlwg a gweithgar. Yn Aelwyd yr Urdd, un o hoelion wyth y mudiad yn y Cwm oedd Stella Treharne, prif athrawes gyntaf ysgol gynradd Gymraeg Cydweli. Mae'n cofio cyfraniad Carwyn i Gymru, Cyd-ddyn a Christ ei gynefin:

Ers y tridegau trefnwyd gweithgareddau'r Urdd yng Nghylch y Mynydd Mawr, a diau mai trwyddynt hwy y daeth Carwyn James a'i gyfoedion i gysylltiad ag Urdd Gobaith Cymru. Roedd W J Jones, prifathro Ysgol Cefneithin, yn un o'r athrawon gweithgar a oedd yn gyfrifol am drefnu gweithgarwch yr Urdd o fewn y cylch.

Daeth dylanwad yr Urdd o gyfeiriad arall agos ato yng Nghefneithin hefyd:

Newydd ddod yn weinidog i'r Tabernacl (Cefneithin) roedd y Parchedig Morley Lewis, a weithredai fel cadeirydd Aelwyd yr Urdd yno: Elfed Lewys (y canwr gwerin adnabyddus), mab y mans yn ysgrifennydd a Carwyn, yn naturiol, yn arweinydd. Cyfarfyddent yn yr ysgol leol ar nos Wener.

I un oedd yn deall gwerth diwylliant yn ogystal ag adloniant, rhaid oedd i'r Aelwyd lwyddo o'i chychwyn. Eisoes roedd yr arweinydd yn eilun ym mhob chwarae, boed ar gae neu wrth y bwrdd snwcer, a buan yr ymdaflodd yr aelodau i weithgarwch a hwyl yr Urdd. Ychydig o aelwydydd oedd o fewn yr ardal – Llanelli, Bancffosfelen, Yr Hendy, Felinfoel a Phontyberem – ac felly, roedd cymdeithasu â'r canghennau eraill yn fwynhad digymysg, a'r nosweithiau yn 'llawen' beth bynnag fyddai ffurf y noson.

Mae cyd-ddisgybl iddo, Syr John Meurig Thomas, yn cofio nid yn unig yr Urdd, ond y snwcer y cyfeiriwyd ato hefyd:

Roedd snwcer yn boblogaidd tu hwnt yn yr ardal pan oeddwn i yn yr ysgol. Cynhelid cystadlaethau cynghrair cyson drwy'r ardal, a hefyd ambell noswaith 'exhibition' yn Neuadd y Cross. Dw i'n cofio un achlysur pan ddaeth yr enwog Sydney Smith i chwarae yno. Yno, gofynnodd trefnwyr y noson i un o'r dynion lleol herio Sydney Smith, a Carwyn gafodd ei ddewis. Cafodd drashiad yn y gêm, does dim dowt, ond eto ef gafodd ei ddewis gan y dynion lleol.

Roedd criced hefyd yn ganolog i fywyd Carwyn fel y cofia John Meurig Thomas eto:

Dw i'n ei gofio'n chwarae criced i dîm y Tymbl – gwaelod Tymbl
i fod yn benodol. Roedd yn *all rounder* go iawn, yn gallu batio a
bowlio – bowlio llaw dde, gweddol araf. Chwaraeai i'r Tymbl pan
oedd yn y Brifysgol hefyd, pan ro'dd e nôl adre ar benwythnosau.

Mae Gwynne D Evans yn cofio nodi talent criced Carwyn a'i
glywed yn sôn am ei hoffter o'r gêm:

Y tro cyntaf y gwelais i Carwyn yn trafod bat criced, fe
sylweddolais fod ganddo dalent naturiol at y gêm, a chan ei fod
yn awyddus i ddysgu, rown i'n falch i roi ambell dip iddo. Pan
oedd ond naw mlwydd oed, fe fentrais ei ddewis yn y tîm bois
mawr i chware yn erbyn Ysgol y Tymbl. Rwy'n cofio'n iawn iddo
sgorio whech rhediad deidi – ac fe gadwodd ei le yn y tîm. Ychydig
amser yn ôl, fe'i clywais yn dweud y byddai wedi hoffi gyrfa fel
cricedwr proffesiynol. Pe bai wedi dilyn y llwybr hwnnw, byddai
rygbi Cymru a'r byd wedi dioddef colled enbyd, ond o leia fe fyddai
Morgannwg wedi cael ei Brearly ymhell cyn Lloegr.

Erbyn i Carwyn adael yr ysgol, roedd y darnau a fyddai'n
rhoi siâp ar ei gymeriad wedi disgyn i'w lle. O'r dylanwadau
a'r tensiynau yma, creodd Carwyn ei dreftadaeth ei hun.
Wrth esbonio apêl T H Parry-Williams a'r rheswm i waith y
bardd gydio yn y Carwyn ifanc, dywedodd fod 'y traddodiadol
yn agored i'w gyfareddu gan y newydd'. Dyna nodwedd
ganolog i'r cymeriad a wnaeth brifio a ffynnu ar dir Ysgol y
Gwendraeth. Datblygodd ei allu beirniadol a dadansoddol ac
fe'u cymhwysodd ar y cae chwarae. Dechreuodd ddarlledu
hefyd ac roedd gwrando ar y radio yn arferiad naturiol iddo ar
yr aelwyd, yn nhŷ ei gymydog ac yn yr ysgol. Gwelodd yr angen
i feistroli'r grefft o siarad cyhoeddus.

Roedd yn ymwybodol o'r tensiynau a grëwyd ynddo am na
chafodd ei eni yn Rhydlewis, er petai hynny wedi digwydd ni
fyddai wedi dod ar draws rygbi yno. Ond eto byddai ei allu
cynhenid mewn campau eraill wedi dod o hyd i fynegiant mewn
ffyrdd eraill. Ni fyddai wedi dod o dan aden Miss Dora na'r
athrawon eraill a ddatblygodd ei allu beirniadol, dadansoddol.

Felly, y gwir amdani yw i'r ddau le ddylanwadu'n drwm arno ond i'r Gwendraeth wneud hynny mewn sawl ffordd fwy diriaethol.

Roedd y dylanwadau elfennol i gyd wedi cydio erbyn y trodd at awyr iach y môr yn y Coleg Ger y Lli. Wrth ymuno â'i gwrs gradd deuai dylanwadau newydd arno. Byddai hefyd ddigwyddiadau a phrofiadau newydd wrth gwrs mewn cyfnod cyn i lwyddiant ac enwogrwydd ymyrryd yn ei fywyd. Y modd y daeth llwyddiant a dylanwadau bore oes i wrthdrawiad â'i gilydd yw'r tensiwn a greodd y Carwyn y daeth Cymru i'w adnabod, yn benodol o 1971 tan ei farw yn 1983.

4

Aberystwyth

*Roedd Aberystwyth mor bell o'r byd nes gorfodi ei fyfyrwyr i
fyw ar eu hadnoddau eu hunain. Nid oedd ganddynt wrth eu
drysau ddinas fawr, yn llawn o chwaraedai na chyngherddau na
llyfrgelloedd, bob un ohonynt, cofier yn cystadlu â'r coleg.*

Edrych yn Ôl R T Jenkins

OEDD, ROEDD TIR newydd o dan draed Carwyn James am y tro
cyntaf ym mis Hydref 1948 pan adawodd Rose Villa. Mae'r
cerdyn a ddefnyddiodd Carwyn i gofrestru ym Mhrifysgol
Aberystwyth yn dangos mai 'unemployed' oedd Michael
James ar y pryd. Doedd dim incwm yn dod i'r tŷ, gan fod
Dewi wedi gadael cartre i ddilyn gyrfa yn y banc a hefyd
roedd ei ddwy chwaer wedi gadael i weithio. Carwyn oedd
y cyntaf yn y teulu i ddilyn cwrs mewn prifysgol. Yn 1948
dechreuodd y Wladwriaeth Les a'r Gwasanaeth Iechyd newid
byd pobl y Deyrnas Gyfunol. Roedd yr eira mawr wedi dadmer
a dechreuwyd paratoi ar gyfer cenhedlaeth nad oedd erioed
'wedi'i chael hi gystal'.

Roedd Aber, y cludwyd Carwyn iddi ar y trên o Gaerfyrddin,
yn newid hefyd, yn ei ffordd ei hun. Dechreuodd fod yn
gyrchfan tripiau undydd i lan y môr, yn hytrach na chael
ymwelwyr yn aros am wythnos neu ddwy o wyliau. Byddai
mwy o ymwelwyr mynd a dod ar ei strydoedd wrth i'r
pedwardegau ddirwyn i ben. Roedd swyddogion awdurdod
lleol y dref wrthi'n paratoi eu cais i wneud Aberystwyth yn
brifddinas Cymru. Roedd y penderfyniad i wneud cais am y
fath statws aruchel a chenedlaethol yn dangos hunanhyder

a balchder tref Aberystwyth. Roedd hyn yn awyr iach i'r glasfyfyriwr o Gwm Gwendraeth.

Er bod poblogaeth tref Aberystwyth yn cynyddu yn y cyfnod hwn, parhau i ostwng roedd poblogaeth y sir. Roedd yr un grymoedd a yrrodd Michael James o'i aelwyd yn Rhydlewis i lwch y glo caled yn dal ar waith. Er bod Carwyn yn camu ar dir newydd sbon wrth ddechrau yn y coleg, roedd mewn ffordd yn camu'n ôl i'r sir a oedd wedi cydio mor dynn ynddo ers ei eni. Ceredigion a Sir Gâr oedd y ffiniau o hyd iddo. Amlygwyd hyn yn y lletyy y bu'n byw ynddo ar ôl cyrraedd fel glasfyfyriwr. Rhannai dŷ gyda chyn-ddisgyblion eraill Ysgol y Gwendraeth, a'r llety ddim ymhell o'r cae rygbi lle byddai'n ymarfer. Rhif 12 Elm Tree Avenue oedd ei gartre, wrth ymyl yr orsaf yn Aberystwyth. O ffenestri ffrynt y tŷ o'r enw Roxborough, gellid gweld cerddwyr yn ymlwybro'n hamddenol o Blascrug i ganol y dref.

Yn ei flwyddyn gyntaf, astudiodd Carwyn Ddaearyddiaeth, Athroniaeth, Hanes Cymru a Chymraeg. Yna, yn ei ail flwyddyn, fe astudiodd Hanes Cymru a Chymraeg ac yna anrhydedd Cymraeg yn ei drydedd flwyddyn. Roedd naw myfyriwr yn astudio'r Gymraeg y flwyddyn honno, sef blwyddyn olaf T H Parry-Williams cyn ymddeol. Roedd tri yn gwneud eu gradd ar ôl cyfnod yn y Lluoedd Arfog – y Prifardd John Roderick Rees, Thomas Jones o Benuwch ger Aberystwyth ac R I Dennis Jones o Lanelli, a ddaeth yn brifathro ar Ysgol Ramadeg y Bechgyn Llanelli. Roedd Carwyn yn un o'r chwech ar y cwrs a ddaeth yn syth o'r ysgol. Yn eu plith roedd Brynley F Roberts o Aberdâr, a ddaeth wedyn yn ddarlithydd Cymraeg yn y Coleg. Meddai ef:

> Roedd naw yn rhif cymharol uchel o fyfyrwyr ym mlwyddyn ola eu gradd Gymraeg yr adeg hynny ac yn gwneud y dosbarth yn fwy difyr o'r herwydd. Fe gyfoethogwyd y profiad ymhellach gan bresenoldeb y tri a fu yn y Lluoedd Arfog cyn dod atom ni. Dyna'r tro cynta i fi sylwi ar Carwyn, er i ni wneud yr un gradd o'r cychwyn. Roeddwn i mewn neuadd breswyl a Carwyn yn rhannu tŷ. Felly, doedd fawr ddim cysylltiad rhyngom tan y flwyddyn ola.

Heb amheuaeth, profodd Carwyn brofiadau ehangach yn Aberystwyth yn ystod y cyfnod hwnnw. Ym mlynyddoedd ola'r pedwardegau, roedd nifer helaeth o ddynion wedi bod yn y Lluoedd Arfog wedi heidio i'r prifysgolion, felly dyma Carwyn unwaith eto'n ŵr ifanc mewn cwmni hŷn. Fel ym mywyd pentre Cefneithin, fel yn y cwrdd gweddi yng nghanol yr wythnos yn y Tabernacl, felly hefyd yn y brifysgol.

Roedd Carwyn yn gwireddu breuddwyd ac yn ei seithfed nef ar yr un pryd. Coleg Aberystwyth oedd ei unig ddewis. Gwrthododd lenwi'r bylchau a oedd yn gofyn iddo ddangos ail a thrydydd dewis o brifysgol. Pam? Am y byddai T H Parry-Williams a Gwenallt yn ei ddysgu yno. Daeth sesiynau allgyrsiol Miss Dora, gwrando ar ddarllediadau radio'r ddau fardd, clywed straeon Gwynfil Rees, y cwbl oll at ei gilydd wrth gamu i'r stafell ddarlithio am y tro cyntaf. Mae un o gyd-fyfyrwyr Carwyn, ac un a barhaodd yn ffrind agos iddo tan ei farwolaeth, Dafydd J Bowen, yn disgrifio'r profiad o gwrdd ag arwyr llenyddol:

> Dynion pell oddi wrthym oedd y fath gewri yn y cyfnod yna. Ond yn sydyn, dyna lle'r oedden nhw, yn sefyll o'n blaenau. Rydw i'n cofio'r wefr o weld 'athro' mewn Prifysgol am y tro cynta. Roedd gan Carwyn edmygedd arbennig o T H Parry-Williams ac roedd yn dangos cywreinrwydd amlwg wrth ei weld yn y cnawd am y troeon cynta wedi i ni ddechrau'n cwrs. Fe wnaeth ddangos yr un fath o agwedd tuag at Gwenallt hefyd. I Carwyn, roedd Gwenallt yn cynrychioli'r hyn roedd Carwyn yn ei gynrychioli, sef deuoliaeth y wlad a'r maes glofaol. Ond petawn i'n gorfod dewis, T H Parry-Williams oedd yr arwr mwya iddo.

Daw hyn ag adlais geiriau Carwyn ei hun i'r cof, sef ei ymateb i apêl T H Parry-Williams wrth ei glywed ar y radio yn nyddiau'r Gwendraeth. Ar yr un rhaglen deledu, soniodd am y darlithoedd gan ei arwr:

> Yn Aber, cael fy swyno gan ei ddarlithiau, mor ddiddorol, wrth iddo wneud pethau hanesyddol a Hen Wyddeleg yn bethe byw hollol.

Mae hefyd yn sôn am ei hoffter o Gwenallt am ei fod yn 'realydd wrth sôn am y byd diwydiannol trwm'. Cydiodd Gwenallt yn ysbryd amgylchiadau uniongyrchol teulu Carwyn yn symud o un ardal o Gymru i un arall. Cydiodd T H Parry-Williams yn ysbryd y Carwyn a fagwyd yn y byd newydd hwnnw.

Gall Carwyn James ddiolch i un arall o frodorion Cwm Gwendraeth am ddwysáu'r profiad o gwrdd ag arwr. Dyn preifat iawn oedd T H Parry-Williams, na fyddai'n ymwneud â bywyd cymdeithasol Prifysgol Aberystwyth o gwbl. Dyna'r darlun a grëir ohono gan R Gerallt Jones yn ei gofiant i'r bardd yng nghyfres *Dawn Dweud* Gwasg Prifysgol Cymru. Yn yr un gyfrol, mae Menai Williams a oedd wedi dechrau ei chwrs gradd ychydig flynyddoedd cyn Carwyn yn 1940, yn dweud sut y newidiodd hynny:

> Er mor gyfeillgar gwrtais fydda'r Athro yn ei berthynas â ni, ni welid byth mohono, yn bresennol yn ein mysg fel myfyrwyr ar unrhyw achlysur cymdeithasol, megis cyfarfod o'r Geltaidd. Cyn i mi adael y Coleg, fodd bynnag, daeth tro ar fyd ac wedi iddo briodi, caem gwmni Syr Thomas a Lady Parry-Williams ar lawer achlysur hapus.

Priododd T H Parry-Williams ac Amy Thomas ym mis Awst 1942. Ganed Amy ym Mhontyberem, mewn tŷ sydd nawr yn gartre i Fenter Cwm Gwendraeth Elli ac mae plac ar y wal i nodi hynny. Fe fyddai Carwyn a hithau wedi troi yn yr un cylchoedd, adnabod yr un bobl, a phrofi'r un dylanwadau cymdeithasol. Gall Carwyn fod yn ddiolchgar iddi am dynnu ei gŵr allan o'r cysgodion i wres cwmni cymdeithasol myfyrwyr.

Ond er gwaetha'r gyfaredd o gyfarfod â dau gawr ac eistedd wrth eu traed, mae'n siŵr fod Carwyn wedi profi elfen o siom hefyd yn ei astudiaethau gradd, am nad oedd fawr ddim trafod llenyddiaeth ddiweddar yn y cwrs. Yn hytrach, rhoddwyd y pwyslais ar hanes llenyddiaeth ac astudiaethau gramadegol o'r hen Gymraeg, y Wyddeleg, Lladin ac ati. Doedd dim un testun o'r ugeinfed ganrif yn destun astudiaeth. Mynegodd nifer o fyfyrwyr eu dadrithiad yn hyn o beth, fel y cyn aelod seneddol, Cynog Dafis:

> Roedd y cwrs yn dal yn seiliedig ar batrwm Edward Anwyl, 'nôl ar ddiwedd oes Fictoria...

Byddai Carwyn wedi bod yn fwy cyfarwydd â gwaith T H Parry-Williams a Gwenallt o dan arweiniad Miss Dora nag y byddai o dan arweiniad ei ddau arwr. Nid yw hynny, wrth gwrs, yn dibrisio unrhyw gyfraniad a wnaed gan y ddau yn y meysydd roeddynt yn dysgu, na chwaith yn y sgyrsiau a gaed dros goffi, yn y Gymdeithas Geltaidd neu mewn sgyrsiau hap a damwain fan hyn a fan draw. Ond llwm iawn oedd cynnwys llenyddol, testunol a thematig yn y cwrs a astudiai Carwyn.

Pan ddechreuodd Carwyn yn Aber, roedd D J Bowen ar ei flwyddyn anrhydedd. Yr hyn a unodd y ddau oedd, yn syml, Dafydd ap Gwilym. Yn y cyfnod hynny, byddai yr Athro Thomas Parry, darlithydd ar y pryd ym Mangor, yn ymweld ag Adran Gymraeg Prifysgol Aberystwyth er mwyn traddodi darlithiau ar waith Dafydd ap Gwilym. Rhannodd D J Bowen ei gopi o *Cywyddau Dafydd ap Gwilym a'i Gyfoeswyr* gyda Carwyn wrth ei ddesg yn y sesiynau hynny a dod i adnabod ei gilydd. Yn dilyn hynny, fe ddaeth y ddau yn ffrindiau agos iawn, fel yr eglura Dafydd Bowen yng nghyfrol John Jenkins, *Un o 'Fois y Pentre'*:

> Yn ystod y tymhorau dilynol caem seiadau achlysurol yn y Pedrongl neu o gwmpas y dref, ac erbyn haf 1950 pan gafodd Carwyn Ysgoloriaeth Deithio, roeddem yn ddigon o gyfeillion iddo ofyn i fi fynd gydag ef yn gydymaith ar daith trwy Lydaw.

Does yna fawr ddim gwybodaeth ar gael ynglŷn â'r daith honno i Lydaw. Mae'n hysbys fod T H Parry-Williams yn trefnu teithiau i Lydaw yn y cyfnod, ond dydy Carwyn ddim yn dweud ai ar un o'r tripiau hynny yr aeth.

Wrth iddo ennill ysgoloriaeth i fynd i Lydaw cawn awgrym o feddylfryd eang Carwyn ei hun, a'i awydd i feddwl y tu hwnt i ffiniau amlwg mwy cyfyng y Gymraeg neu Gymreig. Roedd y berthynas â gwledydd Celtaidd eraill yn un elfen o hynny. Cyfeiriodd Carwyn at yr ymweliadau â Llydaw mewn darllediad i'r BBC ym Mawrth 1960:

> Pan fo bywyd yn ddwys a'r croesdynnu ar ei chwyrnaf, fe fydda i'n eiddigeddus iawn o blant bychain a hen bobol. Yr hen, hen bobol, tebyg i'r gwragedd hynny a welais gynt yn Llydaw a oedd i bob golwg wedi goroesi bywyd a bedd. Ches i fawr o gyfle i sgwrsio â'r un ohonynt, ond cofiaf amdanynt yn aml wrth dorri gair â hen wraig a drigai yn fy ymyl, gartref.

Yn nodweddiadol yn ysgrifennu Carwyn gwêl y lleol mewn cyd-destun ehangach. Y profiad dynol sy'n bwysig iddo, nid y plwyfol ac roedd ei feddwl creadigol yn gweld ac yn datblygu cysylltiadau nad oedd yn amlwg gysylltiedig. Dyma ddawn, mae'n siŵr, a ysgogodd nifer i sôn amdano fel dyn yn llawn deuoliaethau, er nad oedden nhw'n ddeuoliaethau iddo fe o gwbl.

Ni theimlai'r rheidrwydd i hedfan gydag adar o'r unlliw, yn hytrach byddai'n parchu ac yn annog gwahaniaethau. Gwelwyd arwydd o hyn yn ei gyfeillgarwch â Dafydd Bowen. Gwnaed sawl cyfeiriad at y ffaith fod y ddau yn ffrindiau, oherwydd, yn ôl Carwyn, nid oedd gan Dafydd Bowen unrhyw ddiddordeb o gwbl mewn rygbi. Yn ôl Alun Richards, nododd Dafydd Bowen sut roedd Carwyn wedi crynhoi eu cyfeillgarwch – ' I like your company because you don't know anything about rugby...'. Atega Dafydd Bowen hynny yn *Un o 'Fois y Pentre'*.

Awgryma Alun Richards fod hyn yn agwedd meddwl a amlygwyd gan Carwyn trwy gydol ei fywyd. I Dafydd Bowen, yr hyn a oedd yn bwysig oedd y diffyg diddordeb mewn chwaraeon nad oedd yn rhwystr o gwbl i'w cyfeillgarwch mynwesol. I'r dadansoddol Alun Richards, a oedd yn deall ei rygbi, yn ogystal â phwysau bywyd cyhoeddus, gallai weld yn

Carwyn yr agwedd warchodol ynddo, rhag bod unrhyw un yn gosod pwysau neu gyfyngiadau arno. Ceir adlais clir o hyn yn ei ymwneud â phwyllgorau rygbi. Roedd agenda Dafydd Bowen ac yntau yn wahanol, ac roedd yn ffrind agos iawn at Carwyn, mewn sawl ffordd.

Ysgrifennodd Carwyn am ei brofiadau ar y cae rygbi, fel myfyriwr, a chaiff ei ddyfynnu yn *Un o 'Fois y Pentre'*:

> John (Alfie) Brace, brother of Onllwyn, both products of Gowerton Grammar, was the resident College fly-half, so I had to be content with playing for the Second XV and Aber Town until Alfie decided to play for the town side.

Fe aeth Carwyn felly o fod yn ddewis cyntaf i dîm yr ysgol, yn gapten ar dîm ysgolion Cymru, cael ei ddewis i chwarae i Lanelli, chwarae i dîm pentre Cefneithin, i fethu sicrhau ei le yn nhîm cyntaf ei brifysgol. Cofier am y siom a fynegwyd yn ei gerdd, a'r wers a ddysgodd wrth gael ei daclo'n hwyr gan chwaraewr tipyn yn fwy nag e fel crwt ysgol yng nghrys y Scarlets. Ym myd rygbi doedd popeth ddim yn fêl i gyd i'r athrylith dawnus wrth brofi sawl siom cyn cyrraedd yr ugain oed.

Mae'n siŵr i hyn i gyd roi persbectif pendant iddo ar y gêm, ond doedd hynny ddim wedi lleddfu ar ei fwynhad o chwarae rygbi. Dywed:

> I thoroughly enjoyed my rugger at Aber, mainly I suppose, due to the marvellous spirit of the team. We were a cliquish lot, we drank coffee together every morning in the refectory, we took over the Ship for our after match sing songs, and big Roy Williams, who later became a professional with Wigan, would sing 'I wonder who's kissing her now?' Lem Evans would give a fair impression of Al Jolson, and dear 'Myfanwy' was always popular.

Yr hyn nad yw Carwyn yn ei ychwanegu yn yr adroddiad yma yw mai fe fyddai'n canu 'Myfanwy', yn amlach na pheidio ar ôl i'r cyn-filwyr ganu eu caneuon arbennig nhw – rhai na fyddai'n byw yn yr un byd â 'Myfanwy'. Disgrifia Alun Richards y ffordd y byddai 'Myfanwy' yn cael ei chyflwyno i gynulleidfa gymysg y Ship:

> ... as the night wore on and the singers wore out, Carwyn's turn would come, a time for sentiment and in the sweetest of light tenor voices, he would sing the Welsh love song 'Myfanwy', hands crossed in his deacon pose, bringing a reminder of the years of innocence which he was to carry with him all his life. This was the chapel Carwyn, carrying the pulpit in his voice, often changing the mood of the assembled company until hymns followed, very probably sending the singers home with a beery glow of maudlin satisfaction at this raising of tone before 'time' was called by the indispensable Treorchy landlord.

Sentimentaleiddio efallai yw dweud bod Carwyn, wrth ganu 'Myfanwy', wedi newid awyrgylch tafarn yn llawn myfyrwyr a chyn-filwyr. Digon yw dweud iddo wneud ei gyfraniad unigryw ei hun, iddo beidio â chyfaddawdu a gadael i ganeuon maswedd y fyddin gario'r dydd yn llwyr.

Cyfeiriodd John Brace at y cyfnod hyn yn y rhaglen, *Diacon y Sêt Gefen*. Cofia'r crwt ifanc o Gwm Gwendraeth yn cyrraedd y coleg a'i orchestion gyda thîm ysgolion Cymru ac iddo gael ambell gêm i Lanelli:

> Fi oedd y maswr ar y pryd, wrth gwrs, ac ro'n i wedi clywed straeon am y crwtyn disglair. Ond do'dd dim gobaith iddo fe wrth gwrs. Fi o'dd y capten, ac yn Aberystwyth, y capten o'dd cadeirydd y dewiswyr. Felly, bu'n rhaid i Carwyn chwarae yn yr ail dîm am flwyddyn.

Ond nid i ail dîm y brifysgol yn unig y chwaraeodd Carwyn yn ei flwyddyn gyntaf. Yn hytrach, penderfynodd fentro gyda thîm newydd sbon a oedd wedi'i ffurfio yn y dre, flwyddyn cyn iddo gyrraedd y coleg. Roedd gêm gyntaf Clwb Rygbi Aberystwyth yn erbyn ail dîm y brifysgol, yn 1947. Collodd tîm y dre yn drwm o 24 i 3. Ond atyn nhw yr aeth Carwyn, y glasfyfyriwr. Mae Ellis Davies, sy'n dal yn gefnogwr brwd i dîm y dre, yn cofio'r dyddiau hynny. Ar y pryd, roedd yn ddyn ifanc yn gweithio ym Mhlas Gogerddan ar gyrion y dre:

> Ro'dd lot ohonan ni fois ifanc ar y pryd yn ymddiddori mewn rygbi ac fe benderfynon ni y bydde fe'n beth da ffurfio clwb rygbi. Yn y dyddiau cynnar, a phan ddaeth Carwyn aton ni, ro'n ni'n chwarae ar ddarn o dir wrth ochr y Gasworks yn y dre – alla i ddim ei alw fe'n gae rygbi. Ro'dd yn amlwg fod y myfyriwr ifanc a dda'th aton ni ar ddechrau tymor 1948 yn foi dawnus iawn. Yn y pac ro'n i'n chwarae ac unrhyw le yn y pac o'dd hi'r dyddiau hynny. Ro'dd yn bleser gweld y maswr ifanc iawn 'ma'n gwneud beth dyle maswr wneud, sef ochrgamu a mynd trwy'r taclwyr. Ro'dd e'n ifancach na'r rhan fwya ohonan ni, fel myfyriwr yn syth o'r ysgol, ond ro'dd ei allu'n ddigon amlwg.

Gwrthwynebwyr tîm y dre yn y dyddiau cynnar oedd timau'r brifysgol, tîm tre a Phrifysgol Llambed a thimau o'r gwasanaethau milwrol. Nodweddiadol iawn i Carwyn beidio â bodloni chwarae i ail dîm ei brifysgol yn unig, ac i ddewis cyfrannu ei ddawn i dîm ifanc, amrwd y dre.

Fe aeth 'nôl i dîm y brifysgol wedi'i flwyddyn gyntaf, gan fod John Brace wedi gadael. Ym mha dîm bynnag y byddai'n chwarae, roedd un peth yn sicr, roedd Carwyn yn mwynhau ei rygbi:

> The trips from College to the mining villages of Tumble, Llandybie, Pontyberem, and the wonderful hospitality laid on were occasions we looked forward to with relish. When the ex-servicemen at last disappeared from the College scene, and there was a little tightening on discipline, Dr Lily Newton, the new Vice-Principal, was most understanding of the problems facing the captain of the wild young men of the Rugby Club!

Daw Alun Richards â stori benodol sy'n enghraifft o berthynas Carwyn â'r Dr Lily Newton newydd a goddefgar. Fel rheol, byddai'r tîm, wrth chwarae oddi cartre yn dod 'nôl yn ystod oriau mân bore Sul gyda'r trên llaeth. Doedd Lily Newton ddim yn credu bod hynny'n ymddygiad gweddus i fyfyrwyr ei phrifysgol gan y byddai'n debygol o roi enw drwg i'r coleg. Cyflwynodd reol newydd a fynnai fod y tîm yn ôl erbyn hanner nos yn ddi-ffael wedi chwarae oddi cartre. Ymhen ychydig wedi cyflwyno'r rheol, roedd y tîm i chwarae ym Mhrifysgol Birmingham. Doedd Carwyn ddim ar y daith, gan ei fod wedi'i anafu. Cyrhaeddodd y tîm yn ôl am bump o'r gloch y bore wedyn:

> The captain was summoned, and although not personally involved, held responsible. It was a confrontation which is not hard to imagine and those involved feared the direst consequences, perhaps the prohibition of away games, a firm and understandable act on the part of a new vice-principal determined to impose a more stringent rule now that most of the ex-servicemen had left. But Carwyn, made completely innocent by his own absence, emerged from the interview an hour later as silent victor and no restrictions of any kind were placed on his team.

Yn ôl y sôn, cyfeiriodd Carwyn yn ei ddadl, ar ran ei gyd-chwaraewyr, at bresenoldeb cyn-aelodau'r Gwasanaethau Milwrol yn y garfan, a bod hynny wedi gwyrdroi amgyffred y myfyrwyr o beth oedd rhyddid. Mae'n debyg iddo hefyd orffen y cyfarfod trwy gynnig pob help roedd Dr Newton ei angen gydag unrhyw broblem roedd ganddi ar y pryd. Carwyn yr eiriolwr ar ei orau. Byddai galw am ymarfer y fath ddoniau sawl gwaith yn y dyfodol.

Mae Carwyn, yn ei atgofion yntau o'r un cyfnod, yn cofio'r cysylltiad rhwng byd newydd y coleg a hen fyd Cefneithin:

> Cefneithin RFC, quite a force in the Llanelli League in the late Forties, only achieved full WRU status in the 1948/49 season thanks to the drive and influence of Ivor Jones and Ewart Davies. During my first year at Aber, I occasionally travelled home to play for Amman United in the West Wales league competition. I don't think Lloyd Morgan approved me playing for the Amman at all:

I have a sneaking feeling as well that he was displeased by the dramatic effect achieved by his opposite number in the Amman Valley, an equally strong and well known personality, Bertie Davies. Bertie headed a deputation of five Amman United high officials and committee men which came to see me at my home one dark evening to persuade me to play for the 'best and richest team in Wales' as Bertie put it. The others said very little, I think they were there for the theatre. In turn, with my transfer back to the Club, I insisted on the Amman prima donna treatment, when it came to a mid-week cup match. But after losing in the first round, Lloyd, in front of many of the local pundits had the last word as I boarded my hired, chauffer-driven vehicle bound for Aberystwyth: "Make the most of it. That's the last bloody taxi you'll have."

Mae Carwyn yn ddigon agored iddo fynnu'r driniaeth prima donna, er ei bod yn swnio'n chwithig clywed y geiriau'n dod o enau Carwyn, gŵr mor ddiymhongar a phreifat. Ond un fel 'na oedd e. Wastad yn barod i wneud sylw nad oedd neb o'i gyd-Gymry'n ei ddisgwyl, fel y gwnaeth wrth sôn yn ddigon graffig am ei awydd i fod yn yr Awyrlu er mwyn gallu saethu'r Almaenwyr yn yr awyr.

Er ei fod yn un o fois y pentre a'r cyfan roedd hynny yn ei olygu, yn nhermau Cefneithin a Chwm Gwendraeth, roedd yn amlwg nad oedd chwarae i'r Aman y tu hwnt iddo. Roedd ei orwelion eisoes yn ymestyn. Byddai'r uchelgais yn ei wthio heibio i'r ffiniau cyfyng.

Âi Carwyn 'nôl i Gefneithin pan fyddai'n bosib, yn ystod y tymor. Wrth gwrs, byddai'n ôl yno yn ystod cyfnod y gwyliau a byddai'n ailgydio yn ei gysylltiadau rygbi a chriced lleol. Yn ogystal â chwarae i dîm rygbi Cefneithin ac i glwb criced y Tymbl, roedd hefyd yn fwy na pharod i rannu ei ddawn a'i ddiddordeb yng nghamp y bêl hirgron gydag eraill yn y Cwm. Un oedd yn cofio'r cyfnod yn iawn oedd Elwyn Jenkins, a anwyd yn ardal Cross Hands. Bu'n löwr ac yna'n weinidog gyda'r Presbyteriaid, ond hefyd fe chwaraeodd rygbi i glybiau Llanelli ac Abertawe. Yn ei hunangofiant, *Pwll, Pêl a Phulpud*, mae'n cofio'r dechreuadau cyntaf ym myd rygbi, pan oedd yn 16 oed a Carwyn bryd hynny yn ei flwyddyn olaf yn Aberystwyth:

> Roeddwn wedi bod yn chwarae snwcer ryw nos Sadwrn yn neuadd fach Oswald Evans ar sgwâr Cross Hands, a dyma ddyn byr o'r enw Maldwyn yn dod ataf i'm perswadio i fynd i gael prawf ar Gae'r Pownd, Cross Hands, gan ei bod yn fwriad ffurfio tîm rygbi newydd yn y pentref. Oherwydd y tlodi a'r cyni nid oedd gennyf y togs angenrheidiol. Ond er mawr syndod i mi, cefais fy newis yn gefnwr ac ymhen amser yn asgellwr.
>
> Wrth gofio'r adeg honno, sylweddolaf fod fy mrwdfrydedd yn fwy o lawer na'm dealltwriaeth o'r gêm, a chofiaf fod yr enwog Carwyn James, a oedd yn byw gerllaw, wedi fy hyfforddi a'm cynghori. Ni feddyliais y pryd hynny y byddwn yn chwarae gyda Carwyn yn y profion i Gymru. Roedd newydd fod yn gapten ar dîm ysgolion Cymru ac roedd llawer o alw am ei wasanaeth.

Ond nid rygbi oedd popeth i Carwyn, nid yn ei ddyddiau coleg, nac wedi hynny. Roedd un achlysur amlwg ar feddwl John Brace wrth gofio am ddyddiau coleg Carwyn, ddeugain mlynedd ynghynt:

> Rhoddodd wybod ynghanol yr wythnos unwaith, nad o'dd ar gael y Sadwrn canlynol i chwarae rygbi am ei fod yn mynd gyda changen y coleg o Blaid Cymru i Dregaron, i orwedd ar lein y Rheilffordd Prydeinig i brotestio yn erbyn y bwriad i gau rheilffordd Caerfyrddin i Aberystwyth. Dywedodd Carwyn ei fod yn bwysig iddo fod yno. Wrth orwedd o fla'n y trên yn Nhregaron, dangosodd pa mor gryf ro'dd ei egwyddorion.

Gwleidyddiaeth oedd yr un elfen newydd amlwg a ddaeth i fywyd Carwyn yn Aberystwyth. Er iddo brofi dylanwadau Rhyddfrydol Ceredigion trwy deulu a chymeriadau Rhydlewis, gan gynnwys ei rieni ei hun, ac er iddo gael ei fagu yng nghrochan Sosialaeth y glo caled yng Nghwm Gwendraeth, cenedlaetholdeb Plaid Cymru lwyddodd i'w swyno. Dyn ei hun oedd Carwyn.

Mae ei gysylltiad cyntaf â'r Blaid, yn nhermau ymaelodi

os nad ymwybyddiaeth, yn deillio o'i gyfeillgarwch â Dafydd Bowen sy'n crynhoi hyn yn y rhaglen, *Diacon y Sêt Gefen*:

> Roedd y Gymraeg yn bwnc gwleidyddol hefyd, oherwydd argyfwng yr iaith. Roeddwn i'n Bleidiwr eisoes, wedi ymuno yn yr ysgol yn Abergwaun yn y pedwerydd dosbarth drwy D J Williams. Mewn dim o dro, roeddwn wedi llwyddo i werthu tocyn aelodaeth i Carwyn. Yn ein dyddiau ni yn Aberystwyth doedd dim amheuaeth fod y Gymraeg yn fwy na phwnc. Roedd y Gymraeg yn genhadaeth.

Cafodd y materion cenedlaethol hyn gryn ddylanwad ar Carwyn James ac yntau newydd adael Miss Dora a hithau wedi'i drwytho yn niwylliant Cymru, dylanwad a foldiodd y cenedlaetholwr diwylliannol. Roedd Dafydd Bowen wrth law i gwblhau'r broses ac arwain Carwyn i ddod yn aelod o blaid wleidyddol. Roedd hyn yn fwy nag roedd yr un aelod arall o'i deulu wedi'i wneud. Doedd dim llawer o wahaniaeth rhwng astudio Cymraeg yn rhan o gwrs gradd a chefnogi egwyddorion Plaid Cymru i Carwyn a'i gyd-fyfyrwyr.

Fe wnaeth Carwyn nodi'r newid gwleidyddol hwnnw mewn sgwrs gydag Ednyfed Hudson Davies, ar raglen deledu *Cywain* yn 1972. Mae'r cyflwynydd yn nodi i Carwyn gael ei godi mewn ardal Sosialaidd ac mae'n gofyn a fu'n rhwyg iddo gefnu ar y dylanwadau hynny pan drodd at Blaid Cymru yn y coleg:

> Na, doedd yna ddim rhwyg o gwbl a bod yn onest... yn y Coleg yn Aberystwyth deuthum i wyneb yn wyneb â gwleidyddiaeth. Dydw i ddim yn credu fy mod yn ymwybodol ohono pan oeddwn i'n grwtyn yn y pentre... Y peth pwysicaf oll efallai yn Aberystwyth oedd cael astudio hanes Cymru. Fyddwn ni ddim yn wirioneddol yn Gymry nes bydd yr ysgolion yn dysgu hanes Cymru. A'r ffaith i mi gyfuno Hanes Cymru a Chymraeg yn Aberystwyth wnaeth i mi ymaelodi â Phlaid Cymru.

Mae Brynley Roberts yn cofio gweithgareddau'r Blaid yn y cyfnod, ac yn ategu nad grŵp radical mohono o gwbl:

Roedden ni'n arfer cyfarfod mewn siop goffi, ychydig lan y ffordd o ble mae Siop y Pethe heddi. Siop Fferyllydd sydd 'na nawr, ac yn yr ystafell lan llofft roedd caffi'n arfer bod. Rhyw gyfarfodydd sidêt bron, dros goffi, oedd ein gweithgarwch arferol. Bydden ni'n trafod yn ddigon brwd a bywiog, ond y cyfan oddi mewn i ffiniau digon ceidwadol.

Efallai fod pwyslais gwleidyddol cryf ar fywyd y rhai a oedd yn gwneud yr un cwrs Cymraeg â Carwyn. Ond nid yw hynny'n gyfystyr â dweud bod ymwybyddiaeth wleidyddol gref ymhlith y myfyrwyr. Nid o ran polisïau na strategaethau gwleidyddol neu economaidd yn sicr. Roedd yn wleidyddiaeth gymdeithasol, gwleidyddiaeth ddiwylliannol, yn seiliedig ar un olwg bendant o hanes Cymru, yr olwg y byddai Carwyn wedi'i chael yn nyddiau Ysgol y Gwendraeth ac a ddatblygodd yn sylweddol yn Aber. Fe'u hystyrid yn fyfyrwyr gwleidyddol oddi mewn i'r cylchoedd llenyddol Cymraeg er na fyddent yn cael eu hystyried yn wleidyddol mewn cylchoedd gwleidyddol.

Daeth Carwyn yn llywydd cangen y Blaid yn y brifysgol, yn 1951 a 1952, cyfnod a oedd yn pontio blwyddyn olaf ei radd a'r flwyddyn y gwnaeth ei ddiploma addysg – ei ymarfer dysgu. Y Blaid, heb os, oedd grŵp gwleidyddol cryfaf y coleg. Ond teg dweud nad oedd yn gangen a fyddai'n paentio'r brifysgol yn wyrdd, heb sôn am y dre. Doedd *Tynged yr Iaith* ddim hyd yn oed yn adlais pell ar y pryd.

Eto, roedd yn gyfnod pan oedd protestio yn dechrau cydio. Fe wnaeth y Carwyn tawel ei siâr hefyd. Bu'n rhan o wrthdystiad grymus yn ei sesiwn gyntaf yn y Brifysgol. Yn ymweld ag Aberystwyth, roedd Manny Shinwell, Aelod Seneddol Llafur blaenllaw a'r Gweinidog a oruchwyliodd wladoli'r diwydiant glo. Erbyn diwedd yr 1940au, roedd yn Ysgrifennydd Gwladol dros y Rhyfel ac yna'n Weinidog Amddiffyn. Yn rhinwedd ei gyfrifoldebau dros y Rhyfel y daeth i Aberystwyth. Trefnydd y brotest oedd Gwilym Prys Davies, a ddaeth yn ymgeisydd y Blaid Lafur yn erbyn Gwynfor Evans yng Nghaerfyrddin ac yn ddiweddarach yn Arglwydd. Mae Dafydd Bowen yn cofio'r gwrthdystiad yn y gyfrol *Un o 'Fois y Pentre'*:

> Roedd yn brofiad llawn mor gyffrous i mi'n bersonol â'r orymdaith enwog i Sgwâr Grosvenor yn erbyn Rhyfel Vietnam, neu'r orymdaith drwy ddinas Abertawe wedi Achos yr Arwyddion Ffyrdd. Fe gafodd Carwyn yntau, ei awr sawl tro fel Cymro, ond bu diwrnod Shinwell yn brofiad gwir ysgytiol i'r Cenedlaetholwr ifanc o Gefneithin.

Cofnododd Gwyn Erfyl yr achlysur mewn cerdd yng nghylchgrawn y brifysgol, *Y Ddraig*:

> Dieithryn ddaeth ar sgiawt ar draws y ffin
> I chwyddo rhengoedd llym ei fyddin grin –
> Aeth seithgant eiddgar gyda'u lleisiau cras
> I wawdio gwisg y brenin – ac i wfftio'r gwas.
> Fe gofiwn am rybudd y crancod pan ddaw gwarth a gwae
> A smaldod cyfaddawdlyd y gweddillion brau.

Y brotest nesa i Carwyn fod yn rhan ohoni oedd yn Nhrawsfynydd. Yno, roedd protest yn erbyn maes tanio Bronaber, rhan o wyth mil acer o dir a brynwyd gan y Weinyddiaeth Amddiffyn. Ar ddiwedd yr Ail Ryfel Byd defnyddid y gwersyll milwrol yma fel maes tanio ffrwydron a bwledi rhyfel na chawsant eu defnyddio yn y Rhyfel. Ar ddiwedd y pedwardegau roedd y Weinyddiaeth am ymestyn ei gweithgareddau yno, gan ddadlau nad oedd y tir o unrhyw werth amaethyddol na thwristaidd. Protestiwyd yn erbyn y bwriad i ehangu yn 1951. Eisteddodd y protestwyr ar y ffordd, a Carwyn yn eu plith, gan atal trafnidiaeth i mewn i'r gwersyll milwrol. Roedd Dafydd Bowen yno hefyd:

> Ni bu Carwyn erioed yn un da i'w gael o'i wâl, ond y diwrnod hwnnw boregododd gyda mi am 4am, os nad ychydig yn gynt, ac ar ôl brecwast ar frys yn ein llety ym Mhlascrug, aethom draw i gwrdd â Derec (Y Parch. F M Jones) ac Islwyn Lake wrth gapel Seilo ac ymlaen â ni i'r gad yn hy.

Yr ysgrifennydd i Lywydd y Blaid yn y blynyddoedd hynny oedd Elystan Morgan – yr Arglwydd Elystan Morgan erbyn hyn, ond myfyriwr yn Adran y Gyfraith ym Mhrifysgol Aberystwyth ar y pryd, ac aelod o Blaid Cymru, cyn iddo ymuno â'r Blaid Lafur a dod yn Aelod Seneddol Ceredigion yn 1966. Roedd wedi bod yn aelod o'r Blaid am ryw ddwy neu dair blynedd cyn cyrraedd y brifysgol. Fel Dafydd Bowen, fe ymaelododd yn yr ysgol:

> Dw i'n cofio achlysur penodol pan ddaeth Gwynfor Evans i annerch y gangen o'i blaid yn y Brifysgol. Cafwyd araith ddisglair, yn ôl y disgwyl. Ac yna, wedi'r cyfarfod, 'nôl ag e i'r tŷ lle'r oedd Carwyn yn byw ar y pryd er mwyn cael swper. Roedd nifer o bobol eraill wedi dod 'nôl i'r fflat hefyd, heb fawr syndod, oherwydd bod Gwynfor yno. Roedd Carwyn yn gwbl gyffordus yn y fath gwmni, yn cynnal sgwrs ac yn dal pen rheswm yn well na'r rhelyw.

Mae gan Elystan Morgan edmygedd amlwg nid yn unig tuag at Gwynfor Evans, ond hefyd at Carwyn yn nyddiau'r brifysgol:

> Dydw i ddim yn credu ei fod yn gywir dweud bod Carwyn yn wleidydd wrth reddf. Nid dyna guriad ei galon wrth arwain cangen y Blaid. Roedd llenyddiaeth a hanes ei wlad yn fwy o rym arweiniol na pholisïau mwy gwleidyddol eu natur.

Yn ei ddyddiau fel myfyriwr roedd ei wleidyddiaeth yn unol ag anian gyffredinol y Blaid o dan lywyddiaeth Gwynfor Evans ers 1945. Pan fyddai gwrthdaro rhwng rhai o arweinwyr y Blaid yng nghymoedd y de a'r Llywydd, roedd Carwyn ysgwydd wrth ysgwydd gyda Gwynfor. Mae Elystan Morgan yn cofio ymweliad gan ŵr gwadd i'r Coleg:

> Roedd gwestai arbennig yn ymweld â'r Coleg, sef yr Athro David Greene, ysgolor gwadd a chenedlaetholwr Gwyddelig brwd. Roedd o gorfforaeth helaeth ac ymdebygai i Dylan Thomas; gwisgai drowsus melfaréd ac roedd barf fawr goch ganddo. Gresynai

at yr agweddau parchus, di-drais a glastwraidd a nodweddai genedlaetholdeb Cymru ar y pryd. Uchafbwynt ei anerchiad oedd y geiriau, 'Nid yw Plaid Cymru yn ddiffuant. Fel mudiad cenedlaethol nid yw wedi saethu un plismon hyd yn hyn. Yr wyf o ddifrif'. Roedd y gynulleidfa wedi'i syfrdanu a dyna i chi grynhoi y gwahaniaeth sylweddol rhwng cenedlaetholdeb Cymreig ac eiddo Iwerddon.

Ond wedi i Gwynfor gymryd llywyddiaeth y Blaid oddi ar Saunders Lewis, roedd pegynu newydd. Seiliau economaidd oedd wrth wraidd cenedlaetholwyr fel Emrys Roberts yn edrych ar y sefyllfa drwy lygaid y cymoedd diwydiannol. Roedd seiliau cenedlaetholdeb Gwynfor, a Carwyn gydag e, yn dibynnu ar ddehongliad o hanes a diwylliant Cymru. Cymru'r *Aros Mae*. Cymru DJ yn seiliedig ar olwg benodol o'i hanes, fel Cymru Carwyn.

Does dim gwadu i wreiddiau gael eu plannu yn nyddiau Aber a gymerodd afael gadarn ar Carwyn – gafael na chafodd ei siglo trwy gydol ei fywyd. Mae un o rifynnau cylchgrawn y Coleg, *Llais y Lli*, yn dangos bod Carwyn wedi mynegi barn ar bwnc a fu'n bwnc llosg am ddegawdau wedi hynny. Roedd yn amlwg wedi'i argyhoeddi o'r angen am Goleg Cymraeg:

Y ddelfryd, felly, yw i brifysgol greu meddyliau eang a diwylliedig mewn gwrthgyferbyniad â meddyliau cul a beichus. Hynny yw, personoliaethau hafal i'r athronydd Platon, y dyn mawrfrydig Aristotle a'r bonheddwr Henry Newman. Ac mae'r tri ar yr un tir pan hawliant mai un o brif swyddi prifysgol yw meithrin dinasyddion da...

Ystyriwn y ffaith ein bod yn perthyn i gymdeithas Gymreig ac iddi ei diwylliant arbennig ei hun, ac mai ysbryd, anianawd a phersonoliaeth Gymreig yw ein hetifeddiaeth. Os felly, rhoddwn fri ar ein hiaith, dyrchafwn hi, a mynnwn brofi mai trwyddi hi y cawn y profiad byw o gyffwrdd â diwylliant cyffredinol y byd ar ei orau. Hi yw'r drych gloywaf y medrwn edrych drwyddo yn ein cymdeithas arbennig ni ein hunain, i ddarganfod 'gorau awen' a diwylliant iwnifersalaidd y byd.

Efallai mai hanes Cymru a'i deffrodd i'w genedlaetholdeb ond roedd yn ymwybodol o hanes ehangach hefyd mae'n amlwg. Yn hwyrach yn ei fywyd, bu ar Gyngor Prifysgol Aberystwyth a dyma'r athroniaeth a lywiodd ei gyfrifoldebau yn y cyfnod hwnnw hefyd.

Gadawodd ei brifysgol gyda gradd anrhydedd yn y Gymraeg a thystysgrif ymarfer dysgu. Soniwyd y dylai fod wedi cael gradd dosbarth cyntaf, ond profodd un os nad dau o'r papurau arholiad, ar yr Hen Wyddeleg a'r Gernyweg, yn faen tramgwydd iddo. Mae'n siŵr mai dyma un o'r troeon prin pan na lwyddodd Carwyn i gwrdd â'r disgwyliadau ar ei gyfer. Mae esboniad posib arall dros hynny'n ddiddorol hefyd. Mae'n debyg i uchelgais cynhenid Carwyn ei arwain at gymryd tabledi a oedd yn ffasiynol iawn ar y pryd, rhai a fyddai o gymorth iddo aros ar ddi-hun drwy'r nos er mwyn adolygu. Ond doedd y rhai gymrodd Carwyn ddim yn cytuno ag ef a bu'n anhwylus dros ddyddiau'r arholiadau dan sylw.

Serch hynny, bu Aberystwyth yn gyfnod dedwydd i Carwyn James ac yntau ymhlith ei debyg. Roedd yn dechrau datblygu ymwybyddiaeth wleidyddol, gwnaeth ffrindiau newydd yno a fu'n ddylanwadau hir dymor, a neb yn fwy na Dafydd Bowen.

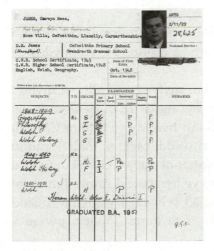
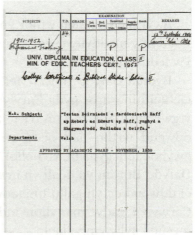

Y cofnod o Carwyn y myfyriwr.

Dechreuodd edrych y tu hwnt i Rydlewis a Chefneithin, er i'r ddau le barhau yn gadarn o dan ei draed.

O ystyried mai fel dyn rygbi y daeth Cymru i'w adnabod, roedd gan Aber ddylanwad aruthrol arno yn y maes hwnnw hefyd. Nid yn nhermau tactegol, pur yn unig, ond oherwydd fod Aber yn fan anghysbell, ynysig ym myd rygbi prifysgolion Prydain, ymhell o sylw'r rhan fwyaf o'r byd. Ei gariad at lenyddiaeth aeth ag e yno. Cafodd ryddid yn Aber i ddatblygu rygbi a oedd wrth fodd ei galon a thu hwnt i feirniadaeth a fyddai wedi dod i'w ran petai mewn coleg agosach at sylw'r wasg a sefydliadau eraill. Medd Alun Richards:

> Carwyn's spell in quieter waters undoubtedly taught him much that was later to be of value to him as a coach, and those who saw him play regularly and played with him have special memories of his style, his immaculate kicking and the safety of those long tapering fingers above all, the grace of his movements and his willingness to take risks. In Aberystwyth, it is probable that Carwyn himself developed, perhaps unwittingly, for himself the qualities he was to ascribe to his most famous Welsh Lions, Barry John and Gerald Davies, "I love an inner calm, a coolness, a detachment, a brilliance and insouciance which is devastating. Some sniff the wind – they created it."

Awyr iach a halen y môr yn Aberystwyth gynigiodd loches i Carwyn y meddyliwr; gofod agored a roddodd le a llonyddwch i'w feddwl ymestyn.

Byddai Dafydd Bowen, fel rhai myfyrwyr eraill, yn mynd i Gefneithin i aros gyda Carwyn yng nghartre ei rieni yn ystod y gwyliau. Yn ystod un o'r teithiau hyn, dywed i fam Carwyn ddweud wrtho nad oedd yn rhwydd cael ei mab i rannu gwybodaeth gyda hi, yn hollol wahanol i Dewi, ei frawd. Er bod Dafydd Bowen yn deall yn iawn yr hyn roedd Annie James yn ei ddweud ac yn gallu uniaethu â'i sylwadau ynglŷn â thuedd Carwyn i gadw manylion iddo ef ei hunan, mae'n pwyso a mesur y sylw ymhellach:

Ond camgymeriad fyddai tybio na allai rannu ei feddyliau.
Adeg ein cydletya yn nyddiau coleg adroddodd wrthyf lawer o'r
cyfrinachau y bydd gwŷr ieuanc yn eu sibrwd wrth ei gilydd, ac ar
hyd y blynyddoedd roedd mor llawn o ymddiriedaeth ag unrhyw
un.

Cymharer hynny gyda sylw Alun Richards fod pawb yn
gwybod am Carwyn ond neb yn ei adnabod. Mae'n amlwg fod
cyfeillgarwch Carwyn a Dafydd Bowen yn cynnwys mwy o
ymddiriedaeth na'r rhelyw. Mae Dafydd Bowen yn crynhoi'r
meddyliau treiddgar uchod mewn un frawddeg sydd mor
rhwydd ei dehongli yng ngoleuni'r straeon am Carwyn a
amlygwyd yn y blynyddoedd wedi iddo adael Aberystwyth:

Erys llawer o bethau yn awr na chaiff neb arall eu gwybod.

5

Portsmouth

Byilyeyet paroos adyinoky
Ftoomanye morya galoobom
Shto ishchet on fstranye dalyoky?
Shto kinool on fkrayoo random?

(Mae un hwyl unig yn sgleinio'n wyn
Yn niwl llwydlas y môr
Am beth mae'n chwilio, draw mor bell?
Rhag beth mae'n dianc adre?)

'A Lone Sail Gleams White' Mikhail Lermontov

DISGRIFIWYD Y PUMDEGAU fel degawd o argyfwng hunaniaeth. Syrthiai'r blynyddoedd rhwng dau ddegawd a welsai newidiadau pellgyrhaeddol, er yn wahanol iawn i'w gilydd. Stafell aros oedd y pumdegau, rhwng rhyfel y pedwardegau a gwrthryfel y chwedegau. Degawd o gonsenws a chydymffurfio wedi'r chwalfa, a hynny wrth i bobl geisio dal gafael ar hen werthoedd ond ar yr un pryd yn gwneud eu gorau glas i gydio yn y gwerthoedd newydd a amlygwyd. I ddegawd o'r fath y camodd Carwyn yn dair ar hugain oed.

Mae'n rhyfedd meddwl mai'r cam cyntaf gymrodd Carwyn wedi iddo ddeffro'n wleidyddol fel myfyriwr yn Aber oedd symud ar ei union i'r byd milwrol ac ymgymryd â dyletswyddau'r Gwasanaeth Cenedlaethol. Yn fyfyriwr, bu'n rhan o ddwy brotest o leiaf yn enw heddychiaeth, a mynegodd ei fwriad i rwystro lledaeniad presenoldeb milwrol mewn mannau penodol yng Nghymru yn enw Plaid Cymru. Ond eto trodd at y gwasanaeth milwrol yn ddigwestiwn.

Doedd dim rhaid iddo wneud hynny, neu o leiaf gallasai ohirio rhag ymuno. Roedd yn bosib osgoi'r gwasanaeth milwrol gorfodol yn llwyr wrth berthyn i un o dri chategori a ystyrid yn hanfodol i fywyd y wlad – y gwaith glo, ffermio a'r Llynges Fasnachol. Roedd modd hefyd peidio â gwneud y ddwy flynedd o wasanaeth milwrol trwy fod yn wrthwynebydd cydwybodol. Dewisodd sawl un o gyfoedion Carwyn ddilyn y llwybr arbennig hwnnw. Hyd yn oed os nad oedd am wrthod ymuno'n gyfan gwbl, gallasai Carwyn fod wedi gohirio ymuno â'r gwasanaethau milwrol trwy wneud ymchwil ar ôl derbyn ei radd. Dyna wnaeth ei gyfoeswr, yr Athro Brynley F Roberts, sef aros yn Aberystwyth am ddwy flynedd pellach i wneud ymchwil.

Beth bynnag oedd rhesymu Carwyn, ymuno â'r Llynges yn syth oedd ei ddewis. Mae'n siŵr ei bod yn fwy o syndod efallai iddo ddewis y Llynges, nag oedd iddo beidio ag aros yn y byd academaidd. Doedd e ddim yn gallu nofio! Ar ei daith i Lydaw yn fyfyriwr bu'n swp sâl ar y llong ar y ffordd draw a mynegodd awydd yr eiliad y glaniodd i ganslo'r holl wyliau a dychwelyd yn syth i Gymru ar y llong nesaf, fel na fyddai'n gorfod hel meddyliau ar ei wyliau am y daith yn ôl i Gymru. Ond dilyn ei frawd, Dewi a bod yn forwr oedd ei ddewis.

Fe aeth Dewi i'r môr yn grwt deunaw oed, o Rose Villa, Cefneithin. Bu oddi cartre am gyfnod hir, gan iddo fynd gyda'r Llynges i'r Dwyrain Pell ac i Awstralia. Ond nid Dewi'r brawd oedd yr unig un o'r teulu a aeth i'r môr chwaith, gan i'w ewythr, tad Dai Rees Davies, Rhydlewis hefyd fynd. Ac wrth gwrs, roedd yn gwybod am gysylltiad Haydn Top y Tyle a'r Llynges, er mor ddifrifol oedd y profiad hwnnw. Go brin mai gwireddu unrhyw awydd i chwarae rhan gyffrous yn y broses filwrol ydoedd, fel y mynegodd yn ei gofnod o'i ddyddiau ysgol. Yn sicr, diflannodd delfrydiaeth ryfelgar ieuenctid erbyn iddo ymuno â'r Llynges.

Gadawodd Gymru am y tro cyntaf a mynd i'r Victoria Barracks yn Davenport ger Portsmouth, lle roedd yn unigolyn

111

mewn lleiafrif dieithr. Y Fyddin a recriwtiodd y nifer fwyaf o ddynion ar gyfer y Gwasanaeth Cenedlaethol, dros filiwn a dau gan mil i gyd, rhwng 1951 ac 1960. Ychydig dros 40,000 ymunodd â'r Llynges. Eu cred nhw oedd na fyddai dwy flynedd yn gyfnod digon hir i hyfforddi dynion i fod yn gwbl gymwys ar gyfer gwasanaeth milwrol ar y môr ac o ganlyniad doedden nhw ddim yn barod i dderbyn cymaint o ddynion â'r gwasanaethau eraill. Dim ond y gorau felly gâi ei recriwtio ar gyfer bywyd dan faner y Llynges.

Wedi gwneud ei gyfnod o hyfforddi sylfaenol yn Davenport, cafodd Carwyn ei ddewis ar gyfer dilyn cwrs arbenigol o fewn y gwasanaethau milwrol. Gellid dweud yn ddigon sicr i Carwyn gymryd rhan fwy gweithredol o lawer yn ei Wasanaeth Cenedlaethol na'r rhan fwyaf o'r miliynau a recriwtiwyd ar y pryd. Paratoi ar gyfer yr hyn allai ddigwydd o bosib yn y dyfodol roedd y rhai a recriwtiwyd yn gyffredin. Ond roedd Carwyn yn rhan o strategaeth filwrol a oedd yn delio â sefyllfa real ar y pryd, sef y Rhyfel Oer.

Roedd argyhoeddiad cynyddol ymhlith arweinwyr Prydain yn nechrau'r pumdegau fod angen deall pob agwedd ar fywyd Rwsia er mwyn deall 'y gelyn'. Dywed un o ddogfennau'r Weinyddiaeth Amddiffyn ym mis Mawrth 1951:

> The existing resources of reliable Russian linguists for service under HM Government in the event of war are hopelessly inadequate... The requirement is unanimously described by the Intelligence Service as essential.

Yr ymateb i'r angen oedd penderfynu hyfforddi mwy o bobl o Wledydd Prydain i ddysgu siarad Rwsieg er mwyn gwasanaethu'r llywodraeth. Sefydlwyd y cynllun dysgu iaith mwyaf o'i fath i unrhyw lywodraeth Brydeinig ei chreu gan ddefnyddio'r bobl a oedd yn gorfod gwneud eu Gwasanaeth Cenedlaethol. Paratowyd rhaglen hyfforddi drylwyr a arweiniodd at y Joint Services School of Languages. Dim ond 1,500 o aelodau'r Llynges gafodd eu dewis ar gyfer ysgol hyfforddi Rwsieg y Lluoedd Arfog. Roedd Carwyn yn un ohonyn nhw.

Cyn eu derbyn roedd yn rhaid sicrhau nad oedd siawns iddyn nhw fod yn berygl i ddiogelwch Prydain mewn unrhyw fodd. Mae Leslie Whithead yn cofio'r holi a fu wrth ystyried dynion ar gyfer y JSSL:

> ... when he'd been accepted for the Russian course, his neighbours had been quizzed about his background by strange men in macs.

Mae'n ddigon tebygol felly, i'r cotiau glaw gael eu gweld ar strydoedd Cefneithin, neu Aberystwyth efallai, er does neb naill ai'n cofio, neu wedi ystyried mai dyna a welwyd.

Fe wnaeth Tony Cash ddechrau ei Wasanaeth Cenedlaethol yr un pryd ac yn yr un lle â Carwyn. Mae'n cofio amserlen yr hyfforddiant sy'n grynodeb o fywyd Carwyn am ddwy flynedd gyfan:

- It was 4 to 6 weeks basic and other training;
- 4 weeks at sea;
- 10 months on the principal language course;
- 3 to 4 months at RAF Wythall learning military terminology and radio and tape recording technology;
- A total of four weeks – two times two weeks – annual leave;
- Possibly 3 or 4 weeks hanging around waiting for courses to start.

Fe aeth o Devonport i Coulsdon yn Swydd Surrey, i un o wersylloedd y Fyddin. Y nhw fyddai'n cydlynu'r astudiaethau Rwsieg ar ran y Lluoedd Arfog, a hefyd gwersyll Bodmin, Swydd Cernyw.

Roedd Carwyn yn un o'r pedwerydd grŵp i ddechrau ei astudiaethau Rwsieg. Daeth yn gyfarwydd yn gyntaf â'r wyddor, yr ynganu, y ffurfiau gramadegol ac ati. Deuai'r cyfan yn rhan o ddisgyblaeth ei ddiwrnod ac yn rhan o batrwm dysgu llym ac a roddodd siâp a threfn ar fywyd Carwyn James. Roedd yn un ddolen arall yng nghadwyn magwraeth a dylanwadau ffurfiannol Carwyn, ac iddi ddisgyblaeth a ffiniau clir, pendant. Roedd y patrymau yn gadarn yn eu lle, yn ei arwain a'i ddiogelu yr un pryd.

Drws nesaf i Bencadlys y Guards yn Caterham roedd y gwersyll ar gyfer yr hyfforddiant Rwsieg, a'u cartre oedd sawl rhes o gabanau concrid yn agored hyd at y to ar y tu mewn. Gwely ac un cwpwrdd bychan oedd gan bob un o'r dynion ac un gwresogydd yn llosgi golosg. Gan mai un bwrdd a chwe chadair ar gyfer dau ddwsin o ddynion oedd yno byddai'r rhan fwyaf yn gwneud eu gwaith cartre drwy orwedd ar eu gwelyau. Am naw o'r gloch bob nos câi'r cabanau eu harchwilio a hefyd ar ôl brecwast y bore canlynol. Yn ôl y disgwyl roedd pwyslais mawr ar lendid, taclusrwydd a threfn. Ymhlith y tasgau y byddai Carwyn wedi gorfod eu gwneud roedd sgleinio cloriau'r biniau, rhoi blac-led ar y stof a glanhau'r ffenestri â phapur newydd.

Câi ei ddeffro mor gynnar â chwech y bore yn aml, er nad oedd y parêd cyntaf tan wyth. Roedd y parêd yn ymgais gan yr awdurdodau i barhau â'r hyfforddiant milwrol gymaint ag roedd yn bosib oddi mewn i batrymau'r dysgu. Ond ceisiwyd hyfforddi aelodau'r tri gwasanaeth milwrol gwahanol i gydgamu fel un ar y parêd, gwaith anodd i'r swyddogion, oherwydd bod gan y tri sefydliad wahanol ddulliau o orymdeithio. Cyfuniad o fod yn fwrn ac yn adloniant felly oedd y ddisgyblaeth yma i'r milwyr.

Asgwrn cefn y cwrs dysgu Rwsieg oedd cyfres o sesiynau dysgu 45 munud yr un, rhwng hanner awr wedi wyth a hanner awr wedi deuddeg, gydag egwyl o hanner awr yn y canol. Byddai gwersi gramadeg ar gyfer y grŵp llawn o ddeg ar hugain, a'r sesiynau llafar i grwpiau llai o ddeg ar y tro. Yn y prynhawn, byddai cyfuniad o ddarlithiau ar bynciau perthnasol, amrywiol, neu weithgareddau cysylltiol eraill. Deuai'r diwrnod gwaith i ben am bedwar o'r gloch pan gaent eu te, a swper am saith. Yn aml, byddai darlith neu araith gyda'r nos hefyd ar bwnc yn ymwneud â Rwsia. Roedd gwersyll Coulsden ar lwybr taith bws cyfleus i fynd i Crawley, neu hyd yn oed i Lundain. Arferai

nifer gymryd mantais o hyn yn eu hamser sbâr er mwyn gweld
sioeau neu ymweld â thafarndai. Roedd cyfnod Carwyn yn
Coulsden yn gyfraniad i'w ddatblygiad cymdeithasol hefyd
felly.

Ar y cyfan, Rwsiaid oedd yr holl diwtoriaid ar y cyrsiau
Rwsieg, er byddai ambell Brydeiniwr yn eu plith. Ond yr
émigrés yn sicr oedd yn y mwyafrif ac roedden nhw'n rhannu'n
ddwy garfan benodol. Yn ôl Brynley F Roberts, a wnaeth yr
union 'run cwrs â Carwyn ddwy flynedd yn ddiweddarach ar ôl
gadael Aberystwyth:

> Roedd nifer o'r Rwsiaid hyn wedi bod yn y Rhyfel Byd Cyntaf
> ac wedi gadael Rwsia ar ôl y Chwyldro, tra bod y lleill yn rhai a
> wasanaethodd yn yr Ail Ryfel Byd. Gwahanol iawn oedd agwedd
> aelodau'r ddwy garfan at eu mamwlad. Tueddai'r rhai hŷn gynnig
> darlun mwy sentimental o'r hen Rwsia ac roedden nhw'n gweld
> ei heisiau'n fawr. Golwg fwy caled, negyddol hyd yn oed, oedd
> gan nifer o'r garfan arall at y sefyllfa yn Rwsia. Wrth i ni dderbyn
> hyfforddiant, a dysgu am y wlad a'i diwylliant, rhwng y ddau
> begwn bydden ni wedi cael cyflwyniad gweddol gytbwys o'i
> gwleidyddiaeth.

Efallai fod ganddyn nhw'r cyfarpar technolegol diweddaraf,
ond oherwydd ei bod hi'n ddyddiau dogni ar ddiwedd chwe
blynedd o ryfela, roedd prinder dybryd o adnoddau dysgu
elfennol fel papur ysgrifennu, llyfrau gosod, a chopïau o
lenyddiaeth Rwsieg. Yn aml, deuai'r tiwtoriaid â'u copïau
personol eu hunain o gyfrolau llenyddiaeth Rwsia i'w rhoi i'w
darllen.

Dyma gyflwyniad Carwyn i fyd llenyddiaeth newydd felly, un
a fyddai'n ddylanwad mawr arno am weddill ei oes. Syrthiodd
dan ddylanwad Chekhov, a dod ar draws cynnyrch llenyddol
Lermontov, Tolstoy, Pushkin a Dostoyevsky. Darllenid rhannau
o waith y cewri hyn yn gyson i'r dynion, ac roedd disgwyl iddyn
nhw ddarllen y gwaith eu hunain hefyd – yn yr iaith wreiddiol,
wrth gwrs. Dangoswyd ffilmiau Rwsieg yn rheolaidd, cyfuniad
o straeon cyffredinol a phropaganda.

Gan fod Carwyn yn gantor swynol, cydiodd caneuon Rwsieg ynddo. Dysgodd nifer o ganeuon poblogaidd a dylanwadol y wlad. Mae ffrwyth hynny i'w weld heddiw ar wefan boblogaidd YouTube, mewn eitem o raglen deledu a recordiwyd yn 1973. Gwelir côr yn canu 'Stanocheck' (The Spinning Loom) a Carwyn sy'n canu'r unawd. Mae'n gân am ferch sy'n syrthio mewn cariad â chyd-weithiwr yn y ffatri, ond mae yntau'n troi ei gefn arni a mynd gyda rhywun arall. Côr o wyth sy'n canu gyda Carwyn, cyn gyd-aelodau o'r JSSL. Yn cyd-gyflwyno'r rhaglen mae Tony Cash a'r enwog Melvyn Bragg. Mewn sgwrs disgrifiodd Tony Cash yr argraff a wnaeth Carwyn arno:

> He made such an impression on us at Coulsden that he was not going to be forgotten very easily. He was a kind man, very considerate. And his singing voice made him a prominent part of the choir that was established at the camp. The programme in 1973 was the first in a series of what I called entertaining documentaries on specific themes. It contained poetry, elements of drama, song and spoken word and filmed in front of a live audience. There was no way that Carwyn wasn't going to be a part of it.

Cadarnhaodd Tony Cash iddo rannu caban gyda Carwyn pan gyrhaeddodd y ddau'r gwersyll yn Surrey, ym mis Hydref 1953 a buont yno gyda'i gilydd am ddeng mis. Wrth gofio am ei ddyddiau'n astudio Rwsieg gyda Carwyn, dywed:

> If there was any one singer in the 1953 Coulsden choir who stood out, it was the late Carwyn James... Carwyn was blessed with a sweet tenor voice, which coupled with his very slight build, made his hugely successful career in club and international rugby union difficult to envisage, until you saw him in action, that is.

Mae'r gân 'Stanocheck' mewn llyfr o ganeuon a ddefnyddid gan y JSSL, y *Samovar Songbook*, sy'n cynnwys caneuon gwerin, baledi, caneuon y Cossaks, y sipsiwn, caneuon poblogaidd Rwsia a'r *chastushki*, sef caneuon dychanol. Bu Carwyn, ac yntau o wlad y corau meibion, yn ffodus iawn iddo gael ei hyfforddiant yn Coulsden, gan i draddodiad canu corawl ddatblygu yno o'r dechrau, yn gynt nag mewn unrhyw wersyll tebyg arall. Cynhelid sesiynau anffurfiol yn y NAAFI, ond roedd ymarferion swyddogol hefyd i gôr y gwersyll, gan fod trwytho'r dynion yn y caneuon hyn yn un ffordd o'u trwytho yn niwylliant a threftadaeth Rwsia.

Fe aeth Carwyn o Coulsden i ardal Birmingham, i RAF Wythall, am bedwar mis, lle cafodd ei wybodaeth am Rwsieg ei chymhwyso'n fwy penodol i'r sefyllfa filwrol. Dyma lle dysgodd sut i ddefnyddio cyfarpar radio soffistigedig, sut i glustfeinio a nodi'r hyn a glywid, ei gofnodi ar bapur ac yna'i drosglwyddo i'w uwch swyddogion. Cawsant y cyfarpar technegol diweddaraf ar gyfer eu gwaith. Byddai wedi cael rhestr o enwau penodol y Rwsiaid roedd yr awdurdodau am wybod mwy amdanynt. Un o'i ddyletswyddau fyddai gwrando i glywed a fyddai'r enwau hyn yn codi mewn sgyrsiau ar y tonfeddi. Pe bydden nhw, rhaid fyddai rhoi gwybod i'r awdurdodau'n syth ym mha gyswllt y clywyd yr enw, lle roedd y person yn ddaearyddol os oedd hynny'n hysbys, a pha fath o wybodaeth ychwanegol a ddysgwyd am yr unigolyn yn y neges ar y radio.

Yna daeth yn bryd iddo gymhwyso'r cyfan mewn sefyllfa weithredol go iawn. Mae'n wir dweud bod aelodau'r JSSL yn weithgar mewn sefyllfa o wrthdaro real, er nad oedd wedi datblygu yn un arfog. Y gred ymhlith y teulu ar hyd y blynyddoedd oedd i Carwyn ddychwelyd i Davenport wedi gorffen yn Coulsden. Nodir hynny yn y gyfrol *Un o 'Fois y Pentre'*. Mae'n ddigon posib iddo wneud, gan fod y llythrennau DX cyn ei rhif yn nodi hynny. Byddai'n rhaid i bob morwr ymweld yn rheolaidd â'i bencadlys, yn sicr roedd yn rhaid gwneud hynny ar ddiwedd pob cam o'i hyfforddiant. Ond ni wnaeth gweddill cyd-aelodau grŵp Carwyn o'r JSSL fynd yn syth i Davenport o Coulsden. Mae'n annhebygol y byddai Carwyn wedi dychwelyd yno ar ei ben ei hun gan osgoi un rhan gyfan o'i gyfnod hyfforddi. Mae'n ymddangos bod sylw a wnaed gan un o'i gydfilwyr, a chyd-aelod o dîm rygbi'r Llynges, yn dangos yn glir nad hynny ddigwyddodd mewn gwirionedd, a'i fod wedi teithio dramor. Dyma sylw am gemau rygbi rhwng y Llynges a thîm cyfunol o'r Fyddin a'r RAF sydd yn cadarnhau hynny:

> Selection for the Navy team was almost inevitable if you were half fit and reasonably sober. We had only about 120 Navy men in Germany at the time, whereas the Army and RAF could chose from minimally 60,000 each. We were annihilated in both games... so where was the magic in these grotesque encounters? Simply playing alongside Carwyn James, the greatest coach Wales ever had and so intelligent and innovative, that many rate him as the best the world has ever seen.

Ian Wooldridge wnaeth y sylw, newyddiadurwr chwaraeon uchel iawn ei barch ym myd papurau newydd Prydain. Roedd yn rhan o'r trydydd grŵp o ddynion a dderbyniwyd i'r JSSL. Gan ei fod yno felly cyn Carwyn, byddai Ian Wooldridge wedi bod yn arweinydd un o gabanau grŵp Carwyn yn Coulsden ac yn ôl Tony Cash, ef oedd arweinydd un o'r cabanau roedd Carwyn yn aros ynddyn nhw.

Symudodd Ian Wooldridge o Surrey i Cuxhaven, Yr Almaen, yr un pryd â Carwyn yn 1954. Cofnododd ei atgofion am y cyfnod yn y *Daily Mail* yn 2001. Mae Tony Cash yn crynhoi cyfraniad chwaraeon Carwyn i fyd y Coder Specials:

> Of all Coders who could call themselves sportsmen, undoubtedly the greatest was Carwyn James.

Cadarnhaodd Tony Cash i Carwyn greu cryn argraff ar aelodau ei ddosbarth mewn ffordd arall hefyd:

> Roedd gan Carwyn bersonoliaeth ddymunol tu hwnt. Roedd pawb yn ei hoffi, does dim dwywaith am hynny. Mae hynny'n dipyn o ddweud mewn gwersyll milwrol, a chymaint ohonan ni'n byw mor agos at ein gilydd am gyfnod mor hir, a phawb â'u hagenda eu hunain.

Wedi gadael Coulsden, dywed Tony Cash y byddai Carwyn wedi gorfod gwneud ei gyfnod 'at sea' yn gynta, cyn mynd i Cuxhaven. Roedd yn rhaid i bawb gael profiad ar y môr o ryw fath, hyd yn oed os oedd hynny yn y moroedd heb fod ymhell o arfordir Lloegr. Dyna natur bod yn y Llynges wrth gwrs!

Yn yr Almaen y dechreuodd trydydd cymal hyfforddiant Carwyn yn enw'r JSSL. Fe aeth i wersyll y Llynges yn Cuxhaven, sy'n agos i Hamburg. Dywedwyd ar hyd y blynyddoedd, fel rhan o dynnu coes pan oedd Carwyn ar dir y byw, ei fod yn forwr na welsai ddiferyn o fôr yn ystod y ddwy flynedd y bu yn y Llynges. Mae'n siŵr na ellir ei alw'n forwr go iawn, ac yn sicr cafodd gryn dipyn yn llai o brofiad morwrol nag a gawsai ei frawd a'i ewythr. Ond o leiaf fe adawodd dir sych.

Wedi cyrraedd y gwersyll yn yr Almaen, gwaith Carwyn fyddai gwrando ar negeseuon a gâi eu trosglwyddo o Rwsia. Gweithiai felly mewn awyrgylch llawn tensiwn yn gwneud gwaith manwl, a byddai pwysau disgwyliadau'r llywodraeth a'r gwasanaethau diogelwch yn gwasgu arnyn nhw. Roedd yn rhan o'r tîm a fyddai'n clustfeinio ar negeseuon y Rwsiaid yn ymwneud yn benodol â Dwyrain Berlin, gan fod awdurdodau'r Gorllewin am wybod ble roedd milwyr, awyrennau, llongau a llongau tanfor y wlad yn ddaearyddol. Hefyd, pa arfau oedd ganddyn nhw ar y pryd a pha arfau a gâi eu datblygu ganddyn nhw.

Fel gyda'r rhestr enwau a dderbyniwyd gan y Coders yn Wythall, deuai'r wybodaeth roedd angen arnynt i wneud eu gwaith yn yr Almaen o GCHQ yn Cheltenham. Cydweithiai aelodau'r JSSL yn agos gyda GCHQ. Er nad oedd y wal wedi cael ei hadeiladu, roedd angen gwybod am ddigwyddiadau yn y Dwyrain.

Yn y rhaglen deledu *Cywair*, mae Ednyfed Hudson Davies yn ei holi am ei ddyddiau yn y Llynges:

EHD – O gofio eich cefndir chi felly, ym myd y capel a'r Blaid, oedd yna ryw rwystr wrth ymuno â'r Llynges?

CJ – Fyddwn i'n dweud mai anaeddfedrwydd oedd y rheswm dros

i mi fynd. Dydw i ddim yn credu, efallai, i mi glywed digon am heddychiaeth o'r pulpud. Yng Nghymru yn ystod blynyddoedd y Rhyfel (roeddwn i tua 10 oed pan ddechreuodd y Rhyfel) ac yn y blynyddoedd wedi hynny roedd dyn yn clywed o hyd fod ein 'hochor ni' yn iach, ac yn y blaen. Byddwn i wedi caru clywed mwy o ddadleuon cryf, pendant yn erbyn rhyfel. Does dim amheuaeth nad ydw i'n heddychwr heddi – ac mae gen i ychydig bach o gydwybod fy mod i wedi gwasanaethu yn y Llynges. Ond, ar yr un pryd, rydw i'n falch i mi wneud hynny achos cefais gyfle i ddysgu iaith arall.

Daw adlais o'i atgofion am ei blentyndod wrth iddo wneud y sylw ynglŷn â dylanwad y capeli. Wrth gofio am y bom a syrthiodd yng Nghwm Gwendraeth: 'God is on our side. The minister told us so yesterday,' meddai. Mae'n amlwg nad oedd heddychiaeth yn rhan ganolog o fagwraeth Carwyn, er gwaetha'r disgwyliadau mai dyna fyddai'r sefyllfa mewn awyrgylch anghydffurfiol Gymraeg yng ngorllewin Cymru.

Diddorol gweld iddo gael budd o fod yn y Llynges. Ar y rhaglen *Diacon y Sêt Gefen* dywed am ddysgu Rwsieg:

> Roedd yn gas gen i fod yn rhan o'r sefydliad militaraidd. Teimlais yn ddig fy mod wedi fy ngorfodi i wneud gwasanaeth cenedlaethol. Wedi graddio ag anrhydedd, roedd 5 awr o Rwsieg a'r paratoi diderfyn yn fy mlino.

Ond mae'n ymddangos nad oedd yr euogrwydd na'r casineb at ddysgu Rwsieg yn drech nag e. Fe wnaeth lwyddo yn y maes yma fel ymhob maes arall y mentrodd iddo. Dechreuodd ei Wasanaeth Milwrol fel Coder James. Gadawodd wedi dwy flynedd yn Leading Coder Special James D/MX 918946.

Roedd un cyd-forwr arall yn deall ei gefndir a'i fagwraeth. Roedd y chwaraewr rygbi o Lanelli, Terry Davies, yn y Llynges yr un pryd â Carwyn. Roedd yn aelod o'r Marines. Hanai Terry o bentre Bynea, ar gyrion dwyreiniol Tre'r Sosban, gan chwarae ei rygbi i dîm Abertawe yn gyntaf ac yna i Lanelli. Cynrychiolodd dimau Cymru a'r Llewod. Fe'i hystyrir yn un o'r

cefnwyr gorau i chwarae dros ei wlad. Mae Terry'n cofio iddo
weld Carwyn cyn i'r ddau ymuno â'r Llynges:

> Ro'n i wedi'i weld e tua 1950–51, pan ro'dd tîm Gorllewin Cymru
> yn chwarae ar gae San Helen, a finne'n ware i Abertawe ar y pryd.
> Fe wnaeth y maswr bach ifanc 'ma eitha argraff ar bawb o'dd yno
> a fe 'nes i sylwi ar ei ddawn e'n sicr. Myfyriwr o'dd e ar y pryd, ond
> ro'dd e'n warewr aeddfed iawn. 'Nes i ddim cwrdd i siarad 'da fe
> nes bod y ddou ohona ni yn y Llynges.
>
> Ro'dd y ddou ohono ni wedi cael ein dewis i ware i dîm y
> Llynges yn erbyn yr RAF, a'r gêm i'w chwarae yn Twickenham. Gan
> nad o'dd Carwyn na fi yn Officers, aros mewn *barracks* ar bwys
> wnaethon ni, er mwyn paratoi at y gêm, ac nid mewn gwesty. Dyna
> lle 'nes i gwrdd â Carwyn go iawn am y tro cynta.

Yn wynebu'r ddau yn nhîm y Llynges roedd un arall a
fyddai'n gawr yn y gêm ymhen blynyddoedd i ddod. Roedd R
H Williams yn aelod o garfan y Llu Awyr ar y diwrnod hwnnw
yn Twickenham. Byddai RH, Terry a Carwyn yn chwarae i dîm
Llanelli gyda'i gilydd cyn diwedd y pumdegau, a'r ddau gyntaf
yn datblygu i fod yn sêr y Llewod a'r llall i fod yn seren gyda'r
Llewod. Mentrodd Terry Davies awgrymu wrth hyfforddwr tîm
y Llynges iddo wneud penderfyniad anghywir wrth ddewis ei
chwaraewyr:

> Ro'dd y swyddog yn y Llynges a o'dd yn ein hyfforddi wedi
> dewis Carwyn yn gefnwr a finne'n faswr. Nawr, wedi gweld
> Carwyn yn chwarae i dîm Gorllewin Cymru, ro'n i'n gwbod
> i sicrwydd mai maswr o'dd e, ac un dawnus tu hwnt hefyd.
> Mla'n â fi i gael gair gyda'r hyfforddwr, gan ddweud wrtho, "I
> think you've made a mistake, sir. Carwyn should be outside
> half, not me. And I should be full back." Daeth yr ateb 'nôl fel
> bwled o geg posh y Sargeant Major, "Are you suggesting that I
> am wrong, Davies?" Fel 'na buodd hi. Carwyn aeth yn gefnwr a
> finne'n faswr.

Cyfeiria Carwyn hefyd at y gŵr bonheddig, Capten H C
Browne, hyfforddwr y tîm rygbi a ddewisodd ef i chwarae i'r

Llynges. Trefnwyd gêm brawf ganddo, er mwyn dewis y tîm. Y ffefryn am safle'r cefnwr oedd gŵr o'r enw Frank Fenner. Mae'n amlwg i Carwyn benderfynu nad oedd ganddo ddim i'w golli, a chwaraeodd gêm hyd eithaf ei allu, gan ymosod ar bob cyfle posib a llwyddo i drosi tair gôl adlam. Bu'n rhaid i Gapten Browne ddewis Carwyn yn lle Frank Fenner ar gyfer y gêm yn erbyn yr RAF yn Twickenham y Sadwrn canlynol.

> What I remember vividly is receiving a part congratulatory, part briefing letter from Captain Browne, who was obviously uneasy about a certain facet of my game, the gist of which I can recall if not the exact wording.
>
> Dear James. There are three things I want you to do on Saturday. Number one, tackle. Number two, tackle. Number three, tackle.

Roedd Capten Browne a'i athro Gwynfil Rees wedi gweld yr un gwendid yn Carwyn. Ymateb Carwyn i'r sylw yw defnyddio'r un sylw a wnaeth ar sawl achlysur arall, sef troi at yr athrylith Lewis Jones a chyfeirio at adael i'r gwrthwynebwyr sgorio dau gais gan y byddai ei dîm e'n sgorio pedwar. Ychwanega:

> The first midfield fly-half tackler that I ever saw was Micky English, who, like Captain Browne, was Irish. He can never have belonged to the fly-half union, at least, not for long.

Y rhyddhad rhag undonedd a phwysau bywyd gwersyll y JSSL i Carwyn oedd ei rygbi. Mae nifer o'i gyd-forwyr yn cofio'r rhan yma o'i fywyd yn y Llynges yn fwy nag unrhyw beth arall. Dywed Mike Williams:

> I have but a few memories of Carwyn James, yet even after 62 years, they remain clear. Unfortunately, my rugby wasn't good enough to enable me to gain a place in the JSSL camp rugby team, but I clearly remember at a training session playing on the opposing side to Carwyn. His positional play, sense of territory and handling of the ball were exceptional, but the most outstanding

thing about him that I recall was his unbelievable body swerve. We were of similar build so I expected to be as nimble as him. I went to tackle him as he approached me, carrying the ball, but he simply wasn't there! Picking myself up, I realised what a superb rugby player he was and why I should stick to cycle racing. I remember Carwyn as a rather quiet, introvert man, but one whose deep thinking was matched by instant action.

Roedd Geoff Sharp yn cofio'r dyddiau rygbi yn cydchwarae gyda Carwyn yn yr Almaen:

I admired him enormously and followed his rugby career with Wales over the years. I always thought it a shame he was playing at the same time as Cliff Morgan. One rugby memory I have is playing rugby with him. Needless to say, we won! Our tactics were simple. Whenever we had possession we handed the ball to Carwyn and watched him jiggle and dummy and spurt his way to the end zone. It was amazing to watch! A great memory of a wonderful person.

Mae atgof un cyn-forwr arall yn gosod Carwyn yn yr Alban, er na chafwyd unrhyw gofnod arall ohono yno cyn hyn:

In Invergordon in the late summer of 1953, all kinds of sporting activities were laid on for the hundreds of sailors so assembled, including a sailing regatta and rugby trials. As a scrum half I volunteered for the home fleet selection and I found myself playing in the number 9 shirt with Carwyn at 10. I don't know which ship he was in, but we met for the first and only time on that field. I look back on that day as my finest moment in rugby. Carwyn far outshone anyone else on the pitch: all I had to do was feed him a long accurate pass from the base of the scrum and he made me look like the best scrum half in Scotland! Happy memories.

Roedd presenoldeb Carwyn ar gaeau rygbi'r Lluoedd Arfog yn ddigon amlwg felly. Tystiolaeth ei gyd-forwyr oedd y byddai wedi cael ei esgusodi rhag gwneud rhai dyletswyddau arferol er mwyn cael chwarae mewn gemau penodol. Cred William

Hetherington fod Carwyn wedi cael ei anfon i Invergordon yn benodol ar gyfer y treialon rygbi.

Dywed Alun Richards hefyd y byddai'r awdurdodau am wneud yn siŵr fod Carwyn ar gael pan fyddent am iddo chwarae mewn gêm rygbi. Soniodd Carwyn wrtho am ddylanwad un dyn ar ei yrfa rygbi yn y Llynges, sef Gwyn Walters o Dre-gŵyr a ddaeth yn ddyfarnwr rygbi rhyngwladol. Roedd ganddo rôl benodol ym mhencadlys y Llynges yn ne Lloegr. Meddai Carwyn:

> ... Mr Walters had an arrangement to divert promising players to an unnamed naval officer in Devonport.

Yr awgrym yw mai drwy gael ei arallgyfeirio fel chwaraewyr rygbi addawol y cafodd Carwyn ei arwain i'r JSSL yn y lle cyntaf, fel y câi fwy o gyfle i ddatblygu ei rygbi. Mae'n siŵr bod elfen o wirionedd yn hynny, ond rhaid cofio hefyd nad oedd unrhyw un yn cael bod yn aelod o'r JSSL os nad oedd ganddo radd anrhydedd mewn iaith. Ni fyddai'r rygbi ynddo'i hun yn ddigon i'w gyfeirio at yr ysgol iaith.

Pan gerddodd Coder James drwy gatiau gwersyll Coulsden am y tro cyntaf, daeth wyneb yn wyneb â dyn arall o Gymru, Cennydd Thomas, swyddog yn y Fyddin, a fyddai ymhen rhai blynyddoedd yn ddyfarnwr rygbi rhyngwladol o fri hefyd. Roedd Carwyn newydd gyrraedd Coulsden ac yn cymryd rhan yn ei barêd cyntaf gyda'i gyd-forwyr. Agosaodd parêd morwyr y Llynges at barêd milwyr y Fyddin ac wrth i'r ddwy garfan filwrol groesi llwybrau ei gilydd, trodd y swyddog Cennydd Thomas at y Carwyn ifanc a dweud o gornel ei geg, 'You're playing on Saturday'. Mae'n stori sy'n deilwng o gymryd ei lle yn chwedloniaeth rygbi, boed wir neu beidio. Câi talent ei adnabod, ei feithrin a'i ddiogelu.

Yn ddiddadl, rygbi oedd yn cynnig y rhyddhad i Carwyn oddi mewn i'r Llynges, a dihangfa iddo o'r Llynges pan fyddai angen. Roedd lleoliad daearyddol Coulsden yn fendith yn hyn o beth, gan fod tîm Cymry Llundain wrth law:

It was a great joy to be able to escape on Saturday mornings, away from the parades and the divisions and the bull to a reasonably civilised community at Herne Hill where the feeling at the ground and at the Half Moon, their social headquarters in those days, was intensely Welsh – far more so than at any rugby ground in Wales.

Chwaraeodd ei gêm gyntaf dros y Cymry yn Llundain yn 1952 yn erbyn Old Cranleighans. Nododd y *Western Mail* yr achlysur, ond heb ganmol gormod:

The schoolboy international, in his first match with London Welsh, created a favourable impression.

Cafodd Carwyn ysbaid yn rhydd o ddyletswyddau'r Llynges yn ystod Nadolig 1953. Aeth Clwb Cymry Llundain ar daith i dde Cymru. Eu gêm yn erbyn Maesteg ar y daith oedd yr un gyntaf i'r Cymry alltud ers diwedd yr Ail Ryfel Byd. Yn y gêm taflodd Carwyn ffug bàs a ddisgrifiwyd fel un gwbl afresymol a arweiniodd at gais. Roedd Carwyn yn aelod o'r tîm Cymry Llundain cyntaf i sicrhau buddugoliaeth ddwbwl yn erbyn Castell-nedd. Chwaraeodd y tîm yn erbyn Abertawe ar y daith hefyd. Mae'n siŵr mai'r gêm roddodd y boddhad personol mwyaf iddo oedd gêm Cymry Llundain ar Barc y Strade yn erbyn Llanelli. Teimladau cymysglyd mae'n siŵr oedd ganddo yn wynebu ei hen glwb, ond byddai dychwelyd i'w filltir sgwâr, ac yntau'n dal yn gwneud ei Wasanaeth Cenedlaethol, wedi bod yn hwb i'w enaid, yn ddiddadl.

Noda'r clwb un gêm lle serennodd Carwyn yn fwy na'r arfer. Roedd tîm Caerdydd yn ymweld â thîm Cymry Llundain. Cydiodd Carwyn mewn pêl rydd yn ei hanner ei hunan, rhedodd heibio i ddau daclwr yn gwbl ddidrafferth ac yna dechrau cyfres o basio rhyngddo â Dudley Pope, cyn i Carwyn orffen y symudiad drwy sgorio cais rhwng y pyst. Ar ddiwedd yr un tymor, arweiniodd glwb Cymry Llundain i'w buddugoliaeth gyntaf mewn pum mlynedd ar hugain yng Nghystadleuaeth

Saith bob Ochr Middlesex, trwy guro Coleg Emmanuel, Caergrawnt 24-10 yn y ffeinal.

Chwaraeodd i dîm sirol Surrey o rengoedd Cymry Llundain hefyd. Rhoddodd ei gyfnod gyda thîm Cymry'r ddinas gyfle iddo gystadlu ym myd rygbi dosbarth cyntaf. Cadwodd ei enw'n fyw ym meddyliau chwaraewyr, hyfforddwyr a swyddogion timau a fyddai wedi'i anghofio petai ond wedi aros yn rhengoedd y Llynges. Cyn iddo adael y Llynges, derbyniodd lythyr gan gynrychiolwyr tîm rygbi tri ar ddeg Oldham, wedi iddynt ei wylio'n chwarae i dîm y Llynges yn Taunton. Fe wnaethon nhw gysylltu â Carwyn er mwyn ei wahodd i chwarae rygbi'n broffesiynol iddyn nhw. Ond does dim cofnod fod Carwyn wedi cynnal unrhyw drafodaethau swyddogol gydag Oldham.

Ar lefel bersonol, roedd Cymry Llundain yn agor drws i fyd arall. Teimlai Carwyn fod yn rhaid iddo ddianc, a dwysáu wnaeth hynny yn hytrach na diflannu. Yn y coleg ac yn y llynges, y rygbi oedd y ddihangfa; y newid byd, y rhyddhad o bwysau'r cyfarwydd a'r dyletswyddau, er cymaint roedd yn mwynhau neu yn gwerthfawrogi'r rheiny. Dyna'r cysur pan fyddai angen gwybod lle roedd e, pwy oedd e ac o ble daeth e. Yn hwyrach yn ei fywyd, collodd rygbi'r rôl honno.

Dwy flynedd yn unig oedd y cyfnod, ond mae'n ddwy flynedd bwysig yn ei hanes. Dysgodd am ffordd newydd o fyw. Camodd y tu allan i'w filltir sgwâr. Daeth i ddeall byd newydd wrth ddysgu iaith wahanol a chodwyd y llen ar fyd newydd o lenyddiaeth iddo. Fel nifer o gymeriadau dramâu Chekhov y daeth i'w gwerthfawrogi yn y Llynges, parhaodd i edrych draw tuag at ei Foscow bersonol ei hun, gan feddwl tybed a fyddai'n ei chyrraedd?

6
Llanymddyfri

Sic, cara Mater Landubriensum,
Te laude digna concelebrant tui
Conclamet assurgens beatam
Te pia progenies parentem

John Williams 1848

WEDI GADAEL Y Llynges, roedd Carwyn James yn rhydd i ddechrau chwilio am waith dysgu. Pan adawodd Aberystwyth roedd ganddo lythyr oddi wrth T H Parry-Williams yn ei boced i'w ddangos i bwy bynnag oedd am gynnig cyfweliad iddo. Ychydig frawddegau a ysgrifennodd ei gyn-Athro, ond roeddent yn eiriau canmoliaethus iawn. Hawdd dychmygu y byddent wedi creu cryn argraff ar bwy bynnag a fyddai'n ystyried cyflogi Carwyn.

Ond roedd un dyn yn benodol na fyddai angen gweld llythyr cawr fel T H Parry-Williams hyd yn oed. Yn naturiol ddigon, o gofio geiriau ei gyn-brifathro, Llywelyn Williams am Carwyn y disgybl disglair, roedd croeso mawr iddo ar staff Ysgol y Gwendraeth, geirda neu beidio. Ac roedd swydd ar gael hefyd. Dywed Gareth Williams fod ei gyn brifathro yn:

> ... confident that if Carwyn were to canvas the support of one or two councillors, the post was safely his. It was an expectation that was not met; that slightly superior detachment prevailed, then and later. Carwyn would not canvas and that was that.

COLEG PRIFYSGOL CYMRU
UNIVERSITY COLLEGE OF WALES
ABERYSTWYTH
TEL. 346

June, 1952

It gives me great pleasure to bear testimony in favour of Mr. Carwyn Rees James, B.A., a student of this College. He pursued courses of instruction in the Department of Welsh Language and Literature as far as the Honours Stage, which he completed in June, 1951, by passing the University Examination of that grade. He was placed in the first Division of the Second Class.

I found Mr. James to be an intelligent and hardworking student. He made rapid progress, and his work at the Honours Stage was most creditable. He has taken a very prominent part in the various activities of College life, having held offices in the Students' Representative Council and achieved high distinction in athletics (College and University).

Mr. James has a charming disposition and a pleasant manner. I beg to recommend him most heartily for a suitable post.

T. H. Parry-Williams

Geiriau gloyw T H Parry-Williams.

128

Roedd yn arferiad ar y pryd i ymgeiswyr am swyddi athrawon ymweld â chynghorwyr dylanwadol er mwyn eu hannog i'w cefnogi yn eu cais am swydd. Lleiafrif fyddai'n gwrthod gwneud hynny, gan ddadlau eu bod am gael swydd yn rhinwedd eu gallu a'u cymwysterau nid ar sail dylanwad cynghorwyr ar y pwyllgorau penodi. Roedd Carwyn yn amlwg yn un o'r lleiafrif. Dywed Alun Richards:

> What is clear, after this experience, Carwyn never applied for any post as an ordinary schoolmaster where there was the slightest chance that he might be rejected.

Roedd ar Carwyn ofn cael ei wrthod. Ond cyn iddo gael y swydd ddysgu gyntaf, daeth tro annisgwyl yn ei fywyd.

Wythnosau'n unig wedi gadael y Llynges a chlustfeinio ar gyfathrebu Rhyfel Oer y Rwsiaid o'r Almaen, roedd Carwyn y tu ôl i'r Llen Haearn go iawn, a rygbi aeth ag e yno. Cafodd wahoddiad i fod yn aelod o garfan clwb rygbi Abertawe i fynd ar daith i Rwmania, y clwb cyntaf o Brydain i deithio y tu hwnt i'r Llen Haearn. Byddai Carwyn wedi gorfod gofyn caniatâd y Llynges er mwyn cael mynd, oherwydd gofynion y Ddeddf Cyfrinachau Swyddogol. Gadawodd Gymru am Amsterdam ar Sabina Airlines ym mis Awst 1954, gyda sêr eraill clwb Abertawe ac yn eu plith cyn gyd-aelod o'r Llynges, Terry Davies a oedd wedi ymuno â chlwb Abertawe wedi dychwelyd o'r Gwasanaeth Cenedlaethol.

Wedi glanio yn yr Iseldiroedd, doedd neb yn disgwyl yr olygfa wrth sefyll ar y lanfa, fel mae Terry Davies yn ei gofio'n glir:

> 'Na lle ro'dd tair awyren Dakota, yn edrych yn union fel 'sa'r rhyfel yn dal mla'n. Ro'dd pob un wedi'i phaentio mewn lliwiau *camouflage*. Dyma ro'dd y Romaniaid wedi'u hanfon i Amsterdam i fynd â ni i Bucharest. Galla i ddweud yn ddigon plaen bod lot o drafod ar y tarmac yn Amsterdam, a ddylen ni fynd yn yr awyrennau neu beidio. Ro'dd y panig yn amlwg. Ond do'dd dim dewis 'da ni mewn gwirionedd, ro'dd rhaid mynd, a bant â ni.

Ni chafodd unrhyw ofnau eu lleddfu wrth gamu i mewn i'r awyrennau Dakota a ddefnyddid i gario nwyddau fel arfer. Cragen wag oedd pob awyren y tu mewn, a chadeiriau unigol yn sefyll fan hyn a fan draw ar hyd llawr yr awyren, yn gwbl rydd:

Pan dda'th yn amser i ni godi o'r tir, ro'dd dishgwl i ni ishte ar y cadeiriau rhydd. Pan wna'th yr awyren godi ar ongl felly, 'nôl â ni i gyd yn un pentwr i gefn y Dakota!

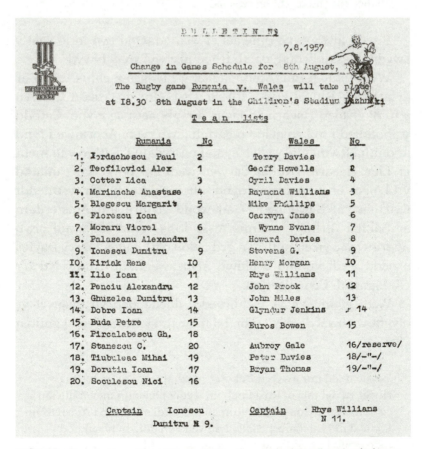

Taflen tîm Rwmania yn erbyn Cymru 1957, ail ymweliad Carwyn a'r wlad yn y pumdegau.

Cafodd yr awyrennau dywydd gwael iawn ar eu taith, wrth fynd i ganol storm o fellt a tharanau cas:

> Bob tro ro'dd mellten yn ymddangos, ro'dd yn goleuo tu fewn i'r awyren i gyd ac yn goleuo'r tir odanon ni 'fyd. Ro'dd modd gweld wedyn pa mor agos o'n ni i dopiau'r mynyddoedd – agos tu hwnt! Ro'dd rhywbeth yn bod ar ein peilot ni, dw i'n siŵr, ro'dd fel petai e am fod yn arwr wrth brofi i ni i gyd ei fod e'n mynd i lwyddo i'n hedfan yn saff drwy'r fath dywydd dychrynllyd.

Cadarnhawyd amheuon Terry Davies wedi glanio yn Bucharest. Eu hawyren nhw oedd yr unig un a gwblhaodd y daith. Roedd y ddwy arall wedi penderfynu troi 'nôl a theithio i Bucharest y bore canlynol. Ar un o'r awyrennau a drodd yn ôl roedd Carwyn:

> Do's dim amheuaeth fod Carwyn yn llawn panig ar ei awyren e, ac wedi ca'l llond twll o ofon, o'r funud y cyrhaeddon nhw'r storm tan yr eiliad y glanion nhw'n ôl yn Amsterdam. Ro'dd y ffordd yr adroddodd e'r stori wrthon ni, wedi cyrraedd Bucharest yn y diwedd, yn dangos hynny'n glir. O'ch chi'n gallu gweld yr ofon yn 'i lyged e!

Mewn gwesty yng nghanol Bucharest roedd y garfan yn aros, ond eu pencadlys swyddogol oedd Llys Genhadaeth Prydain yn y ddinas ac yno byddai'r garfan yn bwyta eu prydau bwyd. Dyn byr yn gwisgo sbectol oedd swyddog y Llys Genhadaeth ac yn amlwg nid oedd am golli'r cyfle i fanteisio ar bresenoldeb grŵp o ddynion o'r gorllewin. Trodd yr ymweliad at ei ddibenion ei hun:

> Cawson ni gyd wahoddiad i fynd i weld sioe awyr filwrol, a phawb yn gytûn mai cyfle i awdurdodau'r wlad ddangos eu grym milwrol oedd hyn gan wybod bod grŵp o'r gorllewin yno. Ond, ro'dd gan foi bach yr Embassy 'i gynllunie'i hunan hefyd. Fe dda'th e gyda ni a sefyll yn ein canol. 'Na lle da'th y ffaith 'i fod e'n fyr yn berthnasol. A'th ati i dynnu llunie'r awyrenne'n ddi-stop a ni'n cwato fe rhag i neb 'i weld e'n neud 'ny!

Chafodd y chwaraewyr fawr ddim cwsg yn eu gwesty, gan mai ffordd garegog oedd y tu allan ac roedd tanciau milwrol yn teithio ar ei hyd tan tua phedwar o'r gloch y bore. Roedd symudiadau'r Rwsiaid yn ddigon amlwg.

Chwaraewyd dwy gêm yn Rwmania, yn erbyn tîm y brifddinas, Bucharest. Roedd y gemau ar gae pêl-droed, mewn stadiwm anferth. Y dasg fwyaf i fechgyn Abertawe oedd dygymod â'r gwres.

Roedd hi dros 100 gradd yn y stadiwm, a hithe'n ganol mis Awst. Ware teg, fe wnaethon nhw symud y gêm i gyda'r nos yn lle'r prynhawn, ond ro'dd hi'n dal yn annioddefol o dwym i ni. Erbyn hanner amser, roedd y chwys yn troi yn stribedi gwyn ar wynebe pob un ohonon ni.

Chwaraeodd Carwyn yn yr ail gêm, ond bu'n rhaid iddo adael y cae oherwydd anaf. Vivian Matty Davies oedd ei fewnwr yn y gêm honno a fe gadarnhaodd hynny ychydig cyn ei farwolaeth y llynedd. Gan nad oedd eilyddion yn rhan o'r gêm yn y dyddiau hynny, bu'n rhaid i Abertawe chwarae gyda phedwar dyn ar ddeg wedi i Carwyn gael anaf.

Gwnaeth trefniadau'r gêm yn Rwmania eithaf argraff ar dîm Abertawe. Yn ôl un o'i swyddogion presennol, Dave Dow, ei harchifydd:

From what players who went on that tour said in the years after their visit, the coaching methods used were those of the Russians. But the main thing that the players noted was the standard of medical care in that country at the time. It seemed to be far in advance of the way things were in this country. They seemed to suggest also that our players were more unfit than they were.

Dywed Alun Richards fod tîm meddygol rygbi Rwmania wedi sylwi ar gyflwr meddygol un o chwaraewyr Abertawe, cyflwr nad oedd ef ei hun yn ymwybodol ohono.

Roedd hon yn fenter a hanner i dîm rygbi o orllewin Cymru, ar gyfnod cythryblus yn hanes Gwladwriaeth Sosialaidd

Rwmania, fel y câi ei galw o 1947 tan 1989. Er bod Stalin wedi marw flwyddyn cyn i glwb Abertawe fynd i Rwmania, roedd ei bresenoldeb yn dal yn gysgod haearnaidd dros bobl y wlad a drechwyd ganddo. Cymerwyd pob cam posib i dawelu pob gwrthwynebiad a gwrthryfel o du'r Rwmaniaid i'r Wladwriaeth. Alltudiwyd miloedd, ail-leolwyd cymunedau cyfan o fewn eu gwlad eu hunain, carcharwyd miloedd yn rhagor ac fe laddwyd degau o filoedd. Roedd yn wlad dan ormes.

Rhyfedd meddwl felly bod clwb rygbi wedi dewis mynd ar daith yno. Wrth drafod hyn gyda chynrychiolwyr y clwb, mae'n amlwg na chafodd y rheswm dros y daith ei drosglwyddo. Y ffaith i'r daith ddigwydd sydd wedi cael y sylw, ac nid y 'pam'.

Mae hefyd yn codi cwestiwn ynglŷn ag ymateb Carwyn i'r daith. Roedd wedi treulio cryn dipyn o'r flwyddyn cyn y daith yn clustfeinio ar negeseuon y Rwsiaid, rhai a fyddai'n ymwneud â gwledydd fel Rwmania. Byddai ei hyfforddiant wedi rhoi darlun clir iddo o fwriadau a chynlluniau'r Rwsiaid ar gyfer gwledydd llai y tu hwnt i'w ffiniau ei hun. Ond, fel gyda'r Gwasanaeth Cenedlaethol, fe dderbyniodd y gwahoddiad i fynd i Rwmania yn ddigwestiwn. O feddwl i Carwyn wneud safiad mor gadarn yn erbyn cysylltiad apartheid â chwaraeon yn hwyrach yn ei fywyd, mae'n amlwg nad oedd ganddo naill ai'r hyder neu'r aeddfedrwydd i sefyll yn erbyn y cysylltiad rhwng chwaraeon â gwleidyddiaeth ormesol Stalin.

Yn nhridegau'r ganrif ddiwethaf, roedd y newyddiadurwr o Gymro, Gareth Jones, yn llais unig wrth iddo geisio tynnu sylw'r byd at yr hyn roedd Stalin yn ei wneud i'w bobl ei hun, yn enwedig yn yr Wcráin. Os oedd yna rai eithafion annerbyniol i'r feddylfryd adain chwith Gomiwnyddol, doedden nhw ddim hanner cynddrwg ag eithafion yr adain dde a welwyd yn gignoeth yng ngweithrediadau Hitler adeg yr Ail Ryfel Byd. O ganlyniad, ochrai'r Cymry'n reddfol gyda Rwsia. Gallasai Carwyn, fel crwt a fagwyd yn y Cwm Gwendraeth sosialaidd fod wedi cael ei ddylanwadu gan ei fagwraeth a gan gomiwnyddiaeth go iawn yn danbaid ar ei stepen drws yn Rhydaman, ardal canolfan gomiwnyddol y Tŷ Gwyn, tafarn y Pick and Shovel, a'r ddau ddyn lleol a laddwyd yn Rhyfel Cartref Sbaen.

Daeth ag anrhegion yn ôl gydag e o Rwmania, fel y cofia un a dderbyniodd anrheg ganddo'n dda. Roedd Bethan, merch Eilonwy, chwaer Carwyn, wedi gorfod mynd i fyw at ei mam-gu a'i thad-cu am gyfnod, gan fod ei mam yn dioddef o salwch, gan wneud edrych ar ôl ei phlant yn anodd iddi:

> Bues i yno am dymor ysgol yn sicr. Daeth Carwyn â rhywbeth wedi ei neud o bren, fel Sion a Sian y tywydd, 'nôl o Rwmania i fi. Ma 'da fi gof plentyn o ddillad rygbi Carwyn yn sychu uwchben y tân yn nhŷ Mam-gu, a chlywed styds y sgidie rygbi fel cyrn ceffyle ar y cae'r ochor draw i'r clawdd ar waelod yr ardd. Rodd gan Carwyn ffordd arbennig gyda phlant, ac edrychai arnon ni mewn modd cariadus iawn. Roedd wastad gwên ar ei wyneb, hyd yn oed pan nad oedd e'n gwenu.

Dim rhyfedd felly fod atgof arall sydd gan Bethan o Carwyn o'i phlentyndod yn ymwneud ag anrheg arall hefyd. Aeth ei thad â hi yn y car o Aberdâr i Gaerdydd i weld Llanelli'n herio tîm y brifddinas, a Carwyn yn chwarae. Wedi'r gêm, bu cyfnewid anrhegion Nadolig a Carwyn yn cludo anrhegion yn ôl i Rose Villa.

Achlysur arall a ddaeth â rygbi a theulu ynghyd oedd priodas ei frawd Dewi. Roedd hynny ym mis Medi 1955. Roedd y briodas ym Mynyddygarreg a'r brecwast yng Ngwesty'r Stepney, Llanelli. Carwyn oedd y gwas priodas. Cyflawnodd ei ddyletswyddau yn y capel a gwnaeth ei araith yn y gwesty. Ond, roedd hynny cyn y pryd bwyd, a nid oedd wedi bwyta unrhyw beth. Roedd car yn aros amdano cyn i'r dathlu ddod i ben, er mwyn ei gludo i Aberafan, lle roedd y Scarlets yn chwarae y prynhawn hwnnw.

Wedi dychwelyd o Rwmania, roedd Carwyn yn ôl yn chwilio am waith 'go iawn'. Doedd dim rhaid iddo aros yn hir am y swydd gyntaf honno. Cafodd ei benodi'n athro Cymraeg yn Ysgol Ramadeg Queen Elizabeth, Caerfyrddin, un o ysgolion hynaf Cymru ac yn rhan o'r sefydliad ysgolion gramadeg ers canrifoedd lawer. Roedd yn ôl yn gweithio yn Sir Gâr a hefyd yn ôl yn byw yng Nghefneithin, yn Rose Villa ei fagwraeth,

Mae un o'i gyn-ddisgyblion yn ei gofio'n cyrraedd yr ysgol. Byddai Denzil Davies a Carwyn James yn dod wyneb yn wyneb fel ymgeiswyr mewn etholiad cyffredinol ymhen rhai blynyddoedd wedi hynny, ond fel athro a disgybl y daeth y ddau wyneb yn wyneb â'i gilydd yn y lle cyntaf:

Ysgol Ramadeg yn yr ystyr glasurol, hen ffasiwn oedd yr ysgol, a rhaid dweud ei bod yn ysgol strict a Seisnigaidd iawn ei naws hefyd. *County town* go iawn oedd Caerfyrddin ar y pryd. Roedd un dosbarth, y 'W' yn ddosbarth Cymraeg ar gyfer y plant a oedd yn dod i'r dre o'r pentrefi o gwmpas – fel finne'n dod o Gynwyl Elfed a chymysgfa o blant Cymraeg a Saesneg yn yr 'A'. Yn groes i beth sy'n gallu digwydd y dyddiau 'ma, Cymraeg oedd iaith yr iard chwarae ond Saesneg oedd iaith yr addysg.

Yr un profiad â dyddiau Ysgol y Gwendraeth felly. O safbwynt addysgol, roedd gyda'r ysgolion gramadeg gorau yng Nghymru ac roedd gan rygbi le canolog ym mywyd yr ysgol. Arferai'r ysgol chwarae yn erbyn ysgolion o Hwlffordd i Gastell-nedd:

Doedden ni ddim yn chwarae yn erbyn tîm Coleg Llanymddyfri pan o'n i yn yr ysgol. Doedd yr ysgol honno ddim yn cael ei chyfri'n ddigon da i ni chwarae yn eu herbyn nhw, credwch neu beidio. Doedd dim *soccer* yn yr ysgol o gwbl. Rygbi o'dd popeth.

Yn ôl disgyblion eraill yn yr un cyfnod:

Chafodd y bechgyn ddim cyfle i weld mawredd Carwyn yn y Gram fel athro Cymraeg. Pennaeth yr Adran Gymraeg fyddai'n dysgu'r Chweched a hefyd disgyblion y ffrydiau gorau, y ffrwd 'A' yn y gwersi Cymraeg. Er mawr golled i'r disgyblion hynny, dysgu'r ail ffrwd, y 'W' wnâi Carwyn a'r dysgwyr yn ffrwd 'E'.

Yn naturiol, byddai Carwyn yn cynorthwyo gyda'r rygbi, yn arbennig drwy hyfforddi'r tîm cyntaf gyda'r athro ymarfer corff,

135

a deuai â chwaraewyr o dîm Llanelli i'w cynorthwyo. Mewn
ymarferion, nod pawb yn nhîm yr ysgol fyddai taclo Carwyn yn
galed er mwyn gallu ymhyfrydu wedyn ar eu llwyddiant. Prin iawn
oedd y bois a lwyddodd i wneud hynny gan ei fod mor ysgafn
droed. Gallai dwyllo pawb a geisiai ei daclo wrth iddo ochrgamu
lathenni o'r man lle y disgwylid iddo fod, gan adael y taclwr druan
ar ei hyd yn y mwd, lle bu Carwyn.

Fel athro, ei nodwedd amlyca oedd ei addfwynder, prin iawn
y byddai'n colli ei amynedd nac yn cosbi'n llym. Gair i gall fyddai
hi gan Carwyn a byddai hynny'n llawer mwy o gosb. Mae un
chwaraewr yn cofio teithio i lawr i Ddinbych y Pysgod ar fore
Sadwrn i chwarae i'r tîm cyntaf ac yn eistedd yn sêt y bac ar
y bws. Carwyn, y smociwr trwm, yn ei ddal yn smocio a'i sylw
criptig iddo oedd: "Wyt ti'n meddwl y wharei di'n well heddi ar
ôl smoco honna?" Ydi, mae'r chwaraewr hwnnw'n cofio ei eiriau
hyd heddiw ac yn cyfadde cymaint mwy effeithiol ydoedd y geirie
hynny nag unrhyw gosb arall, am ei fod yn gwybod iddo bechu
Carwyn.

Ar ddiwedd un arholiad y bu Carwyn yn ei harolygu, aeth
Carwyn at un disgybl gan wybod ei fod yn Gymro i'r carn, a sibrwd
wrtho'n hollol ddigymell, "Os gwnei di astudio Cymraeg yn y coleg,
cofia ddewis astudio llenyddiaeth Gymraeg. Gofala ddilyn cyn
lleied â phosib o gyrsiau iaith yno." Hyn yn dangos ei gonsyrn dros
ddisgyblion nad oedd yn eu dysgu, hyd yn oed, a hefyd wrth gwrs
ei gariad at lenyddiaeth.

Cwta ddwy flynedd yn unig y buodd Carwyn yng
Nghaerfyrddin. Gadawodd flwyddyn cyn i grwt ifanc o bentre
cyfagos Llansaint ddechrau yno. Ar y pryd, fodd bynnag,
byddai Gerald Davies yn gweld yr un a fu bron yn athro arno'n
chwarae ar y Strade ac yn sicr roedd yn arwr iddo:

For me, like every other rugby player in the village, Saturday
afternoon when the Scarlets were playing at home inevitably
meant a journey to Stradey. Whilst there were many Scarlet
heroes, it was Carwyn James who stood out for me. There were
those who admired his drop kicks, or his subtle, canny kicks to
touch; I thrilled to his side-steps, his running with the ball... He
teased opponents, almost daring them to tackle him, persuading

them to go one way when he had made his mind to go the other. By many people's standards, the measurement of a player's contribution to the game is in direct proportion to the amount of mud he has managed to accumulate on his kit. For Carwyn, the reverse was true; he hardly needed to shower at the end of a triumphant game.

Wedi ysbaid o beidio â gwisgo'r crys sgarlad, pan oedd yn fyfyriwr ac yn y Llynges, ailddechreuodd chwarae iddynt yn 1954. Chwaraeodd tua hanner can gêm i'r clwb pan oedd yn athro yng Nghaerfyrddin, ac yna fe chwaraeodd ryw gant o weithiau i Lanelli pan oedd yn athro yn Llanymddyfri. Nid yw cofnodion y clwb yn gwbl gyflawn, ond mae prawf pendant iddo chwarae i Lanelli 133 o weithiau mewn cyfnod pan oedd y clwb wedi chwarae 237 o gemau. Tebyg iddo chwarae mewn canran o'r gemau ychwanegol hynny hefyd a'i bod yn rhesymol dweud iddo chwarae dros gant a hanner o weithiau i'r clwb.

Gadawodd Carwyn Caerfyrddin er mwyn mynd yn aelod o staff sefydliad addysgol nodweddiadol arall, er efallai ddim mor hen â'r ysgol yng Nghaerfyrddin.

Floreat Landubriense

Adroddiad y Llywodraeth i addysg yng Nghymru a alwyd yn Frad y Llyfrau Gleision a fu'n symbyliad amlwg i Thomas Phillips fwrw ati i sefydlu'r hyn a adwaenir nawr fel Coleg Llanymddyfri. Roedd yn llawfeddyg blaenllaw o deulu amlwg yn Sir Faesyfed a arferai weithio i'r East India Company yn yr India. Roedd yn 88 oed ac yn byw yn Llundain pan ystyriodd yr angen am agor ysgol Gymraeg yng Nghymru. Roedd am roi pwyslais hefyd ar hyfforddi dynion i fod yn arweinwyr eglwysig o safon uwch nag a fodolai ar y pryd. Agorodd ei goleg ar Fawrth y cyntaf 1848, a'r Fonesig Llanofer ymhlith ei ymddiriedolwyr cyntaf gan gynnig addysg Gymraeg ryddfrydol a chlasurol yng Nghymru.

Does dim gwadu seiliau Cymraeg a Chymreig y Coleg felly, yn academaidd ac yn ddiwylliannol. Roedd Cymry Cymraeg blaengar ac eang eu gweledigaeth yn gefn i'r Coleg a lle'r Gymraeg yn llinyn canolog o Thomas Phillips hyd at Carwyn James. Yn anffodus bu agwedd rhai o wardeniaid amrywiol y Coleg dros y blynyddoedd tuag at y Gymraeg yn llugoer iawn.

Eto llwyddwyd, trwy ryw ddirgel ffyrdd, i gadw hunaniaeth fwy Cymreig ac ar brydiau Cymraeg i'r ysgol breifat hon. Câi ei hystyried yn wahanol i bob sefydliad tebyg arall oherwydd bod y Gymraeg wastad yn rhan o fywyd y coleg – fe'i gwrthwynebwyd, fe'i hanwybyddwyd ac fe'i cefnogwyd. Doedd y Gymraeg byth yn absennol yn y Coleg.

Yn 1948, daeth G O Williams yn Warden, dyn a aeth yn Archesgob Cymru wedi gadael Llanymddyfri. Dwysaodd G O Williams y pwyslais Cristnogol ym mywyd yr ysgol, yn agosach at ddehongliad y sylfaenydd, Thomas Phillips dros fodolaeth y Coleg:

> Christianity is here not merely a subject... but a way of thinking, living, and worshipping that alone makes sense of all the school's activities.

Drwy ei benodiad gwelwyd newid cywair amlwg ym mywyd Cymraeg Coleg Llanymddyfri. Roedd G O Williams yn wahanol gan ei fod am ddatblygu'r ddarpariaeth Gymraeg yn y Coleg ac am ei ffurfioli ar y cwricwlwm. Hefyd roedd am ei gwneud yn rhan naturiol o fywyd diwylliannol a chymdeithasol y disgyblion a'r staff. Fe wnaeth hynny o'r diwrnod cyntaf. Cyflwynodd newidiadau i'r cwricwlwm, fel y noda W Gareth Evans yn *A History of Llandovery College*.

> All boys were taught Welsh during their first three years at the school, with special classes for those learning it as a second language. It was then made optional in forms IV to VI. Some pupils were taught divinity through the medium of Welsh and successful efforts were made to acquire a Welsh-speaking French master. Welsh societies were formed, a St David's Day eisteddfod was held, Cerdd Dant was taught and Sunday evening services in the Welsh language as well as Welsh plays performed.

10

WELSH IN SCHOOLS.

ARCHBISHOP'S BLUNT QUESTIONS.

PARENTS' RIGHTS.

LLANDOVERY COLLEGE FACTS.

In view of the comments made recently with reference to the teaching of Welsh in Llandovery College, more than ordinary interest centres in the speech delivered at the school on Monday by the Archbishop of Wales, who was formerly its warden. Dr. Edwards pointed out that Llandovery School was founded by Thomas Phillips 80 years ago, at a pregnant moment in the history of Wales. In 1845 a Government Commission, presided over by Lord Lingen, issued "a most momentous report" upon elementary education in Wales. The whole country was aroused. Religious revivals had begun to wane, and their enthusiasm ran into an educational ...

Archbishop of Wales.
[Whitlock.

THE PROGRESS OF LLANDOVERY.

PRIZE-DAY SPEECHES THE COLLEGE.

WARDEN'S REPORT

BRILLIANT SUCCESSES "OLD BOYS."

In the gymnasium of Llandovery a distinguished company assembled among those present being the Arc of Wales and Mrs. Edwards, the of St. David's, Sir Charles and Venables Llewelyn, Mr. and Mr Mason, Capt. Geoffrey Crawsh Poole Hughes, the Rev. an Constable Henllys; the Archd Carmarthen and Miss Willia Rev. H. Lloyd Johnes, M.C., Lloyd Johnes, Dolaucothi; Maj Stewart, D.S.O., and Mrs. Stewa col. J. E. Powell, D.S.O., and M Lieut.-col. Lloyd Harries, Llwyn Williams, Llanfair Grange; Mr. Lloyd, Glansevin; the Rev Roberts, Cricknowell; Mr. W. Gollen House; Dr. and Mrs. Mc dovery; and Mr. and Mrs. Edg Swansea.

Sir Charles Venables Llewely and welcomed the archbisho said, was no stranger to then

THE WARDEN'S REP

Western Mail

and South Wales News.

TUESDAY, JULY 30, 1929.

WELSH AT LLANDOVERY.

ATTENTION has been drawn, in Wales and in Parliament, to the position of the Welsh language at Llandovery College and to the requirements of the foundation deeds regarding the use of the language. The PRESIDENT OF THE BOARD OF EDUCATION has instructed the Chief Inspector of the Welsh Department of the board to visit the college and investigate, but the report of the inspector is not to hand. Possibly some resentment may be felt regarding the intrusion of a Government official in an educational institution which has an entirely independent footing and receives no financial aid from the State or any local educational authority; but the college is an educational trust, and the Board ...

and realising th opinion in this co cautiously. In conditions: on thi be preliminary ne

Since 1924 the has not ceased to agency of the Thir paign of subversiv spiracy in variou It has corrupted purpose, among ol ing British trade extended its acti fomented a ruino last few days the party has issued instructions to its tionary outbreak, the familiar Bols nique of executio is: Terrifying the the streets, i patrols, suppress banks, seizing t their money, esta force and court ling everyone's

Ambell enghraifft o'r frwydr dros y Gymraeg yn Llanymddyfri, cyn dyddiau Carwyn.

Cafodd y Warden gyfle pellach i ddwysáu'r fath broses pan benododd Carwyn James i staff y Coleg yn 1956. Roedd y Warden am benodi rhywun a fyddai'n gallu datblygu'r newidiadau ym mywyd Cymraeg yr ysgol. Holodd rai o'i gyfeillion mewn prifysgolion trwy Gymru, gan gynnwys T H Parry-Williams. Byddai geirda ganddo wedi bod yn fwy na digonol, fel roedd llythyr ganddo wedi sicrhau penodiad Carwyn James i'r ysgol yng Nghaerfyrddin.

Newid byd

Pan ddechreuodd Carwyn yno, fe oedd yr athro cyntaf i gael y teitl o fod yn athro Cymraeg ac, yn ddiweddarach, yn Bennaeth Adran y Gymraeg. Cyn hynny, byddai athrawon pynciau eraill yn dysgu'r Gymraeg a byddai athrawon gwadd yn dod i'r Coleg yn eu tro i ddysgu'r iaith, pobl fel ficer Myddfai. Byddai Carwyn yn dysgu pynciau eraill hefyd wrth gwrs, Saesneg yn bennaf, ond fel athro Cymraeg y cafodd ei benodi. Aeth yn athro dosbarth ar ddisgyblion Cymraeg eu hiaith yn y flwyddyn gyntaf – o ganlyniad i'r ffaith fod G O Williams wedi rhannu dosbarthiadau'r blynyddoedd cyntaf yn ôl gallu'r disgyblion i siarad Cymraeg, nid yn ôl eu lle yn nhrefn y wyddor, fel y drefn cyn hynny.

Roedd Iwan Bryn Williams yn athro yn Llanymddyfri yr un pryd â Carwyn – Gogleddwr prin ymhlith Deheuwyr y staff. Yn *Un o 'Fois y Pentre'*, mae ganddo sylw ynglŷn â dylanwad Carwyn ar ddysgu'r Gymraeg:

> Mae lle i gredu fod ymlyniad y Coleg wrth y Gymraeg fel pwnc ar yr amserlen wedi peri i nifer o rieni wrthod anfon eu plant yno, ond yma y rhagorai Carwyn dros gymaint o athrawon Cymraeg eraill. Byddai'r un rhieni yn barod i anfon eu plant i'r ysgol o wybod bod gobaith iddynt gael eu hyfforddi ar y maes rygbi ganddo.

Ond lleiafrif oedd rhieni o'r fath. Doedd dim angen pryderu gormod am y fath agwedd gan fod y rhan fwyaf o'r plant yn mynd i Goleg Llanymddyfri o ysgolion cynradd gwledig Cymru, a byddai chwech yn mynd yno bob blwyddyn ar ysgoloriaeth o ysgolion Sir Gâr.

Wrth ddechrau yn Llanymddyfri, roedd Carwyn yn ailgydio mewn patrwm a churiad byw penodol. Fe gawsai batrwm bywyd yn y Llynges a oedd yn debyg iawn i'r un a oedd yn ei wynebu yn Llanymddyfri, sef amserau pendant ar gyfer gweithgareddau penodol a byd ceidwadol, canol y ffordd, sefydliadol. Rhaid deall tuedd arloesol Carwyn, dyn cyn ei amser, er mai dyn ceidwadol iawn ydoedd mewn gwirionedd. Er ei fod yn fwy na pharod i fentro ar ei ben ei hun, roedd yn rhaid i'r fenter ddigwydd mewn cyd-destun cyfarwydd iddo. Rhaid fyddai gwybod lle'r oedd y ffiniau a beth oedd patrwm y curiad.

Felly roedd y protestiwr yn erbyn rhyfel wedi gwneud ei Wasanaeth Cenedlaethol heb ei wrthwynebu. Nawr roedd yr Annibynnwr yn athro mewn sefydliad Eglwysig, hefyd y cenedlaetholwr, sosialaidd ei dueddiadau, yn dysgu mewn ysgol breifat. Ond, fel y cawsai ei ddisgrifio gan warden olaf Carwyn yn Llanymddyfri, R Gerallt Jones, roedd y Coleg yn fyd lle'r oedd yna 'drefn a thraddodiad', hyd yn oed os oeddent yn wahanol i'r rhai y cawsai Carwyn ei fagu ynddynt. Teg pwysleisio hefyd ei fod yno fel pennaeth Adran y Gymraeg, a bod natur a naws Gymraeg iawn i'r coleg, mwy nag oedd yn y mwyafrif o ysgolion uwchradd eraill trwy Gymru.

Roedd ystafell Carwyn ar lawr cyntaf y Coleg, ac edrychai dros y Cwad, lle'r oedd dau gwrt concrid, tebyg i gyrtiau sboncen heddi, ond yn gyrtiau Fives ar y pryd. Edrychai ffenest ei stafell dros y rhan brysur o'r Coleg, lle arferai'r bechgyn chwarae cyn mynd i'w gwersi trwy'r drws llwyd islaw ystafell Carwyn. Yn y Cwad yr arferai barcio ei Morris 1000 llwyd a'r Riley wedyn a oedd ganddo am gyfnod yn Llanymddyfri.

Yn ei ystafell, roedd lle tân nwy, dwy neu dair cadair esmwyth ac un soffa ddu a melyn; teledu i'r dde o'r lle tân a gramoffon anferth ar y llaw chwith. Tu ôl i'r soffa, roedd bwrdd wedi'i orchuddio'n llwyr gan lyfrau a phapurau. Roedd bocs yn llawn recordiau ar y llawr hefyd. Ar y llaw chwith, roedd drws a arweiniai at ei ystafell wely, a drws ar y llaw dde yn arwain at yr ystafell ymolchi. Dyma'i ystafell pan ddaeth yn Athro Tŷ – Tŷ Cadog – wedi i'r system dai gael ei chyflwyno i'r Coleg yn nechrau'r 60au.

Daeth y disgyblion i adnabod un arwydd pendant fyddai'n amlygu hwyliau Carwyn ar unrhyw ddiwrnod ysgol. Pan fyddai wedi codi mewn da bryd ac wedi cael cwsg digon derbyniol, sgidiau brown oedd am ei draed. Ond os mai sgidiau du roedd yn eu gwisgo, yna roedd hynny'n rhybudd i'r disgyblion nad oedd mewn hwyliau da. Drwy godi'n hwyr châi e ddim cyfle i nôl y sgidiau brown. Chwedl mae'n siŵr, ond un y glynir ati'n ffyddlon gan genedlaethau o gyn-ddisgyblion.

Tystiolaeth ei gyd-athrawon a chyn-ddisgyblion ar hyd ei gyfnod yno oedd bod drws ei ystafell wastad ar agor. Yn arwain o'r drws roedd coridor hir ac ystafelloedd lle cysgai tua chwe deg o ddisgyblion rhwng tair ar ddeg a deunaw oed, a Carwyn yn gyfrifol amdanyn nhw. Y bechgyn yma oedd y rhai a fanteisiai ar y drws agored er mwyn twrio trwy'r bocs recordiau, darllen ambell lyfr, gwylio'r teledu neu gael sgwrs naill ai gyda'i gilydd neu gyda'u hathro.

Cloch fyddai'n dechrau eu diwrnod, a hynny am chwarter wedi saith y bore ac ail gloch am hanner awr wedi saith. Roedd brecwast am chwarter i wyth. Unwaith bob tair wythnos byddai Carwyn, fel un o'r Athrawon Tŷ, yn gyfrifol am oruchwylio'r brecwast. Roedd hyn yn golygu gweddïo – yn Gymraeg yn achos Carwyn, yn Lladin yn achos y ddau Athro Tŷ arall – ac yna gerdded rhwng y byrddau er mwyn gwneud yn siŵr fod pawb yn bwyta ac yn ymddwyn. Ar ddiwedd y brecwast byddai'n gofyn am dawelwch er mwyn i swyddog y dydd gadarnhau presenoldeb neu absenoldeb y bechgyn. Deuai'r ateb yn ôl yn y Lladin, adsum. Wedi llenwi'r cofrestri, byddai'r athrawon yn cael eu brecwast hwythau, wrth i'r bechgyn ddiflannu. Wedi gorffen bwyta, arferai Carwyn gasglu ei bapur newydd – y *Western Mail* fel arfer, nid *Daily Express* ei fagwraeth – a'i gludo'n ôl i'w ystafell er mwyn ei ddarllen, gyda phaned a mwgyn wrth gwrs. Wrth glywed traed y bechgyn yn croesi'r Cwad oddi tano, gwyddai ei bod yn bryd cydio yn ei gap a'i ŵn, ac ymuno â nhw yn y capel ar gyfer y ddefod foreol.

Gwersi wedyn, a chinio am un, cyn mynd allan am ddau ar y cae rygbi am ychydig o ymarfer ac yna'n ôl am ragor o wersi am ddwy awr ar ddiwedd y prynhawn. Swper am saith, ac yna cyfle i Carwyn roi'r byd yn ei le gyda'i gyd-athrawon, tra byddai'r bechgyn yn gwneud eu gwaith yn eu hystafelloedd. Byddai'r bechgyn yn dechrau clwydo tua naw, yn enwedig y rhai ifancaf, a deuai'r 'prep' i ben erbyn chwarter i ddeg y nos.

Wedi i'r bechgyn fynd i'w gwelyau, byddai Carwyn, 'nôl yn ei stydi, yn tynnu ei esgidiau – du neu frown – yn gwisgo'i slipars ac yn berwi'r tegell. Byddai wedyn naill ai'n marcio llyfrau, yn ysgrifennu erthyglau, yn darllen neu yn gwrando ar ei recordiau. Gwnâi ambell alwad ffôn ac ysgrifennu ambell lythyr. Dyna'r patrwm am bedwar, pum niwrnod yr wythnos, deuddeg wythnos y tymor, tri thymor y flwyddyn am dair blynedd ar ddeg. Roedd eithriadau wrth gwrs. Pan fyddai nifer y disgyblion yn caniatáu, byddai Carwyn yn cynnal ei wersi yn ei stydi, paned yn ei law a slipars am ei draed ac o bryd i'w gilydd, yn gwisgo *dressing gown*. Roedd hyn yn arbennig o wir gyda disgyblion y chweched dosbarth.

Roedd yr hanesydd a'r addysgwr, Syr Deian Hopkin, yn Llanymddyfri yn ystod pum mlynedd cyntaf Carwyn yno. Yn ystod ei flwyddyn olaf yn y Coleg, astudiai'r Gymraeg o dan Carwyn ynghyd â dau ddisgybl arall o'r un flwyddyn, a dau ddisgybl flwyddyn yn iau, a chaent eu gwersi gyda'i gilydd:

> Roedd yn cyfoethogi'r addysg yn sicr i fod mewn dosbarth cymysg fel yna. Roedden ni'n gallu ymestyn y sgwrs dipyn yn ehangach mae'n rhaid dweud, ac ymestyn ein deall heb os nac oni bai. Roedd Carwyn yn athro eithriadol, o hyd yn ein hannog i geisio barddoni. Er na chafodd fawr lwyddiant yn hynny o beth yn fy achos i!

Mae John Jenkins, golygydd y gyfrol *Carwyn: Un o 'Fois y Pentre'*, yn cofio gwersi'r Chweched Dosbarth yna'n glir.

Roedd y disgyblion yn ymwybodol nad oedd Carwyn yn hoff o ddysgu'r gwersi gramadeg Cymraeg. Stori am un o'r gwersi hynny wnaeth John Jenkins ei hadrodd:

> Roedd e wedi cael llythyr gan y chwaraewr rygbi rhyngwladol, Billy Raybould. Yn nodweddiadol iawn o ddull dysgu Carwyn, defnyddiodd y llythyr yn sail i'r wers. Dechreuodd Billy Raybould ei lythyr trwy ysgrifennu, 'Annwyl Garwyn'. Trodd Carwyn y cyfarchiad hwnnw yn wers i esbonio pam nad 'Annwyl Carwyn' roedd Billy wedi'i ysgrifennu. Roedd Carwyn ar ei orau pan fyddai'n rhydd o lyfr gosod ac yn troi at ei ddulliau ei hun o ddysgu. Defnyddiai stori yn y *Western Mail* fel sail i wers ambell dro hefyd. Mae'r ffaith fy mod yn cofio hynny hanner can mlynedd yn ddiweddarach yn brawf o effeithiolrwydd gwers llythyr Billy Raybould!

Yn aml, yn ôl tystiolaeth ei gyn-ddisgyblion, fyddai blaengaredd Carwyn ddim yn cael ei werthfawrogi tan i'r disgyblion adael Llanymddyfri a symud i feysydd addysgu amrywiol eraill. Dyna pryd roedden nhw'n deall a gwerthfawrogi dulliau Carwyn go iawn.

Wrth edrych ar fywyd ehangach y Coleg, y tu hwnt i'r pwyslais ar y Gymraeg, ym mlynyddoedd cyntaf y chwedegau, daw un argraff gref i'r amlwg wrth wrando ar ymateb y disgyblion. Iestyn Thomas, pennaeth rygbi presennol y Coleg a chyn-chwaraewr dosbarth cyntaf gyda Chymry Llundain, sy'n crynhoi hynny:

> Roedd blynyddoedd cynta'r Chwedegau yn debyg i'r Oesoedd Tywyll heb os, yn gyfundrefn lym iawn. Roedd y gansen, neu'r *gym shoe*, beth bynnag oedd yr arf a ddewiswyd, yn gyfrwng disgyblu cyffredin iawn. Ond yn fwy na hynny, roedd yr holl awyrgylch yn hen ffasiwn a gormesol braidd...

Yn ôl cyn ddisgybl arall, Geraint Eckley, roedd cyflwyno'r system dai yn y Coleg wedi bod yn help i symud y coleg o'r dyddiau tywyll a ddisgrifia Iestyn Thomas, ac roedd Carwyn yn rhan o'r newid:

Datblygodd y tai yma'n ffurf o ofalaeth yn yr ysgol, a phenodwyd Carwyn yn bennaeth ar un ohonynt. Yn ystod y cyfnod roeddwn i yno, trosglwyddwyd yr awdurdod disgyblu yn araf oddi wrth y 'prefect' i'r athro a oedd yn bennaeth y tŷ. Roedd y system yn tyfu mewn gwarineb.

Mae Geraint Eckley hefyd yn cofio Carwyn yn adrodd stori ynglŷn ag achlysur pan fu'n rhaid iddo ddisgyblu disgybl yn yr ysgol yng Nghaerfyrddin, cyn iddo gyrraedd Llanymddyfri:

... cofiaf amdano'n sôn ei fod unwaith wedi colli'i dymer gyda llanc yn Ysgol Caerfyrddin nes iddo'i daro yn ei stumog a hwnnw'n plygu'n blet fel cyllell boced cyn disgyn i'r llawr.

Nid dyna'r darlun a ddaw i'r meddwl yn rhwydd wrth feddwl am Carwyn. Erbyn dyddiau Llanymddyfri, mae'n amlwg iddo feddalu rhywfaint yn ôl Geraint Eckley:

Pan ddoi'r adeg i dderbyn crasfa trwy gael dapsen ar ben ôl deirgwaith, roedd Carwyn yn hen gosbwr anniddig. Byddai'n loetran yn hir cyn mynd at y gorchwyl a chyn ysgrifennu'r geiriau yma tybiwn o hyd mai'r bwriad oedd gwneud i rywun deimlo'n annifyr cyn gweinyddu'r gosb. Heddiw, nid wyf mor siŵr...

Wedi sgwrsio gyda rhai o gyn-ddisgyblion Carwyn, mae'n amlwg nad Geraint Eckley yn unig a gafodd yr argraff fod Carwyn am wneud iddyn nhw deimlo'n annifyr. Dywed lleiafrif bychan nad oedden nhw'n tynnu rhyw lawer ato am ei fod yn gyfeillgar a gwresog un dydd ac yna'n awdurdodol a phell ar ddiwrnod arall. Roedd un stori a adroddwyd gan fwy nag un o'r disgyblion yn dangos bod cyfnod penodol ar ddechrau'r chwedegau, pan fu Carwyn yn amhoblogaidd iawn ymhlith disgyblion Llanymddyfri.

Roedd yn arferiad gan y disgyblion hŷn adael tir y Coleg a mentro i siop losin yn y dre. Byddai rhai o'r rhain yn gofyn i'r hen fenyw, perchennog y siop, am rywbeth y gwydden nhw ei bod yn ei gadw mewn stafell gefn. Wrth iddi fynd i nôl yr hyn y

gofynnwyd amdano, gan adael y siop yn wag, byddai'r bechgyn
yn dwyn beth bynnag a fynnent yn ei habsenoldeb. Pharodd
hyn ddim yn hir, ac fe ddaeth y Coleg i wybod am yr arferiad.
Carwyn gafodd y dasg o drafod y mater gyda'r disgyblion.

Wrth eu hannerch, dywedodd mai'r cyfan roedd am iddynt
ei wneud oedd cyfaddef eu bod yn rhan o'r gweithgaredd
anghyfreithlon hwn. Ar anogaeth lawn cydymdeimlad Carwyn,
cyfaddefodd nifer o'r bechgyn iddynt ddwyn o'r siop a chymryd
mantais ar garedigrwydd yr hen fenyw.

Sioc i'r rhain oedd deall wedyn fod Carwyn wedi paratoi
cosb ar eu cyfer. Penderfynodd y dylid gorfodi'r bechgyn i
wneud dyletswyddau amrywiol ar dir yr ysgol yn gyhoeddus
o flaen pawb – rhyw ffurf ar wasanaeth cymunedol cynnar.
Gwyddai'r disgyblion eraill wrth gwrs pam fod y bechgyn
yn gorfod gwneud y fath ddyletswyddau ac fe gawson nhw'r
label 'lladron'. Arweiniodd hyn at deimlad o atgasedd tuag at
Carwyn gan y rhai a gosbwyd. Roedden nhw'n grediniol eu bod
wedi cyfaddef i'w trosedd ar y ddealltwriaeth na fyddai cosb,
am fod cyfaddef yn rhinwedd ynddo'i hun ac yn negyddu cosb.
Roedd y ffaith i Carwyn eu cywilyddio'n gyhoeddus, wedi'u
camarwain i gyfaddef, wedi creu atgasedd. Eithriad prin oedd
stori o'r fath.

Yn ystod y chwedegau roedd y Coleg yn newid a daeth un
newid a ddisgrifiwyd gan Iestyn Thomas bron fel Dadeni:

> Dyna'r effaith gafodd apwyntiad Gerallt Jones yn Warden. Roedd
> yn newid byd, yn newid ffordd o feddwl. Roedd Carwyn yn gwbl
> hapus gyda'r newidiadau hynny ac yn un o'r rhai mwya brwdfrydig
> i'w gweithredu a symud y Coleg yn ei flaen.

Roedd y Warden newydd yn gweld Llanymddyfri yn fwy
fel prifysgol nag ysgol ac roedd am greu naws a adlewyrchai
hynny. Dechreuodd ar yr arferiad o greu Wythnos Rag yn y
Coleg a arweiniodd at greu cylchgrawn Rag. Golygfa unigryw
yn hanes hir sefydliad ysgol breifat, eglwysig, fel Llanymddyfri,
oedd gweld nifer o'r disgyblion yn gwthio gwely i Landeilo!

Un arall a welodd y newidiadau yma oedd David Gealy. Roedd yn ddisgybl pan ddechreuodd Carwyn yn y Coleg, ond fe ddaeth yn ôl yno'n ddirprwy i Carwyn yn yr adran Gymraeg yng nghanol y chwedegau:

> Roedd y newid yn gwbl amlwg. Roedd G O Williams i ddechrau, ac yna ei olynydd R G Tree, wedi newid elfennau sylfaenol yn strwythur y Coleg. Yr hyn wnaeth Carwyn, yn y cyfnod roeddwn i ffwrdd oddi yno, oedd cynyddu'r gweithgareddau Cymraeg yn sylweddol a thrwy hynny newid naws y Coleg. Roedd y gwahaniaeth yn amlwg iawn.

Yn y flwyddyn ysgol 1960–61 y gwelwyd y newidiadau unigol mwyaf ym mywyd Cymraeg Coleg Llanymddyfri, newidiadau a osododd sylfeini cadarn ar gyfer y ddegawd wedyn. Rhwng y cyfnod pan adawodd Dai Gealy fel disgybl a dychwelyd yn athro, gwelodd un newid amlwg iawn yng nghyd-destun y Gymraeg:

> Pan ddes i 'nôl i'r Coleg, fe ddes ar draws Tŷ Cadog a deall ei fod yn cael ei adnabod fel y Welsh House. Do'dd dim y fath beth yn bod pan adawes i'r Coleg yn ddisgybl. Carwyn o'dd y tu ôl i hwnna.

Roedd ychydig dros ddau gant o ddisgyblion yn y Coleg yn y cyfnod hwnnw, a byddai hyd at hanner cant yn preswylio yn Welsh House Carwyn.

Cawn gan Deian Hopkin grynhoad o weithgareddau Cymraeg yn y flwyddyn y cydiodd Carwyn yn yr awenau, a hynny yng nghylchgrawn y Coleg, *The Journal*. Deian Hopkin oedd golygydd y cyhoeddiad ar y pryd. Yn amlwg roedd yn ymwybodol iawn o araith enwog a wnaed gan Brif Weinidog y cyfnod, Harold MacMillan:

> Cawn gymaint o siarad y dyddiau yma am 'wynt y newid'; nid gwynt a ddisgynnodd ar y gymdeithas eleni, ond corwynt. Etholwyd swyddogion... a phwyllgor o bedwar aelod i'r Gymdeithas Gymraeg. Ond yn wir nid oedd fawr o waith i ni

ei wneud canys darparwyd rhaglen helaeth ar ein cyfer gan Mr James.

Mae'n amlwg i Carwyn ddefnyddio ei gysylltiadau eang er mwyn llenwi amserlen gweithgareddau'r Gymdeithas. Gwahoddwyd nifer o siaradwyr gwadd sydd erbyn hyn yn bobl amlwg yn eu meysydd, pobl fel Glyn O Phillips, Ronnie Williams, Clive Rowlands, Harri Pritchard Jones, Gwynfor Evans, T Llew Jones a hefyd J B G Thomas, gohebydd rygbi'r *Western Mail*. Gan mai yn Saesneg y siaradodd JBG ehangwyd y gwahoddiad i fechgyn eraill i'r cyfarfod hwnnw, nad oedd yn aelodau o'r Gymdeithas Gymraeg. Ond hyd yn oed pan na fyddai siaradwr gwadd yn siarad â'r Gymdeithas yn y Saesneg, roedd gwahoddiad i ddisgyblion di-Gymraeg fynychu cyfarfodydd y Gymdeithas. Pe byddent yn mynychu cyfarfod, byddai'r pwyslais yn aros ar y Gymraeg, ond cyflwynid mwy o Saesneg: 'because Carwyn did his best to be inclusive', yn ôl disgybl di-Gymraeg a fyddai'n mynychu'r Gymdeithas Gymraeg.

Mae'n amlwg i Carwyn arddel ei ddiddordeb yn Rwsia yn un o gyfarfodydd cynnar y Gymdeithas Gymraeg. Gwahoddwyd Owen Edwards, a ddaeth wedyn yn Rheolwr BBC Cymru a Phrif Weithredwr cyntaf S4C, i sôn am ei daith i Foscow a Leningrad. Dywed nifer o'r disgyblion hefyd i Carwyn eu hannog i ymddiddori yn y Rwsieg, a Deian Hopkin yn un ohonynt:

> Fe wnaeth ei orau glas i'm hannog i ddysgu'r iaith, trwy rannu ambell air Rwsieg gyda fi o bryd i'w gilydd a rhoi benthyg llyfrau i fi ar yr iaith, yn ogystal â llenyddiaeth y wlad. Ond, doeddwn i ddim yn llwyddiant iddo, ddim o bell ffordd.

Cafodd Deian Hopkin, ynghyd â'r ddau arall a oedd yn astudio Cymraeg Safon A o dan Carwyn ar y pryd – Geraint Eckley a Iolo Williams – eu dewis gan Carwyn i fynd i stiwdio'r BBC yn Abertawe i recordio rhaglen drafod a gâi ei harwain gan yr Athro Jac L Williams Aberystwyth. Arwydd pellach o awydd Carwyn i ymestyn profiad ei ddisgyblion o'r Gymraeg ac o gysylltiad Carwyn ei hun â'r BBC.

Carwyn a'r Cymdeithasau

Ar safle'r Coleg yn Llanymddyfri daeth y labordy gwyddoniaeth a'r gampfa, neu'r *gym* fel y'i galwyd, yn gyrchfannau poblogaidd iawn i'r bwrlwm Cymraeg newydd. Yn y labordai y dangosid ffilmiau o gemau rygbi Cymru a Llewod Prydain ac Iwerddon. Profodd yr achlysuron yma'n boblogaidd tu hwnt. Yn y gampfa wedyn y perfformid dramâu Saesneg i'r disgyblion a'r staff, yn ogystal ag i bobl y tu allan i'r Coleg. Wedi i Carwyn dderbyn y swydd, dechreuwyd perfformio dramâu cyhoeddus yn y Gymraeg yn y gampfa hefyd; cynyrchiadau gan y disgyblion a chan gwmnïau gwadd, tebyg i gwmni drama Edna Bonnell o Lanelli a Chwmni Drama Cymraeg Abertawe. Dyma'r cwmnïau y byddai Carwyn wedi'u gweld yn grwt yn Neuadd Cross Hands. Parhau ac ymestyn y dreftadaeth honno oedd ei nod. Perfformiodd cwmni Edna Bonnell y ddrama *Rhoi Pethe'n Iawn* yn y Coleg ac fe drefnwyd trip o'r Coleg i weld *Eisteddfa Gwatwarwyr* yng Ngŵyl Ddrama Abertawe yr un flwyddyn.

Wedi creu'r cysylltiad â Rita Morgan ac Ysgol Pantycelyn, roedd modd dechrau dawnsio gwerin yn y Coleg, a châi merched o'r ysgol uwchradd fod yn rhan o'r gweithgareddau. Felly hefyd ganu cerdd dant. Roedd y fath weithgareddau'n estron i ddisgyblion Coleg Llanymddyfri ac ni ellir ond dychmygu'r effaith gafodd hynny ar fywyd ehangach y Coleg.

Bu Carwyn hefyd yn weithgar iawn yn sefydlu Cymdeithas y Chweched Dosbarth. Cynigiai'r gymdeithas gyfle i'r disgyblion hŷn fwynhau diwylliant mwy soffistigedig ac eangfrydig. Roedd yn gyfle i weld ffilmiau rhyngwladol, i gynnal nosweithiau caws a gwin – blaengar iawn ar y pryd – ac i drafod barddoniaeth beirdd fel Ezra Pound. Trefnwyd tripiau hefyd i weld dramâu yng Ngholeg y Drindod, Caerfyrddin. Roedd mynd i weld perfformiadau o ddramâu Saunders Lewis yn boblogaidd. Aethant i weld dramâu Saesneg hefyd, yn bennaf yn enw'r

Adran Saesneg. Yn benodol, byddai dau drip bob blwyddyn i Stratford i weld cynyrchiadau o ddramâu Shakespeare ac âi Carwyn ar rai o'r tripiau hyn. Gwerthfawrogai Deian Hopkin y tripiau:

> Fe gawsom ni gyfle i weld y mawrion ar y tripiau hynny i Stratford. Rydw i'n cofio gweld Laurence Olivier, John Gielgud, Michael Redgrave, Vanessa Redgrave a Judi Dench yno. Gwawriodd arwyddocâd hynny arna i, ac ar bawb arall oedd yno hefyd mae'n siŵr, yn y blynyddoedd ymhell wedi i ni adael Llanymddyfri...

Y Meistr Rygbi

Ddwy neu dair blynedd cyn i Gerallt Jones ddechrau yno yn 1964, gwnaethpwyd Carwyn yn bennaeth rygbi Coleg Llanymddyfri. Cymerodd yr awenau oddi wrth ddyn a oedd yn rhan o sefydliad y Coleg, gŵr uchel ei barch a mawr ei ddylanwad, T P Williams, neu Pope fel y câi ei adnabod. Roedd Pope yn eicon, yn ymgnawdoliad o werthoedd dauddegau a thridegau'r ganrif ddiwethaf mewn sefydliad addysgiadol preifat. O dan ei arweiniad enillodd Coleg Llanymddyfri gystadleuaeth Saith bob Ochr Rosslyn Park yn 1952, y sefydliad addysgiadol cyntaf erioed y tu fas i Loegr i ennill y gystadleuaeth honno.

Diddorol ystyried sut roedd pennaeth rygbi coleg rygbi mor flaenllaw â Llanymddyfri wedi ymateb i bresenoldeb chwaraewr o'r Scarlets ar y staff ac yn enw mawr yn sicr. Ond aelod ifanc iawn o'r staff ydoedd, saith ar hugain oed. Yn ôl tystiolaeth y cyn-ddisgyblion ac athrawon a oedd yno, ymateb cymysglyd gafodd Carwyn gan Pope ar y dechrau, yn cydnabod ei ddawn ar y naill law ond yn dangos anfodlonrwydd i ystyried ei athroniaeth fwy eangfrydig o chwarae rygbi agored ar y llaw arall, felly chafodd o mo'i ddefnyddio gymaint ag y gellid. Ffordd Pope oedd hi i fod a dyna ni. Mae Iestyn Thomas yn cofio'r gyfundrefn rygbi a weithredid gan Pope:

> It was very old school but he employed some methods which were unusual and quite forward thinking. We had a scrummaging

machine which was very unusual for a school. It was very basic, mind, with blocks of wood for us to put our heads between, but with no foam on them, only thin linoleum to protect the front row from the impact of a whole pack pushing. I'm fairly certain that we would be the only school in the UK to be weight training in the Sixties – even if it was only cans of baked beans filled with concrete and sawn-off scaffolding poles.

T P also saw the benefit of spreading the ball wide across the three quarter line, as was central to Carwyn's philosophy. But Carwyn did so much more with that, moving players deeper and more off the ball. His approach was far more scientific.

Ehangodd Carwyn restr gemau'r Coleg, a gwahoddwyd mwy a mwy o ysgolion i chwarae yn erbyn Llanymddyfri. Wedi'r ehangu, byddai'r Coleg yn chwarae rygbi yn erbyn Ysgol Cadeirlan Henffordd; Coleg Iwerydd; Rydal; Whitgift; St John's, Leatherhead; Merchant Taylors', Crosby; Belmont Abbey; Dean Close, Cheltenham; ac fe ychwanegwyd Millfield yn 1968. Cynhelid cwrs rygbi yn ystod y Pasg, er mwyn canolbwyntio ar baratoi'r chwaraewyr ifancach, addawol ar gyfer y tymor newydd. 'There are new laws to be faced and new schools to be played' oedd rhesymau Carwyn dros ddechrau cyrsiau o'r fath.

Câi ei stydi ei defnyddio ar gyfer siarad â'r tîm cyn gemau cartref ac ar unrhyw achlysur arall, yn ôl y galw. Ond er ehangu'r rhestr gemau, y prif rai yng nghalendr y Coleg oedd y gemau hanesyddol hynny yn erbyn Trefynwy ac Aberhonddu, yr unig ddau dîm y chwaraeai'r Coleg yn eu herbyn yn gyson pan gyrhaeddodd Carwyn. Dyma'r gemau oedd yn cynnwys yr holl ddefodau fel y mae un o sêr mwyaf Cymry heddi, George North, yn cofio:

Byddai tua chwe mil o bobl yn dod i wylio'r gemau rhwng Aberhonddu a Llanymddyfri. Roedd ganddi le pwysig yn natblygiad chwaraewyr Llanymddyfri hefyd, yn garreg filltir a oedd yn nodi symud o un lefel yn y tîm i lefel uwch. Cyn y gêm honno, byddai pawb yn gwisgo sanau du neu las tywyll. Ond os oeddech yn cael eich dewis i chwarae yn erbyn Aberhonddu, caech wisgo sanau coch. Roedd cael gwisgo'r sanau hyn yn anrhydedd pwysig iawn i chwaraewyr Llanymddyfri a byddai'n rhaid nodi'r peth yn ffurfiol hefyd. Ar y noson cyn y gêm, byddai seremoni cyflwyno sanau coch i bwy bynnag oedd yn eu gwisgo am y tro cynta yng ngŵydd pawb.

Byddai disgwyl wedyn i'r bachgen eu gwisgo i'r gwely a chysgu ynddyn nhw. Châi o ddim eu tynnu tan wedi'r gêm. Ond, oherwydd yr anrhydedd o'u derbyn am y tro cynta, byddai'r hogia'n eu gwisgo am yn hir wedi'r gêm hefyd a'r balchder yn golygu mwy nag unrhyw ddrewdod a ddeuai o'r sanau brwnt. Y ffordd o feddwl ymhlith pob un ohonon ni fyddai, "Dw i isho gwisgo socs coch," gan ei fod yn gydnabyddiaeth o gyrraedd uchelfannau rygbi'r Coleg fel chwaraewr. Falle mai dim ond sanau oedden nhw, ond roedd ganddyn nhw rôl bwysig yn ein datblygiad.

Y tro cyntaf i Iestyn Thomas chwarae yn erbyn Millfield, fe gafodd Llanymddyfri goten go iawn oddi cartref. Daeth y gêm wedi hynny yn ei thro 'nôl i Gae Tredegar, Llanymddyfri:

The night before, we were all in Carwyn's room for a team talk. The talk started with a silence which went on for a long time. Then Carwyn chose to speak. He inspired us all to be the best players we could be against Millfield the following day. By nine o'clock that night, I was ready to walk out of his study through the wall and take Millfield on. I had never experienced anything like that before or since. He was unique; very, very, special.

Yn y gêm ar y Sadwrn, ddaeth Millfield ddim yn agos at y bêl bron drwy'r gêm. Rhedodd Llanymddyfri o'u cwmpas yn ddigyfaddawd, gan sicrhau buddugoliaeth gadarn i'r tîm cartref.

Pan ddychwelodd Dai Gealy i'r Coleg ar y staff, byddai'n cynorthwyo Carwyn i hyfforddi rygbi yn aml. Roedd ganddo yntau ei stafell ei hun, fel Carwyn, ac ar y pryd roedd system *inter-com* rhwng yr ystafelloedd. Daeth neges i Dai Gealy oddi wrth Carwyn, yn gofyn iddo ddod i'w helpu i hyfforddi'r bechgyn:

Erbyn i fi gyrraedd, ro'n i wedi anghofio fy nghrys rygbi. "Paid â becso," meddai Carwyn, "gei di fenthyg un 'da fi i safio ti fynd yr holl ffordd 'nôl i dy stafell." A 'ma fe'n taflu crys ata i – crys un o chwaraewyr tîm rhyngwladol Ffrainc roedd e newydd chwarae yn ei erbyn ac wedi trwco crysau ar ddiwedd y gêm. "Alla i byth â gwisgo hwn," medden i wrtho fe. "Gwisga fe a bydd yn dawel," oedd ei ateb, a mas â fi i gae Tredegar – yr unig un erioed mae'n siŵr sydd wedi gwisgo crys rhyngwladol Ffrainc ar ein cae ni a hynny ar gyfer sesiwn hyfforddi.

Byddai Carwyn yn mynd â'i dîm ar deithiau y tu allan i Gymru ac roedd yn hoff o fynd i Iwerddon. Wrth gwrs, byddai'n manteisio ar unrhyw gyfle i ymweld â ffrindiau iddo o'r byd rygbi yno. Dywed Iwan Bryn Williams iddo wario noson yng nghwmni Carwyn a Ronnie Dawson mewn Coleg yn Nulyn.

Datblygodd rygbi Llanymddyfri dan arweiniad Carwyn ac mae rhyw arwyddocâd arbennig i Carwyn fod yn gyfrifol am rygbi yno. Yn ôl y dogfennau cynharaf ar hanes y gêm ym Mhrydain, chwaraewyd y gêm rygbi gyntaf erioed yng Nghymru rhwng Prifysgol Llambed a Choleg Llanymddyfri, a hynny yn 1856, ddegawd a mwy cyn ffurfio clybiau fel Llanelli ac Abertawe yn ogystal ag Undeb Rygbi Cymru ei hunan, a ffurfiwyd yn 1881. Dywed awdur pennod ar gyfraniad y coleg i fyd rygbi:

> One would like to think that the seeds of Carwyn's success as assistant manager and coach of the British Lions in New Zealand in 1971 were sown on Tredegar Close.

Pwy all feio'r Coleg am feddwl yn y fath fodd? Y farn gyffredinol ar ei gyfnod yn arwain rygbi'r Coleg oedd mai dyna'r cyfnod pan welwyd y rygbi mwyaf cyffrous yn hanes y Coleg. Heb os, gadawodd Carwyn ei stamp gyfoes, flaengar, ar yr hen drefn y daeth yn rhan ohoni.

Criced, y côr a'r capel

Yn 1967, daeth cyfrifoldeb pellach i'w ran. Fe'i penodwyd yn bennaeth criced Coleg Llanymddyfri. Roedd wedi bod yn rhan o fywyd criced y coleg cyn hynny, gan fod y gamp wrth fodd ei galon. Nododd hynny yn y nodiadau a ysgrifennodd am ei blentyndod, wrth sôn am ei arwyr yn nhîm criced Morgannwg:

> One of the great thrills to me as a boy was to watch Glamorgan play: a greater thrill was to anticipate the game and play in it. I would always put the Aussies in first, feed them with lots of runs, take the occasional wicket, and then, moment of moments; HE would come in, the great man himself.
>
> How I used to hate him! I would attack his off peg, give the ball a lot of air and make it turn towards second and third slip, and I allowed him to thump the occasional one square and through the covers. But at the right psychological moment, I always got him with a straight quick low one and I appealed arrogantly and confidently – and he was out. Bradman D. lbw James C. 23.

Dywed y staff a'r disgyblion yng nghyfnod Carwyn ei fod yn ymddiddori cymaint mewn criced ag roedd yn y bêl hirgron. Yn aml, clywyd ef yn dyfynnu Neville Cardus, gohebydd criced papur dyddiol y *Guardian*. Roedd Cardus yn ddylanwad mawr arno, gan ei fod hefyd yn ohebydd cerddoriaeth y *Guardian* ac yn un a allai gyfuno chwaraeon a'r celfyddydau yn ei ysgrifennu, fel y gwnâi Carwyn yn ddiweddarach.

Cawsai criced ei chwarae yn Llanymddyfri mor gynnar â'r 1860au ac roedd yn rhan o wead diwylliant y Coleg. O dan ei arweiniad, ymestynnodd Carwyn restr gemau'r coleg i gynnwys nifer fawr o ysgolion y Wladwriaeth, fel y gwnaeth gyda rygbi. Roedd pum llain criced ar gae criced y coleg wrth lannau'r Tywi. Cymrodd Carwyn at hyfforddi criced â'r un manylder ac ymroddiad â'i hyfforddi rygbi. Arferai sefyll yn y rhwydi ymarfer, gyda nifer o beli criced wrth ei draed, a'u taflu at y batiwr wrth y wiced. Dyma'r Carwyn a enillodd gystadleuaeth ysgolion Cymru am daflu pêl griced, felly roedd ei annel a'i nerth yn ddigamsyniol. Gwnâi'r ymarfer dro ar ôl tro nes i'r batiwr dan sylw allu chwarae'r strôc angenrheidiol yn ddigon da i blesio'r athro. Byddai ganddo gwmni da wrth hyfforddi, sef un o gyn-chwaraewyr Morgannwg, Emrys Davies, a oedd hefyd yn ddyfarnwr gemau prawf. Arferai aros yn y Coleg am gyfnodau er mwyn cynorthwyo gyda'r hyfforddi. Dau o'r un brethyn oedd Carwyn ac Emrys o Lanelli. Y ddau yn gapelwyr selog, yn Gymry Cymraeg, a'r ddau â'r un meddylfryd at eu campau hefyd. Mae Iwan Bryn Williams yn crynhoi dyddiau criced Carwyn fel hyn:

> Roedd criced yn cymryd cymaint, os nad mwy, o amser Carwyn nag a wnâi'r rygbi. Roedd yn draddodiad mai'r hyfforddwr fyddai hefyd yn sefyll fel dyfarnwr ymhob gêm a chwaraeai'r coleg, ar wahân i'r gêm yn erbyn Aberhonddu. Gwnâi Carwyn hyn mewn pymtheg gêm rhwng canol Mai a chanol Gorffennaf 1965, tua dwywaith bob wythnos, gyda'r gemau yn dechrau am 11 y bore.

Yn ogystal â thracwisg rygbi a gwynion criced, byddai Carwyn yn gwisgo gwisg arall a honno'n ganolog i fywyd Llanymddyfri, sef gwisg aelodau côr yr eglwys ar y campws. Nid yw'n syndod fod yr un a nodwyd am ei lais canu hyfryd yn y Llynges ac ymhlith chwaraewyr rygbi wedi manteisio ar y cyfle i ganu'n rheolaidd mewn côr ar dir yr ysgol lle'r oedd yn athro. Ond roedd yn fwy nag apêl at y canu'n unig. Ymserchodd yn y ddefod Anglicanaidd ei hun. Pan nad oedd yn ymweld â'r teulu yng Nghefneithin ar benwythnosau ac yn mynd i'r Tabernacl ar y Sul, byddai'n cymryd ei le yng nghôr eglwys y Coleg. Roedd symlrwydd pur defosiwn y gwasanaethau eglwysig yn cyffwrdd calon Carwyn, ac yn cyrraedd y canol llonydd distaw.

Daeth yn ffrindiau da â Chaplan y Coleg, y Parchedig Wyndham Evans, a oedd wedi dechrau yno tua'r un adeg â Carwyn. Gan ei fod yn Uchel Eglwyswr, gallasai'r ddau fod wedi anghytuno llawer â'i gilydd, ond cyd-dynnu'n hwyliog fu eu hanes. Roedd Esgob Tŷ Ddewi, fel aelod o fwrdd y Llywodraethwyr, yn ymwelydd cyson â'r Coleg ac yn cyfrannu at addoli'r staff a'r disgyblion. Ceid cymun deirgwaith yr wythnos am chwarter wedi saith y bore. Bob nos Sadwrn byddai oedfa'r Cwmplin, ar y Sul byddai'r Cymun yn gynnar y bore, yna'r Boreol Weddi a'r Hwyrol Weddi gyda'r nos. Pan fyddai gwyliau crefyddol yng nghanol wythnos, fel Dydd Mercher Lludw, câi'r gwersi eu gohirio er mwyn dathlu'r gwyliau crefyddol mewn modd teilwng.

Rhan annatod o'r defosiwn fyddai rôl y côr. Golygfa hanfodol ym mywyd y coleg oedd yr orymdaith osgeiddig, offeiriadol bron, o brif adeilad y coleg draw at y Capel, fesul dau yn eu coch a'u gwyn, a'r arweinydd yn cario'r groes o'u blaen. I Iwan Bryn Williams, roedd gweld Carwyn yn eu plith yn creu un argraff benodol. Ni fyddai'r un aelod o'r côr yn fwy angylaidd ei wedd na Carwyn. Roedd gofyn newid y wisg pan fyddai'n cymryd rhan yn yr Hwyrol Weddi. Y Cymry Cymraeg fyddai'n darllen yr ail lith yn y gwasanaeth hwnnw ac roedd disgwyl iddyn nhw wisgo gŵn athro a'r cwfl lliwgar dros yr ysgwyddau. Byddai Carwyn yn cyfrannu i'r ddefod hon, gan gynnwys moesymgrymu i'r allor cyn ac ar ôl y darllen. Wrth bwyso a mesur ymroddiad yr Annibynnwr i ddefosiwn yr allor a'r gwasanaeth Anglicanaidd, mae Iwan Bryn Williams yn gweld yr apêl:

> Nid yw'n syn gennyf fod Carwyn yn gwerthfawrogi'r gwasanaethau yma: roedd yn gallu ymateb i'r iaith goeth, roedd yn ddigon o gerddor i werthfawrogi'r cyfraniad a ddeuai o du'r organ a'r côr, ac yn ddigon sensitif i'r gwasanaeth drwyddo draw fel ag i ymgolli ynddo. Ni fyddai, serch hynny, yn canmol llawer ar y pregethau pan ddigwyddai glywed un ar fore Sul.

Gadael Llanymddyfri

Ar ôl blynyddoedd lawer yn y Coleg, daeth hi'n bryd, ar ddiwedd y chwedegau, i feddwl am newid byd. Fe ddigwyddodd yn raddol, fel y digwyddai unrhyw newid yng Ngholeg Llanymddyfri fel arfer ac yn Carwyn ei hun. Roedd degawd y Chwyldro Cymdeithasol a'r newid yn dechrau dirwyn i ben

pan ddaeth Warden newydd i Lanymddyfri. R Gerallt Jones
oedd y lleygwr cyntaf i gael ei benodi'n Warden y Coleg. Roedd
â'r un curiad calon â Carwyn, yn ddyn a garai lenyddiaeth, yn
ddyn annibynnol ei feddwl ac anghonfensiynol ei ddulliau. Yn
sicr, fe oedd yr unig Warden a fentrodd ar gefn tractor er mwyn
rolio'r cae criced cyn gêm bwysig. Daeth i gefn gwlad Cymru
o fod yn bennaeth ar goleg yn Jamaica. O fewn blwyddyn iddo
ddechrau ei gyfrifoldebau yn y Coleg, newidiwyd traddodiad
120 o flynyddoedd pan dderbyniwyd merched i'r coleg am y
tro cyntaf.

Tystia Gerallt Jones i Carwyn fod o gymorth mawr iddo
ymgartrefu yn Llanymddyfri ac i ddeall byd a oedd mor
wahanol, gydag elfennau Seisnigaidd iawn yn gallu amlygu
eu hunain yn ei fywyd dyddiol. Yn y sgyrsiau a gaent yn aml
yn hwyr y nos yn ystafell Carwyn neu yn nhŷ'r Warden ar y
campws cafodd Gerallt Jones ambell gip ar anian yr athrylith
a oedd ar ei staff:

> ... deuthum i ymdeimlo â'r anniddigrwydd dan y tawelwch
> gwastad ac ystyriol yn ystod y sgyrsiau hynny, a'r ffaith fod ei
> olwg, er yn betrus, ar orwel pell. Credaf ei fod ef, fel rhai o'i arwyr
> gwleidyddol a llenyddol, yng ngwaelod ei fod yn hiraethu am
> Gymru chwedloniaeth yr Oesoedd Canol, Cymru barddoniaeth
> Gwynn Jones, Cymru gyfundrefnol a Chymru wâr... roedd yr elfen
> uchelwrol yn ei bersonoliaeth rywsut yn asio'n ddigon taclus ag
> unplygrwydd gwerinol ei fagwraeth yng Nghefneithin.

A'i feddwl ar orwelion pell felly, mae'n siŵr fod dyfodiad
Gerallt Jones wedi dylanwadu ar broses meddwl Carwyn
wrth iddo ystyried ei ddyfodol yn y Coleg. Doedd dim angen i
Carwyn bryderu am dreftadaeth Gymraeg a Chymreig y Coleg
gan y byddai'n ddiogel yn nwylo'r Warden newydd. Ni fyddai'n
gweld yr iaith fel maen tramgwydd. Gallai adael yn dawel ei
feddwl y byddai'r Gymraeg yn ddiogel.

Ar y cae rygbi, roedd dyfodiad athro arall ar staff y Coleg
yn cynnig yr un fath o dawelwch meddwl iddo. Penodwyd

Goronwy Morgan yn athro ymarfer corff. Roedd yn gyn-chwaraewyr rhyngwladol – mewnwr dawnus iawn – ac yn gyn-athro. Yn nhermau rygbi, roedd ganddo'r un ffordd o feddwl â Carwyn, yr un athroniaeth ar sut y dylid chwarae'r gêm. Wrth i'r apwyntiadau yma ddigwydd, dechreuodd Carwyn gael gwahoddiadau i draddodi darlithoedd achlysurol yng Ngholeg y Drindod Caerfyrddin, a hynny'n dilyn ymweliadau cyson gan athrawon a disgyblion Llanymddyfri i wylio perfformiadau amrywiol yno. Dyma'r cyfnod pan ddatblygodd ei berthynas gyda Norah Isaac. Roedd cil y drws wedi agor.

Tystia R Gerallt Jones iddo ddweud y byddai'n ymddiswyddo o Lanymddyfri petai'n cael ei dderbyn yn ymgeisydd Plaid Cymru ar gyfer Etholiad Cyffredinol 1970. Doedd e ddim am i hynny fod yn faen tramgwydd i waith y coleg nac yn rheswm i rywrai feirniadu'r sefydliad. Mewn gwrthgyferbyniad gwnaeth Carwyn y sylw ei fod am symud o'r Coleg er mwyn gwella'i obeithion o gael ei ddewis i fod yn hyfforddwr y Llewod. Yng nghanol hyn oll, roedd yna baned o de parchus ar ryw brynhawn Sul yng Ngholeg Llanymddyfri. Te traddodiadol, sidêt, Cymreig a newidiodd fywyd Carwyn James a rygbi Cymru yn ei dro. Roedd un o fois Cefneithin, un o frodyr y teulu John – Clive neu Alan, brodyr Barry – wedi sôn wrth Gadeirydd Clwb Rygbi Llanelli, Peter Rees, fod Carwyn yn ystyried gadael Llanymddyfri. Roedd clwb Llanelli yn chwilio am hyfforddwr newydd, gan fod Ieuan Evans ar fin gadael.

Wedi galwad ffôn i wneud y trefniadau i gyfarfod am sgwrs, fe aeth Peter Rees i Lanymddyfri ar brynhawn Sul gyda'i wraig a'i fab ifanc. Yn syml, roedd am ofyn iddo fod yn hyfforddwr ar glwb Llanelli. Cyfarfu'r teulu â'r athro yn ei stydi, a phot o de ac ambell gacen wedi'u paratoi ar eu cyfer. Roedd yn olygfa draddodiadol iawn. Cytunodd Carwyn i dderbyn y cynnig ac fe'i penodwyd yn hyfforddwr clwb rygbi Llanelli. Ar yr un pryd, cafodd gynnig swydd amser llawn yng Ngholeg y Drindod. Roedd pennod newydd ar fin dechrau ym mywyd Carwyn.

Cadarnhawyd bod Carwyn yn dawel ei feddwl ynglŷn â pharhad y gwerthoedd a oedd yn agos at ei galon a chadarnhawyd hynny ar y diwrnod y penodwyd ei olynydd yn athro Cymraeg Coleg Llanymddyfri, Huw Llewelyn Davies. Meddai Huw:

> Roedd Carwyn yn y Coleg pan es i am gyfweliad ar gyfer ei swydd. Wedi'r cyfweliad, daeth Carwyn a'r Warden, R Gerallt Jones, ata i a dweud ein bod ni'n tri yn mynd lawr i Barc y Strade i wylio cystadleuaeth rygbi saith bob ochor ysgolion. A fel 'na fuodd hi.

Roedd Huw Llewelyn Davies yn gyfarwydd â Carwyn yn gynnar iawn yn ei fywyd wrth iddo fynd gyda'i dad, Eic, i gemau rygbi y byddai'n sylwebu arnynt. Nawr, roedd yn cymryd ei swydd yng Ngholeg Llanymddyfri a'i ddilyn wedi hynny i'r byd darlledu.

Dyma sut roedd Carwyn ei hun yn crynhoi'r cam a gymerodd o Lanymddyfri i Lanelli:

> Heb flewyn ar fy nhafod, rwy'n cyfri'r dair mlynedd ar ddeg a dreuliais yng Ngholeg Llanymddyfri fel y cyfnod mwyaf ymarferol yn fy ngyrfa. Roedd yr awydd i hyfforddi yn egino yn fy meddwl mor bell yn ôl â 1960, a bûm yn ffodus i weithio gydag arloeswyr fel Cadfan Davies o Ben-y-bont ar gyrsiau'r CCPR. Ond y garreg filltir bwysicaf oedd derbyn yr awenau yng nghlwb rygbi Llanelli ym 1969.

Crynhodd y Warden, R Gerallt Jones, gyfnod Carwyn fel athro yn Llanymddyfri wedi ei farwolaeth:

> Hwyrach mai'r atgof mwyaf nodweddiadol ohono yw'r ffigwr unig yn ei got fawr yn cerdded yn bennoeth i fyny ac i lawr y llinell ar Glos Tredegar, gan droi ei gefn at y gwynt i danio ei ffag, yn ferw o gynnwrf mewnol, gan ddisgwyl bob dydd y byddai ei dîm, y tro hwn, yn cyflwyno iddo'r perfformiad perffaith, yn dangos y gêm iddo, nid fel roedd, ond fel y dylai fod.

Mae Huw Llewelyn Davies yn cofio geiriau eraill o eiddo Carwyn, rhai a rannodd gydag ef yn bersonol, sy'n crynhoi ei agwedd at ei gyfnod yn Llanymddyfri mewn modd tipyn dyfnach:

> Pan ges i swydd Carwyn, fe ddoth ata i i'm llongyfarch yn wresog. Ond wedyn, fe ychwanegodd eiriau mwy dwys o lawer, "Llongyfarchiadau i ti – ond paid â gneud yr un camgymeriad â fi ac aros yma'n rhy hir, neu fe gei di hi'n anodd iawn gadel."
>
> Roedd wedi bod mas o'r Coleg cryn dipyn cyn iddo ddweud y geiriau hynny wrtha i. Yr argraff a greodd ar y pryd, a dyw'r hyn ddigwyddodd iddo yn ei fywyd wedyn ddim wedi newid hynny, oedd ei fod yn teimlo'n saff yn Llanymddyfri a falle ddim mor saff wedi i freichiau'r coleg ddechrau llacio rhywfaint yn eu gafael ynddo, trwy ei ymwneud â'r Drindod. Er mor wresog oedd y croeso iddo yn y Drindod, dw i'n credu iddo gael rhywfaint o sioc pa mor wahanol oedd bywyd ochor arall i gât Coleg Llanymddyfri, fod bywyd tamed bach yn fwy tyff nag roedd e wedi'i brofi mewn man lle'r oedd pawb yn ei addoli, hyd yn oed y mwyaf gwrth-Gymraeg.

Yn 1968, dechreuodd rannu ei waith rhwng y Drindod a Llanymddyfri trwy fod yn y Drindod yn ystod y dydd ac yna'n ôl i Lanymddyfri gyda'r nos i wneud yn siŵr fod disgyblion y Chweched yn mynd trwy eu gwaith Safon A fel y dylent. Yn nodweddiadol o Carwyn, doedd e ddim am dorri pob cysylltiad tan i'r grŵp o fechgyn oedd ganddo ar y pryd gwblhau eu cwrs.

Yn 1969, fodd bynnag, agorodd ffenest newydd i Carwyn, a hynny ar fyd a fyddai'n ei newid am byth, nawr fod gât Llanymddyfri wedi cau'n glep. Amser yn unig a fyddai'n dangos a oedd y newid hwnnw wedi gwneud unrhyw niwed o gwbl i Carwyn James ac a fyddai angen pellach iddo droi ei gefn at y gwynt.

Y byd tu draw i'r gatiau

O'r sicrwydd a roddai muriau Llanymddyfri iddo, dechreuodd Carwyn fentro i feysydd a thiroedd ehangach. Roedd blynyddoedd olaf yr 1950au yn rhai llewyrchus iawn iddo. Dechreuodd ymestyn ei ddylanwad ar sawl lefel, mewn sawl maes. Un maes amlwg y camodd Carwyn iddo oedd yr Urdd a'i holl weithgareddau. Roedd un person penodol yn ddolen gyswllt gref rhwng Carwyn a'r mudiad ieuenctid. Trefnydd yr Urdd yn y sir oedd merch ifanc o'r enw Rita Morgan (Rita Williams erbyn hyn). Fel rhan o'i gwaith, trefnodd gyfarfod yng Ngholeg Llanymddyfri er mwyn creu cyswllt ffurfiol rhwng y coleg a'r mudiad. Roedd yn ymestyniad naturiol i weithgareddau Carwyn oddi mewn i ffiniau'r coleg, ac yn rhywbeth y byddai'n ei groesawu. Esbonia Rita Williams y cysylltiad rhyngddi â Carwyn:

> Ro'n i wedi clywed am Carwyn James cyn hynny, gan ei fod newydd chwarae i Gymru. Felly ro'dd mynd ato fel pennaeth Adran y Gymraeg yn Llanymddyfri ac yntau'n chwaraewr rygbi rhyngwladol, yn gam gwbl naturiol ac amlwg i fi, yn enw mudiad a oedd am wasanaethu ieuenctid Cymru. Roedd yn arwr amlwg i Gymry Cymraeg ifanc.

Yn rhinwedd ei swydd, bu mewn sawl cyfarfod cyn hyn lle'r oedd Carwyn yn ŵr gwadd yn siarad am chwarae rygbi i Lanelli a hynny cyn iddo ennill cap i Gymru. Fe aeth Rita Morgan i Goleg Llanymddyfri, a oedd, meddai yn 'lle brawychus o estron i mi', gydag un gorchwyl pendant ar ei meddwl, sef ei wahodd yn ŵr gwadd i Barti Calan yr Urdd ym Mhantyfedwen. Wedi'r parti nos Calan, roedd Rita Morgan yn ôl yn y Coleg gyda chais arall:

> Roeddwn am gael rhywun i gynrychioli'r Coleg yn un o gynadleddau'r Urdd, rhywun o blith y disgyblion. Cafodd un o'r bechgyn ei ddewis – a dyna gynrychiolydd cynta Coleg Llanymddyfri ar un o weithgareddau'r Urdd.

Yna, dechreuodd Carwyn ymweld â Gwersyll yr Urdd yn Llangrannog yn weddol rheolaidd. Wedi i Rita Morgan wneud y trefniadau, aeth yno am y tro cyntaf yn 1958 a dod ar draws crwt ifanc o'r enw Gareth Edwards, y daeth i'w adnabod yn dda wedyn. Roedd Carwyn yn ôl yn mwynhau awyr iach

Ceredigion yn Llangrannog unwaith yn rhagor. Ddwy flynedd wedi'r gwersyll cyntaf hwnnw, roedd merch ysgol o bentre cyfagos wedi gwirfoddoli i weithio yng nghegin gwersyll Llangrannog pan oedd Carwyn yno – y ddarlledwraig, Beti George:

> Mae'n siŵr ei bod hi tua 1960 pan es i wersyll Langrannog o fy nghartre ym mhentre cyfagos Coed y Bryn. Arferen ni, a oedd yn gymharol leol, wirfoddoli yn y gwersyll. Y flwyddyn honno, roedd pawb wedi cyffroi yn llwyr wrth ddeall bod Carwyn James yn mynd i fod yno. Heb amheuaeth roedd e'n arwr i ni gyd ar y pryd fel chwaraewr rygbi a Chymro Cymraeg ac o ganlyniad yn rhywun i'w edmygu. Bron y gallen i ddweud ei fod yn dduw i ni! Ar y penwythnos ynghanol pythefnos y gwersyll, dw i'n cofio cael lifft adre gydag e, ac yntau'n mynd i Rydlewis am ychydig ddyddiau. Roedd yr atyniad i fynd yno yn un na phylodd amser mewn unrhyw ffordd.

Fel un sy'n rhannu anian Ceredigion Carwyn a'i deulu, mae Beti George yn deall dylanwad Rhydlewis arno:

> Roedd teulu Carwyn yn edrych fel pobol Ceredigion i ddechrau. Y gair *cadaverous* sy'n dod i'r meddwl – gwynebau gwelw, esgyrnog a thenau ar y cyfan – er i hynny newid yn hwyrach ym mywyd Carwyn. Yn emosiynol, o ran rhinweddau personoliaeth, roedd yna wytnwch ac angen i fod ar wahân, swildod ond cadernid hefyd.

Difyr nodi bod sawl un sy'n ei gofio yn Llangrannog yn sôn y byddai bob amser yn gwrthod mynd i mewn i'r môr pan âi'r gwersyllwyr a'r swyddogion i lawr i'r traeth. Maen nhw hefyd yn cofio ei gyfraniad i nosweithiau llawen y gwersylloedd. Rita Williams sy'n crynhoi hyn:

> Yng ngwersyll yr Urdd y gwelwyd Carwyn, y difyrrwr ffraeth, ar ei uchelfannau afieithus yn cynnal noson lawen fyrfyfyr ei hunan wrth feirniadu cystadleuaeth Noson Lawen y Tai. A dyna'r noson fythgofiadwy arall honno ac yntau'n llywio cinio (cawl tipyn o bopeth) i anrhydeddu capten clwyfedig tîm y Swyddogion, sef

Castell, fel y galwai ei gefnder, Gwilym J Thomas Llan-non. Syndod y byd na chododd mo'r plant o'u gwlâu wrth glywed chwerthin aflywodraethus yn eco ar hyd glannau Lochtyn!

Roedd blynyddoedd cyntaf Carwyn yn Llanymddyfri nid yn unig yn ddechrau cysylltiad rhwng y Coleg a'r Urdd ond rhyngddo fe a Rita hefyd. Datblygodd y berthynas ymhellach wedi iddi hi gael swydd fel athrawes Gymraeg yn Ysgol Uwchradd Llanymddyfri a dechrau cydweithio tipyn agosach na chynt a dod i'w alw'n Jams:

> ... fydden ni, wŷr y gwithe, ddim yn arfer y gair 'cyfaill', nac yn wir 'ffrind' yn gyffredin yn ein byw bob dydd, ond 'pantner' oedd un o'r dywediadau a glywn yn fynych yn y gymdeithas lofaol gartre. Fe fu Carwyn yn 'bantner' yng ngwir ystyr iaith y colier pan es yn athrawes ddibrofiad, ddihyder i Ysgol Pantycelyn yn Llanymddyfri. A 'pantner' yw e hyd y dydd heddi.

Tystia Rita Williams i un agwedd o bersonoliaeth Carwyn y gallai nifer o'i ffrindiau dystio iddo:

> Roedd yn arfer gan Carwyn wahodd rhai o Gymry amlwg y cyfnod i siarad â'r disgyblion yn y coleg. Daeth tro Kate Roberts i dderbyn gwahoddiad i fynd yno ac ro'n i'n edrych ymlaen yn eiddgar at ei hymweliad. Ond wrth i'r diwrnod agosáu, dywedodd Carwyn – ac nid gofyn, cofiwch, ond dweud – bod yn rhaid i fi edrych ar ei hôl o'r funud y byddai'n cyrraedd y dre i'r funud roedd i siarad yn y Coleg. Byddai'n ddigon parod i roi gwaith i bobol eraill. Ar y pryd, roeddwn newydd symud i fwthyn yn Cilycwm a gwaith yn dal i gael ei wneud ar yr adeilad. Fe ddwedes i y bydden i'n fodlon helpu wrth gwrs ac fe ddaeth Kate Roberts yn ôl y disgwyl. Ond, wedi iddi gyrraedd, diflannodd Carwyn yn syth, a'i gadael gyda fi. Ac yn goron ar y cyfan, ches i ddim mynd i glywed darlith Kate Roberts am nad oeddwn yn rhan o'r Coleg!

Taith i Foscow

Cyn diwedd y pumdegau, roedd Carwyn y tu ôl i'r Llen Haearn unwaith eto, fel rhan o garfan clwb rygbi Llanelli. Fe aethon nhw ar daith hanesyddol yno yn 1957. Daeth hanesion y daith yn boblogaidd yn y nosweithiau hynny pan fyddai Carwyn yn annerch mudiadau amrywiol ar ddiwedd y pumdegau drwy'r Sir a thu hwnt. Hon oedd taith gyntaf clwb rygbi o Brydain i Rwsia gan gynnwys ymweliad â Berlin hefyd. Daliai'r Rhyfel Oer y bu Carwyn yn clustfeinio arni i fodoli. Ond roedd yr arweinydd a gydiodd yn awenau'r Undeb Sofietaidd wedi i Stalin farw, Khrushchev, am fabwysiadu agwedd newydd tuag at wledydd y gorllewin. Roedd am i'r byd edmygu ei wlad. Un arwydd o'r agwedd meddwl yma oedd ei benderfyniad i wahodd Gemau Ieuenctid y Byd i Foscow yn 1957. Ei nod oedd dangos i bawb pa mor groesawgar ac agored oedd Rwsia.

O ganlyniad, gwahoddwyd gwledydd drwy'r byd i anfon cystadleuwyr mewn amrywiaeth o gampau. Derbyniodd 130 o wledydd y cynnig ac ar 28 Gorffennaf 1957 cynhaliwyd seremoni agoriadol chweched Gemau Ieuenctid y Byd ym Moscow, gyda dros ddeng mil ar hugain o athletwyr yn cystadlu. Roedd tîm rygbi Llanelli yn rhan o'r seremoni honno, am iddynt gael gwahoddiad i gynrychioli Prydain yn y gystadleuaeth rygbi.

Mae'r modd y cawsant eu dewis yn rhan o ysbryd gwleidyddol y cyfnod, nid yn unig ym Moscow ond yn Llanelli hefyd. Wedi i Khrushchev fynegi'i awydd i groesawu'r gemau i'w wlad, rhoddwyd holl beirianwaith y Blaid Gomiwnyddol ar waith, yn Rwsia a thu hwnt. Cynhaliwyd cyfarfod o'r Blaid Gomiwnyddol Brydeinig yn Llundain er mwyn ystyried pa athletwyr o Brydain y dylid eu gwahodd. Ymhlith y cynadleddwyr yn Llundain roedd dau gynghorwr o'r Blaid Gomiwnyddol o Lanelli. Pan ddaeth yn fater o drafod pwy allai gynrychioli gwledydd Prydain ar gaeau rygbi gemau Moscow, awgrym naturiol y ddau gynghorwr oedd tîm Llanelli a chafodd ei dderbyn yn ddigwestiwn.

Daeth galwad ffôn i Gadeirydd y clwb, Handel Rogers. Cofnodwyd hyn mewn nodiadau a wnaed ar y pryd:

The first information received by Llanelli R.F.C. of the invitation to the Festival of Youth Games 1957, was by telephone call from Mr

Reg Pelling, sportswriter in the *Daily Mail* who had received the information from his London office.

Rhoddwyd y paratoadau ar waith yn syth gan nad oedd fawr ddim amser rhwng y gwahoddiad – a ddaeth yn swyddogol ar ffurf telegram o Foscow yn y diwedd – a'r dyddiad roedd angen iddyn nhw adael. Ar y cae, rhoddwyd y paratoadau dan ofal y capten, R H Williams, ac fe ofynnwyd i Carwyn James ei gynorthwyo trwy baratoi'r cefnwyr. Dyma ei rôl hyfforddi swyddogol gyntaf ar y lefel uchaf.

Doedd clwb Llanelli ddim yn gwbl dawel eu meddwl mai nhw gawsai'r gwahoddiad i gynrychioli Cymru, a Phrydain gyfan yn anuniongyrchol, yn y gemau. Cysylltwyd â'r Undeb Rygbi a chynnig y dylai tîm Cymru fynd yn lle Llanelli. Gan nad oedd amser i hynny ddigwydd, penderfyniad yr Undeb oedd caniatáu i Lanelli fynd ar un amod:

> On the day of departure, I did receive a telegram from the WRU but this turned out to be instructions not to wear the Scarlet jersey, as we could be mistaken for the Welsh team.

Mae'n siŵr mai dyna gysylltiad cyntaf Carwyn ag Undeb Rygbi Cymru a'u ffordd o weithio.

> Lord Heycock was at the Port Talbot railway station to wish us well. He was conspicuous in a solitary act by friendly officialdom at the outset of our journey, apart from the truly rousing send-off at Llanelli Station, headed by our District Representative, Mr D Hopkin Thomas and his wife.

Felly ni chafodd y clwb sêl bendith di-gwestiwn Undeb Rygbi Cymru, na chydnabyddiaeth o'r anrhydedd a ddaeth i ran Llanelli a thrwy hynny, i Gymru gyfan, yn sgil y gwahoddiad i fynd i Foscow. Teimlwyd bod amharodrwydd i gefnogi'r daith yn gyhoeddus. Ond, nid yw'n sicr o bell ffordd mai egwyddorion gwrth-Sofietaidd, neu wrth-Stalin, a fu'n symbyliad i ddiffyg cefnogaeth Undeb Rygbi Cymru, yn sicr nid yn yr un modd ag y gwnaethant eu safiad yn erbyn apartheid yn y ddegawd a oedd i ddilyn. Mae'n siŵr mai teimlo'n chwithig oedd yr Undeb i'r gwahoddiad fynd i glwb Llanelli ac nid at yr Undeb ei hun, ac iddynt ddefnyddio 'diffyg rhybudd digonol' fel rheswm i beidio â gallu trefnu ymateb mwy cyflawn a swyddogol. Dyna ddywed rhai a oedd yn swyddogion clwb Llanelli ar y pryd.

Ond wrth ystyried ymateb Carwyn ei hun i'r fath wahoddiad, mae'r un cwestiynau'n codi ag oedd yn codi cyn iddo fynd i Rwmania gyda chlwb Abertawe. A ddylai fynd, a thrwy deithio, ymddangos i beidio â gwrthwynebu cyfundrefn ormesol? Teg dweud nad oedd yr hinsawdd wleidyddol yng Nghymru mor glir yn erbyn Rwsia ag yr oedd yn erbyn ffasgiaeth Hitler yn yr Almaen yn y tridegau, er enghraifft, nac yn erbyn apartheid De Affrica yn y chwech a'r saithdegau i ddod.

Roedd mwy o gydymdeimlad naturiol yng Nghymru tuag at Rwsia wrth i nifer wrthod derbyn yr awgrymiadau bod unrhyw erchyllterau'n digwydd yno. Roedd gwaddol gwrthwynebwyr safiad Gareth Jones yn dal yn fyw. Mae englyn gan un o dras Ceredigion, Ben Dulais o Synod Inn, yn dangos yr agwedd hynny'n glir.

Dyn teg yw Marshall Stalin – arweinydd
    Cywreiniaf y werin,
   Daw i dref dwy waed y drin
   Yn loyw'i enw fel Lenin.

Ond roedd hynny wedi dechrau newid erbyn diwedd y pumdegau ac i fewn i'r chwedegau newydd. Daeth mwy o newyddion i'r amlwg, yn dangos yr hyn a wnaeth Stalin i'w bobol ei hun yn ei wlad ei hun; hynny yw, dangos bod Gareth Jones yn agos i'w le ar ddechrau'r tridegau. Roedd yn ddigon i beri i bobol ddechrau gofyn a ddylid ymweld â'r wlad o gwbl. Yn ei chyfrol *Trem ar Rwsia a Berlin* mae'r academydd Kate Bosse-Griffiths yn dangos ei bod yn ymwybodol o'r fath gyfyng gyngor, a hithau ar fin mynd i'r un wlad.

Bydd rhai pobol yn tybio mai brad yn erbyn y Gymdeithas Gristnogol yw pob ymweliad â gwlad y tu hwnt i'r Llen Haearn. "Trwy geisio deall y gelyn", meddasant gan rwbio blaenau eu bysedd, "rydych yn rhoi cyfle iddyn nhw ledaenu eu syniadau. Ac yn waeth na hynny, bydd eich arian yn gyfrwng i dalu'r ysbïwyr sy'n tanseilio gwareiddiad y Gorllewin."

Nid serch na chasineb oedd y magnet a'm tynnodd i Rwsia, nid argyhoeddiadau Comiwnyddol neu wrth Gomiwnyddol – ond yr ysfa anorfod i gymharu yr 'achlust a'r gwir' yn y byd Sofietaidd.

Mae'n amlwg nad oedd Carwyn y diacon wedi teimlo unrhyw awgrym o frad yn erbyn y Gymdeithas Gristnogol wrth iddo dderbyn taith i wlad Stalin, er y byddai wedi gwybod mwy am fwriadau a chynlluniau'r Undeb Sofietidd na neb, oherwydd ei ddyddiau clustfeinio. Does dim arwydd iddo holi ei hun, ac fe aeth ar y daith.

Ar y daith chwe diwrnod i Foscow aeth deunaw chwaraewr a dau aelod o'r Pwyllgor – Handel Rogers a'r trysorydd, Ron Harries – ar brynhawn Sadwrn, 20 Gorffennaf. Daliwyd y trên i Dover ac yna groesi ar y fferi i Ostend. Trên o Ostend i Berlin wedyn, ac i ddwyrain y ddinas gan mai'r Rwsiaid oedd yn gyfrifol am y trefniadau. Yn ei nodiadau, mae Handel Rogers yn crynhoi ymateb y chwaraewyr wrth gyrraedd Berlin:

> I shall never forget the strange atmosphere in the railway station there, when there must have been two or three hundred people queuing for tickets and yet, one could have heard a pin drop. It was odd, after London, to observe the grim, sad, silent figures here – it was breathless and gripping.

Mae Terry Davies yn cofio cyrraedd Berlin hefyd. Ar ôl y daith i Rwmania yn 1954, gadawsai glwb Abertawe ac ymuno â Llanelli:

> Fe gyrhaeddon ni yn ystod y nos. Ro'dd e'n od iawn gweld un ochr y ddinas dan olau a'r ochr arall yn gwbl dywyll. I'r ochr dywyll aethon ni. Daeth y milwyr a'u *rifles* ar y trên i siecio fod popeth yn

CARWYN: YN ERBYN Y GWYNT

iawn cyn 'yn bo ni'n cael gadael. Pan nethon ni ddihuno yn y bore, yn yr hut ro'n nhw wedi'i baratoi ar ein cyfer, roedd e fel edrych mas ar *war zone*. Ro'dd yr hewlydd yn gwbl lân, ond roedd y rhan fwya o'r adeiladau heb do, heb wydre yn y ffenestri a heb ambell wal, ac ro'dd tomenni rwbel ymhobman.

Cafodd eu cyfnod yn Berlin effaith negyddol ar y chwaraewyr gan fod y llwydni a'r awyrgylch ormesol yn ormod iddyn nhw. Yn ôl Handel Rogers: '... all of us had lost heart and a little spirit'. Ganol y prynhawn hwnnw, fe wnaeth y tîm ddal y trên i Foscow. Cafwyd stop yn nhre Brest ar y ffin rhwng Gwlad Pwyl a Rwsia a chyfle i fynd oddi ar y trên ac ymestyn eu coesau rywfaint. Cyn ailgydio yn eu taith, rhoddwyd datganiad byrfyfyr o 'Sosban Fach' ar blatfform yr orsaf, dan arweiniad Carwyn, y codwr canu. Mae Terry Davies yn cofio'r daith trên:

> Dim ond swyddogion y Red Army o'dd ar yr trên gyda ni ac ro'n nhw'n gyfarwydd â gwneud y daith honno, ma'n amlwg, gan fod pob un wedi dod â'i fwyd ei hunan gydag e. Ond i ni, y cyfan o'dd ar gael oedd bara du a sosej. Na'th pob un ohonon ni hongian ein sosejys y tu fas i ffenest y trên gan eu bod yn drewi cymaint! O ganlyniad, fe ethon ni heb fwyd am ddou ddiwrnod bron.

Ar brynhawn Iau, 25 Gorffennaf, am bedwar o'r gloch y prynhawn, wedi taith o bum niwrnod, roedd tîm rygbi Llanelli ym Moscow. Cafodd y tîm groeso twymgalon yng ngorsaf Moscow, a merched ifanc mewn gwisg draddodiadol yno i roi blodau i bob chwaraewr, yn wir i bawb a oedd yn rhan o'r gemau. Ar eu taith o'r orsaf, cafodd y chwaraewyr eu cyfle cyntaf i weld y ddinas a oedd mor adnabyddus i bob un, ond eto i gyd yn gwbl ddieithr. Dyma gyfle cyntaf Carwyn i weld y ddinas y bu'n astudio ei diwylliant a dysgu ei hiaith. Mae'n siŵr, wrth i fws y tîm yrru heibio'r Sgwâr Coch a'r Cremlin yn benodol, i Carwyn gofio am ei ddyddiau'n clustfeinio ar negeseuon radio swyddogion anhysbys y sefydliad hwnnw.

Aed â nhw i adeiladau prifysgol y ddinas, lle'r oedden nhw i aros ac ar dir y brifysgol codwyd pebyll amrywiol i

4 August

LAWN TENNIS (7th day)

11.00 a. m. Men's and women's singles and doubles—finals

Hard Courts, Small Arena, Lenin Central Stadium

MODERN PENTATHLON (2nd day)

10.00 a. m. Epée

Sports Palace, Krylya Sovetov

ROWING (6th day)

6.00 p. m. Finals—men

Dynamo Aquatic Stadium Khimki

RUGBY (3rd day)

6.00 p. m. Final games

Metrostroi Stadium

SWIMMING (5th day)

10.00 a. m. 100 m back stroke—men-heats 4×100 m relay—free style-women-heats

Outdoor Pool, Lenin Central Stadium

— 62 —

III МЕЖДУНАРОДНЫЕ ДРУЖЕСКИЕ СПОРТИВНЫЕ ИГРЫ МОЛОДЁЖИ
III INTERNATIONAL FRIENDLY SPORTS GAMES OF YOUTH
III JEUX SPORTIFS AMICAUX INTERNATIONAUX DE LA JEUNESSE
III. INTERNATIONALE FREUNDSCHAFT-SPORTSPIELE DER JUGEND
III JUEGOS DEPORTIVOS AMISTOSOS INTERNACIONALES DE LA JUVENTUD
29 VII—10 VIII
МОСКВА—СССР 1957

Командная заявка   Team Entry List   Engagement d'équipe   Mannschaftsanmeldung   Inscripción del equipo

Печатать на машинке   Please, use typewriter   Rédiger avec machine à écrire   Mit Schreibmaschine ausfüllen   Utilizar la máquina

СТРАНА — COUNTRY — NATION — LAND — PAIS   WALES   GT BRITAIN

Национальная федерация — National Association — Fédération nationale — Nationale Föderation — Federación Nacional
Клуб — Club — Klub

Фамилия Name Nom Familien Apellido	Имя Surname Prénom Name Nombre	Игровой номер Number on the back Dossard N Spielnummer Número en espalda	Фамилия Name Nom Familien Apellido	Имя Surname Prénom Name Nombre	Игровой номер Number on the back Dossard N Spielnummer Número en espalda
1 TERRY	YNNES	1	12 Bryan	THOMAS	19
2 PETER	YNNES	18	13 MIKE	PHILLIPS	5
3 CYRIL	YNNES	4	14 REES	WILLIAMS	11
4 PENROS	EVANS	8	15 EUROS	BOWEN	15
5 NIGEL	EVANS	7	16 JOHN	HILES	13
6 JOHN	EVANS	17	17 JOHN	BROCK	12
7 GEOFF	HOWELLS	2	18 RAYMOND	WILLIAMS	3
8 GLYN	JENKINS	14	19 ALBANY	GALE	16
9 CERDWYN	JAMES	6	20		
10 HENRY	MORGAN	10	21		
11 BRYAN	THOMAS	9	22		

Подпись Президента или Секретаря Клуба
Signature of the President or Secretary of the Club
Signature du Président ou du Secrétaire du Club
Unterschrift des Präsidenten oder Sekretärs des Klubs
Firma del Presidente o Secretario del Club

Подпись Президента или Секретаря национальной федерации
Signature of the President or Secretary of the National Federation
Signature du Président ou du Secrétaire de la Fédération Nationale
Unterschrift des Präsidenten oder Sekretärs der Nationalen Föderation
Firma del Presidente o Secretario de la Federación Nacional

Дата, Date, Datum, Data.   Дата, Date, Datum, Data

2 экземпляра должны быть получены 1 июля 1957 г. по адресу: СССР, Москва Г-227, Центральный стадион имени В. И. Ленина

2 copies to be received by the Organizing Committee before July 1st, 1957.   USSR, Moscow 227, Lenin Central Stadium

2 exemplaires doivent être reçus avant 1 juillet 1957 à l'adresse: URSS, Moscou 227, Stade Central Lénine

2 Abschriften sind 1.VII 1957 zu bekommen. Die Adresse: UdSSR, Moskau 227, Zentrales Lenin-Stadion

2 ejemplares han de ser recibidos hasta el 1 de julio 1957.   URSS, Moscú 227, Estadio Central Lenin

Tudalen o raglen y Gemau Ieuenctid ym Moscow a thaflen tîm Llanelli ar gyfer un o'r gemau.

fwydo'r cystadleuwyr. Yn y gystadleuaeth rygbi, roedd timau yno o Ffrainc, Yr Eidal, Rwmania, Tsiecoslofacia a Llanelli. Gwireddwyd ofnau Undeb Rygbi Cymru, gan i'r trefnwyr gredu mai tîm Cymru oedd Llanelli beth bynnag. Mewn un gêm o leiaf, rhoddwyd yr enw 'Cymru' ar y sgôr fwrdd pan oedd Llanelli'n chwarae.

Ond gwyddai'r timau eraill mai clwb tref oedd Llanelli ac nid tîm rhyngwladol. Doedd hyn ddim yn broblem i unrhyw un, heblaw am y Ffrancwyr. Fe aeth eu carfan nhw i wylio Llanelli'n chwarae ac wedi'r gêm fe gyhoeddon nhw nad oedden nhw'n fodlon chwarae Llanelli yn ei gêm nesaf. Roedd Llanelli wedi curo'r Eidal a Tsiecoslofacia. Doedd tîm rhyngwladol Ffrainc ddim am golli i dîm clwb ac fe wnaethon nhw gadw at eu penderfyniad. O ganlyniad, aeth Llanelli i rownd derfynol Gêmau Ieuenctid y Byd. Eu gwrthwynebwyr oedd Rwmania, ac yn sgil eu hymweliad â'u gwlad dair blynedd ynghynt, roedd Carwyn a Terry Davies yn gyfarwydd ag ambell un o'u tîm. Cafwyd gêm gyfartal yn y ffeinal:

> Ond doedd y trefnwyr ddim yn hapus ar hynny, roedd yn rhaid i rywun ennill, medden nhw. Ro'dd yn rhaid i ni chwarae Rwmania yr eilwaith wedyn a nhw enillodd, yn dilyn penderfyniadau cwbl afresymol gan y dyfarnwr.

Ceir argraff gref wrth wrando a darllen am y gemau, fod yr ystyriaethau a oedd yn llywio'r dyfarnu'n debycach i rai cystadleuaeth Eurovision heddiw na safonau rygbi rhyngwladol. Yn wir, roedd rheithgor o swyddogion yn eistedd ar ochr y cae er mwyn dyfarnu ar unrhyw benderfyniad anodd – y TMO heb y teledu.

Rhoddodd ailchwarae'r ffeinal ben tost i Handel Rogers, gan na fyddai'r tîm yn gallu dal y trên adre yn ôl y bwriad. Felly roedd disgwyl i'r Cadeirydd ddod o hyd i ffordd o gael ugain person adre o Rwsia. Tipyn o dasg yn yr 1950au. Yr unig ateb yn y diwedd oedd dal awyren yn ôl wedi sicrhau cyfraniad gan y trefnwyr at y gost ychwanegol. Ond doedd dim sicrwydd pa

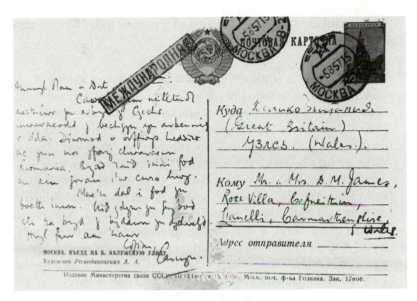

Cerdyn post a anfonwyd gan Carwyn at ei rieni o Foscow.

ddiwrnod y gallent hedfan adre. O ganlyniad roedd y dynion ddiwrnod neu ddau yn hwyr yn cyrraedd 'nôl i'w gwaith. Yn ffodus i Carwyn, roedden nhw'n ddyddiau gwyliau haf Coleg Llanymddyfri.

Ym Moscow, fe wnaeth Carwyn fwynhau bywyd y ddinas yn fawr. Mae Handel Rogers a Terry Davies yn cyfeirio at ddau ymweliad penodol yng nghwmni Carwyn:

A few of us went to the Bolshoi Theatre – myself, Carwyn and Ron Harries. We had a memorable night there, seeing an opera. The conductor was Alexander Shamil'evich Melik-Pashayev, the renowned Russian-Iranian conductor. We saw the opera *Ivan Susanin*, composed by Glinka.

Susanin oedd un o'r operâu Rwsiaidd cyntaf i ddod yn adnabyddus yn fyd-eang. Mae'r opera yn un wladgarol, arwrol ond hefyd yn un drist. Yn 1939, cafodd y bardd S M Gorodetsky ei gomisiynu i ailysgrifennu'r libretto drwy dynnu cyfeiriadau at y Tsar allan yn llwyr ac addasu'r gweddill i fod yn wleidyddol dderbyniol.

171

Gwahanol iawn oedd yr ymweliad a wnaed gan Carwyn yng nghwmni Terry Davies:

> Fe aeth Carwyn, R H a fi am dro o adeilad y Brifysgol a draw at Red Square. Yno, fe welon ni res hir o bobol ac wedi dechrau holi, deall mai aros i fynd i mewn i'r Mausoleum oedden nhw i weld cyrff Stalin a Lenin. 'Ma'r tri ohonan ni'n penderfynu gwneud yr un peth a bant â ni i sefyll yn y ciw anferth yma. Wedi sbel hir, 'da'th ein tro ni i sefyll o flaen dwy arch a chas gwydr uwch eu penne. Yn un, ro'dd Lenin yn gorwedd, yn gwisgo siwt dywyll a ro'dd Stalin yn y llall, a gwisg filwrol lawn amdano. Ro'dd y ddou wedi melynu cryn dipyn. Fe 'nes i droi at R H a dweud, "Edrych ar y ddou 'ma. Ma nhw wedi lladd mwy o bobol drwy'r byd na neb arall!" A 'na lle ro'n nhw'n gorwedd mewn awyrgylch mor urddasol a pharchus. Ro'dd yn deimlad rhyfedd sefyll o fla'n y ddou a dweud y gwir, ond ddwedodd Carwyn ddim gair tra buon ni yno.

Aeth y tîm i nifer o ddigwyddiadau gyda'i gilydd, gan gynnwys un cyngerdd gan y Siberian People's Choir. Nodwyd un gân a ganwyd ganddyn nhw yn benodol gan Handel Rogers, sef 'The Song of the Young People,' sy'n cyfeirio at ymdrechion y bobl ifanc i aredig tiroedd diffrwyth dwyrain pell yr Undeb Sofietaidd a'r awgrym cryf, meddai, fod yn rhaid dysgu pobl ifanc sut oedd byw.

Synnai'r Rwsiaid fod y chwaraewyr yn gallu yfed cymaint o gwrw gan na châi unrhyw athletwr yn eu gwlad nhw wneud y fath beth. Yn ôl y sôn, Leningrad Beer yn unig oedd ar gael iddyn nhw, cwrw mor gryf nes ei fod bron yn ddu ei liw. Wedi un noson dan ddylanwad cwrw Leningrad, dechreuodd tîm Llanelli ddiddanu rhai o'r cystadleuwyr eraill trwy ddechrau canu. Canwyd caneuon fel côr a hefyd canodd rhai unigolion. Daeth tro Carwyn:

> Gwrthododd yn llwyr i ganu unrhyw beth, i ddechrau. Ond yng nghanol crowd mor swnllyd, a ma'n siŵr hefyd, crowd a o'dd yn cynnwys pobol o sawl gwlad arall, newidodd Carwyn ei feddwl ac fe ddechreuodd ganu 'Myfanwy'. Ymhen dim, wedi iddo fe

ddechrau, tawelodd y dorf swnllyd. Heb air o or-ddweud, gallech chi fod wedi clywed pin yn cwmpo. Roedd pawb dan deimlad, ro'dd lot yn llefen, a ni bois Llanelli yn llawn emosiwn ar un llaw a balchder ar y llaw arall, fod Carwyn wedi gallu creu'r fath argraff ar grŵp o bobol o wahanol wledydd, yn y Gwmra'g ac yn enw Llanelli.

Amrywiol yw'r farn ar ei ddefnydd o'r Rwsieg tra oedd yno, rhai yn dweud iddo'i defnyddio ond eraill yn anghytuno. Roedd cyfieithydd swyddogol gyda'r tîm ym Moscow – merch ifanc o'r enw Maphua. Dywed Terry Davies y byddai Carwyn a hi'n sgwrsio'n gyson ac mai fe fyddai'n eistedd wrth ei hymyl ar y bws bob tro. Holai Maphua gwestiynau di-ri ynglŷn â bywyd yn y gorllewin, ac roedd yn ddigon parod i rannu ei barn ar yr hyn a glywsai gan dîm Llanelli. Mynegodd syndod o glywed bod merched y gorllewin yn barod iawn i dacluso eu hunain er mwyn edrych yn bert ar gyfer y dynion. Ond hefyd, roedd yn amlwg yn gweld rhinweddau'r gorllewin. Fel mae Terry Davies yn nodi, wrth fod gyda thîm Llanelli am gyfnod gweddol hir, câi flas ar 'fod yn rhydd'. Y diwrnod wedi i Carwyn ganu 'Myfanwy', roedd y tîm yn gadael am adre. Wrth gerdded ar draws y tarmac at yr awyren, yno'n sefyll ar y balconi roedd y cyfieithydd yn ei dagrau, yn codi ei llaw i ffarwelio.

Yn 1957, fe aeth i Rwmania gyda thîm Cymru hefyd. Dair gwaith o fewn tair blynedd felly, aeth Carwyn i'r byd comiwnyddol, gan ymweld â thair gwlad sef Rwmania, Yr Almaen a Rwsia.

Rygbi rhyngwladol

Rhyw chwe mis wedi dod yn ôl o Rwsia, daeth yr alwad roedd nifer fawr o bobl drwy'r byd rygbi yn gwybod y byddai Carwyn yn sicr o'i chlywed rhyw ddydd – yr alwad i chwarae dros ei wlad. Go brin y byddai Carwyn wedi cael galwad ffôn neu lythyr i'w hysbysu o'r fath fraint. Ar ddiwedd y pumdegau, clywed fyddai'r chwaraewyr iddynt gael eu dewis i'r garfan wrth i'r tîm gael ei gyhoeddi ar y BBC. Byddai awgrym cryf o gyfansoddiad y garfan cyn hynny gan golofnydd rygbi'r *Western Mail*, J B G Thomas. Ef gâi'r clod, yn aml, am ddewis tîm Cymru, gan mai chwaraewyr roedd e wedi eu cynnwys y diwrnod cynt, fel arfer, fyddai ynddo. Dyna'r chwedl beth bynnag.

Dewiswyd Carwyn i chwarae dros Gymru yn erbyn Awstralia yng Nghaerdydd ym mis Ionawr 1958. Nid enillodd Carwyn gap yn gynt yn ei yrfa oherwydd presenoldeb un seren amlwg yn nhîm Cymru yn gwisgo crys y maswr, sef Cliff Morgan. Cafodd Cliff ei gap cyntaf yn 1951, ac roedd wedi hen sefydlu fel maswr ei wlad erbyn i Carwyn ailgydio yn ei rygbi gyda Llanelli yn 1954, ac yn sicr erbyn i Carwyn ennill ei gap cyntaf yn 1958. Barn sylwebyddion y cyfnod oedd bod Carwyn yn anlwcus i chwarae yn yr un cyfnod â Cliff. Heddiw, wrth edrych 'nôl ar ddawn Carwyn fel chwaraewr rhyngwladol, barn rhai o'i gyd-chwaraewyr a sylwebyddion yn y cyfnod yw fod Carwyn yn rhy eiddil o gorff i fod yn fygythiad i Cliff. Mewn cyfweliad teledu, ar y rhaglen *Diacon y Sêt Gefen*, daeth yn amlwg fod Cliff ei hun yn ymwybodol o hyn:

Why did I play for Wales more times than Carwyn? I think it was because I was stronger. I'm reminded of one school report I had (in Tonyrefail Grammar School). It said "… not very good in class. His biggest asset is his buttocks!"

Roedd Cliff yn fwy o stocyn, yn fwy cadarn wrth ymosod ac yn y dacl. Chwaraeodd yn erbyn Carwyn sawl gwaith wrth gwrs, pan fyddai Caerdydd yn herio Llanelli ac yn nhreialon tîm Cymru, y gwynion yn erbyn y cochion. Yn ogystal â'i ddawn ddigwestiwn i ochrgamu a chreu cyfleoedd i'w gyd-olwyr, roedd Cliff Morgan yn cofio un peth arall penodol am Carwyn:

I loved playing against him. He always had a smile on his face on the pitch – a cheeky little thing he was.

Ar fore Sadwrn, y pedwerydd o Ionawr 1958, cafodd Carwyn neges annisgwyl. Roedd Cliff wedi'i anafu, a Carwyn yn cael gwahoddiad i chwarae yn ei le. Roedd mewnwr Cymru'r diwrnod hwnnw hefyd yn ennill ei gap cyntaf dros ei wlad, ei bartner yn nhîm y Sosban, Wynne Evans. Enillodd John Collins, Don Devereux a Roddy Evans eu capiau cyntaf dros Gymru y diwrnod hwnnw hefyd. O flaen torf o 55,000 roedd Carwyn yn rhan o dîm a gurodd Awstralia o naw pwynt i dri, gyda Carwyn yn trosi gôl adlam i sicrhau'r fuddugoliaeth.

Y diwrnod hwnnw oedd y tro cyntaf i grwt ysgol o Dregaron gyfarfod â'i arwr, Carwyn. Ymhen blynyddoedd, byddai Carwyn yn rhan o'r un Adran Chwaraeon yn y BBC â John Evans. Yn 1974, cofnododd John Evans ei atgofion o'r diwrnod hwnnw yng nghylchgrawn *Blodau'r Ffair*:

> Trefnwyd trip o Ysgol Sir Tregaron i Gaerdydd i wylio'r gêm rhwng Cymru ac Awstralia. Ychydig ddyddiau cyn y gêm, clywsom fod Cliff Morgan wedi'i anafu ac mai Carwyn James fyddai maswr Cymru. Tua'r un adeg cofiaf i'm hathro Cymraeg, John Roderick Rees, ddweud wrthym, "Os gwelwch chi Carwyn, cofiwch fi ato." Bu'r ddau yn gydfyfyrwyr yn y Coleg yn Aberystwyth. Prin y disgwyliwn y caem y cyfle i'w gyfarch, ond rhyfedd yw rhod ffawd, oherwydd un o'r personau cyntaf a welsom y tu allan i'r castell oedd y gŵr mawr ei hun, gyda dyffl bag cyffredin ar ei ysgwydd. Pe bai Owain Glyndŵr wedi dychwelyd i'n cyfarch y diwrnod hwnnw, ni fuasai wedi cymharu â'r profiad o gael siarad yn Gymraeg â'r arwr a fyddai'n cynrychioli'i wlad o fewn awr neu ddwy.

Crwt o Gefneithin yn chwarae dros ei wlad. Mawr oedd y gorfoleddu yn y pentre bach hwnnw, ac yn y clwb rygbi yn benodol. Dyna oedd y clebran ar y stryd, yn y siopau lle âi â'r negeseuon yn grwt bach, ac yn y Swyddfa Bost lle bu'n dosbarthu'r cardiau Nadolig. I blant y pentre ar ddiwedd y pumdegau, doedd e ddim byd llai nag arwr arallfydol bron, fel mae un o'r plant hynny'n ei gofio, Barry John:

> Pentre bach yw Cefneithin, fel cymaint o bentrefi rygbi eraill Cymru. Ond, ar ôl Ionawr y pedwerydd 1958, ro'dd 'da ni foi o'n pentre bach ni a o'dd wedi chwarae i Gymru. Dyna wna'th

Cefneithin yn wahanol i gymaint o bentrefi erill trwy'r wlad. Yn fwy na hynny, ro'dd e wedi sgori i Gymru hefyd. Dyma'r boi o'dd yn chwarae gyda ni blant pan ro'dd e'n ôl yn Cefen. Anodd deall effaith rhywbeth fel'na.'

Cafodd ei ail gap dros Gymru yn yr un flwyddyn. Cafodd ei ddewis i chwarae, nid fel maswr ond yn y canol, yn erbyn Ffrainc ym mis Mawrth y flwyddyn honno, ac yng Nghaerdydd. Roedd yn yr un tîm â Cliff Morgan felly, gan mai fe oedd yn chwarae fel maswr. Colli wnaeth Cymru o 16 pwynt i 6. Roedd Carwyn a Cliff Morgan wedi chwarae yn yr un tîm y flwyddyn cynt, ym mis Ebrill 1957. Roedd chweched Gemau'r Gymanwlad a'r Ymherodraeth i'w cynnal yng Nghaerdydd ym mis Gorffennaf 1958. Codwyd stand newydd ar Barc yr Arfau, Stand y De, ar gyfer yr achlysur. Ond roedd angen codi arian i gefnogi'r fenter. Yn 1957 felly, trefnodd Undeb Rygbi Cymru gêm rhwng XV o Gymru a XV Rhyngwladol. Rees Stephens oedd capten y Cymry a'r Sais Eric Evans arweiniodd y tîm

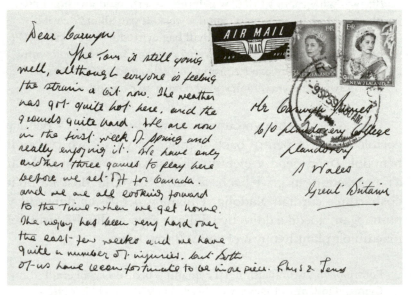

Cerdyn at Carwyn oddi wrth Terry Davies a R H Williams ar daith y Llewod yn Seland Newydd.

Rhyngwladol. Roedd y maes yn llawn sêr, a Chymru a orfu, 17–16 – y cyfanswm sgôr mwyaf ar y cae ers buddugoliaeth Cymru yn erbyn Lloegr yno yn 1922. Ar y cae, boddhawyd y dorf gan chwarae'r sêr, gan gynnwys chwarae Carwyn a Cliff Morgan wrth i'r ddau gyfnewid safleoedd fel canolwr a maswr droeon yn ystod y gêm.

Wedi chwarae dros ei wlad, roedd Carwyn yn ôl wrth ei waith bob dydd fel athro Cymraeg yng Ngholeg Llanymddyfri ac yn athro rygbi o dan adain Pope. Roedd yn chwarae i dîm Llanelli, ond, erbyn tymor 1959–60, roedd yn chwarae i dîm Cefneithin hefyd. Tybed sut ymatebodd pobl Cefen pan benderfynodd Carwyn, y chwaraewr rhyngwladol, chwarae i glwb Cefneithin? Yn naturiol ddigon, fe'i penodwyd yn gapten y clwb ar gyfer y tymor hwnnw ac enillon nhw bencampwriaeth eu cynghrair.

Wedi'r llwyddiant gyda chlwb y Cefen a chael ei benodi'n bennaeth rygbi Coleg Llanymddyfri yn 1964, daeth cam newydd arall yng ngyrfa Carwyn. Gwelwyd datblygiad pwysig iawn yn hanes hyfforddi rygbi yn y chwedegau. Draw yn Nulyn, roedd cangen Leinster o Undeb Rygbi Iwerddon, ynghyd â chlwb Leinster ei hunan, wedi datblygu syniad o gynnal ysgol hyfforddi hyfforddwyr. Penderfynwyd gwahodd rhai a oedd yn ymwneud â hyfforddi rygbi ar wahanol lefelau mewn gwledydd y tu allan i Weriniaeth Iwerddon i ddod ynghyd am wythnos. Un o'r rhai yno oedd Syd Millar o Ballymena, un a fyddai'n dod yn chwaraewr a hyfforddwr rhyngwladol:

> We were based about thirty miles outside Dublin, in the Butlin's camp at Mosney. Carwyn arrived a few days after me. My impressions of him then were that he was quite an enigma at the beginning. He was obviously an intellectual, very well read and not just in sport. By the time we left, Carwyn was highly regarded by all of us.

Yno hefyd roedd Julian Saby a Rene De la Place o Ffrainc, dau hyfforddwr a oedd yn flaenllaw yn natblygiad hyfforddi rygbi yn eu gwlad. Roedd Chris Laidlaw yno, gan iddo fod ar daith y Crysau Duon i Brydain a Ffrainc yn 1963, a hefyd Cadfan Davies o Ben-y-bont ar Ogwr – dyn allweddol yn natblygiad rygbi Cymru, er nad yw'n enw adnabyddus i'r rhan fwyaf o gefnogwyr y gamp heddiw. Yn 1963 cawsai ei benodi gan Undeb Rygbi Cymru i arwain pwyllgor gwaith i astudio cyflwr rygbi yng Nghymru ac i awgrymu datblygiadau penodol, angenrheidiol. Undeb Rygbi Cymru oedd yr undeb rygbi cyntaf yn y byd i wneud y fath apwyntiad. Yn ystod cyfnod ei ymchwil, yn 1964, cafodd ei apwyntio'n hyfforddwr tîm Pen-y-bont ar Ogwr, yr apwyntiad cyntaf o'i fath gan glwb rygbi. Ychwanega Syd Millar:

> It was an invaluable week. We all learned from each other. Carwyn was prone to aiming banter at myself and other forwards, by saying that we were the donkeys and the backs were the thoroughbreds! But I know, on his own admission in the end, he left Mosney with a far greater understanding of forward play than he had before.

Mae'n siŵr y byddai ciw go hir o flaenwyr amlycaf y gêm yn ymgasglu i rannu'u gwybodaeth gan nad oedden nhw'n credu bod Carwyn wedi deall gwaith y blaenwyr yn iawn erioed. Diolch byth felly am yr hyn a ddysgodd yn Butlin's. Tystia Syd Millar i'r cymdeithasu fin nos gyfrannu'n sylweddol at ddealltwriaeth yr hyfforddwyr o'r anghenion hyfforddi amrywiol. Roedden nhw'n sesiynau amhrisiadwy, meddai.

Profwyd gwerth cwrs hyfforddi Mosney. Ronnie Dawson oedd hyfforddwr cyntaf y Llewod ar eu taith yn 1968, a daeth yn hyfforddwr Iwerddon hefyd. Syd Millar oedd hyfforddwr y Llewod a gawsai daith enwog, ddiguro yn Ne Affrica yn 1974. Daeth yntau hefyd yn hyfforddwr ei wlad. Ac yna Carwyn James. Hyfforddwr tîm y Llewod cyntaf, a'r unig un, i ennill cyfres o gemau prawf ar dir Seland Newydd. Anodd pwyso a mesur dylanwad y fath gwrs ar feddylfryd hyfforddi Carwyn, ond daw ambell bwynt amlwg i'r meddwl.

Byddai Carwyn yn ei elfen yn trafod egwyddorion sylfaenol ac elfennol y gêm gyda phobl o sawl gwlad arall. Hawdd ei weld yn mwynhau'r ymarferion tactegol, meddyliol, ar y cae hyfforddi wrth i bawb herio'i gilydd i ystyried y gêm mewn ffyrdd gwahanol. Hawdd ei weld hefyd yn mwynhau'r trafod manwl gyda'r nos, yng nghwmni hyfforddwyr blaengar, gyda'i jin a thonic a'i fwgyn arferol. Roedd y drws i'r byd rygbi ehangach na'r Coleg efallai wedi dechrau cilagor. Mae'n berthnasol i nodi iddo adael Llanymddyfri ychydig flynyddoedd wedi bod ar y cwrs, ac ymhen dim wedi hynny roedd yn hyfforddi'r Llewod.

Dechrau darlledu

Erbyn diwedd y pumdegau, roedd yn enw adnabyddus yn y cylchoedd Cymraeg, yn ŵr a gâi wahoddiad i gyfarfodydd a chynadleddau amrywiol. Dechreuodd ymwneud am y tro cynta â'r byd darlledu. Mae'r cofnod cynharaf o raglen a wnaed ganddo yn mynd yn ôl i Fawrth yr ail, 1958, pan ddarlledwyd *O Fôn i Fynwy* ac yntau'n cyflwyno. Disgrifiwyd y rhaglen fel Cylchgrawn Gŵyl Ddewi a byddai Carwyn yn teithio drwy Gymru benbaladr. Câi gyfarfod â chymeriadau'r gwahanol gymunedau ac yntau yn ei elfen. Roedd y cyfan yn ymestyniad naturiol o'i fagwraeth ei hun, fel aelod o gymuned gref, sicr ei hunaniaeth, gan ymwneud â'r trigolion, beth bynnag eu hoedran.

Yn y cyfnod hwn hefyd y dechreuodd gyflwyno rhaglen radio, *Wrth y Ford Gron*, a chyfle i ymwneud â cherddoriaeth, un arall o'i ddiddordebau. Yn ôl Rita Williams:

> Roedd yn beth digon cyffredin i'w weld yn ei stafell ynghanol tomen o recordiau, yn trio dewis rhai addas ar gyfer y rhaglen. Ond nid dim ond drwy ei recordiau fe y bydde'n chwilio. Roedd yn defnyddio fy nghasgliad i hefyd. Byddai nifer o fechgyn y Chweched yn ei helpu'n amal, yn y broses o ddewis.

Un o'r disgyblion hyn oedd John Jenkins:

Bydden ni ar brydiau'n gwneud y dewis yn lle Carwyn, tra'i fod yntau i ffwrdd ar ryw ddyletswydd cyhoeddus arall. Pleser oedd twrio drwy gasgliad o recordiau a dewis caneuon unigol i'w darlledu – tipyn o anrhydedd i fois ysgol.

Gwnaeth ei ail raglen deledu yn 1959, fel gwestai ar raglen drafod *Ddoe a Heddiw* ar y BBC. Y cyflwynydd oedd yr actor Emrys Cleaver a oedd newydd serennu mewn tair ffilm – *The Wind of Heaven* (1956), *The Rescuers* (1956) a *The Druid Circle* (1957). Yn y rhaglen holodd y chwaraewyr rygbi, Carwyn James, Dewi Bebb ac R T Gabe, gyda chyfraniadau gan Mair ac Elinor Jarman.

Erbyn y flwyddyn ganlynol, Carwyn oedd yn holi'r cwestiynau, mewn rhaglen o'r enw *Troi a Thrafod*. Recordiwyd y rhaglen yng Nghastell Powis, a Carwyn yn holi'r awdur, y beirniad llenyddol a'r gwleidydd Rhyddfrydol Cenedlaetholgar, Glyn Tegai Hughes, yr hanesydd Glanmor Williams a'r dramodydd John Gwilym Jones.

Troi at ddarlledu crefyddol a wnaeth yn 1961, wrth gyflwyno rhaglen o'r enw *Nesáu at Dduw*, rhaglen o fyfyrdod. Gwnaed darlleniad ar y rhaglen hon gan Dewi Bebb, asgellwr yn nhîm rygbi Cymru ar y pryd. Yn anffodus, does dim un o'r rhaglenni hyn wedi eu cadw gan y BBC, na chwaith y rhaglenni a wnaed ganddo trwy gydol y chwedegau. Mae Huw Llewelyn Davies yn cofio cyfres o'r enw *Wrth fynd Heibio*, a ddarlledwyd pan oedd Carwyn yn athro yn y Coleg:

> Cyflwynydd oedd ei deitl swyddogol ar y rhaglen a âi ag e i lefydd diddorol, gwahanol bob wythnos i gwrdd â'r bobol. Daeth rhaglenni o Ysbyty Madam Patti yng Nghraig y Nos, o ysgol Dr Williams Dolgellau ac un arall, o gofio ei fod yn heddychwr, o sefydliad y fyddin yng Nghrucywel.

Daeth byd darlledu â Carwyn i gysylltiad ag un dylanwad cynnar arall arno. Trwy ddylanwad D J Williams y daethai ffrind Carwyn, Dafydd Bowen, yn aelod o Blaid Cymru. Tystia

Dafydd Bowen i'r tri fwynhau peint gyda'i gilydd mewn tafarn yn Abergwaun. Ond ar y BBC, gwnaeth Carwyn raglen yn holi'r awdur o Sir Benfro – rhaglen ddadlennol iawn. Agorodd DJ ei galon i'r holwr addfwyn, gwresog, gan rannu ei deimladau am losgi'r ysgol fomio yn 1936.

Cyfraniadau cynharaf Carwyn ar chwaraeon yw gwneud dros ddwsin o eitemau ar raglen i blant, *Telewele*, rhwng 1961 a 1963. Roedd y cyfraniad cyntaf wedi ei gyfarwyddo gan Cliff Morgan, y cyn-faswr a ddaeth yn Bennaeth ar Ddarllediadau Allanol BBC Prydain. Cyflwynid y bwletinau chwaraeon yn aml gan Ronnie Williams, ac erbyn 1968, roedd Ryan Davies yn cymryd rhan ar y rhaglen ac yna'n ei chyflwyno. Ar yr un pryd, roedd un o arloeswyr darlledu chwaraeon yn y Gymraeg, am ddefnyddio'r seren rygbi ifanc. Thomas Davies, pennaeth adran chwaraeon y BBC, oedd yn gyfrifol am y rhaglen *Campau* ar y radio. Ar y rhaglen hon y daeth un o hoelion wyth darlledu newyddiadurol Cymru i gysylltiad â Carwyn am y tro cyntaf, sef Gwilym Owen:

> Rhaglen brynhawn i blant yn bennaf oedd *Campau*. Carwyn oedd yn cyflwyno a byddwn innau'n gwneud cyfraniadau i'r rhaglen ar straeon pêl-droed. Ambell dro, cawn gais i gyflwyno'r rhaglen yn lle Carwyn. Bob tro y gwnawn hynny, mi fyddai llythyr yn cyrraedd y diwrnod wedyn, gan Carwyn, yn diolch i fi am gymryd yr awenau yn ei le ac yn fy llongyfarch ar fy ngwaith. Yn y cyfnod yna, mi ges argraff mai creadur hynod o swil oedd o, ac nad oedd yn cymysgu'n dda iawn gydag eraill.

Ddechrau'r chwedegau, dechreuodd gyfrannu hefyd i *Maes Chwarae* ar y radio, rhaglen chwaraeon bob nos Fercher. Rhwng y tair rhaglen yma, darlledodd Carwyn dair ar ddeg o eitemau chwaraeon yn 1962 yn unig, y rhan fwyaf yn ymwneud â rygbi ond cyflwynodd eitemau ar chwaraeon eraill hefyd. Yn ystod pedair blynedd gyntaf y chwedegau datblygodd profiad darlledu chwaraeon Carwyn ar y radio ac ar y teledu, mewn cyfnod arloesol i ddarlledu chwaraeon yn gyffredinol, nid yn unig yn y Gymraeg.

Daeth i sylw darlledwyr yn y Saesneg hefyd, ac yn 1966 fe wnaeth ffilm ddogfen i rwydwaith y BBC ar y chwaraewyr a adawsai rygbi'r Undeb yng Nghymru a throi at rygbi tri ar ddeg gogledd Lloegr. *Gone North* oedd enw'r rhaglen, ac fe'i darlledwyd ar y 9fed o Fawrth 1966. Ceir sylwadau yn y ffilm hefyd gan yr anghymharol Eddie Waring. Gwnaeth fwy o ddarlledu Saesneg yn y saithdegau ar y ddwy sianel. Roedd yn anarferol i un gyfrannu mor gyson i'r BBC ac i HTV, ond dyna a wnâi Carwyn dros gyfnod hir o flynyddoedd. Arwydd o'r parch tuag ato'n ddiau.

Bu'n rhan o fenter newydd i gwmni Teledu Harlech, a oedd wedi derbyn y drwydded i ddarlledu rhaglenni teledu masnachol yng Nghymru yn lle TWW. Yna, yn 1970, trodd yn HTV ac ar y sianel honno sylwebodd Carwyn am y tro cyntaf ar gystadleuaeth rygbi saith bob ochr dan 15 oed a chyfrannu eitemau amrywiol ar y sianel yn dilyn hynny.

Cymwynaswyr cynnar

Ni fyddai Carwyn wedi darlledu hanner cymaint, nac wedi annerch cymaint o fudiadau, cymdeithasau na chlybiau rygbi, heblaw am garedigrwydd cyfeillion. Byddai'n aml yn dibynnu ar eraill i'w yrru i'w gyfarfodydd. Yn achos Rita Morgan, gallai Carwyn fanteisio ar ddihangfa roedd hi'n ei gynnig iddo o goridorau Llanymddyfri. Roedd ganddi fwthyn cyfagos yn Cilycwm, un a ddefnyddiai Carwyn yn aml yn ystod y dydd a thros nos hefyd weithiau. Iestyn Thomas sy'n cofio:

> Roedd yn arfer gwario nosweithiau digon hwyliog yn y Railway gyda phobol y coleg a'r dre. Yn aml ar ddiwedd y nosweithiau hynny, byddai Carwyn yn gofyn i fi ei yrru i Cilycwm. Bydden i'n ei adael yno, y tu fas i fwthyn penodol, ac roedd allwedd ganddo i'r tŷ. Un tro, ac yntau wedi colli'r allwedd, dringodd i mewn drwy ffenest. Roedd digon o siarad yn y Coleg am Carwyn yn aros yn nhŷ rhywun arall dros nos, ond does dim tystiolaeth mwy na hynny fod perthynas rhwng Carwyn a pherchennog y tŷ hwnnw. Ond mewn ysgol yn llawn bechgyn, mae'n ddigon naturiol cafwyd cryn dipyn o siarad.

Mae Deian Hopkin hefyd yn cofio presenoldeb Rita Morgan yn y Coleg yn glir:

Roedd hi'n fenyw ifanc brydferth iawn, ac roedd pob un ohonan ni'n gwneud ein gorau i gael y ddau at ei gilydd mewn perthynas. Yn wir, ro'n ni wedi llwyddo i'n hargyhoeddi ni'n hunain fod yna berthynas rhyngddyn nhw yn y diwedd. Roedd hi yn y Coleg yn aml iawn ac roedd hi gyda ni pan fydde unrhyw weithgareddau gennym y tu allan i'r Coleg.

O safbwynt Rita ei hun, mae hi'n bendant nad oedd gan Carwyn yr un cariad yn ystod ei ddyddiau yn Llanymddyfri:

Dw i'n gwbl siŵr, a hynny am y rheswm y byddai Carwyn yn bendant wedi gofyn am fy nghyngor i gynta, petai ganddo ddiddordeb mewn unrhyw ferch.

Mae'n mynnu mai 'pantner' oedd Carwyn iddi hi a dim mwy na hynny. Amgyffred a dehongliad eraill a oedd yn gydnabod i'r ddau, yw mai Rita Morgan oedd yr agosaf y daeth Carwyn at gael cariad erioed.

Mae'r sefyllfa'n fwy cymhleth na hynny hyd yn oed, gan i Rita Morgan fod yn un o nifer o fenywod a gafodd ddylanwad mawr ar Carwyn yn ystod ei fywyd. Y penna o'u plith oedd ei chwaer hynaf, Gwen. Deuai nifer o rai eraill i'w fywyd dros y degawdau, pob un yn chwarae eu rhan mewn ffyrdd amrywiol. Ymwelydd achlysurol â Llanymddyfri oedd y cynhyrchydd gyda'r BBC, Ruth Price. Hi oedd cynhyrchydd y rhaglen deledu gyntaf iddo'i chyflwyno.

Yn Llanymddyfri y sefydlwyd y drefn o ddibyniaeth Carwyn ar eraill i'w yrru o fan i fan, hyd yn oed ar ôl iddo basio ei brawf gyrru. Roedd yn ddawn a feistrolodd dros gyfnod o ddwy ddegawd.

Daeth hoffter Carwyn o eiriau, ei ddarlledu a'i chwarae rygbi at ei gilydd ar ddiwedd y pumdegau. Byddai'n trafod termau chwaraeon, a rygbi'n benodol wrth gwrs, gyda'r rhai a oedd yn gyfrifol am ddarlledu. Roedd Eic Davies a Thomas Davies wedi treulio oriau di-ben-draw yn bathu termau a geiriau Cymraeg bywiog, bachog a dealladwy i rai fyddai'n gwrando ar sylwebaeth rhyw gamp neu'i gilydd. Cyfeiriodd Thomas Davies at 'ei ofalaeth fawr dros iaith' yn y gwasanaeth coffa yn y Tabernacl. Roedd y cywirdeb a'r cyfathrebu'n gyfwerth â'i gilydd. Cafwyd esiampl hyfryd o hyn tra oedd Carwyn yn dal i chwarae i Lanelli ac mae Huw Llewelyn Davies yn cofio'i dad, Eic Davies, yn adrodd y stori:

> Roedd Nhad wedi mynd i Lanymddyfri i weld Carwyn, fel y bydde
> fe'n gwneud yn weddol aml, i drafod ymadroddion Cymraeg am
> dermau rygbi. Yn y sgwrs benodol honno, amlygwyd yr angen i
> ddod o hyd i derm Cymraeg am y 'reverse pass'. Penderfynwyd ar
> un yn y diwedd ac fe addawodd Carwyn y byddai'n gwneud ei orau
> i ddefnyddio'r symudiad ar y cae y prynhawn hwnnw, er mwyn i Eic
> Davies, y sylwebydd, ei ddefnyddio ar y radio. A fel 'na buodd hi.
> Mewn un symudiad, pasiodd Carwyn y bêl yn y modd hynny i Cyril
> Davies, ac yntau wedyn yn croesi am gais. Wedi'r symudiad, trodd
> Carwyn at Nhad yn yr eisteddle gyda gwên wybodus, yn sicr fod y
> sylwebydd wedi defnyddio'r term 'pàs wrthol' am y tro cynta erioed.
> Doedd y term ddim yn bodoli'r bore hwnnw, ond erbyn y prynhawn,
> roedd ar y radio a Carwyn yn rhan o'r creu a'r gweithredu.

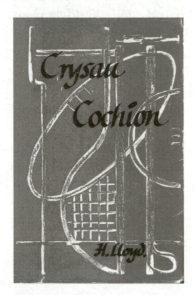

Roedd Carwyn yn un o'r criw y byddai Eic Davies yn mynd ag ef i'r BBC yng Nghaerdydd er mwyn trafod rygbi ar raglenni chwaraeon y cyfnod. Terry Davies ac R H Williams oedd dau o'r lleill.

Yn y flwyddyn yr enillodd ei ddau gap i Gymru, y cyhoeddwyd y llyfr *Crysau Cochion*, y llyfr chwaraeon cyntaf o'i fath yn y Gymraeg ac roedd Carwyn yn rhan o'r fenter. Dywed golygydd y gyfrol, Howard Lloyd, mai ei fwriad gwreiddiol oedd creu cyfrol dechnegol yn sôn am dechneg, tacteg a hanes y chwaraeon amrywiol a gynhwysir ynddi:

> ... ond yn yr hwyl o ysgrifennu, aeth y pwrpas hwn i'r gwynt fel y cydiodd ysbryd y chwarae yn y gwahanol awduron.

Ymhlith y rhai a gyfrannodd iddo roedd R T Gabe, Eic Davies, Gwynedd Pierce, J B G Thomas a Carwyn. Mae'r cyfraniadau'n ymwneud â champau fel rygbi, pêl-droed, golff a mabolgampau. 'Dawn a Disgyblaeth' yw teitl pennod Carwyn yn y llyfr. Mae'n sôn am y galluoedd sydd eu hangen i fod yn chwaraewr rygbi da, neu 'ffwtbolyr' fel mae e'n dweud yn ei erthygl, adlais o ddylanwad Cwm Gwendraeth ar ei eirfa. Mae ei anian gelfyddydol yn amlwg wrth sôn am y gêm:

> Llaw agored yr artist a fydd yn byseddu'r bêl a'r grym i basio yn dod o'i arddyrnau ac nid o'i freichiau, a bydd ei symudiadau oll yn lân a gorffenedig.

Wrth sôn am gicio pêl rygbi, mae'n nodi yr un angen i ddefnyddio celfyddyd:

> Hyd yn oed wrth gicio bydd cydymdeimlad rhyngddo â'r bêl a gŵyr o hir ddisgwyl arni am ei holl gastiau ac ystrywiau yn yr awyr ac wrth dampo ar y ddaear. Profodd werth y gic letraws, y gic bwt a'r gic duth a bydd pob un ohonynt yn hawlio sylw mewn gêm. Pa sawl gwaith y clywsom ni'r geiriau hyn wrth weld y bêl yn neidio i gôl yr asgellwr ac yntau'n rhedeg nerth ei draed am y gornel: "Na lwcus. Welest ti'r bêl na'n bownsio i'w gol e?' Lwcus? Wel, efallai...

Bydd y ddawn a'r gallu angenrheidiol yn gynhenid mewn llawer plentyn ond rhaid cynnau'r fflam rywbryd ac yn rhywle. Gorau po gyntaf. Rhaid ennyn cariad yn y plentyn at y gêm, ac er bod radio a theledu erbyn hyn yn gyfryngau go effeithiol, nid yw'r naill na'r llall gystal â dylanwad gwylio tîm y pentref a thîm yr ysgol yn chwarae.

Mae'n nodi dyled Llanymddyfri i ardal ehangach Llanelli, yn
enwedig pentrefi'r Mynydd Mawr a Chwm Gwendraeth. Mae'n
rhestru maswyr dawnus a chwaraeodd i'r Coleg a ddeuai o'r
ardal ddylanwadol honno. Yn eu plith, D Islwyn Gealy o ardal y
Tymbl. Mewn un gêm ar Barc y Strade roedd Carwyn James yn
chwarae yn yr un tîm â Dai Gealy, a phennawd papur newydd y
diwrnod wedyn yn cyfeirio at y ffaith i athro a disgybl chwarae
yn yr un gêm i dîm Llanelli. Wedi enwi rhai o fois disglair rygbi
Llanymddyfri, dywed:

Codwyd y bois yma yn sŵn y gêm, a chleber am rygbi a chriced
a glywsant yn feunyddiol... Ardaloedd glofaol a mwyafrif mawr y
trigolion yn benboethiaid ynglŷn â chwaraeon o bob math. Gemau
Sadwrn diwethaf fyddai prif destun eu sgwrs ar yr aelwyd, ar yr
hewl, ar sgwâr y pentre ac yng ngweithdy'r crydd, wrth chwarae
gêm o snwcer ac wrth yfed glased, a hyd yn oed ar ôl gwasanaeth
fore Sul. Fe fydd hi'n ddiwrnod trist yn wir yn hanes rygbi pan gyll
y pentrefwyr ddiddordeb yn eu tîm, y tîm nad oes gan neb yr hawl
i'w feirniadu ond hwy eu hunain.

Yng ngwreiddiau cymdeithasegol rygbi, roedd ffynhonnell
gwerthoedd cynhenid y gêm i Carwyn yn y flwyddyn pan
enillodd ddau gap dros ei wlad. Mae wedyn yn nodi dau arwr
iddo yn ei gymuned ei hun y cyfeiriwyd atynt eisoes – Haydn
Top y Tyle, a laddwyd ar yr *HMS Hood* yn ystod yr Ail Ryfel Byd
a Iestyn James a laddwyd mewn awyren yn y Rhyfel. Dyma
sydd ganddo i'w ddweud am Iestyn:

Fy anrhydedd oedd bod yn was bach i Iestyn pan fyddai wrthi'n
ymarfer cicio. Swydd bwysig gan mai ef a drosai bob cais a phob
cic gosb i'r tîm. Safwn y tu ôl i'r pyst tra ciciai yntau o bob ongl
bosibl ac o bob safle cyn belled â'r llinell ganol. Anaml y gwisgai ei
dogs ffwtbol i ymarfer – rhodres fyddai hynny. Gwelaf ef nawr yn
ei sgidiau brown llydeinfawr. Chwe throedfedd o lanc cryf, cyhyrog
a gallai redeg yn gynt na'r un milgi, a gwyddwn fod ei hwb llaw
mor effeithiol â chic asyn. Roedd y Rhyfel yn greulon o agos i mi,
yn wir i bawb ohonom yn y pentre, pan glywsom fod Iestyn ar goll.

Chwaraeai Haydn Top y Tyle i glwb Cefneithin, ond gallasai'r disgrifiadau fod yn eiriau sylwebydd wrth ddisgrifio chwarae Carwyn mewn gêm dros Lanelli neu Gymru:

> Yna'n gwbl sydyn, yn ei hanner ei hun, daeth y bêl i ddwylo Haydn Top y Tyle a nifer 'ohonyn nhw' o'i gwmpas. Ciciodd, naddo, ffug giciodd ac i ffwrdd ag ef fel mellten gan wibio'r naill ffordd a'r llall rhwng ei wrthwynebwyr fel llysywen, a'i redeg yn gytbwys artistig. Symudai hanner uchaf ei gorff yn llithrig i'r naill ochr a'r llall, a gweai ei draed batrymau rhyfedd fel yr ochrgamai nawr ac yn y man ar ei hynt orfoleddus.

Yna cawn drafodaeth ar rinweddau rhai o sêr y gêm, Bleddyn Williams, Cliff Jones ac Onllwyn Brace. Arferai deithio ymhell ac agos yn blentyn, meddai, i wylio Bleddyn Williams yn chwarae, 'y chwaraewr gorau a welais erioed'. Hefyd, Cliff Jones oedd 'un o'r maswyr gorau a welodd Cymru erioed'. Roedd yn gyn-ddisgybl yn Llanymddyfri a chafodd ei hyfforddi gan T P Pope Williams. Rhinwedd Onllwyn Brace oedd nodi pwysigrwydd disgyblaeth i gyd-fynd â dawn naturiol:

> Yng Nghymru, i raddau helaeth iawn, aethom i ddibynnu'n ormodol ar ddawn naturiol a chwarae 'fel mae'n dod' ac ni thalwyd digon o sylw o'r hanner i ddisgyblaeth ac i hyfforddi trylwyr.

Dysgodd Onllwyn hynny, meddai, pan oedd yn fyfyriwr yn Rhydychen. Yr hyn a oedd yn gyffredin i'r tri arwr a ddewiswyd ganddo oedd eu bod yn ymwybodol bod:

> ymarfer, ffitrwydd, deall a disgyblaeth yn llawn mor bwysig â dawn naturiol. Dyna'r nod mae'n rhaid i'r gwir ffwtbolyr geisio ymgyrraedd ati.

Byddai nifer o sêr yr 1970au'n benodol yn gwenu wrth ddeall i Carwyn nodi ffitrwydd yn un o hanfodion y gwir ffwtbolyr. Iddyn nhw, doedd e ddim yn un a oedd yn amlwg am gynnal sesiynau ffitrwydd dwys. Ond mae geiriau Carwyn yn berthnasol yn y cyfnod y cawson nhw eu hysgrifennu.

Mae ei gyfraniad i lyfr *Crysau Cochion* yn bennod bwysig yn ei hanes am ei bod yn ymdriniaeth gynnar iawn o feddylfryd rygbi Carwyn. Mae'n nodi ei egwyddorion yn glir. Gellir olrhain y dylanwadau ar ei chwarae a'i hyfforddi. Amlygir ei feddwl miniog, dadansoddol, wrth werthuso cyfraniad chwaraewr unigol yn ogystal â thueddiadau ehangach rygbi'r cyfnod trwy Gymru. A hyn oll flynyddoedd cyn bod na chlwb na gwlad yn dechrau defnyddio hyfforddwyr a chyn bod ysgrifennu am chwaraeon mor gyffredin ag y mae erbyn hyn.

Mae geiriau a ysgrifennwyd ganddo wrth edrych 'nôl ar ddiwedd un tymor rygbi yn Llanymddyfri, yn ychwanegu at yr athroniaeth a nodir yn *Crysau Cochion*:

> The new laws and the concept of the modern game has laid far more responsibility on the forwards: gone are the days when the forwards automatically feed the ball to the backs. The accent now is on forwards crossing the advantage or the attacking line, and when stopped they set up a platform for a secondary attack... Few first class clubs in Great Britain manage to play the modern game. The modern game calls for new skills and new skills take a long time to be mastered. They have to be taught at an early age.

Galwad y llynges eto

Wrth i'r pumdegau ddirwyn i ben, fe aeth Carwyn yn ôl at ddau sefydliad y bu'n rhan ohonynt yn gynharach yn y ddegawd. Wedi cwblhau ei Wasanaeth Cenedlaethol ffurfiol, roedd gofyn iddo gwrdd ag anghenion pellach y gwasanaeth hwnnw yn y blynyddoedd wedi iddo adael, fel mae Tony Cash, cyn gyd-aelod o'r JSSL yn esbonio:

> We were all required to do reserve training, after our National Service, which meant we were liable to recall in case of emergency, but, more importantly, we had to do 3 weeks radio monitoring in Germany in each of the three successive years. Carwyn would have

done likewise. I suppose it's possible that if for some reason he missed reserve training one year (he was in Moscow in the summer of 1957) his return to Germany could have been postponed till later.

Roedd Billy Davies, o Ben-y-bont ar Ogwr, a ddaeth yn gyfrifol am weithgareddau Coleg Harlech, yn aelod o'r Llynges yn y pumdegau ac yn cofio Carwyn:

> Roeddwn i'n gyfarwydd ag enw Carwyn James yn sicr, fel chwaraewr rygbi disglair. Ac yna, tua 1957, 1958, cefais gyfle i'w gyfarfod. Roedd hynny allan yn Kiel yn yr Almaen, lle'r oeddwn i wedi cael fy anfon, fel Carwyn, i wneud gwaith gyda *reserves* y Navy. Wedi dod adre oddi yno, a setlo 'nôl i'n gyrfaoedd, cefais gyfle i wahodd Carwyn i Goleg Harlech i annerch y myfyrwyr ac i wneud rhywfaint o hyfforddiant rygbi.

Felly bu Carwyn yn ôl yn yr Almaen am yr eilwaith o fewn ychydig flynyddoedd. Yr un oedd ei ddyletswyddau yr eildro â'r tro cyntaf, sef clustfeinio ar y negeseuon radio o'r tu draw i'r Llen Haearn.

Galwad academia

Fe aeth yn ôl hefyd i'w hen Brifysgol, Aberystwyth. Mae ei gerdyn cofrestru yn dangos iddo ddechrau ar gwrs ymchwil MA, maes ymchwil a fyddai'n mynd ag ef yn ôl i'r Canol Oesoedd ac i fyd yr hen feirdd. Dechreuodd baratoi testun beirniadol o farddoniaeth Raff ap Robert, ac Edwart ap Raff, ynghyd â rhagymadrodd, nodiadau a geirfa. Ganwyd Raff ap Robert tua 1550 ger Dinbych, yn un o rydd-ddeiliaid Dyffryn Clwyd a bardd yn canu ar ei fwyd ei hun. Gan iddo ganu cywydd marwnad i Dudur Aled (*c.* 1525), a chan fod y dyddiad, 1582 wrth un arall o'i gywyddau, gellir tybio iddo gael oes hir. Roedd Edwart ap Raff yn fab iddo.

Mae'r cerdyn cofrestru yn dangos iddo gael ei dderbyn i wneud yr MA ar waith y beirdd hyn ym Mis Tachwedd 1959. Mae Dafydd Bowen yn ei gofio yn mynd i Aber yn achlysurol i ddechrau ar y gwaith, ond mae'n cofio hefyd i Carwyn fethu â chwblhau'r gwaith:

> ... ni ddaeth dim o'r thesis arfaethedig. Hoffai Carwyn gysgu'n hwyr yn y boreau, fel cynt, ac ar ôl cyrraedd y Llyfrgell Genedlaethol gwell na'r llawysgrifau oedd ganddo ymddiddan yn hamddenol â Dr B G Charles am y maes chwarae, neu wrando ar y byd yn cael ei roi yn ei union le gan ein cyfaill Mac (Mr R W McDonald) yn yr Ystafell Gatalog. Fe droes y gwaith yn orffwys, a Demas a'm gadawodd fel cyfarwyddwr.

Tystia Dafydd Bowen ei bod yn bleser ac yn fwynhad iddo groesawu Carwyn yn ôl i Aberystwyth yn ystod haf 1959 ac wedyn haf 1960:

> Arhosai gyda mi yn fy nghartre ym Mhlasywrugen, ym mhen uchaf Ffordd Brynymor. Roedd trigo ynghyd unwaith eto'n brofiad melys dros ben, a hafau tangnefeddus a gawsom.

Cofio'r dyddiau hynny oedd yr un atgof clir, prin, a oedd gan Dafydd Bowen wrth sgwrsio gyda mi, ac yntau mewn cartref gofal yn Llanilar. Doedd dim cof ar ôl o'r dyddiau gradd, y protestio, na'r tynnu coes am y rygbi. Ond daeth atgof a fagodd wên gynnes wrth gofio'r ddau gyfnod o gydletya yn Aberystwyth yn yr 1950au.

Ym mlwyddyn rhoi dyn ar y lleuad felly, fe gymerodd Carwyn ei gam pwysig yntau o Lanymddyfri i Gaerfyrddin. O'i flaen, y ddegawd pan roedd pawb yn meddwl eu bod yn ei adnabod. Ond roedd y deugain mlynedd cyn hynny yn fwy canolog i ddeall y dyn.

Carwyn yn 5 oed.

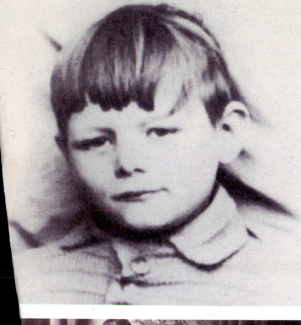

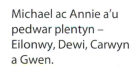
Michael ac Annie a'u
pedwar plentyn –
Eilonwy, Dewi, Carwyn
a Gwen.

Diwydiant glo ardal Cross
Hands: dyneiddiaeth y pwll
glo, duwioldeb y wlad.

7

Cefneithin

Chwilio hen ffordd dychwelyd
A wnaf mwy, a gwyn fy myd
Os caf yn dy ddrws cefen,
Hen wlad hoff, weled dy wên.

'Cwm Gwendraeth' John Gwilym Jones

Y CAM CYNTAF i Carwyn, wrth adael Llanymddyfri, oedd symud yn ôl i fyw at y teulu yng Nghefneithin. Bu i ffwrdd oddi yno am chwe blynedd, tra oedd yn y coleg ac yn y Llynges, yn ôl am ddwy flynedd pan oedd yn dysgu yng Nghaerfyrddin, yna i ffwrdd am dair blynedd ar ddeg pan oedd yng Ngholeg Llanymddyfri cyn dychwelyd eto ar ddiwedd y chwedegau. Roedd achosion, wrth gwrs, pan fyddai'n cysgu ar aelwyd y teulu ar benwythnosau, pan oedd yn byw oddi cartref. Ond bellach, Cefneithin oedd ei gartre unwaith eto, yn ôl gyda'i fam a'i dad.

Cyn hir, byddai ei chwaer hynaf, Gwen, yn ôl ar yr aelwyd hefyd, wedi dychwelyd o'i nyrsio yng Nghaerloyw er mwyn gofalu am ei rhieni methedig. Roedd Michael James erbyn hynny'n diodde'n enbyd o ganlyniad i weithio dan ddaear ac angen ocsigen arno yn y cartref yn barhaol. Roedd Annie'n dangos olion bywyd caled gwraig i löwr a fagodd bedwar o blant. I Carwyn roedd breichiau gofalus Gwen wedi cyfrannu cryn dipyn tuag at leddfu'r sioc a'r angen i addasu wedi gadael Coleg Llanymddyfri, lle cawsai bob gofal. Yn grwt ar yr aelwyd, dywedwyd bod ganddo dair mam; ei fam go iawn a'i ddwy

191

chwaer. Nawr roedd adre, a dwy o'r tair mam yn ôl wrth eu priod waith.

Doedd bywyd gartre ddim yn rhwydd, ond o leia roedd dau o'r plant yn ôl gyda'u mam a'u tad ar aelwyd Rose Villa. Pan ddaeth Gwen yn ôl i Cefen, penderfynodd hi a'i brawd fod angen symud o Rose Villa a chael cartre i'w rhieni a fyddai'n fwy addas i amgylchiadau eu bywyd. Prynodd y brawd a'r chwaer ddarn o dir, gyferbyn ag Ysgol Gyfun Gymraeg Maes y Gwendraeth heddi, ac adeiladu byngalo arno, a dyna gartre newydd y teulu wrth i ddegawd newydd y saithdegau wawrio. Mae eu dewis o enw i'r cartre newydd yn arwyddocaol, sef Hawen, enw capel y teulu ym mhentre Rhydlewis.

Dyma'r cyfnod pan oedd pawb yn meddwl eu bod yn gwybod pob dim am Carwyn, ac yntau'n ffigwr mor gyhoeddus yn y cyfnod hwn. Ond mae golau llachar yn taflu cysgodion hir a thywyll, a dyma hefyd flynyddoedd y cysgodion cynyddol. Daeth Carwyn 'nôl i'r hen aelwyd, a chael cyfle i gyfrannu at ddatblygiad y tîm y chwaraeasai iddo am flynyddoedd.

Y camau i dderbyn hyfforddwyr

Doedd gan Carwyn ddim amser o gwbl i setlo i'w gyfrifoldebau newydd ym myd addysg a'r newid ddaeth i'w ran ym myd hyfforddi rygbi. Roedd wedi bwrw ei gwch i'r dyfroedd pan oedd y cerrynt yn newid cyfeiriad yn sylweddol yn y ddau fyd. Rygbi'n gyntaf. Rhaid ystyried y diwylliant hyfforddi a oedd yn datblygu yn y gêm yn y chwedegau. Roedd yn gyfnod o newid a Carwyn yn rhan o'r newid hwnnw.

Cawsai corff o'r enw Central Council for Physical Recreation ei greu. Nod staff amser llawn y Cyngor oedd datblygu cymaint o gampau â phosib ym mhob un o wledydd y Deyrnas Gyfunol. Ymhen peth amser, dechreuwyd trafodaethau rhwng y Cyngor ac Undeb Rygbi Cymru. Ond er y parodrwydd i drafod, a bod ganddynt gydymdeimlad ag amcanion y Cyngor, roedd eu diffyg brwdfrydedd yn amlwg. Ffurfio Is-bwyllgor Hyfforddi Ymgynghorol fu'r canlyniad.

Sgwâr Cefneithin.

Sgwâr
Cefneithin.

Y man
geni ar
y dde a'r
ysgol ar y
chwith.

Talcen
Rose Villa
a'r parc ar
waelod yr
ardd.

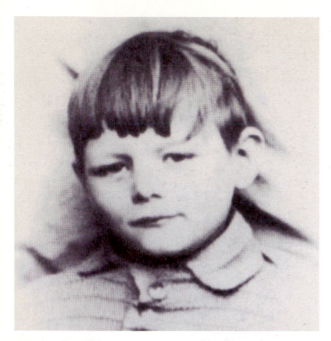

Carwyn yn 5 oed.

Michael ac Annie a'u pedwar plentyn – Eilonwy, Dewi, Carwyn a Gwen.

Diwydiant glo ardal Cross Hands: dyneiddiaeth y pwll glo, duwioldeb y wlad.

Rhieni balch yn croesawu
Carwyn nôl o Seland Newydd
1971.

Hawen, Cefneithin.

Tabernacl, Cefneithin.

Pendre, Rhydlewis.

Fferm Moelon, cartre Moelona, llety gwyliau Carwyn.

Hawen, Rhydlewis.

'… un hen ewythr hoff o adeilad' ar Sgwâr Rhydlewis.

Carwyn gyda
charfan Ysgolion
Cymru.

Llofnod cynnar,
Carwyn yn nyddiau
Ysgolion Cymru.

'Grand Variety Presentation Concert' yn Neuadd y Cross, 1948, i godi arian i'w roi i Carwyn. 'BBC and Local vocal artistes' dan arweiniad prifathro Carwyn yn y Gwendraeth, Llewelyn Williams a'r dramodydd D Gwynne Evans.

Y glasfyfyriwr yn y Coleg ger y Lli.

Y cewri a'u disgyblion. Thomas Jones, T H Parry-Williams a Gwenallt gyda myfyrwyr Cymraeg blwyddyn anrhydedd 1951. Carwyn ar y dde yn y cefn, John Roderick Rees y trydydd o'r chwith yn y cefn a Brynley F Roberts y cynta ar y chwith yn y blaen.

Rygbi yn nyddiau Coleg.

Carwyn James B.A.(Anrhydedd)
Y cyntaf o'i deulu i raddio.

Cystadleuaeth 7 Bob Ochr Twickenham, tîm Cymry Llundain yn cipio'r tlws.

Carwyn yng Ngwersyll RAF Coulsden

Tîm rygbi Abertawe yn gadael am Rwmania.

Yn rhan o sefydliad Llanymddyfri

Carwyn a T P 'Pope' Williams.

Yr athro ifanc.

Dysgu rygbi
i wersyllwyr
Llangrannog.

Grŵp drama Coleg
Llanymddyfri.

Drws stydi Carwyn a choridor y
disgyblion dan ei ofal.

Y Stydi. Lolfa i'r chweched dosbarth heddi.
Roedd stafell wely a stafell ymolchi i'r dde.

Saith bob ochr yn Llanymddyfri.

Cap, cae, cymuned. Nôl yn ei filltir sgwâr wedi cael ei gap cynta i Gymru.

Y chwech Scarlet a gafodd gap i Gymru yn yr un gêm yn 1958 – R H Williams, Terry Davies, Carwyn, Wynne Evans, Ray Williams a Cyril Davies.

Carwyn a Cyril Davies yn tanio mwgyn R H Williams.

Y Scarlets yn gadael gorsaf Llanelli am Rwsia.

Y croeso wedi cyrraedd gorsaf Moscow.

Carwyn yr athletwr yn ymarfer ym Moscow.

Ciw y Sgwâr Coch. Roedd Carwyn, R H Williams a Terry Davies yn y ciw yma yn aros i weld cyrff Stalin a Lenin.

Y garfan ym Moscow.

Timau Llanelli a Sables, tîm Prifysgolion De Affrica, Y Strade, Chwefror 1957

Sports Forum yn y Strade. Barry John, Carwyn, Gareth Edwards a Clem Thomas yn cymryd rhan.

Cefneithin, Pencampwyr y Gynghrair1960, tymor olaf Carwyn mewn tîm rygbi.

Dau frawd yn yr un tîm, Tîm Criced Cefneithin. Dewi yr ail o'r dde rhes gefn, a Carwyn yr ail o'r chwith rhes ganol.

Ymarfer gallu arall.

Myfyrio cyn y Gêm Fawr ar y Strade, 31 Hydref 1972.

Carwyn, Barry John ac ysgrifennydd Undeb y Glowyr yn Ne Cymru, Dai Francis.

Carwyn, Gwynfor a chalendr tîm rygbi Llanelli.
Llun Arwel Davies

Ond yn 1964 cafodd Cymru y grasfa fwyaf ers deugain mlynedd mewn gêm brawf yn erbyn De Affrica yn Durban wrth golli 24–3. Roedd yn ddigon i ddechrau trafod dwys am gyflwr rygbi yng Nghymru. Yn y llyfr yr ysgrifennodd Carwyn ar y cyd gyda John Reason, *The World of Rugby*, i gyd-fynd â chyfres ar y BBC, dywedir am y gêm honno:

> Wales collapsed in the last twenty minutes and returned home not only chastened but uncomfortably aware that they could no longer survive on the cult of the individual.

Roedd Llywydd Undeb Rygbi Cymru, D Ewart Davies, a oedd yn ymddeol y flwyddyn honno, wedi deall y sefyllfa'n glir:

> It was evident from the experiences of the South African Tour that a much more positive attitude to the game was required in Wales. Players must be prepared to learn and re-learn, to the point of absolute mastery, the basic principles of rugby union football. The importance of correct coaching at all levels cannot be over emphasised. The Schools and Youth Union shoulder a special responsibility in this connection.

Mynegodd Cadeirydd y Pwyllgor Hyfforddi, V J Parfitt, ei rwystredigaeth:

> V J Parfitt complained about the lack of interest being shown by clubs towards the coaching courses that were available.

O ganlyniad i bwysau gan y clybiau, sefydlwyd pwyllgor gwaith hyfforddi yn sgil y trafodaethau wedi'r daith i Dde Affrica. Roedd Cadfan Davies yn rym blaenllaw yn y pwyllgorau, gyda chefnogaeth Cliff Jones ac Alun Thomas. Ar 16 Gorffennaf 1964 gofynnwyd i Carwyn James a nifer o hyfforddwyr amlwg a chyn-chwaraewyr rhyngwladol fod ar y pwyllgor gwaith. Cliff Jones, athrylith o faswr yn y tridegau, oedd cadeirydd y grŵp. Y datblygiad nesaf oedd awgrymu yn 1965 fod angen gweinyddwr hyfforddi llawn amser ar yr Undeb. Derbyniwyd y cynnig ac yn 1967, cafodd Ray Williams ei ddewis i'r swydd. Dyma ymateb y chwaraewr a'r gohebydd rygbi dylanwadol, Clem Thomas, i'r penodiad:

> The appointment of Ray Williams in 1967 was the best decision made by the WRU in my lifetime, and in my view, was fundamental to the ensuing success of Welsh rugby ... it was now apparent that there was a need for a professional with considerable ability to guide and structure the new conceptions of coaching.

Yn raddol, dechreuodd clybiau unigol benodi hyfforddwyr a datblygiad naturiol o hynny oedd i Gymru ddewis ei hyfforddwr cyntaf, Dai Nash, yn 1967. Ystyriwyd Carwyn ar gyfer y swydd honno, ond ar y pryd, penderfynwyd nad oedd yn ddigon profiadol. Dyma ddywed Clem Thomas a Geoffrey Nicholson am yr apwyntiad, yn eu cyfrol, *Welsh Rugby: The Crowning Years 1968–1980:*

> The more logical choice would have been Carwyn James, who, apart from Ray Williams, was the only rugby intellectual mind in Wales.

Rhoddwyd rhywfaint o gyfrifoldeb hyfforddi ehangach na hyfforddi clwb i dri aelod o bwyllgor gwaith hyfforddi Undeb Rygbi Cymru. Yn erbyn y Crysau Duon yn 1967, gofynnwyd i David Harries hyfforddi tîm i gynrychioli Sir Fynwy, David Hayward i hyfforddi tîm Dwyrain Cymru a chyfrifoldeb Carwyn James oedd hyfforddi tîm Gorllewin Cymru. Capten Gorllewin Cymru ar gae San Helen, Abertawe, oedd Clive Rowlands. Roedd cam o'r fath yn rhan o fwrlwm ehangach datblygu hyfforddi yng Nghymru a daeth â Carwyn i mewn i gyfundrefn hyfforddi Undeb Rygbi Cymru. Ond roedd y syniad o ofyn i unigolyn gymryd cyfrifoldeb dros hyfforddi tîm yn dal yn newydd. Hyd yn oed ar ôl penodi Ray Williams a Dai Nash, aeth y tîm cenedlaethol ar daith i'r Ariannin yn 1968 heb yr hyfforddwr cenedlaethol.

194

Penododd Llanelli ei hyfforddwr cynta yn 1968, Ieuan Evans, mab i Gomiwnydd enwog yn yr ardal, Ianto Coch, a dyn blaengar ym myd rygbi ysgolion, yn ogystal â bod yn gyd-aelod i Carwyn ar bwyllgor gwaith hyfforddi Undeb Rygbi Cymru. Pan adawodd yntau dre'r Sosban, roedd lle i Carwyn. Dangosodd Llanelli arwyddion cynnar o'r angen i baratoi tîm ar gyfer gemau pan ddenwyd Tom Hudson i fod yn gyfrifol am ffitrwydd y tîm. Roedd wedi gweithio gyda chlwb pêl-droed Abertawe cyn hynny a chyn hynny eto, wedi cystadlu yng nghystadleuaeth y pentathlon yng Ngemau Olympaidd 1956. Roedd gwahodd rhywun a oedd wedi amlygu ei hun y tu fas i fyd rygbi yn gam mwy mentrus byth i glwb rygbi yn y chwedegau. Roedd Tom Hudson yn dal yno pan gyrhaeddodd Carwyn.

Yn 1968 hefyd, cafodd Llewod Prydain ac Iwerddon eu hyfforddwr swyddogol cyntaf, Ronnie Dawson, cyn-gapten y Llewod, ac un a fu ar yr un cwrs hyfforddi â Carwyn ac eraill yn Butlin's yn Iwerddon. Ond roedd cryn dipyn o wrthwynebiad i'r syniad o hyfforddwr yn Ne Cymru, a'r tu hwnt hefyd. Mae David Nash, hyfforddwr cyntaf tîm cenedlaethol Cymru, yn crynhoi'r agwedd meddwl negyddol yma i'r dim:

> Oh, we've never had coaching, you know, we all pick it up, we're all natural players you know; oh no, you'll stifle flair. No we don't want coaching.

Byddai'r clybiau nad oedd wedi cofleidio'r syniad o ddefnyddio hyfforddwyr yn aml yn cyhuddo'r clybiau eraill o dorri rheolau'r gêm er mwyn ennill mantais annheg. Ond eto i gyd, roedd pwyslais mawr ar hyfforddi mewn un agwedd o fywyd rygbi Cymru. Clive Rowlands, olynydd Dai Nash fel hyfforddwr ei wlad, sy'n crynhoi hyn:

> When I say there wasn't coaching in Wales, every school side in Wales was heavily coached. Every school had a school teacher, didn't have to be the P.E. teacher, but they would be involved in rugby football over seventy, eighty years ago.

Roedd teimlad cryf mai bechgyn oedd angen hyfforddiant, nid dynion. Yn ôl y gwrthwynebwyr, roedd hyfforddi a chynllunio ar gyfer gemau yn dinistrio ysbryd elfennol rygbi. Ond nid yn unig rhwng y clybiau roedd y gwrthdaro:

> Cadfan Davies described a conversation with the then Chairman [*sic*] of selectors: "I'm sorry," he said. "We were delighted with the last match but one or two of my colleagues are concerned that the coach will become the selectors of the team and therefore we won't be continuing this experiment."

Ymhen hir a hwyr derbyniwyd y syniad o hyfforddwr rygbi a chamodd Ieuan Evans i fod yn hyfforddwr cyntaf tîm Llanelli. Roedd yntau wedi arloesi yn y byd hyfforddi cyn hynny gyda bechgyn ysgol.

Y Strade oedd cartre rygbi Carwyn wrth gwrs yn y cyfnod newydd hwn, ac roedd iddo arwyddocâd yn y byd rygbi ymhell y tu hwnt i ffiniau Sir Gâr a Chymru. Crynhodd Carwyn hyn yn rhaglen gêm i ddathlu canmlwyddiant hen goleg Carwyn, Aberystwyth, yn 1973. Yn y flwyddyn honno credai Clwb Llanelli ei bod yn ganmlwyddiant iddyn nhw hefyd er mai camgymeriad ydoedd. Fe ddaeth tîm yn enw'r Coleg ger y Lli i Lanelli ym mis Mawrth 1973. Un arall o gyn-fyfyrwyr y Coleg, a chapten Llewod Carwyn yn Seland Newydd yn 1971, John Dawes, oedd wedi casglu tîm Aber at ei gilydd mewn Gêm Goffa i Dr Idris Jones, brodor o Lanelli ac aelod o Lys Llywodraethwyr Prifysgol Aberystwyth. Yn rhaglen y gêm honno, dywed Carwyn:

> Parc y Strade yw parc cenedlaethol Sir Gâr, Sir Benfro a Sir Aberteifi, a pharc cenedlaethol y Gymru Gymraeg. Hyfryd clywed acenion y tair sir ar y Strade, a chaledu ambell gytsain gan fois Cwm Tawe a Gorllewin Morgannwg, a hwythau'n ymdyrru yma ar brynhawn Sadwrn i gefnogi a beirniadu, neu ar ganol wythnos i chwilio am iechyd fin nos ar ôl tyrn caled yn y gwaith glo, a'r gwaith alcam a'r gwaith dur. Tre ddiwydiannol wledig yw Llanelli, rhyw bentre mawr sy'n anfodlon bod yn dre, rhyw ganolfan i

nifer o bentrefi a'r canolfan hwnnw, oherwydd diffyg geirfa, yn cael ei alw'n dre. Ac mae calon y canolfan hwnnw yn curo yma, y curiadau cyflym yn fynych yn troi'n dwymyn, ac os yw llygaid y cefnogwyr yn goch ac yn ysgarlad, fe ddisgwylir pethau mawr gan Scarlets a gwae'r cewri pan syrthiant yn fyr. Dyma theatr awyr agored y Gorllewin, theatr gwerin Dyfed, a rhaid i'r theatr hon fod yn well na'r un arall, yn well na Twickenham, Murrayfield a Landsdowne, a chanmil gwell na'r chwarae plant ym Mharc yr Arfau a Sant Helen.

Roedd ganddo lygad craff ar ddatblygiad arwyddocaol yn nhref Aberystwyth ar y pryd hefyd, ac mae'n cymhwyso'r datblygiad hwnnw i'w thema ganolog am Barc y Strade'n theatr gwerin Dyfed:

Ar Ebrill 19 fe agorir canolfan i'r ddrama yn Aber ac mae'r enw, Theatr y Werin, yn arwyddocaol. Sefydliad addysg o bwys, annwyl hefyd i gynifer ohonom, yn cydnabod dyled i bobol gyffredin gwlad, ac yn gobeithio y bydd y rheini'n manteisio ar yr adnoddau a'r cyfleusterau, gan gofio efallai mai'r ymwneud hwn â'n gilydd yw gobaith cymdeithas wâr.

I ddyn a brofodd sefydlogrwydd Coleg Llanymddyfri am dros ddegawd, profodd misoedd cyntaf y cyfnod newydd hwn yn rhai chwyldroadol o'u cymharu. Bu'n rhaid iddo baratoi ei dîm i wynebu mawrion De Affrica, cafodd ei ddewis i fod yn ymgeisydd Plaid Cymru yn Llanelli a chafodd ei ddewis i hyfforddi Llewod Prydain ac Iwerddon ar daith i Seland Newydd. Y cyfan o fewn rhyw chwe mis i'w gilydd. Roedd y cyntaf yn her iddo, yn enwedig gan ei fod mor sydyn wedi iddo dderbyn swydd hyfforddwr ei glwb cyntaf a chan fod gêm yn erbyn De Affrica yn y cyfnod hwnnw yn siŵr o olygu storm wleidyddol hefyd. Roedd y ddau arall yn mynd ag ef i faes cwbl newydd iddo. Dyma chwe mis a fyddai'n profi'n allweddol ym mywyd Carwyn.

Dyfodiad y Springboks

Byddai Carwyn wedi cael gwybod yn weddol fuan ar ôl
cyrraedd Parc y Strade fod tîm rygbi De Affrica ar ei ffordd i'r
dref, a'r gêm wedi'i threfnu ar gyfer mis Ionawr 1970. Byddai
hynny wedi cyffroi'r hyfforddwr rygbi heb os. Ond doedd
pethau ddim mor syml â hynny, gan fod pob gêm yn erbyn
De Affrica'r cyfnod hwnnw yn llawer mwy na gêm o rygbi'n
unig. Trwy gydol y chwedegau roedd pob tîm a gynrychiolai'r
wlad ar deithiau tramor wedi wynebu protestiadau er
mwyn dangos gwrthwynebiad i'r gyfundrefn apartheid yno.
Oherwydd y fath gyfundrefn nid oedd 'run chwaraewr du yn
un o'r timau a gynrychiolai De Affrica mewn unrhyw gamp.
Roedd y protestiadau'n aml yn rhai digon cythryblus. Cyn gêm
y Springboks yn erbyn Llanelli, taith 1969–70, cofia Tommy
Bedford yr helyntion:

> Instead of proudly stepping out at Heathrow wearing our
> Springbok blazers, we were smuggled out in a coach to a golfing
> hotel. You feel you haven't got a friend in the world.

Geiriau dyn na chawsai gapteniaeth ei wlad oherwydd ei
fod yn rhy ryddfrydol.

Dewisodd sawl gwlad beidio â chwarae yn erbyn timau o
Dde Affrica. Yn 1964, penderfynodd y Pwyllgor Olympaidd
Rhyngwladol wahardd De Affrica rhag cystadlu yng Ngemau
Olympaidd Tokyo. Yn 1968, rhwystrodd llywodraeth De Affrica
dîm criced Lloegr rhag mynd ar daith i'r wlad am i Loegr
ddewis Basil D'Oliveira yn eu carfan, un a gawsai ei eni yn Ne
Affrica ond nid i deulu gwyn.

Roedd pwysau ar Undeb Rygbi Cymru i ddiarddel De
Affrica hefyd. Yn 1967 cyflwynodd dau dîm, Llangennech
a Brynaman, gynnig y dylai Undeb Rygbi Cymru dorri pob
cysylltiad â De Affrica. Roedd y bleidlais yn un dynn, ond
trechwyd y cynnig. Byddai'n rhaid i Carwyn ddewis unwaith
eto. Erbyn 1970 fodd bynnag, roedd ei safiad yn dra gwahanol.
Fel dyn mewn swydd newydd, a dyn a fyddai'n gwerthfawrogi

arwyddocâd ymweliad De Affrica â thre fechan Llanelli, roedd yn barod i baratoi'r tîm ar gyfer y gêm. Ond roedd y Carwyn egwyddorol, o ran ei ffydd a'i wleidyddiaeth, yn anfodlon cefnogi'r gêm gant y cant.

Felly, fe hyfforddodd glwb Llanelli, ond gwrthododd fod yn bresennol ar Barc y Strade ar gyfer y gêm ei hun. Roedd am wneud ei safiad, yn glir a chyhoeddus, ond eto i gyd yn dawel heb unrhyw rodres. Ac felly y bu. Pan gerddodd y chwaraewyr ar y cae doedd Carwyn ddim yno. Arhosodd yn yr ystafell wisgo o dan yr eisteddle yn gwrando ar y gêm ar y radio. Roedd ei absenoldeb yn ddigon amlwg i wneud datganiad clir a chryf i bawb trwy Gymru, De Affrica a'r byd rygbi, ond gwrandawodd ar y gêm gan ddangos ei ymroddiad i'w dîm.

Nid yw'n fawr syndod i Dde Affrica nodi'r gêm honno, gêm a gollodd Llanelli o un pwynt yn unig, fel y gêm a roddodd y prawf mwyaf ar eu gallu trwy gydol eu taith. O safbwynt y rygbi ei hun, mae'r gêm yn enwog nid yn unig am i Lanelli ddod mor agos at guro De Affrica, ond hefyd am un o'r ceisiau gorau a welwyd ar y Strade, yn dilyn dau ddeg un pàs ar hyd y cae, gan bedwar ar ddeg o chwaraewyr Llanelli. Arwydd cynnar o'r math o chwarae roedd Carwyn am ei ddatblygu. Cyflawnodd gryn dipyn y diwrnod hwnnw, er ei absenoldeb ar yr ystlys.

Carwyn, yr ymgyrchydd gwleidyddol

Dechreuodd Carwyn ei ymgyrchu etholiadol yn Llanymddyfri. Cangen fechan iawn o Blaid Cymru oedd yno pan gyrhaeddodd Carwyn, rhyw hanner dwsin o bobl yn unig a Carwyn yn un ohonynt. Cynhaliwyd rhai o gyfarfodydd y grŵp yn ystafell Carwyn yn y Coleg. Yn 1961, cynhaliodd Plaid Cymru Noson Lawen yn y dre gan Barti'r Ddraig Goch o Langadog, gyda Gwynfor Evans yn arwain, i godi arian. Aeth rhai o aelodau'r grŵp o ddrws i ddrws i werthu tocynnau a bu'n ddigwyddiad llwyddiannus, gan fagu cefnogaeth i'r Blaid.

Yn 1963 cafwyd adroddiad ar 'The Reshaping of British

Railways' gan Dr Richard Beeching. Argymhellodd y dylid cau pum deg pump y cant o orsafoedd rheilffyrdd Prydain a thri deg y cant o'r traciau. Ymhlith y gorsafoedd a'r traciau yr argymhellodd eu cau roedd rheilffordd Canolbarth Cymru a gorsaf Llanymddyfri yn un o'r gorsafoedd. Penderfynwyd y dylid ffurfio grŵp lleol i wrthwynebu effeithiau bwyell Beeching. Wedi'r cyfan roedd dros gant yn gweithio yng ngorsaf nwyddau rheilffordd Llanymddyfri. Ymunodd aelodau pleidiau eraill yn yr ymgyrch, gan gynnwys y Fonesig Megan Lloyd George, ond daeth y momentwm cychwynnol o du Plaid Cymru. Dangoswyd hyn yn glir pan gymrodd Gwynfor Evans at arweinyddiaeth y grŵp. Trodd 'Evans dual carriageway' yn 'Evans y trac' am gyfnod.

Aelod blaenllaw o'r ymgyrchu a'r protestio oedd Carwyn James. Yn ôl ysgrifennydd cangen leol Plaid Cymru, Cyril Jones, roedd presenoldeb Carwyn yn yr ymgyrch wedi rhoi cryn dipyn o hwb i'r Blaid yn yr ardal:

> Yr hyn wnaeth cefnogaeth Carwyn i'r ymgyrch honno, ac i
> weithgareddau eraill y Blaid, oedd rhoi rhyw elfen o barchusrwydd
> bron, ac awdurdod ehangach i Blaid Cymru yn yr ardal. Yn sydyn,
> roedd athro yng Ngholeg Llanymddyfri yn cefnogi'r Blaid. Roedd
> yn haws i nifer dderbyn y Blaid wedi gweld bod rhywun fel Carwyn
> yn eu cefnogi.

Enillwyd y frwydr dros arbed Lein y Canolbarth ac mae'n dal ar agor. Wrth ymgyrchu dadleuai Carwyn ar sail y swyddi a gollid, a byddai'n cynnwys rhai dadleuon mwy diwylliannol hefyd.

Pan ddaeth adeg etholiad cyffredinol 1964 felly, roedd Carwyn yn ffigwr amlwg yn yr ymgyrchu a'r canfasio dros yr ymgeisydd, Gwynfor Evans. Fe âi hyd at ddwywaith yr wythnos i droedio llwybrau cefn gwlad yr ardal, o Randirmwyn i Gilycwm a phentrefi gwasgaredig eraill er mwyn rhannu ei neges, fel y mae Cyril Jones yn ei gofio:

Arferai ddefnyddio rygbi yn ei ddadlau gwleidyddol. Gofynnai i'r rhai ar stepen drws pwy oeddan nhw'n ei gefnogi ar ddiwrnod gêm rhwng Cymru a Lloegr. "Wel Cymru wrth gwrs!" oedd yr ateb bob tro. Fe wnâi gymhwyso hynny wedyn i fyd gwleidyddiaeth. "Wel, os felly, pwy ydych chi am gefnogi yn yr etholiad 'te? Cymru neu Loegr?"

Yn ogystal â throedio lonydd Sir Gâr yn enw'r Blaid, byddai Carwyn hefyd yn sefyll ar lwyfannau. Cynhaliwyd cannoedd o gyfarfodydd yn ystod ymgyrch 1964, a Carwyn oedd y siaradwr a ddenai'r niferoedd mwyaf i neuaddau dwyrain Sir Gâr.

Cyril Jones oedd asiant Gwynfor Evans yn ymgyrch etholiad 1966 – yn y ddau etholiad y flwyddyn honno. Colli'r Etholiad Cyffredinol a wnaeth yn hanner cyntaf y flwyddyn i'r Fonesig Megan Lloyd George, a fu'n Aelod Seneddol yno ers 1957. Ond yn fuan wedi hynny bu hi farw a bu'n rhaid cynnal isetholiad yr un flwyddyn. Cafwyd buddugoliaeth fawr Plaid Cymru, a roddodd iddi ei haelod seneddol cyntaf erioed, Gwynfor Evans. Ar y dydd Mercher, noson cyn yr etholiad, roedd cyfarfod cyhoeddus yn Llanymddyfri, a Carwyn yno. Erbyn hynny, roedd y Blaid yn y dref yn ddigon cryf i rentu siop yng nghanol Llanymddyfri.

Aeth ar y trên i Gaerfyrddin i'r cyfrif ac wedi cyhoeddi buddugoliaeth Gwynfor, cafodd lifft yn ôl i Lanymddyfri a chafwyd parti i ddathlu yn ei ystafell. Wrth i Cyril Jones fynd ar yr orymdaith geir i ddathlu buddugoliaeth Gwynfor y bore wedyn, yn Llanymddyfri, yn y dorf fawr ger Gwesty'r Castell gwelodd Carwyn a Rita Morgan.

Cyfrannodd Carwyn yn sylweddol at dwf Plaid Cymru yn Llanymddyfri. Cyfrannodd at ehangu apêl y Blaid ymhlith pobl ifanc hefyd, oherwydd ei rygbi yn ddi-os. Wrth ymgyrchu yn ystod chwe blynedd cyntaf y chwedegau, datblygodd ddealltwriaeth ar ystyriaethau economaidd ei genedlaetholdeb, yn hytrach na dibynnu ar ddehongliad mwy diwylliannol yn seiliedig ar hanes Cymru a etifeddodd yn yr ysgol. Roedd yn gynyddol yn gweld yr angen i wneud yn siŵr fod ysbryd Rhydlewis a gwerthodd Cefneithin yn cydgerdded.

Cafodd gyfle i rannu ei weledigaeth gyda gweddill Prydain yn 1968, wedi iddo gael ei ddewis i fod ar raglen deledu ar BBC Prydain, o'r enw *A Disunited Kingdom*. Yn y rhaglen hon y ceir yr amlinelliad cliriaf a mwyaf cryno o'i egwyddorion fel cenedlaetholwr. Y nod oedd trafod cenedlaetholdeb Cymru a'r Alban ac ystyried a oedd hynny'n fygythiad i undod Prydain. Dan arweiniad Robin Day ifanc, cafwyd trafodaeth stiwdio, ateb cwestiynau gan y gynulleidfa, a chyfraniadau gan unigolion ar ffilm yn dadlau eu safbwynt. Dyna wnaeth Carwyn. Roedd ei ffilm yn esbonio ei egwyddorion cenedlaetholgar. Fel agoriad i'r darn dangoswyd gôl adlam Carwyn yn ei gêm gyntaf dros Gymru yn erbyn Awstralia. Gosodir ei genedlaetholdeb yn sownd yn nhir rygbi a diwylliant. Cyflwynir Carwyn, trwy droslais, fel dyn a oedd wedi ymroi i'r syniad o Gymru'n cael ei llywodraethu gan y Cymry. Meddai Carwyn ei hun wedyn:

> To be Welsh today is to be aware of an old vital tradition that has survived. It is also to feel a new sense of nationhood which is at last finding full expression. No real serious attempt has been made by successive London governments to plan the Wales of today. Our people, our young people are leaving the countryside. But de-population is not confined to the rural areas. It is becoming more and more apparent in the industrial valleys as well. It is the duty of government to govern responsibly and to provide alternative industries in the mining valleys now facing doom. But day by day, the people of Wales are realizing the futility of a government in which they had put so much faith.

Wedi agor ei ddadl, gwelwn hen dŷ ffarm, llwm, syml, ar lethr bryn, y ffermwr ar gefn ei geffyl a dau gi defaid yn rhedeg ar hyd y clos. Esbonia Carwyn fod ysbryd Cymru wedi'i eni yn y tŷ ffarm mynyddig, yn y bwthyn ger y nant, ac ar aelwyd y glöwr. Gwreiddia ei genedlaetholdeb yn ddwfn mewn un diwylliant penodol Gymreig, yr un y byddai wedi dysgu amdano yn ei wersi ysgol ar hanes ei wlad, a'r un a fyddai wedi'i glywed ar lafar yng Nghwm Gwendraeth a Rhydlewis. Yna, mae'n troi at yr iaith. Gwelwn ef yn cerdded ar hyd clos tŷ fferm Pantycelyn, gan sgwrsio â'r ffarmwr yn y Gymraeg, un o ddisgynyddion William Williams. Esbonia mai'r Gymraeg yw'r iaith fyw hynaf yn Ewrop, a bod angen i Gymru ei diogelu. Pwysleisia serch hynny fod pobl yn gadael cefn gwlad Cymru, fod ysgolion a gorsafoedd bychain yn cau, a bod hynny yn cael effaith negyddol ar fodolaeth ei chymunedau:

> I was born and brought up in the industrial village, Cefneithin, located literally under the shadow of the coal tips. The black pyramids are part of the scenery, a symbol of economic wealth. It is sobering to think how much mineral wealth has left this valley, and today there is so little to show for it. And the future is bleak and uncertain.

Cawn ddarlun wedyn o dri hen ŵr yn eistedd ar fainc ar gornel stryd, capiau fflat, yn cael trafferth i anadlu, a daw dau löwr atynt, yn ddu eu hwynebau. Yn amlwg mae'r rhain yng Nghefneithin. Yna try Carwyn at bwyntiau gwleidyddol caletach:

> What is the future for these close-knit communities, in the Rhondda Valley, in the Dulais Valley or in my own Gwendraeth Valley? Already the unemployment figures are high in these areas, often four times the average for Britain as a whole. In the White Paper on the Welsh economy, the completely unrealistic figure of 15,000 new jobs needed in Wales by 1971, was given. Professional economists put the figure at a minimum of 60,000. It may well be more.

Dywed Carwyn, 'Mae dyn yn rhy fawr i gardod', heb ei gyfieithu i'r Saesneg:

> A nation needs institutions to foster and develop its interests. Sadly, the institutions of Wales are mainly cultural. But even culturally we are found lacking. It is typical that Wales has

produced so many world famous opera singers and yet it has no
opera house, so many world famous actors and yet has no national
theatre. The present Labour government at last fulfilled a long-
standing promise and established a Welsh Office and gave Cabinet
status to the Secretary of State. The office needs power to act and
to govern.

Daw â'i ddadl i ben trwy nodi bod yna ddeffroad trwy Gymru,
fod ymwybyddiaeth gynyddol o fod yn genedl ac awydd cryf i
drosglwyddo hyn i rym gwleidyddol trwy fod yn rhan o'r broses
ddemocrataidd o reoli ein materion ein hunain. Wrth sefyll y
tu allan i Ganolfan Ddinesig Caerdydd, esbonia fod neilltuo
lle ar gyfer senedd i Gymru rhyw ddydd yn rhan o gynllunio
pensaernïol yr adeiladau y tu ôl iddo. Dywed wrth gloi'r ffilm:

The central government in London has failed badly and the only
alternative is to see fulfilled the vision of the city fathers. And I feel
that the ultimate decision is in the hands of the Welsh people, in
our hands. If we will it, it is ours. Nothing can stand in the way of
the power of the nation.

Mae'n siŵr mai'r dadleuon hyn symbylodd Gwynfor
Evans i berswadio Carwyn i sefyll yn enw'r Blaid yn etholiad
cyffredinol 1970. Dewisodd y Blaid Lafur gyfreithiwr ifanc o
Gynwyl Elfed i sefyll dros y Blaid Lafur, cyn-ddisgybl i Carwyn,
Denzil Davies. Meddai yntau:

Roedd y ffaith i'r Blaid ddewis Carwyn wedi creu cryn gyffro
yn y Blaid Lafur yn lleol yn sicr. Roedd yn boblogaidd ymhlith
pobol rygbi'r ardal. Roedd yna nerfusrwydd ar y dechrau, wrth
i ni feddwl am frwydro nid yn erbyn Plaid Cymru, ond yn erbyn
Carwyn. Yr ofn oedd y gallai dynnu ar dalp sylweddol o gefnogwyr
y Strade. Roedd ofn y byddai personoliaeth Carwyn yn cynnig y
bygythiad mwya i Lafur ers 1922. Bob tro ro'n i'n mynd i gerdded
y strydoedd i ganfasio, yn y pentrefi o amgylch y dre, ro'n i'n cael
yr un neges, sef bod Carwyn wedi bod yno'n barod. Does dim dowt
iddo weithio'n galed iawn ar ei ymgyrch.

Dangosodd gwaith ymchwil y daearyddwr John Bale, o Brifysgol Keele, mai sir Dyfed oedd y sir â'r nifer uchaf o glybiau rygbi i bob aelod unigol o'i phoblogaeth trwy Brydain gyfan. Yn y sir honno, roedd 82 o glybiau rygbi, felly hawdd gwerthfawrogi dylanwad cymdeithasegol a chymunedol clybiau rygbi. O gael ymgeisydd seneddol fel Carwyn, roedd nerfusrwydd y Blaid Lafur a'i hymgeisydd yn ddealladwy felly.

Ond nid oedd rygbi yn bwnc amlwg yn y taflenni ymgyrchu a gynhyrchwyd gan y Blaid. Nodir ei brif orchestion rygbi mewn paragraff bywgraffyddol yn unig. Galwodd Carwyn ar David Meredith, brenin cysylltiadau cyhoeddus yng Nghymru, i ymwneud â'r daflen.

> Cefais alwad ffôn gan Carwyn yn gofyn i fi ddylunio pamffled ar gyfer ei ymgyrch etholiadol. Roedd y Blaid ar y pryd wedi dechrau sylweddoli bod angen diwygio'r pamffledi oherwydd y duedd o roi lot gormod o eiriau a braidd dim lluniau neu graffics. Dylanwad ymgyrchoedd Kennedy yn yr Unol Daleithiau oedd yn arwain fy nylunio ac yn benodol pwysigrwydd y defnydd o goch ar y dudalen flaen. Dyluniais bamffled i Carwyn ac fe roddodd rwydd hynt i fi fwrw ati, heb ofyn am weld pob cam o'r gwaith paratoadol. Meic Stephens sgrifennodd y geiriau, er i Carwyn anfon pwt o neges bersonol i'w chynnwys hefyd.

Mae cynlluniau'r Weinyddiaeth Amddiffyn i brynu tir yn ardal Penbre a Phort Tywyn yn y pamffled, dan y pennawd, 'Labour's Offer of Jobs – a Gunnery Range!' Dywed:

> What a vision for the future; what an agenda for a generation. This crude and unnecessary intrusion into the lives of a peaceful community must and will be resisted. Wales has already lost 53,000 acres to military needs including 2,000 acres of coast; now the Ministry of Defence demands another 15,000 acres and proposes to spend £25 million on moving the range. To teach and learn how to kill. The Ministry of Defence has the money. The Board of Trade hasn't. Was the Ministry of Defence ever concerned with providing jobs? Gwiredder y broffwydoliaeth: 'Ac ni ddysgant ryfel mwyach'.

INTRODUCING

Carwyn James

**YOUR PROSPECTIVE
PLAID CYMRU CANDIDATE**

Born in Cefneithin, Llanelli, 1929, the son of a miner.
Educated at Gwendraeth Grammar School where he
was Head Boy and then at the University College
of Wales, Aberystwyth. He graduated with Honours
in Welsh and trained as a teacher in 1952.
Served two years in the Royal Navy.
In 1954 he was appointed to the staff of Queen
Elizabeth Grammar School, Carmarthen. From 1956
until 1969 he was Senior Welsh Master and a
Housemaster at Llandovery College.
Now a lecturer in Welsh and Drama at Trinity
College, Carmarthen.
His sporting career began in 1948 when he captained
the WSSRU and played for Llanelli R.F.C. He has
toured with the Barbarians and played both rugby
and cricket for the University of Wales. In 1958 he
won two Welsh caps.
He is now a W.R.U. coach and coaches the Llanelli
R.F.C. and still plays cricket for Carmarthenshire
Wanderers. He is also co-editor of the sports
magazine **Campau.**
His interests are many. A keen member of Urdd
Gobaith Cymru. Popular public speaker all over Wales.
A deacon of Tabernacl, Cefneithin since 1954. Editor
of the educational section of the monthly review **Barn.**
Sits on the Joint Matriculation Board. Recently
appointed to the Court of Governors of the University
of Wales. A well-known television personality, he has
appeared on many religious, political and sporting
programmes.

 Plaid Cymru

DYMA Carwyn James

Ganwyd Carwyn James yng Nghefneithin, Llanelli, yn
1929. Mae'n fab i löwr.
Addysgwyd yn ysgol Ramadeg Gwendraeth, ac oddiyno
aeth i Goleg y Brifysgol, Aberystwyth.
Bu yn y llynges am ddwy flynedd.
Yn 1954, penodwyd ar staff Ysgol Ramadeg y
Frenhines Elizabeth, Caerfyrddin. O 1956 hyd 1969
bu'n Athro Gymraeg yng Ngholeg Llanymddyfri. Y mae
ar hyn o bryd yn ddarlithydd mewn Cymraeg a Drama
yng Ngholeg y Drindod Caerfyrddin. Y mae Carwyn
James yn adnabyddus fel chwaraewr rygbi.
Mae ei ddiddordebau'n amrywiol—aelod o Urdd
Gobaith Cymru, siaradwr cyhoeddus poblogaidd trwy
Gymru, blaenor yng Nghapel y Tabernacl, Cefneithin
ers 1954. Golygydd adran addysg y cylchgrawn 'Barn'
Yn ddiweddar penodwyd ef yn aelod o Lys Prifysgol
Cymru. Mae'n ymddangos yn gyson ar deledu yng
Nghymru.

Pan ddaeth diwrnod yr etholiad, sicrhaodd Carwyn dros
wyth mil o bleidleisiau, y cyfanswm uchaf i'r Blaid yn y
chwe etholiad roedden nhw wedi'u hymladd er 1950. Roedd
y cyfanswm gynifer ag a fyddai'n gweld gêm ar y Strade ar
bnawn Sadwrn. Ond mater arall yw derbyn y byddai Carwyn
wedi bod yn gymwys i fod yn Aelod Seneddol, yn amlwg ym
myd gwleidydda bob dydd, yn trin a thrafod ac yn fodlon
cyfaddawdu. Gemau gwleidyddol oedd yr unig fath o gemau
oedd y tu hwnt i allu ac anian Carwyn, a dweud y gwir. Roedd
yn ormod o unigolyn i allu chwarae'r fath gampau.

Yn ddiarwybod, cymer Carwyn le unigryw yn y ddadl
ynglŷn â'r berthynas rhwng rygbi a chenedlaetholdeb yn
y saithdegau hefyd, dadl a grynhoir yn glir gan yr Athro

Kenneth Morgan yn ei lyfr *Wales: The Birth of a Nation*:

> What was... debatable was whether the excitement of international days at Cardiff Arms Park, with its emotional cascades of hymn-singing, did not blunt the passion for a more solid and political form of national self-expression. Beating the English through skill with an oval leather ball appeared to be satisfaction enough.

Roedd Oes Aur ar y cae rygbi yn ddigon o fynegiant o hunaniaeth Gymreig, a sawl Camp Lawn yn sicrach teimlad o fodoli fel cenedl nag ydoedd pleidleisio 'Ie' yn refferendwm datganoli 1979. Go brin y byddai Carwyn wedi bodloni ar ymagwedd o'r fath a chaniatáu i genedlaetholdeb y bêl hirgron gymryd lle cenedlaetholdeb go iawn.

Llewod 1971

Ysgrifennwyd cyfrolau a milltiroedd o golofnau papur newydd am lwyddiant Llewod Prydain ac Iwerddon yn cipio buddugoliaeth mewn cyfres o gemau prawf am y tro cyntaf erioed yn Seland Newydd yn 1971. Eto, mae agweddau ar rôl Carwyn yn y fuddugoliaeth yn werth eu hystyried.

Pan gyrhaeddodd y Llewod Seland Newydd, roedd cryfder y Crysau Duon yn ddigon cyfforddus ym myd rygbi'r cyfnod. Trwy gydol y chwedegau, Seland Newydd oedd y tîm wnaeth dra-arglwyddiaethu ar rygbi'r byd. Dim ond pedair gêm roedden nhw wedi'u colli allan o 42 rhwng 1961 a 1970. Enillwyd 17 gêm o'r bron ganddyn nhw rhwng 1961 a 1964 a'r un nifer o fuddugoliaethau eto rhwng 1965 a 1969. Doedd neb wedi'u curo oddi cartre rhwng 1964 a 1970. Ystadegau anhygoel mewn unrhyw gamp.

Roedd Carwyn yng nghanol ei ymgyrchu gwleidyddol pan ddechreuodd y broses o ddewis hyfforddwr y Llewod. Cafodd ei ddewis ar y rhestr fer, ynghyd ag un Cymro arall, Roy Bish, ymgeisydd Undeb Rygbi Lloegr, Martin Underwood ac ymgeisydd Undeb Rygbi Iwerddon, Roly Meates. Doedd dim modd ystyried Albanwr, am mai Doug Smith gawsai ei benodi'n

Rheolwr ar y daith. Cawsai Roy Bish fwy o brofiad hyfforddi clwb dosbarth cyntaf na Carwyn ac fel Carwyn, rhannai ei waith hyfforddi gyda'i waith fel darlithydd ymarfer corff yng Ngholeg Hyfforddi Caerdydd.

Cyn cyrraedd Llundain, roedd yn rhaid i Carwyn newid ei drefniadau er mwyn bod yn rhydd i fynd. Cafodd Rita Morgan alwad ffôn ar y funud olaf i'w helpu:

> Ro'dd e i fod i agor ffair Plaid Cymru yn Llanelli rhywle, yn Felinfoel, dw i'n credu. Ond wrth gwrs, do'dd e ddim yn gallu bod yno ac fe ges i SOS i gymryd ei le. Ro'dd yn dipyn o beth iddo fe orfod canslo unrhyw beth yn Llanelli ac yntau ynghanol ymgyrch etholiadol. Ond ro'dd yn rhaid mynd i'r cyfweliad, wrth gwrs.

Yn yr East India Club yn Llundain y cafodd ei gyfweld, a hynny bythefnos cyn yr Etholiad Cyffredinol ar 18 Mehefin. Cafodd un cwestiwn yn ymwneud â'r ffaith ei fod yn sefyll dros Blaid Cymru yn yr etholiad. Petai'n llwyddiannus, ni fyddai'n gallu mynd ar y daith. Dywedodd Carwyn:

> I made two points. That I was competing with all my might to win the seat, even though the Labour majority was well over 20,000; that in the current issue of the *Llanelli Star*, the odds quoted were ten thousand to one against, so I politely offered to take the committee's pounds back home in the hope that they would all make a quick ten thousand!

Doedd Carwyn ddim yn argyhoeddedig iddo wneud argraff ffafriol ar y panel o gwbl. Ni cheir gwell awdurdod ar hynny na'i chwaer hynaf, Gwen. Ar y rhaglen *Diacon y Sêt Gefen*, dywed:

> Dw i'n cofio fe'n dod 'nôl a gweud, "Wel, dw i ddim yn mynd i ga'l y swydd 'na, oherwydd yr hen bolitics!" a wedes i, "Wel, os wyt ti wedi dweud y gwir, sdim gwahanieth beth yw e, byddan nhw'n siŵr o weld bo' ti'n gadarn dros beth rwyt ti'n sefyll." Rhyw dri diwrnod ar ôl hynny, o'n i yn y gegin fach, a dyma fe'n dod yn ei byjamas, a

dweud, "Wi wedi bod yn llwyddiannus!" A wi'n credu 'na'r diwrnod hapusa wi wedi'i weld e erioed. Wedyn do'dd y politics ddim wedi neud llawer o ddrwg iddo fe, o'dd e?

Cafodd ei ddewis yn hyfforddwr y Llewod er nad oedd erioed wedi bod yn hyfforddwr ar ei wlad. Bu'n rhaid iddo gynnal trafodaethau gyda'i gyflogwyr ar y pryd, sef Coleg y Drindod, gan fod mis o'r daith ar ddiwedd y tymor. Fe gafodd ei ryddhau o'i ddyletswyddau Coleg am y mis hwnnw, ond yn ddi-dâl. Roedd gweddill y daith o ddeufis yn ystod gwyliau'r coleg, felly doedd dim problem ynglŷn â chael ei dalu am y cyfnod hwnnw. Yn naturiol, roedd Clwb Rygbi Llanelli yn fwy na balch mai eu hyfforddwr nhw fyddai'n hyfforddi Llewod Prydain ac Iwerddon.

Dechreuodd ar y broses o greu carfan o chwaraewyr rygbi gorau gwledydd Prydain a chanddo flwyddyn i wneud hynny. Yn unol â'i anian drylwyr, drefnus a dadansoddol, astudiodd chwaraewyr y pedair gwlad yn ddyfal trwy fynd i gymaint o gemau â phosib a thrwy astudio'r gemau oedd ar gael wedi'u recordio ar y pryd. Roedd angen i'r chwaraewyr wybod am ei hyfforddwr hefyd wrth gwrs. Gan nad oedd wedi bod yn hyfforddwr rhyngwladol, cymysglyd oedd ymateb y chwaraewyr iddo. I seren rheng ôl Iwerddon, Fergus Slattery, roedd cyhoeddi enw hyfforddwr y Llewod yn sioc:

> I'd never heard of him before. There would be no reason why I should have come across him, living and playing in Ireland as I did. The first time I ever saw him was in the training camp we had in Eastbourne before the tour. I was well impressed when I saw him. He was very calm and handled himself very well.

Meddai Bob Hiller, cefnwr Harlequins a Lloegr:

> I didn't know him before we gathered as a Lions squad in Eastbourne. I had seen him before, when I played for Surrey in a county match and he'd come to see the game as part of his Lions

Llythyr gan Carwyn at Peter Rees yng Nghlwb Rygbi Llanelli, yn rhoi ei gyfarwyddiadau cyn iddo adael am Seland Newydd gyda'r Llewod.

scouting mission. I remember that Llanelli were playing the same day and had lost, back in Stradey. I remember pulling his leg about that. It didn't seem to have made a difference!

Ond roedd eraill yn gwybod rhywfaint amdano, fel y cawr Willie John McBride, un o sêr mwya'r byd rygbi erioed:

I had heard the name, from some of the international players I knew in Wales and in England. They spoke very highly of him.

Hyd yn oed os oedd yn gyfarwydd iawn ag ambell chwaraewr, roedd ganddo waith i'w wneud er mwyn sicrhau eu bod yn gallu bod yn rhan o daith y Llewod. Roedd hyn yn arbennig o wir am ddau Gymro blaenllaw, Gerald Davies a Barry John, ac am y Gwyddel amlwg, y Llew o'r Llewod, Willie John McBride:

I had a call from Carwyn asking me to meet him for lunch one day. The conversation soon turned to the forthcoming tour of course, but not in the way I expected it to. He asked me out of the blue, "As a senior player, what sort of people playing today, would you take with you to New Zealand, to win?" I was astounded. No one had ever asked me such a question before or any other player as far as I know. After the conversation triggered by that question, he said something else I didn't expect.

He said that he had heard that I didn't want to go on the tour. I had no idea that he knew that. It was true. I had three Lions tours behind me, '62, '66, and '68. I had decided that the time had come for me to concentrate on my banking career, as that was my pension after all. So, family discussions had led to me deciding I wasn't available for New Zealand. Carwyn sat back in his chair, pulled on his cigarette, looked at me as he blew the smoke out and said, "But Willie John, I need you!" Again, no one had ever said that to me before. I left that lunch ready to tour New Zealand, and as we walked out of the restaurant, Carwyn turned to me and said, "I promise you this tour will be different."

Wedi i Willie John McBride ddod i wybod rhywfaint am Carwyn edrychai ymlaen at weithio gydag e:

211

I was looking forward to playing with a coach of such reputation. In fact, having been on Lions tours before, I was looking forward to working with a coach. Ronnie Dawson had taken charge of my previous Lions tour, but that was when coaching was in its infancy. Coaching had developed a great deal since then, and the word was that Carwyn was at the forefront of such a development and quite a thinker. That made it even more of an exciting prospect.

Nid oedd Carwyn yn gallu bod yn sicr y byddai Gerald na Barry yn gallu mynd ar y daith chwaith, ond am resymau gwahanol. Gerald Davies sy'n esbonio sut yr hwylusodd Carwyn y trefniadau, er mwyn i'r asgellwr dawnus fod yn Llew:

Oherwydd fy arholiadau blwyddyn olaf yn Mhrifysgol Caergrawnt, doeddwn i ddim yn gallu hedfan mas gyda'r tîm, a bydde'n rhaid i fi golli tair wythnos gynta'r daith. Roedd swyddogion Undebau Rygbi'r pedair gwlad wedi dweud ar hyd y blynyddoedd bod yn rhaid i bawb fod ar gael i fynd gyda'i gilydd. Ar benwythnos dewis y tîm, cefais alwad ffôn gan Carwyn. Gofynnodd a oeddwn i'n gallu hedfan mas i Seland Newydd ar ôl fy arholiadau Tripos. Ond roedd amod. Os oeddwn i'n gallu gwneud hynny, roedd am i fi fod yn rhan o'r paratoadau yn Eastbourne a oedd cyn fy arholiadau. Derbyniais y telerau heb oedi. Heblaw am ddylanwad Carwyn wrth ddewis y tîm, dw i ddim yn credu y bydden i wedi cael fy newis a dweud y gwir.

Mae adroddiadau ar gemau'r daith yn dangos doethineb yr awydd i fynd â Gerald. Felly hefyd y chwaraewr arall oedd bron wedi penderfynu peidio â mynd i Seland Newydd. Cofir y gêm yn erbyn yr Alban o 19 i 18, ym Mhencampwriaeth y Pum Gwlad cyn taith y Llewod am drosiad anhygoel y blaenasgellwr, John Taylor, bum munud cyn y diwedd. Enillodd Cymru'r Gamp Lawn y flwyddyn honno ac meddai Barry:

Fe 'nes i sgori trydydd cais Cymru yn y gêm, ar ôl John Taylor a Gareth, ac wrth wneud hynny, cael clatshen ar gefen fy mhen gan un o'r Albanwyr a bwrodd fy mhen y ddaear wrth i fi dirio'r bêl i sgori. Roedd yn dacl digon teg, ond fe wnaeth niwed. Rai

wythnosau wedi hynny, ro'dd Cymru yn Paris i chwarae yn erbyn
Ffrainc. Mae'n bosib mai dyna'r unig dacl 'nes i erioed, ond ro'dd
hi'n un galed a ces i ergyd arall i'r pen a'r trwyn. Ro'dd hynny ym
mis Mawrth a 'nes i ddim chwarae fawr ddim rygbi i Gaerdydd
wedi hynny.

Wrth i enwi tîm y Llewod agosáu, fe wedes i gartre nad o'dd
fawr ddim chwant arna i fynd ar y daith. Ro' n i wedi cael dwy
shiglad oedd wedi achosi niwed i'r pen, a doeddwn i ddim wedi
chwarae lot o rygbi o ganlyniad. Pan ddaeth y gwahoddiad felly,
'nes i ddim ei ateb. Yna dechreuodd y ffôn ganu. Carwyn. Wna'th e
ddim siarad fawr ddim 'da fi, yn hytrach ro'dd e'n ddigon cyfrwys i
gael sawl sgwrs gyda Jan, fy ngwraig. Wrth i'r diwrnod ola agosáu,
pan ro'dd yn rhaid rhoi ateb, ro'dd Jan wrthi'n fy mherswadio i
fynd ac yn dyfynnu Carwyn yn aml yn y sgyrsiau hynny. "Bydde
tua chwe wythnos ar ôl gadael cyn bod yn rhaid chwarae unrhyw
gêm," meddai, "a bydde Carwyn yn gwneud yn siŵr na fydde
gormod o ymarfer cyn hynny." Ei chyfraniad personol hi i'r ddadl
o'dd dweud y dylen i fynd, am y bydden i'n foi mor ddiflas a blin
yn ishte gatre yn difaru nad o'n i wedi teithio. Ac wrth gwrs, rhwng
y ddou ohonyn nhw, fe es ar y daith.

Roedd y modd y gwnaeth Carwyn drin a thrafod Barry ar
y daith yn un o'r rhinweddau arbennig a nodwyd gan bawb
a'i gwelodd. Prif rinwedd Carwyn, yn ôl pob chwaraewr a fu
mewn tîm o dan ei ofal, oedd y ffordd y byddai'n trin pobl.
Gwyddai'n reddfol yn ôl y Cymro a'r Llew, Delme Thomas, ai
angen braich rownd yr ysgwydd oedd eisiau ar chwaraewr,
neu gic yn ei ben ôl. Fyddai e byth yn trin pawb yr un fath.
Ambell air o anogaeth fan hyn, cerydd fan draw, ond cerydd
tawel, pwyllog; rhesymu gydag un, rhoi neges swta i un arall.
I Carwyn roedd yn rhaid deall mwy na natur personoliaeth ei
chwaraewyr:

On tour, as coach, you must happily concentrate every minute
of the day. You must be a full person and aware that you are
surrounded by different kinds of people. If one person likes soccer,
you must know all about his favourite team, or cricket, when the
scores are sent over from home. If music, you must have the same
ear. Simply, you must know what he likes to drink.

Gyda Barry John, roedd ganddo ffordd gwbl wahanol o'i drin. Roedd yn ei ddeall. Delme Thomas sy'n cofio un stori ar daith 1971 yn amlygu hynny:

Ro'dd y tîm yn y stafell newid, a Carwyn yn siarad am y gêm o'dd o'n bla'n ni. Esboniodd ambell symudiad ro'dd am i ni chwarae. Yn ein canol ni ro'dd Barry ac wedi i Carwyn gwpla, fe drodd Barry ato a dweud, "Ocê, gelli di alw pa bynnag *moves* ti'n moyn wrth gwrs, ond os gwela i gap, fi'n mynd trwyddo fe." Trodd Carwyn ata i a rhoi winc fach dawel, cystal â dweud, 'na beth o'n i'n ddisgwyl!

Rhoddai le a rhyddid i greadigrwydd unigolyn fel Barry a hynny oddi mewn i'w gynllun chwarae. Dyna oedd athroniaeth ganolog Carwyn ar y cae rygbi.

Mae'r ffordd y defnyddiodd ei garfan yn arwydd o'i arddull rheoli chwaraewyr. Yn y pedair gêm brawf, dim ond 17 o chwaraewyr a ddefnyddiwyd ganddo o'i gymharu â'r 31 a ddefnyddiwyd gan Syd Millar yng ngemau prawf Llewod 1974. Roedd yn gwybod pa chwaraewr ddylai chwarae mewn gêm a pha un ddylai gael gorffwys. Gwelwyd hynny yn y ffordd y defnyddiodd Gareth Edwards a Chico Hopkins, er enghraifft. Mae Barry John yn cofio iddo yntau gael ei arbed rhag chwarae mewn un gêm:

Y Sadwrn cyn y gêm brawf gynta, roedden ni'n chwarae Canterbury ac ro'dd disgwyl gêm anodd, gorfforol. Chafodd neb ei siomi! Trodd i fod yn un o'r gemau mwya brwnt yn hanes y Llewod. Ro'dd Carwyn wedi ystyried y bydde Canterbury yn fy nhargedu i yn y gêm honno, er mwyn ei gwneud yn anodd, os nad yn amhosib i fi chwarae yn y gêm brawf y Sadwrn canlynol. O ganlyniad penderfynodd Carwyn gadw fi ar y fainc. Yn ystod y gêm fe ges neges gan Carwyn i fynd i ishte ar ei bwys. Wedi cyrraedd, ddwedodd e'r un gair wrtha i, nag am sbel wedyn chwaith. Yna, trodd ata i, pwyntio at un o chwaraewr Canterbury ar y cae a dweud, "Diddorol". A dyna ni. Dim eglurhad, dim ymhelaethu. Ond ro'n i'n deall y neges. Dyna'r boi ro'dd e am i fi ganolbwyntio arno yn y gêm brawf, y man gwan i gymryd mantais ohono. Oes rhaid dweud ei fod e'n iawn?

Dangosodd barodrwydd i amrywio'r paratoadau ar gyfer gemau hefyd. Nid yn unig byddai'n rhoi sesiynau rhedeg ychwanegol i'r rhai y credai eu bod yn tueddu i fod yn ddiog, ond ni châi Barry gymaint o sesiynau â'r gweddill gan na fyddai gorymarfer yn fuddiol iddo fe. Arferai hefyd gynnal sesiynau pêl-droed a chriced o bryd i'w gilydd gan ei fod yn credu bod angen amrywio'r ffordd roeddent yn paratoi a hwythau ar daith am gyfnod o dri mis. Ymddangosodd yr offer criced y tro cyntaf er mwyn drysu aelodau'r wasg yn Seland Newydd, pan ddaethant i dynnu lluniau hyfforddwr newydd y Llewod. Roeddent am wylio ei ddulliau a'i dactegau. Ymateb Carwyn oedd peidio hyd yn oed dod â phêl rygbi i'r cae a ffotograffwyr Seland Newydd yn gorfod edrych ar Lewod Prydain yn chwarae criced. Arwydd pellach o awydd Carwyn i fod gam ar y blaen drwy'r amser ac osgoi cynnig yr hyn roedd pawb yn ei ddisgwyl.

Heb os, doedd Willie John McBride ddim yn disgwyl y gwahoddiad a gawsai ar y noson cyn un o gemau mwyaf y daith, heblaw am y gemau prawf, yn erbyn rhanbarth gref Wellington. Roedd y newyddiadurwr David Frost, o bapur y *Guardian*, wedi cael yr un gwahoddiad, ac fe sy'n adrodd y stori:

> After lunch in Wellington, he came to me out of the blue – I
> scarcely knew him at that time – and said he wanted me to come
> to the theatre that evening with him. He said he had also asked
> Willie John McBride to come along. I can not speak for McBride,
> though I doubt if he was a regular theatre-goer in Ballymena, but
> I had certainly not been inside a theatre for many years. We both
> felt impelled to accept Carwyn's invitation, and the performance
> of Harold Pinter's *The Birthday Party* remains one of my most
> vivid memories, not only of Carwyn but of rugby touring. What
> made the evening was Carwyn's ebullient company. He was
> in one of those totally relaxed, effervescent, almost irreverent
> moods as we sat at a table with a bottle of wine and sandwiches.

Enillodd y Llewod y gêm y diwrnod wedyn o 47 i 9, un o berfformiadau mwyaf argyhoeddedig y daith. Noson cyn y gêm fawr, doedd Carwyn ddim yn gweld yr angen i fod gyda'i dîm, heb sôn am gynnig unrhyw fath o gyngor iddynt. Ond rhaid nodi iddo fethu â delio gydag un o'r garfan ac yntau'n Gymro hefyd. Mae Gerald Davies yn nodi hynny yn ei hunangofiant:

If it can be said that Carwyn failed in 1971, it was in the case of John Bevan, our winger. He had an exceptional start to the tour, having scored ten or so tries in the first half dozen matches. But being a raw youngster in 1971, he fell out of form, and form for John meant the art of scoring tries. He could have an otherwise brilliant game but if he did not cross the line, it made no difference what people said to him, John would be dissatisfied. After a few games such as this, John became impulsive and impetuous, and the more these qualities manifested themselves the worse the game got for him. Carwyn tried all manner of things to get him to snap out of it but failed.

I 'Mighty Mouse' sef Ian MacLauchlan, y blaenwr o'r Alban a gafodd lwyddiant ysgubol ar y daith, dau Gymro oedd y Llewod pwysicaf ar y daith, Barry John a Carwyn James.

As a coach, Carwyn had it all put together. One of his ploys was to invite three or four players to his room for a drink and then have dinner together. This was an invitation no one would refuse, not just because it was more of a royal command, but because, as well as being the supreme coach, Carwyn was a very good judge of a bottle of wine. At the first of these little get-togethers I thought he was taking the mickey because he seemed to ask questions about the scrum which were blindingly obvious. "He's playing the school master, making me pass a test," was my conclusion. Then I realized that he was putting out feelers to see the way you thought about things.
What impressed me about him was that he didn't care who got the credit for our success. Always he used the royal 'we'. But

his feel for the game was unrivalled and he was a great handler of men. Maybe his biggest quality was spotting when someone had gone over the top and needed a rest. Quietly he would say to them, "Have a break tomorrow". And the other players didn't start moaning because they were training while a team mate had a day off. They knew it was Carwyn unobtrusively at work.

'Nôl yng Nghaerdydd, roedd Gwilym Owen a rhai o'i gyd-reolwyr yn HTV, Pontcanna, wedi penderfynu y dylid gwneud rhaglen deledu o'r daith. Roedden nhw'n ddyddiau cynnar ar ddarlledu rygbi. Nod HTV oedd ffilmio rhaglen mewn lliw ym mhen draw'r byd. Disgrifia Gwilym Owen, pennaeth newyddion a materion cyfoes HTV ar y pryd, y syniad heddi fel:

> Syniad gwallgo! Y fath o syniad na fyddwn wedi'i chefnogi petawn i wedi meddwl ychydig yn fwy amdano am ei fod yn mynd yn erbyn pob llif synhwyrol. Criw o dri yn unig aeth i ffilmio'r gemau rygbi a thaith y Llewod gyda Dewi Bebb yn cyflwyno.

Doedd neb hyd yn oed wedi sicrhau'r hawl i gael trwydded i ddarlledu yr hyn gâi ei ffilmio yn Seland Newydd. Gan y BBC roedd y cytundeb i ddarlledu'r rygbi ac yn ôl y BBC, roedd hynny'n cynnwys pob agwedd ar daith y Llewod. Cyrhaeddodd y criw o dri Seland Newydd a'r trafod cytundebol yn dal heb ddwyn unrhyw ffrwyth i HTV:

> I ganol y cyfan, camodd Carwyn er mwyn gweld beth fyddai'n bosib i ni ei ffilmio a pha fath o raglen y gellid ei gwneud. Dyna lle y gwelais i ei wir gymeriad a deud y gwir, ei gryfderau a'i allu digwestiwn. Roedd modd gwneud adroddiadau o'r gemau i raglenni newyddion *Y Dydd* a *Report Wales*. Ond trwy ddylanwad Carwyn trefnodd fod y criw yn cael mynd ar y bws pan fyddai'r Llewod yn teithio, hefyd cyfweliadau gyda chwaraewr, a chaent ffilmio'r hyfforddi a'r cymdeithasu. Roedd gan Dewi ei ddylanwad hefyd wrth gwrs, y ddau yn debyg iawn yn eu pendantrwydd tawel. Ond Carwyn achubodd y dydd i ni.

Roedd angen gallu Carwyn i berswadio wedi cyrraedd 'nôl o'r daith hefyd:

Roedd y BBC wedi rhoi *blackout* llwyr ar yr holl ddeunydd roedden ni wedi'i ffilmio yno. Ond, mi wnaethon ni fwrw ati i greu rhaglen o'r deunydd a ffilmiwyd, yn y gobaith y byddai modd ei ddangos. Lluniwyd awr a chwarter o ffilm ddogfen ar daith Llewod 1971. Ond doedd dim modd ei rhoi ar yr awyr.

Methiant fu'r trafodaethau swyddogol, wrth i'r BBC fynnu mai ganddyn nhw yn unig roedd yr hawl i ddangos unrhyw ddeunydd yn ymwneud â'r daith, heblaw am fwletinau ar raglenni newyddion. Ond y tu ôl i'r llenni, roedd Syr Alun Talfan Davies a Carwyn James yn ddyfal wrthi:

Carwyn gafodd y syniad o ddangos y ffilm yng nghlwb HTV ym Mhontcanna ar ôl gêm Caerdydd yn erbyn Cymry Llundain. Awgrymodd wahodd swyddogion a gweinyddwyr rygbi amlwg, ond hefyd Aelodau Seneddol y de, ynghyd â holl reolwyr HTV. Cafodd y syniad gefnogaeth Syr Alun Talfan a'r Arglwydd Harlech. Dangoswyd y ffilm i gynulleidfa ddethol ond dylanwadol. Roedd y stori yn y papurau'r Llun canlynol, yn cynnwys sylwadau gan ambell Aelod Seneddol y dylid llacio rheolau'r trwyddedu a dangos y ffilm ar HTV i bawb gael ei gweld. Yn y diwedd dyna'n union ddigwyddodd a dangosodd HTV y ffilm.

I un o gewri mwyaf y gêm erioed, Colin Meads, roedd y modd y deliodd Carwyn â'r wasg ar y daith yn gymaint o gyfraniad i lwyddiant y Llewod ac i statws Carwyn ei hun, a'i orchestion wrth hyfforddi:

Way before the tour ended, he had the press eating out of his hands. He would sit down for long periods with various members of the press, in groups of differing sizes, and talk to them about rugby in general, rugby in Wales and the future of rugby worldwide. Nobody had done that before and they were taken in by it completely. The psyche at the time was that New

Zealand had their way off the field as well as on it. Carwyn manoeuvred that situation to the Lions advantage.

Llwyddodd i ddylanwadu ar weinyddwyr y gêm yn Seland Newydd hefyd, a hynny yn y dewis o ddyfarnwyr ar gyfer y gemau prawf yn erbyn y Crysau Duon. Sicrhaodd Carwyn yr un dyfarnwr ar gyfer yr ail gêm brawf â'r cynta, sef John Pring. Roedd hynny'n anarferol, gan i Seland Newydd golli'r prawf cyntaf. Mae Colin Meads yn cofio trafod sefyllfa'r dyfarnwr wedi'r ail gêm brawf:

> I discussed it with the then Chairman of the New Zealand Rugby Union and he said in no uncertain terms that the same official would not be chosen for the remaining two tests, because, quite simply, that's what Carwyn wanted. Pring's interpretation of the game suited Carwyn's game plan. Carwyn managed to secure just that and Pring was the ref for all four tests in the end.

Mynegwyd pryderon gan y cyhoedd a'r wasg ei bod yn bosib na fyddai Carwyn, y cenedlaetholwr, yn gallu uno chwaraewyr pedair gwlad y Deyrnas Gyfunol, heb ffafrio ei gyd-Gymry, yn enwedig y rhai oedd yn gallu siarad Cymraeg. Roedd Carwyn hefyd yn ymwybodol o'r angen i ddatblygu cysylltiadau rhwng y cenhedloedd cyn gadael Prydain:

> The day I met my 1971 Lions for the first time, the very first thing I said to them was, "Look here, be your own man. Express yourself, not as you would at the office, but as you would at home. I don't want Irishmen to pretend to be English, or Englishmen to be Celts or Scotsmen to be anything less than Scots. You each have an ultimate quality to give to the team and you must know that you are able to express yourself in your own special unique way, both on the field and off it."

Er mai dyna'r athroniaeth ganolog a ledodd drwy'r tîm, nid oedd hynny'n golygu nad oedd yna dynnu coes. Yn enwedig gan fod Willie John McBride yn y garfan ac yn dipyn o gymeriad:

> I would enjoy winding the Welsh boys up, when they were in a
> huddle with Carwyn. I would ask them why they were speaking a
> language no one understood. Carwyn loved the banter and knew
> exactly where I was coming from. He would give as good as he got
> as well, and would often deliberately turn to speak Welsh when I
> approached him and a group of players.

Roedd Gwyddel arall yn ymwybodol o arfer y Cymry i
gasglu gyda'i gilydd yn achlysurol. Ond roedd ateb gwahanol
gan Fergus Slattery:

> I remember going up to a hotel room on the tour, because I knew
> a certain club was meeting there – the Sunday Drinkers Club. It
> was put together by JPR if I remember, and only Welshmen were
> allowed in to it. I walked right in and declared that I was now
> an honorary member of the club as well. And to be fair, I was
> welcomed with open arms.

Arferai Carwyn annog ei chwaraewyr i fynd ar ymweliadau
cymdeithasol yn ystod y daith. Yn achos y Cymry, roedd
hynny'n amlach na pheidio yn golygu mynd i gartrefi Cymry
a oedd wedi ymgartrefu yn Seland Newydd, er mwyn cael
pryd o fwyd traddodiadol fel cinio dydd Sul. Roedd y fath
ymweliadau yn destun syndod i aelodau'r garfan o wledydd
eraill Prydain.

Cafodd Carwyn un achos i ymweld ag arwr yn hanes rygbi
Seland Newydd fodd bynnag. Roedd y mewnwr Ray Chico
Hopkins wedi'i anafu a phob ymgais i'w wella wedi methu.
Clywodd Carwyn fod yr enwog George Nepia, Maori a oedd yn
seren i'r Crysau Duon yn yr 1920au, yn gyfarwydd â thriniaethau
amgen ei lwyth a drosglwyddwyd iddo o genhedlaeth i
genhedlaeth. Cynigiodd helpu Hopkins ac fe aeth Carwyn i'w
weld er na cheir manylion am driniaethau Nepia.

Oedd gan Carwyn fwy o sêr nag unrhyw daith Llewod aeth
i Seland Newydd cyn hynny? Oedd y garfan yn llawn sêr ac
mai dyna'r rheswm am lwyddiant Carwyn? Mae Colin Meads
yn glir ei farn:

Carwyn used the team that he had very well; he dealt with a squad and kept a unity that transferred to the pitch. In-fighting and rifts are common enough in touring teams and the fact that there were none on that tour is an achievement for the management. He did have stars, but no one could have coached the stars he had like Carwyn did. He was judicious and scientific in his approach in a way we hadn't seen in New Zealand before.

Mae Syd Millar yn cytuno:

Carwyn had a mix of players. Some were what's called 'stars', some weren't. He had to raise the game of those who weren't and make those who were, play like stars. And it can be harder to manage a team of experienced players at the top of their game than those who were at the start of their careers.

Felly hefyd un o'r rhai a gâi ei ystyried yn un o sêr Llewod 1971, Willie John McBride:

How do you keep the motivation of a squad of diverse players going for three month and more? It's not easy. It takes skill and leadership to deal with players of calibre and also to deal with them as a collective.

Efallai i Delme Thomas gael cip ar yr athroniaeth a arweiniodd at lwyddiant Carwyn i gyflawni'r hyn a ddywedodd Willie John McBride:

Ro'dd e'n eistedd ar fy mwys i ar y bws i un o'r gemau, ac ynghanol y sgwrs fe drodd ata i a dweud, "Ti'n gweld, gall unrhyw un roi sosban ddŵr ar y tân a'i berwi'n sych. Ond y gamp yw rhoi'r sosban ar y tân a'i chadw i ffrwtian cyn hired ag sy'n bosib gan wybod pryd ma dod â hi 'nôl i'r berw unwaith 'to".

Testun trafod brwd arall, sy'n dal i gael ei wyntyllu, yw pa daith y Llewod gyflawnodd fwyaf? Llewod Carwyn yn 1971 am ennill cyfres brawf yn Seland Newydd am y tro cyntaf erioed, neu Llewod Syd Millar yn 1974 a aeth ar daith ddiguro i Dde

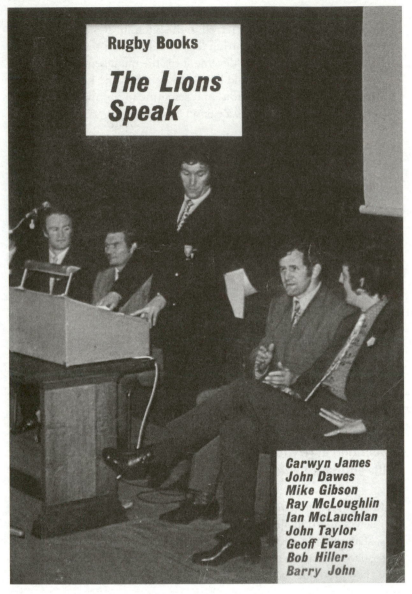

Clawr y gyfrol a oedd yn gasgliad o anerchiadau'r gynhadledd ar sgiliau rygbi yn sgil llwyddiant y Llewod yn 1971.

Affrica? Does dim gwadu bod y ddwy daith yn rhai hanesyddol. Dyma ateb Frank Keating i'r cwestiwn:

> The Springboks were easy meat in 1974 for the world's anti-apartheid venom that had been biting deep and painful. In almost three years between August 1971 and their first Test against Willie John's side in June 1974, South Africa had played just one solitary Test, being well beaten by an England side in Johannesburg which had just lost all four matches of the Five Nations championship for the first time in a century. No wonder South Africa were there for the taking. Three years earlier it had been a totally different kettle of contest, as Colin Meads's All Blacks were waiting for Dawes' men as bristlingly bellicose as ever, with 18 wins in their previous 21 Tests.

Mwynhaodd Carwyn ei gyfnod yn Seland Newydd, nid yn unig oherwydd y rygbi a'r fuddugoliaeth, ond roedd y wlad wedi creu argraff ffafriol iawn arno hefyd:

> There was a certain nakedness in the New Zealand countryside, you felt you could taste the earth – almost as if you were back in Wales.

Pan gyrhaeddodd carfan y Llewod 'nôl ym Mhrydain, cawsant groeso na welwyd ei fath wrth i dîm rygbi ddychwelyd adre. Roedd cannoedd yn aros i'w croesawu yn Heathrow. Wrth wynebu'r dorf frwdfrydig, bu'n rhaid i Carwyn ddelio â llwyddiant ym myd chwaraeon a oedd yn gwbl estron iddo, sef cymeradwyaeth dorfol. Wrth ateb cwestiynau gohebwyr teledu, roedd yn amlwg yn pryderu am yr agwedd newydd yma.

> Rydw i'n gobeithio y bydd y chwaraewyr yn cael rhyw dri mis o orffwys. Ma hyn yn bwysig. A dw i'n gobeithio hefyd bydd y cymdeithasau – ma cymaint ohonyn nhw yng Nghymru – yn peidio â gwahodd y bechgyn, a finne hefyd. Oherwydd ma dyn wedi siarad cymaint o rygbi yn ystod y tri mis a hanner diwetha, ma ishe ychydig bach o egwyl ac anghofio amdano.

Roedd Carwyn yn ymwybodol o bwysau'r cyfryngau ar y chwaraewyr. Efallai ei fod yn bwysau newydd yn y byd rygbi ond roedd yn amhosib i Lewod 1971 ei anwybyddu. Roedd rhoi eu traed yn ôl ar dir Prydain yn sbardun i gyfweliadau teledu a radio ac i weithgareddau cymdeithasol di-ri i'r chwaraewyr ac i Carwyn yn fwy na neb. Ar un adeg, byddai Carwyn yn ymweld â rhyw bum cymdeithas neu fudiad yr wythnos. Tipyn o dreth ar gorff ac enaid. Cafodd Delme Thomas ac yntau eu gwahodd i agor gorsaf betrol newydd yn Llanelli, rhywbeth na fyddai wedi digwydd cyn taith 1971 i chwaraewyr rygbi.

Pan roedd angen dianc rhag y fath sylw ar Carwyn ei hun, roedd ganddo ei lochesi. Un o'r rhain oedd cartre ei gyn-brifathro Llewelyn Williams ym Mhorthyrhyd. Arferai ddianc yno, a chael ei adael ar ei ben ei hun i eistedd wrth ddesg a wnaed gan Llew Williams, er mwyn ysgrifennu, cael mwgyn, a myfyrio'n dawel wrth edrych lawr o'r bryn at y pentre a neb yn gallu ei weld yntau.

Fe aeth Carwyn ar ddwy daith hefyd, yn seiliedig ar lwyddiant y Llewod. Fe aeth ar un trwy Brydain gyda Doug Smith, y rheolwr, a'r ddau yn annerch clybiau rygbi di-ri. Aeth Max Boyce gyda nhw i ambell gyfarfod hefyd, i gynnig ei ddiddanwch. Trwy Gymru âi Carwyn, fel arfer ar ei ben ei hun, i ddangosiadau cyhoeddus o'r ffilm a wnaed gan HTV o daith y Llewod. Dangoswyd y ffilm mewn neuaddau pentre trwy Gymru. Pleser personol pur i Carwyn oedd mynd â'r ffilm, nid yn unig i Gefneithin, ond i'r neuadd yn Rhydlewis hefyd, yr un y byddai wedi ymweld â hi droeon adeg ei wyliau haf yn y pentre. Carwyn ei hun oedd wedi mynnu cynnwys Rhydlewis yn y daith. Mynnodd fod dangosiad yng Ngholeg y Drindod hefyd.

Gwahoddwyd y Cymry o blith carfan Llewod 1971 i Eisteddfod y Glowyr ym Mhorthcawl y flwyddyn honno. Cawsant dderbyniad gwresog tu hwnt ond cafwyd yr ymateb mwyaf gan y dorf i gyfraniad Carwyn wedi iddo gamu ar y llwyfan ac adrodd rhan helaeth o 'Y Dyrfa' gan Cynan, o'i gof. Fel un a oedd yn ymwybodol o hanes datblygiad rygbi yng

Nghymru, mae'n sicr fod Carwyn yn gwybod am arwyddocâd y gerdd. Roedd y ffaith i bryddest am rygbi ennill y Goron yn Eisteddfod Genedlaethol Bangor 1931 wedi creu cryn argraff trwy Gymru.

Ynddi mae Cynan yn sôn am gyn-chwaraewr rhyngwladol rygbi o Gymru yn rhoi'r gorau i'r gêm er mwyn mynd yn genhadwr yn Tsieina. Yn y gerdd, mae'r chwaraewr, 'John', ar fwrdd ei long i'r Dwyrain Pell yn edrych i mewn i'r môr ac yn cofio am ei lwyddiannau ym myd rygbi.

Y flwyddyn ganlynol, bu farw tad Carwyn. Roedd yn wael iawn erbyn diwedd ei fywyd. Roedd pneumoconiosis arno ac roedd yn dibynnu ar gyflenwad ocsigen yn ei gartre, effaith dros chwarter canrif dan ddaear. Ond, nid clefyd y llwch oedd y rheswm swyddogol dros ei farwolaeth ar ei dystysgrif marw. O'r herwydd, gwrthodwyd y cyflenwad glo am ddim arferol i Annie, fel gweddw i löwr. Ymgymrodd Carwyn a'i chwaer Gwen i frwydro yn erbyn cyfundrefn a oedd wedi gwneud y fath benderfyniad ar sail pwynt technegol yn unig. Yn y diwedd, yn wyneb diffyg cefnogaeth gan Undeb y Glowyr, galwyd am help cyfreithiwr o Gaerfyrddin ac aed â'r achos i'r llys. Enillodd y teulu eu brwydr, ac fe gafodd Annie gyflenwad glo am ddim wedi dyddiau ei gŵr.

Carwyn yn y Drindod

Un peth pendant y byddai Carwyn wedi'i wneud yn Seland Newydd oedd prynu anrheg i un person arbennig. Lle bynnag yr âi ar ei deithiau rygbi yn y cyfnod hwn, byddai'n prynu anrheg i Norah Isaac, ei bennaeth adran yng Ngholeg y Drindod, Caerfyrddin. Wedi'i marwolaeth, fe'i disgrifiwyd hi fel yr unigolyn mwyaf dylanwadol yn hanes addysg cyfrwng Cymraeg. Daeth yn Bennaeth yr Adran Gymraeg a Drama yng Ngholeg y Drindod Caerfyrddin lle sefydlodd yr adran ddrama Gymraeg gyntaf mewn coleg yng Nghymru.

Crynhoir y berthynas rhyngddyn nhw gan sylw ffwrdd â hi a wnaed gan Norah Isaac i Delme Thomas, yn fuan wedi iddynt ddod 'nôl o Seland Newydd yn 1971, a hithau erbyn hynny wedi derbyn ei hanrheg gan Carwyn. Ymweld â'i frawd, cymydog i Norah, roedd Delme:

> Fe doth lan ata i a dweud, "Ma'r dyn 'na Carwyn, wel, weles i neb yn debyg iddo fe. 'Na'r unig ddyn yn fy mywyd i sy'n gallu gwneud beth fynno â fi!". Ro'dd hi'n gwbod yn iawn fod anrhegion iddi gan Carwyn yn ffordd o wneud yn siŵr y byddai hi'n ymateb yn ffafriol iddo pan ofynne fe am amser bant o'i waith yn y Drindod er mwyn mynd ar ryw drip rygbi neu'i gilydd. Ond er gweld trwyddo fe, ro'dd hi'n gwbod yn iawn na alle hi byth ddadle yn 'i erbyn. 'Na'i ffordd e, a ro'dd e'n gw'itho!

Pan ddaeth Carwyn i'r Drindod, roedd yn dod yn rhan o fywyd Coleg a ffurfiwyd yn y lle cyntaf er mwyn hyfforddi dynion i ddysgu yn ysgolion cynradd yr Eglwys. Rhwng y ddau ryfel byd, ehangodd y Drindod ei ddarpariaeth chwaraeon, ond y rygbi brofodd yn fwyaf poblogaidd ar hyd y degawdau, ac fe fyddai Carwyn yn ddigon cartrefol yno felly. Newydd adael oedd ei gymydog gynt yng Nghefneithin, Barry John. Ond nid i hyfforddi rygbi yr aeth Carwyn yno, ond i gyflwyno llenyddiaeth, ei gariad cyntaf. Roedd Carwyn wedi cadw mewn cysylltiad cyson â'r Drindod, naill ai'n bersonol neu drwy fynd â'i ddisgyblion o Lanymddyfri yno. Ond erbyn 1968, go brin fod yna fawr o angen perswadio ar Carwyn i symud.

Nid ei enw ym myd rygbi a dynnodd sylw'r Drindod ato. Roedd dros ddegawd ers iddo ennill ei gapiau i Gymru ac nid oedd ganddo'r cynnyrch llenyddol a oedd gan y lleill i ddenu Norah Isaac. Ond, roedd hi wedi gweld yn Carwyn ei ddealltwriaeth o lenyddiaeth ei wlad a gweld yr hyn a gyflawnodd wrth sefydlu Adran Gymraeg yng Ngholeg Llanymddyfri.

Coleg bychan oedd y Drindod pan gyrhaeddodd Carwyn, tua thri chant o fyfyrwyr a rhyw ddeugain o staff. Ond roedd yn goleg a oedd yn datblygu ac yn tyfu o dan arweiniad y

Canon Derek Childs, pennaeth y Coleg ers 1965. Unwaith eto felly, daeth Carwyn dan awdurdod yr Eglwys, ac roedd olion yr hen ffordd o fyw yn amlwg ochr yn ochr â'r Drindod newydd roedd Childs a'i staff yn ceisio ei greu. Yn benodol, nid oedd yr agwedd Seisnigaidd, negyddol, ffroenuchel wedi llwyr ddiflannu. Yn aml dangoswyd diffyg cydymdeimlad at y Gymraeg ac ar brydiau hyd yn oed gwrth-Gymreictod. Afraid dweud bod Norah Isaac ar flaen y gad i ddileu'r fath agwedd. Yn ôl rhai o'i gyd-aelodau ar y staff, byddai Carwyn yn llwyddo i glosio at y ddwy ochr mewn ymdrech i gynorthwyo'r naill i ddeall y llall yn well.

Dau adeilad canolog ym mywyd y Drindod oedd y Capel a'r Llyfrgell. Cynhelid gwasanaeth bob bore, rhwng naw a chwarter wedi naw. Erbyn i Carwyn ddechrau yno, ni fyddai'n rhaid i'r myfyrwyr fynd i'r gwasanaethau hyn, ond eto, byddai'r capel yn aml yn llawn. Datblygodd y llyfrgell yn sylweddol dan arweiniad y llyfrgellydd, John Davies, Ty'n Llan (tad Angharad Mair). Casglodd bob copi o gyhoeddiadau Gwasg Gregynog, ac roedd copi yno o Feibl William Morgan 1588 a Thestament Newydd William Salesbury 1567.

Cyfrannu at radd BEd a wnâi Carwyn, ond ychydig flynyddoedd wedi iddo ddechrau yno, newidiwyd y cwrs i radd BEd (Anrhydedd) a'i ymestyn am flwyddyn arall i gwrs pedair blynedd. Ei gyfrifoldebau oedd cyflwyno'r myfyrwyr i waith llenorion fel D J Williams, Kate Roberts, Gwenallt, T H Parry-Williams, gwaith y Cywyddwyr a'r Dyneiddwyr a gwaith Williams Pantycelyn. Fel y dywedodd Norah Isaac, roedd bri'r maes chwarae a'r maes llenyddol yn un:

> Gallai ddadansoddi cerdd neu ddarn o ryddiaith gyda'r un trylwyredd ag y dadansoddai symudiadau tîm rygbi. Defnyddiai ef yr un angerdd ac ymgollai yng ngwefr a mwynhad y naill brofiad fel y llall. Roedd ei glywed yn ei morio hi yn yr ystafell ddarlithio, am y pared â mi, yn brawf dyddiol o'i werthfawrogiad o lenyddiaeth ei wlad. Athro wrth reddf oedd Carwyn, a chyfathrebwr medrus, ond mynnai hefyd gael yr hawl i fod yn fud.

Mae adlais o'r frawddeg olaf i'w glywed mewn sawl maes arall yn ei fywyd. Yn y rhaglen *Diacon y Sêt Gefen*, mae Norah Isaac yn gwneud sylw arall, tebyg ynglŷn â chymeriad Carwyn:

> Roedd Carwyn yn byw yn ei fyd bach ysbrydol ei hun.

Cyfeiria nifer o bobl eraill at y ffaith nad oedd gan Carwyn fawr o drefn ar faterion bob dydd, fel cadw dyddiadur, cadw trefn ar ei bapurau na thalu sieciau i mewn i'r banc. Safai pobl Llanymddyfri a'r Drindod yn un i dystio fod pob car a fu'n eiddo i Carwyn yn llawn dop o bapurau a sieciau, rhai'n rhy hen i'w talu i mewn i'r banc. Deallodd Norah Isaac yr ysbryd y tu ôl i'r annibendod a'r diffyg trefn. Ond doedd y blerwch ddim yn taflu cysgod dros Carwyn mewn unrhyw ffordd. Roedd yn rhan annwyl o'i wead, hyd yn oed os oedd yn gryn brawf yn aml ar amynedd y rhai ddeuai yn agos ato. Mae Malcolm Jones, darlithydd yn y Drindod yr un pryd â Carwyn, yn cofio'r argraff a greodd wedi cyrraedd Caerfyrddin:

> Roedd yna ryw swyn am Carwyn pan ddaeth e i'r Drindod. Roeddech chi'n teimlo eich bod dan ryw gyfaredd. Byddai pawb moyn siarad ag e, ond yn fwy aml na pheidio, byddai Carwyn am ffoi. Dw i'n cofio fe'n dweud wrtha i ei fod yn hoff iawn o fynd i'r eglwys pan o'dd e i ffwrdd o adre. A'r rheswm am hynny, esboniodd, oedd am ei fod e'n gallu bod yn ddieithryn yno, yn unigolyn, a thrwy hynny brofi'r heddwch roedd yn ei chwennych. Roedd rhywbeth ambwyti Carwyn, ro'dd e mor agos atoch chi, yn gymaint o ffrind, ond eto i gyd, mor bellennig. Ro'dd y ddeuoliaeth rhyfedd yna yn Carwyn ond eto i gyd, doedden ni byth yn gallu cael digon ar Carwyn.

Byddai Carwyn yn aml am osgoi stafell y staff a fyddai e ddim yn mentro yno o gwbl ar fore Llun ar ôl gemau rygbi'r penwythnos. Curo neu goten, doedd Carwyn ddim am drafod rygbi. Doedd ganddo fawr ddim amynedd gyda'r arbenigwyr amatur a ymgasglai yn lolfa'r staff i ddoethinebu sut y bydden nhw wedi gwneud pethau'n wahanol mewn gêm benodol. Câi Carwyn help i ddianc o lolfa'r staff bob bore Llun. Y tu allan i'r siop ar y campws, roedd bin melyn a chlawr arian, a enwyd y Dalek gan y staff a'r myfyrwyr fel ei gilydd. Wrth y Dalek y byddai Carwyn yn cyfarfod â Dafydd Rowlands ar fore Llun. Roedd sgwrs a mwgyn yn y fan honno'n well dechrau i'r wythnos na gorfod gwrando ar y doethinebu ar y gemau rygbi. Roedd y gwair o amgylch y bin yn drwch dan stwmps sigarennau'r ddau. Arferai'r ddau hefyd gyfarfod am ginio'n rheolaidd yn y Chestnut Tree, wrth ochr y ffordd fawr o Gaerfyrddin i Abertawe.

Yn y cyfnod hwnnw byddai cymaint o alwadau eraill yn tynnu ar Carwyn. Roedd ei bennaeth adran yn ymwybodol o hynny, ac yn ddoeth yn ei hymateb i'r galwadau ar Carwyn drwy eu rheoli:

> Rhwng prysurdeb lecsiyna, hyfforddi athrawon, hyfforddi chwaraewyr rygbi, annerch cymdeithasau o fri cenedlaethol yn ogystal â siarad mewn cymdeithasau di-nod, a sgrifennu tystlythyrau di-ri, prin fod seibiant yn ei fywyd gorlawn. Ond camp fawr Carwyn oedd medru defnyddio'i feddwl cyflym a threiddgar i ganolbwyntio ar y gwaith ger ei fron ar y pryd, ac roedd yn ffodus ei fod yn gallu gwibio'n feistraidd o'r naill ddisgyblaeth i'r llall.

Byddai Carwyn yn defnyddio'r prysurdeb newydd yma fel esgus i beidio mynychu digwyddiadau nad oedd am fod yn rhan ohonynt. Man cyfarwydd iawn i Carwyn oedd y llecyn unig a llonydd hwnnw cyn iddo gyrraedd Caerfyrddin. Byddai ei ffrindiau'n gwybod yn iawn, pan ddywedai fod yn rhaid iddo adael eu cwmni, nad oedd ganddo unman penodol i fynd mewn gwirionedd. Gadael oedd y nod, nid cyrraedd. Yn y Drindod, cynyddodd y pwysau ar ei amser, a gyda hynny, cynyddodd yr angen iddo esgusodi ei hun a dianc i'r llecyn am lonyddwch.

Yn ogystal â llenyddiaeth Gymraeg ei wlad, roedd Carwyn yn darlithio mewn dau faes arall hefyd, gan fod y Gymraeg yn dod o dan yr un ymbarél adrannol â drama. Trafodai ddramâu teledu a radio a hefyd dramâu Rwsia. Roedd astudio dramâu radio a theledu yn ymarfer academaidd cymharol anghyffredin ar ddechau'r saithdegau ac yn faes blaengar i'w gynnwys ar gwrs gradd. Fe'i gwnaed yn y Drindod dan adain yr adran ddrama gan nad oedd astudiaethau cyfryngol fel y cyfryw ar gael.

Ym maes drama teledu a radio, roedd gan Carwyn un arwr amlwg, Cedric Messina, gŵr a fu'n gyfrifol am weddnewid dramâu teledu yn y chwedegau a'r saithdegau er nad oedd wedi derbyn fawr ddim addysg ffurfiol. Cafodd ei eni yn Ne Affrica, i rieni a oedd wedi ymfudo yno o Gymru a'r Eidal. Yn 1962, Messina ddechreuodd y gyfres boblogaidd *Dr Finlay's Casebook*, drama gyfres am feddyg teulu yn yr Alban. Yn 1966, dechreuodd gyfres a oedd yn boblogaidd ac yn ddylanwadol, *Play of the Month*. Gorchest Messina yn y saithdegau oedd addasu dramâu Shakespeare ar gyfer y teledu, yn sgil llwyddiant ei addasiad o *Merchant of Venice* yn 1972. Dyma un o'r dramâu teledu a astudiwyd gan Carwyn yn y Drindod. Yn naturiol ddigon, byddai hefyd yn trafod dramâu Rwsieg. Chekhov heb os oedd yr agosaf at ei galon, a'r ddrama *Yr Wylan* yn ffefryn arbennig. Gwelai debygrwydd rhwng Moscow'r dramodydd Chekhov a'i filltir sgwâr ei hun yng Nghwm Gwendraeth:

> Chekhov's characters always wanted to escape. Their Nirvana was Moscow. Little did they realize until they had been there how much more important their own little patch of earth was. I believe strongly that we each belong to a patch somewhere and that the real Nirvana of life is to contribute to that patch.

Mynegai Carwyn ymwybyddiaeth ddofn o bwysigrwydd lle a bro a chawn adlais o neges ganolog byd diwylliant poblogaidd y ffilm *The Wizard of Oz*. Pwysleisia Carwyn mai Cwm Gwendraeth oedd ei Kansas ac nad oedd angen Oz na Moscow arno. Doedd dim angen chwilio am y byd newydd ym mhen draw hewl y briciau melyn, doedd dim angen yr esgidiau coch. Ond ymhen blynyddoedd profodd nad realiti byw, gweithredol, oedd y fath ffordd o feddwl, ond yn hytrach dyhead y brwydrai'n boenus i'w wireddu ac i ddal gafael ynddo. Bu'r blynyddoedd rhwng y Drindod a'i farwolaeth yn un frwydr barhaol i Carwyn, sef cadw golwg clir ar y cilcyn o ddaear a oedd yn fynegiant o berthyn, a'r gallu wedyn i gyfrannu at y bywyd hwnnw.

Trwy rannu cyfoeth drama Rwsia roedd yn ymestyn ei ymwneud uniongyrchol â iaith a llên y wlad i ddegawd arall. Dyma'r cyfnod hefyd pan ymddangosodd ar y teledu, ar raglen Melvyn Bragg, yn canu cân Rwsieg mewn côr o gyn-aelodau'r JSSL. Efallai iddo gadw natur ei waith yn y Gwasanaeth Cenedlaethol yn breifat, ond ni wnaeth hynny gyda'r iaith nac yn sicr gyda llenyddiaeth Rwsieg, ar unrhyw adeg.

Roedd patrwm cyfarwydd i ddarlithoedd Carwyn. Cyrhaeddai'r ystafell ddarlithio, fel arfer yn brydlon. Tynnai becyn o ddeugain sigarét allan o'i boced, a'i leiter, a'u gosod ar y ddesg. Taniai ei fwgyn cyntaf, eistedd yn ôl yn ei gadair, cau ei lygaid a dechrau siarad. Mae tystiolaeth ei fyfyrwyr yn dangos bod Carwyn yn amlygu'r un rhinweddau yn ystafelloedd y Drindod ag a wnâi yn ystafelloedd newid rygbi'r byd, sef yn y ffordd y deliai gydag unigolion. Dyna mae'r canwr a'r darlledwr Cleif Harpwood yn ei gofio, un a oedd ynghanol bwrlwm y grŵp *Ac Eraill* pan oedd yn fyfyriwr yn y Drindod:

> Roedd ganddo'r ddawn i dynnu'r myfyrwyr gydag e i ble bynnag roedd am fynd, trwy ein hysbrydoli a dod o hyd i ffyrdd i agor pa bynnag destun yr oedd am ei rannu gyda ni. Does dim modd gwadu bod ganddo'r ddawn i annog ac i annerch. Roedd ei glywed yn adrodd cywyddau ac awdlau cyfan o'i gof yn wefreiddiol.

Yn y Drindod câi Carwyn ei atgoffa o'i ddyddiau yntau'n fyfyriwr – dyddiau'r protestiadau cenedlatholgar, ond erbyn hyn yn enw Cymdeithas yr Iaith. Byddai myfyrwyr y Drindod yr un mor debygol o baentio'r byd yn wyrdd â phrotestwyr ifanc unrhyw goleg arall yng Nghymru. Mae Cleif Harpwood yn cofio'r protestio:

Pan fydden ni'n mynd i brotestio ar hyd a lled Cymru, bydden
ni'n colli darlithoedd yn weddol aml. Roedd Carwyn yn glyfar yn
y ffordd y byddai'n delio gyda hyn. Dangosai ei fod yn gwybod i
ni fod yn absennol a dangos ei fod yn gwybod pam hefyd. Dyna
gyflawni ei ddyletswyddau swyddogol. Ond byddai hefyd yn ein
holi ynglŷn â sut aeth y protestio ac yn gadael i ni wybod pa lyfrau
y dylen ni eu hastudio i ddal lan 'da'r gwaith wnaethon ni ei golli.
Felly, dangosai ei gefnogaeth i ni hefyd.

Un gorchwyl cyson i Carwyn trwy gydol ei ddyddiau yn y
Drindod oedd ymweld ag ysgolion er mwyn arolygu gwaith ei
fyfyrwyr yn yr ystafell ddosbarth. Teithiai ar hyd a lled Sir Gâr
er mwyn gwneud hyn, ac mae Norah Isaac yn cofio iddo greu
cryn argraff wrth wneud:

Roedd y profiad o'i weld yn croesi iard ysgol gynradd, adeg
ymarfer dysgu'r myfyrwyr, yn debyg i edrych ar Ŵr y Fantell
Fraith. Rhuthrai'r plant ato. Rhaid oedd cael ei lofnod. Byddai
ganddo nodyn personol ar ddarn papur pob plentyn, a siaradai â
phob unigolyn. Byddai gwers y myfyriwr yn yr ystafell ddosbarth
hefyd dipyn yn ddisgleiriach oherwydd iwfforia o gwmpas
ei ddarlithydd. Ond byddai'n hallt ei feirniadaeth wrth weld
addysg yn dal i fradychu'r Gymraeg, a broydd ei fagwraeth yn
glastwreiddio o ran eu Cymreictod.

Cofia nifer o fyfyrwyr, wrth i Carwyn arolygu eu gwersi ar
y cwrs ymarfer dysgu, y byddai'n ymateb yn ffafriol iawn i'r
defnydd o gyfarpar clyweled yn eu gwersi er mwyn gwella'u
gallu i gyfathrebu. Roedd defnyddio llun a gair gyda'i gilydd yn
bwysig iddo wrth ddysgu.

Dechreuodd Childs system o benodi pob darlithydd yn
diwtor personol ar ddwsin o fyfyrwyr a byddai myfyrwyr o fwy
nag un blwyddyn gradd yn yr un grŵp. Un a oedd yng ngrŵp
Carwyn oedd Huw Williams o'r Bala, sy'n gweithio i gwmni
teledu Tinopolis:

Fydda'r grŵp byth yn cyfarfod ar y campws, gwnâi Carwyn yn siŵr
o hynny. Gan ei fod o ac un arall o'r myfyrwyr yn gyrru, bydda dau

lond car yn mynd i dafarn y Masons ym mhentre Alltwalis. Yno
bydden ni'n cael pryd o fwyd a peint. Carwyn fydda'n talu, er na
fydda fo'n bwyta bob tro chwaith. Câi bopeth ei drafod, popeth,
hynny yw, heblaw am waith Coleg!

Mae'n nodweddiadol i Carwyn ddewis ffoi i'r cyrion gyda'i
fyfyrwyr.
Cyflawnodd yr un fath o rôl yn y Drindod ag a wnaeth
yn Llanymddyfri, sef uno'r garfan Gymraeg a'r garfan ddi-
Gymraeg, a hynny yn enw rygbi. Er na wnaeth fawr ddim â
thîm rygbi'r Coleg yn swyddogol, roedd yn gwbl amhosib
i fyfyrwyr y Drindod a ymddiddorai yn y bêl hirgron
anwybyddu presenoldeb un a oedd newydd hyfforddi'r Llewod
i fuddugoliaeth yn Seland Newydd. Aelod o dîm rygbi'r
Drindod ar y pryd oedd Steff Jenkins, a fu'n bennaeth Gwersyll
Llangrannog am flynyddoedd. Carwyn oedd ei ddarlithydd
Cymraeg ac yntau hefyd yn chwarae i dîm rygbi Creunant. Yn
y darlithoedd, holai Carwyn am hynt a helynt tîm Creunant,
gan ddangos yn aml iddo chwilio am sgôr Creunant y Sadwrn
cynt.

Ro'dd hynny'n golygu llawer i fi, mae'n rhaid dweud am ei bod yn
gyfnod digon cymysglyd yn y Drindod yr adeg hynny. Ro'dd nifer
ohonon ni'n mynd ar brotestiadau Cymdeithas yr Iaith ond ro'dd
nifer o fyfyrwyr gwrth-Gymraeg yno hefyd. Doedd nifer ohonyn
nhw ddim yn fy neall i o gwbl, am 'mod i'n chwarae rygbi ac yn
Gymro Cymraeg fydde'n protestio dros yr iaith. Mae un sgwrs ag
un o'r bois yma ar ddiwedd fy mlwyddyn gyntaf yn dweud y cyfan.
"I've never worked you out."
"What do you mean?"
"You play rugby."
"Yes?"
"From Crynant... Seven Sisters?"
"Yes."
"But you're a gog!"
Gog oedd y term sarhaus am bob Cymro Cymraeg iddyn nhw.
Felly roedd Carwyn yn enigma llwyr. Gwnaeth presenoldeb Carwyn
a'i agwedd yn y Drindod gryn dipyn i chwalu'r fath feddylfryd.

Dilema i'r di-Gymraeg felly oedd dod i ddeall mai llenyddiaeth Gymraeg roedd eu harwr ym myd rygbi yn ei ddysgu.

Gwnaed ymdrech i wneud i fyfyrwyr newydd deimlo'n gartrefol wrth gyrraedd y Drindod. Trefnwyd gweithgareddau ar eu cyfer, yn cynnwys trip mewn bws er mwyn dod i adnabod Sir Gâr a Dyffryn Tywi'n benodol. Gofynnwyd i Carwyn arwain un rhan o'r daith hon un flwyddyn. Cyfrifoldeb Carwyn oedd cyflwyno stori pentre Llanarthne a sôn am fywyd a gwaith yr emynydd, David G Jones, sydd wedi'i gladdu yn y pentre. Roedd Norah Isaac am wybod lle'r oedd y bedd, ac yn disgwyl i bawb ganu un o'i emynau ar lan y bedd. Ar ôl cyrraedd y pentre, allan â Carwyn o'r bws, heb yr un syniad lle'r oedd yr emynydd wedi'i gladdu. Anerchodd y myfyrwyr a'r darlithwyr yn gyntaf, yna trodd at y myfyrwyr gan ddweud, "Hanner coron i'r un cynta ddeith o hyd i'r bedd". Ymhen dim roedd y grŵp cyfan yn sefyll ar lan y bedd yn canu 'Am fyrdd o ryfeddodau' a dau unigolyn yn gwenu'n braf – yr un a oedd yn dal yr hanner coron, a Carwyn am lwyddo i greu achlysur llwyddiannus heb baratoi yn fanwl.

Yn y Drindod defnyddiodd ei gysylltiadau gyda HTV i greu cyfres yn seiliedig ar waith yr adran Hanes yn y Coleg. Roedd Malcolm Jones a Cyril Jones wedi creu pecynnau hanes ar gyfer ysgolion ac aeth Carwyn at Malcolm Jones gyda chais penodol:

> Teitl y gyfres oedd *Hel Hanes*, a'r pecyn cyntaf wnaethon ni oedd ar hanes terfysgoedd Beca. Y nod oedd dysgu hanes ar ffurf stori gan ddefnyddio ffynonellau gwreiddiol, os yn bosib. Gofynnodd Carwyn i ni a fydden ni'n hoffi gwneud rhaglen i HTV yn seiliedig ar y pecyn. "Dewch i Pontcanna," medde fe, "ac fe wnewn ni'r rhaglen." Roedd mor rhwydd â hynny!

Cyfarfu Carwyn â Malcolm Jones a Cyril Jones yn ffreutur HTV, ac yntau newydd ddychwelyd o ogledd Lloegr wedi siarad mewn cinio yno. Dros goffi i'r ddau Jones a mwgyn i Carwyn, trafodwyd cynnwys y rhaglen:

Ysgrifennodd bedwar gair ar gefen pecyn o ffags, yn sail i strwythur y rhaglen! Mewn â ni wedyn i'r stiwdio. Llifodd y cyfan yn hwylus dros ben, a Carwyn yn llywio'r drafodaeth yn ddeheuig tu hwnt. Pan fydden ni wedi anghofio rhywbeth, byddai Carwyn yn cydio yn y pwynt ac yn ei weu yn ôl i mewn i'r rhaglen.

Wedi gorffen recordio, roedd y tri yn ôl ym maes parcio Pontcanna a Carwyn yn amlwg wedi blino'n lân ar ôl ei daith o ogledd Lloegr ac wedi recordio rhaglen deledu:

"Ti'n gallu dreifo, ond dwyt ti?" medde fe wrtha i, gan daflu allweddi ei gar ata i. Mewn â fe i'r sedd gefn, er mwyn cael cysgu ar y ffordd 'nôl, a finne i sedd y gyrrwr. Wel, am anrhefn a llanast mewn car. Roedd yn anniben tost. Ro'dd yn rhaid i Cyril glirio papurau mas o'r ffordd er mwyn ishte yn y sedd ffrynt a Carwyn yn gorfod clirio tipyn mwy er mwyn gwneud lle iddo fe'i hunan yn y sedd gefen. Y funud gyrhaeddon ni Cefneithin, fe wnaeth Carwyn ddeffro. Dwedodd fod yn rhaid i'r ddau ohonan ni ddod mewn i Hawen er mwyn cael disgled o de a chacen gyda Gwen. Ac fel yna buodd hi.

Roedd pum carreg filltir ym mywyd Carwyn yn 1972.

Cyfres arloesol

Ym mis Chwefror 1972, yn enw HTV, bu Carwyn yn rhan o gyfres a oedd yn arloesol ym myd darlledu chwaraeon, a hynny drwy'r byd i gyd. Y 'gyntaf o'i bath' meddent wrth lansio cyfres *Rugby Skills*. Roedd yn gyfres a dyfodd yn uniongyrchol o'r diwylliant a'r strwythur hyfforddi a oedd yn cael ei ddatblygu gan Undeb Rygbi Cymru. Yr un oedd yn gyfrifol am y strwythur hwnnw, Ray Williams, oedd un o'r tri a gyfrannodd i'r gyfres. Ef oedd yn cynnal y sesiynau hyfforddi er mwyn egluro agweddau unigol o'r gêm i'r gwylwyr. Byddai Carwyn, fel cyflwynydd, yn cynnig eglurhad o'r hyn oedd yn digwydd ar y cae, a Clive Rowlands yn ychwanegu sylwadau. Gan fod y tri ar frig hyfforddi rygbi yng Nghymru, roedd y gyfres yn un safonol a chanddi awdurdod hefyd. Cynhyrchydd a chyfarwyddwr y gyfres oedd Euryn Ogwen Williams:

> Ni fydden ni wedi gwneud y fath gyfres heblaw am Ray Williams a fo fynnodd mai Carwyn oedd i'w chyflwyno. Roedd hynny yn 1971, yn syth wedi buddugoliaeth y Llewod. Felly, dyma daro ar y syniad o greu cyfres yn edrych ar sgiliau sylfaenol rygbi dan adain yr adran addysg.

Dyma arwydd pellach o'r ffaith mai Cymru oedd yn arwain y byd ar drefnu rygbi. Yna, datblygodd Coleg Cyncoed fel meithrinfa hyfforddi rygbi. Myfyrwyr o Goleg Cyncoed gafodd eu defnyddio ar gyfer creu'r symudiadau unigol roedd eu hangen ar gyfer rhaglenni'r gyfres.

Cafodd y gyfres ei darlledu ar rwydwaith ITV trwy Brydain, a hefyd yn Seland Newydd, De Affrica, Canada ac Awstralia. Heb os, roedd yn gyfrwng nid yn unig i brofi blaengaredd hyfforddi Cymru, ond hefyd sicrhaodd broffil uchel i Carwyn ym mhob gwlad trwy'r byd lle câi rygbi ei chwarae.

Ychydig fisoedd wedi darlledu'r gyfres honno, trefnwyd gêm i ddathlu hanner canmlwyddiant Urdd Gobaith Cymru a'r ddau dîm oedd pymtheg Carwyn James yn erbyn pymtheg Barry John. I bob pwrpas, dyma dîm Cymru yn erbyn tîm gweddill y Llewod. Arwydd pendant o uchelgais ar ran Mudiad Ieuenctid yr Urdd ac arwydd clir o gefnogaeth y ddau gawr i'r mudiad wrth ddewis timau i chwarae yn y gêm.

Ar nos Fercher ym mis Ebrill felly, camodd rhai o gewri mwyaf y byd rygbi ar gae y Maes Cenedlaethol yng Nghaerdydd dan faner yr Urdd. Mae rhaglen y gêm yn cynnwys datganiadau o gefnogaeth gan enwau rygbi'r cyfnod, megis Cliff Morgan, na châi ei gysylltu â gweithgareddau'r Urdd na gweithgareddau Cymraeg fel arfer. Sonia am ei ymdrechion i ddysgu Cymraeg yn Ysgol Ramadeg Tonyrefail, ac iddo wisgo bathodyn Dysgwr yn ystod ei ddyddiau ysgol. Dywed fod y bathodyn yn dal gydag ef ond iddo fethu yn ei ymdrechion i ddysgu'r iaith. Roedd cangen

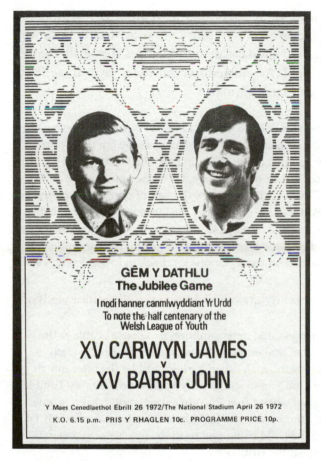

Rhaglen a thocyn gêm hanesyddol yr Urdd.

XV Carwyn James
v
XV Barry John

GÊM Y DATHLU-THE JUBILEE GAME

I nodi hanner canmlwyddiant Urdd Gobaith Cymru
To celebrate the half centenary of the
Welsh League of Youth

26 Ebrill 1972   K.O. 6.15   26 April 1972

Y MAES CENEDLAETHOL
THE NATIONAL STADIUM

EISTEDDLE   GOGLEDDOL
NORTH   STAND

Bloc Block	E
Rhes Row	14
Sedd Seat	13
Pris Price	75p

237

weithgar o'r Urdd yn yr ysgol dan arweiniad D J Williams a chynhelid gweithgareddau yn amrywio o nosweithiau llawen i fabolgampau a gwahoddwyd siaradwyr fel Iorwerth Peate a Cliff Jones i'r ysgol. Ar ddiwedd yr Ail Ryfel Byd, fe aeth i'w wersyll cyntaf yn Llangrannog:

> Years after my visits to Urdd camps, I played rugby with Carwyn James. We were responsible – though not us really but the Welsh selectors – for splitting South Wales in two. The West wanted Carwyn in the red jersey, the East wanted me. I promise you, that we never thought in that way and in fact were the best of friends. We played together for Wales against the rest of the Lions in 1955 and at half time I asked Carwyn if he'd like to move into fly-half rather than stay in the centre. It was the biggest mistake of my life, for he immediately dropped a goal and scored a glorious try! Back in to the centre, I said!

Mae'n cydnabod dylanwad yr Urdd yn gyffredinol wedyn:

> It's the togetherness and determination and sense of values the Urdd teaches that makes individuals, in a Welsh Rugby team for instance, play for each other … there will be the after-match reunions. I am longing to see Tommy Scourfield, 'Tommy Tumble', the man I copied when I first introduced a Noson Lawen. Come to think of it, Tommy and the Urdd have a lot to answer for. If I'd never gone to the Urdd camp and tried to copy Tommy, I would never have joined the BBC.

Cafwyd gwledd o rygbi ar y cae yn enw'r Urdd y noson honno. Sgoriodd Barry John gais anhygoel ar ei ben ei hun a gyffrôdd y dorf ac a oedd yn goron ar ddathliadau'r Urdd. Ond, heb yn wybod i'r degau o filoedd yn y stadiwm y diwrnod hwnnw, y gêm hon fyddai'r tro olaf i'r Brenin, Barry John, chwarae rygbi. Yn saith ar hugain oed, roedd sgidiau'r Brenin ar y bachyn.

Gwrthod teithio

Camu'n ôl i fyd gwleidyddiaeth a chwaraeon wnaeth Carwyn yn haf 1972. Roedd clwb Llanelli wedi trefnu taith i Dde Affrica ar ddiwedd tymor y flwyddyn honno. Yn unol â'i safiad pan ddaeth y Springboks i'r Strade yn Ionawr 1970, gwrthododd Carwyn â chefnogi'r daith. Dewiswyd Phil Bennett yn gapten ac yntau a fu'n gyfrifol am baratoi'r Scarlets ar gyfer eu gemau yn Ne Affrica, gan droi'n ôl at drefn yr hen ddyddiau wrth i'r capten hyfforddi. Ond cam gwag yw meddwl nad oedd gan Carwyn ddylanwad ar y daith. Gwelwyd eisoes fod absenoldeb Carwyn yn gallu bod yn gymaint o ddylanwad â'i bresenoldeb.

Cyn mynd i Dde Affrica, roedd Delme Thomas wedi penderfynu rhoi'r gorau i'r gêm. Roedd ei blentyn cyntaf newydd gael ei eni, ac roedd am ganolbwyntio ar fywyd y teulu ifanc. Bu ar dair taith gyda'r Llewod ac ennill y gyfres hanesyddol yn '71. Ond ar y daith yn ôl o Dde Affrica daeth cadeirydd y clwb at Delme a dweud iddo gael ei ddewis i fod yn gapten ar y Scarlets am dymor 1972-73. Bloeddiwyd cytundeb i'r syniad o'r sedd y tu ôl iddynt gan Ray Gravell, ac felly y bu. Carwyn oedd am i hynny ddigwydd ac roedd wedi trefnu popeth er nad oedd yn bresennol i gyhoeddi'r newyddion ei hun.

Llywydd y Dydd

Gwahoddwyd Carwyn i fod yn Llywydd y Dydd ar ddydd Mawrth y Coroni a diwrnod yr ieuenctid. Dyna'r Eisteddfod hefyd pan dderbyniodd anrhydedd y Wisg Wen a dod yn aelod o'r Orsedd. Cafodd gynnig anrhydedd yr MBE gan y Frenhines am ei lwyddiant gyda'r Llewod yn 1971. Gwrthododd anrhydedd y Frenhines ond derbyniodd anrhydedd yr Eisteddfod.

Paratôdd ei araith yn fanwl. Dywed Rita Williams (Morgan gynt) iddo encilio i weithio arni yn ei bwthyn yng Nghilycwm. Cyfeiria Dafydd Rowlands at y ffaith i Carwyn ei pharatoi hefyd tra bu'r ddau ar daith gyda'i gilydd i weld gêm brawf criced yn Edgbaston. Aeth Carwyn â chopi o lyfr Aneirin Talfan Davies, *Gyda Gwawr y Bore* gydag e ac yn ôl Dafydd Rowlands, dyna oedd 'maes pori' Carwyn yn y gwesty gyda'r nos.

Wrth agor ei araith mae'n amlwg ei fod yn ymwybodol bod newidiadau ar y gweill ym myd yr awdurdodau lleol ac na

Honours - In Confidence

10 Downing Street
Whitehall

Please quote this
reference in your reply
M.B.E.

17 November 1971

Sir,

    The Prime Minister has asked me to inform you,
in strict confidence, that he has it in mind, on the
occasion of the forthcoming list of New Year Honours,
to submit your name to The Queen with a recommendation
that Her Majesty may be graciously pleased to approve
that you be appointed a Member of the Order of the
British Empire (M.B.E.).

    Before doing so, the Prime Minister would be
glad to be assured that this would be agreeable to you.
I should be grateful if you would let me know by
completing the enclosed form and sending it to me by
return of post.

                    I am, Sir,
                        Your obedient Servant,

                        R Armstrong

Carwyn James, Esq.

Cynnig yr MBE i Carwyn.

fyddai Sir Benfro yn bodoli ac mai Dyfed fyddai'r awdurdod
lleol perthnasol wedi 1974. Yna daw cwestiwn ynglŷn â
dyfodol yr Eisteddfod yn wyneb yr ad-drefnu. Mae ganddo
ateb hefyd:

... yn wyneb y ffaith y bydd gennym ni Ddyfed, Clwyd, Gwynedd, Powys, Gwent a Morgannwg yn fuan, rwy'n credu ei bod yn hen bryd i ni ddechrau meddwl yn nhermau cael cartrefi parhaol mewn mwy nag un rhan yng Nghymru i'r Ŵyl fel y bydd gennym ni leoedd lle y gallwn gynnal digwyddiadau diwylliannol ac a fyddai o fudd i'r taleithiau at y dyfodol. Fe fyddai'n gyfrwng creadigol, mi gredaf, i agosáu at ein cyd-Gymry sydd heb yr iaith Gymraeg a gallent hwythau hefyd gynnal eu gwyliau yn y cartrefi a'r aelwydydd hyn pan fyddan nhw'n dymuno... Hoffwn weld y canolfannau hyn yn fodd o greu deialog rhwng y Cymry Cymraeg a'r rhai di-Gymraeg, oherwydd fe all y di-Gymraeg, rwy'n credu, roddi llawer iawn i ni'r Cymry sy'n medru'r iaith.

Gwêl Carwyn yr angen i glosio gweithgareddau diwylliannol Cymry'r ddwy iaith a chryfhau ymwybyddiaeth y naill o'r llall. Cyfeiria at y beirdd Bryn Griffiths o Abertawe a T H Jones a fu farw yn Awstralia. Yn y llyfr *Gyda Gwawr y Bore* mae Aneirin Talfan Davies yn cofnodi sgwrs gyda T H Jones ac yn dweud wrtho, 'You are destined to live on your grandmother's memories'. Ymateb Carwyn i hyn yw dweud, 'Mae hwnnw'n ddweud aruthrol fawr, hyd y gwelaf i'.

Mae gan yr Eingl-Gymreig, yn ôl Talfan Davies, ymwybyddiaeth gref o Gymreictod a chenedligrwydd ac maent yn cyfrannu'n helaeth iawn at fywyd Cymru. Wrth gyfrannu at y ddadl, mae Carwyn yn troi at Gwenallt ac yn dyfynnu o'r gerdd, 'Rhydcymerau':

Roedd fy nhad-cu, er na welais ef erioed,
Yn 'gymeriad'; creadur bach, byw, dygn, herciog,
Ac yn hoff o'i beint.
Crwydryn o'r ddeunawfed ganrif ydoedd ef.
Codasant naw o blant,
Beirdd, blaenoriaid ac athrawon Ysgol Sul,
Arweinwyr yn eu cylchoedd bychain.

Cwestiwn Carwyn i gynulleidfa Hwlffordd oedd: 'Tybed, o'r naw o blant, o'r neiaint, o'r wyrion, faint o'r rheini heddiw, efallai sy'n ddi-Gymraeg, ac yn 'destined to live on your grandmother's memories'?

Yna mae Carwyn yn holi'r cwestiwn, 'I bwy yr ŷm ni'n perthyn?' Mae'n cyfeirio at Pwyll yn cymryd lle Arawn wrth deyrnasu yn Annwn ac Arawn yn teyrnasu yn lle Pwyll yn Nyfed am flwyddyn gyfan. Magodd Pwyll berthynas gyda'i bobl, tra mai dyn trefnus oedd Arawn, a bod gweinyddu yn bwysicach iddo na'r elfen bersonol. Doedd dim cof gan Arawn, ond roedd gan Pwyll gof am ei Ddyfed:

> Heb gof heb genedl. Cof cenedl yw ei hanes ond fe geidw cenedl ei chof yn fyw drwy ofalu fod ei hanes yn rhan o'i haddysg a dyna ddagrau pethau i mi, yng Nghymru yn ystod y ganrif ddiwethaf yma. Chi, sy'n perthyn i Bwyllgorau Addysg, wnewch chi wrando? Gyfarwyddwyr Addysg y Siroedd, prifathrawon ysgolion – yn arbennig ysgolion uwchradd, darlithwyr colegau, athrawon ysgolion, gwrandewch. Gwrandewch ar ddychan y bardd hwn. Mae e yn llygad ei le:
>
> Yn gynnar eisteddem i lafarganu siâp hanes. Dysgu am Leisa Drws Nesa.
>
> Rwy'n adnabod y bardd yma, does ganddo fe ddim byd yn erbyn y Frenhines mwy nag sy gen i, ond cwyno y mae am ddysgu am Leisa Drws Nesa a gwybod dim am Mam. Ten Sixty Six. Ten Sixty Six.

Cyfeiria at y bardd fyddai'n derbyn y goron yn y Seremoni'r prynhawn hwnnw, fel 'fe neu hi'. Ond mae'n dyfynnu geiriau o gerdd y bardd buddugol nad oedd wedi cael ei chyhoeddi! Cerdd Dafydd Rowlands, ei gwmni yn y stwmps wrth ochr y Dalek ger siop y Drindod ar fore Llun ydoedd, ac enillydd y goron fyddai'n dilyn araith Carwyn. Oedd Carwyn yn gwybod mai ei gyfaill fyddai'n ennill y Goron, wrth ddyfynnu o'i gerdd? Oedd yn sicr. Y noson cynt, ar y nos Lun, roedd Carwyn, Dafydd Rowlands, ei wraig Margaret, Dewi, brawd Carwyn a Gerwyn, brawd Dafydd, wedi mynd am bryd o fwyd i'r Salutation ym mhentre Felindre Farchog er mwyn dathlu'r llwyddiant a fyddai'n cael ei gyhoeddi'r prynhawn canlynol ar Faes yr

Eisteddfod. Doedd Carwyn ddim yn pryderu rhyw lawer am gyfrinachedd yr Eisteddfod ac roedd yn hapus i ddyfynnu o gerdd nad oedd eto wedi'i chyhoeddi'n fuddugol.

Roedd Carwyn yr un mor feirniadol o agweddau ei gyd-Gymry ag ydoedd am ddysgu Ten Sixty Six. Nododd yr hollt rhwng y Cymry Cymraeg a'r Cymry di-Gymraeg. Daw'n amlwg fod Carwyn yn uniaethu'n agos â diwylliant Cymry yn yr iaith Saesneg ac yn barnu bod angen closio gweithgareddau diwylliannol Cymry yn y ddwy iaith.

Cyfeiria at bwnc cystadleuaeth y Goron, sef y Dadeni. Una'r Coroni gyda'r ffaith ei bod hefyd yn ddiwrnod yr ieuenctid yn yr Eisteddfod. Roedd yn ymwybodol o Ddadeni ymhlith ieuenctid Cymry, un a oedd yn wahanol i Ddadeni ieuenctid gwledydd eraill y byd, am ei fod yn un heddychlon, a diwylliannol. 'Mae'r bobol ifanc yn gwybod beth ma nhw'n ymladd drosto', meddai:

> Pwy sy'n gyfrifol am y gwreichionyn ym mynwesau'r bobol ifainc yma? Ai chi, ai finnau? Mae gyda ni'r canol oed, rwy'n siŵr, le yn y darlun. Hwyrach fod lle i ni bontio, ac mae angen pontio, rwy'n sylweddoli hyn i'r byw ond mae'n rhaid i ni gymryd ochr. Fedrwn ni ddim eistedd ar ben y llidiart mwyach. Ai perthyn i Bwyll rydyn ni? Ai perthyn i Arawn? Ai perthyn i Archesgob Cymru ynte i'r Arglwydd Ganghellor? Mae'n rhaid i ni wneud ein meddwl i fyny naill ffordd neu'r llall.

Nage, nid un ergyd daniodd Carwyn o lwyfan Hwlffordd.

Ond, nid oedd yn bosib iddo osgoi sylw'r byd yn gyfan gwbl. Un o'r ymwelwyr â'r Eisteddfod yn Hwlffordd oedd y newyddiadurwraig a drodd i fod yn awdur byd-eang, Jilly Cooper. Cafodd ei hanfon i'r Brifwyl gan bapur y *Sunday Times*. Yn ystod ei chyfnod yn Hwlffordd bu hi yng nghwmni Carwyn James a Dafydd Rowlands. Mae'n cyfeirio at Carwyn yn ei herthygl ac yn nodi iddi weld hefyd ar y maes Huw Wheldon, un o uwch reolwyr y BBC, Syr Geraint Evans, Barry John a Robin Griffith. Dywed:

Erthygl Jilly Cooper yn y Sunday Times.

Oooh! Look you – over there's Carwyn James, the British Lions coach on the all conquering 1971 rugby tour. Carwyn received a special ovation when he was admitted to the white robed order of the Bards of the Gorsedd ceremony on Thursday.

Pwy faeddodd y Crysau Duon?

Daeth awr fawr arall Carwyn ar ddiwrnod olaf mis Hydref y flwyddyn honno. Roedd gwŷr y Crysau Duon i chwarae yn erbyn Llanelli ar Barc y Strade. Y seithfed ymweliad â Phrydain oedd taith y Crysau Duon yn 1971, y cyntaf 'nôl yn 1905.

244

Magwyd arwyddocâd pellach i'r gêm wrth gwrs, gan mai Carwyn oedd hyfforddwr Llanelli, ac yntau wedi hyfforddi'r Llewod yn fuddugoliaethus y flwyddyn cynt. Ffôl ac ofer fyddai gwadu nad oedd dial ar feddyliau'r Crysau Duon wrth chwarae yn erbyn un o dimau Carwyn James. Ei gam cyntaf wrth baratoi ar gyfer y gêm oedd cadarnhau mai Delme Thomas fyddai'n gapten. Roedd y bwriad i ofyn iddo arwain yn rhan o gynllun ehangach Carwyn i baratoi ar gyfer y gêm mewn ffordd gwbl wahanol i'r hen drefn. Gofynnodd am gyfarfod gyda phwyllgor y clwb, fel mae Marlston Morgan, aelod o bwyllgor y clwb ar y pryd ac un a fu'n llywydd y clwb hefyd, yn cofio:

There's no doubt that a major emphasis of the committee at that time was making sure that we were always attractive enough a side to secure a fixture against a touring team... Carwyn and Norman Gale were both on the committee, but having separated the administration matters from the rugby itself in the run up to '72, they concentrated just on rugby matters.

Yn *Scarlet Fever*, y llyfryn a gyhoeddwyd i ddathlu buddugoliaeth Llanelli yn y gêm yn erbyn y Crysau Duon, mae Carwyn yn cydnabod y newidiadau a wnaed i strwythur gweinyddol y clwb:

May I thank Mr Handel Greville and his committee for leading Great Britain in the matter of selection by asking the coach to be Chairman of the selectors and to be responsible for picking his own committee. I immediately accepted and asked Norman Gale to be assistant coach and team manager and invited Delme Thomas as captain to make up a selection committee of three.

Mae Carwyn yn rhoi'r argraff mai derbyn gwahoddiad a wnaeth i fod yn bennaeth y dewiswyr. Go brin nad oedd Carwyn wedi rhoi ei farn yn ddigon cryf, ond yn gynnil, ar sawl achlysur yn ystod y misoedd cyn y gwahoddiad hwnnw. Ni fyddai neb wedi atal Carwyn rhag cael ei ffordd ac yntau wedi dod yn ôl mor fuddugoliaethus o Seland Newydd yn 1971. Eto, doedd dim yn anochel. Cynigiodd ei enw fel un o bump is-lywydd Undeb Rygbi Cymru, ond methodd ennill digon o bleidleisiau gan aelodau'r clybiau. Anodd dyfalu sut yr ymatebodd Carwyn i hynny. Anoddach fyth heddiw yw deall meddylfryd y rhai a wrthododd yr un a oedd wedi arwain Llewod Prydain ac Iwerddon i fuddugoliaeth hanesyddol yn Seland Newydd i fod yn is-lywydd.

Nid dyna'r tro cyntaf iddo gael ei wrthod gan aelodau o Undeb Rygbi Cymru. Gwnaeth gais tua diwedd ei gyfnod yn Llanymddyfri i fod ar un o bwyllgorau rhanbarthol yr Undeb. Mae Dai Gealy yn cofio trafod hyn gyda Carwyn yn y Coleg:

> Ro'dd Carwyn a Gwyn Walters wedi trio am yr un fath o safle, a ro'dd yn edrych yn debygol y byddai'r ddau yn llwyddo. Ond, nid felly y bu. Wedi iddo glywed nad oedd yn llwyddiannus, rwy'n cofio bod yn stafell Carwyn ac yntau'n dweud bod yn rhaid iddo wneud galwad ffôn. Deallais yn ddigon clou mai Cliff Jones o'dd ar ben arall y lein, un o arweinwyr Undeb Rygbi Cymru ar y pryd. Rhoddodd Carwyn bryd o dafod digon sylweddol iddo fe. Ro'dd yn amlwg yn grac iawn ac wedi'i siomi'n fawr na chafodd gefnogaeth Cliff yn ei ymgais i fod yn rhan o'r undeb. "The worst thing about all this," medde Carwyn wrtho, "is the fact that you don't want change. You don't want change!" Ro'dd Carwyn wedi cynhyrfu ac yn sicr dyna un o'r troeon gwaetha i fi ei weld yn gwneud hynny.

Mae enghraifft gynharach na hynny hefyd o natur perthynas Carwyn ag Undeb Rygbi Cymru. Trefnwyd taith gan y tîm cenedlaethol i'r Ariannin yn 1968. Roedd angen hyfforddwr. Dai Nash oedd y dyn wrth y llyw ar y pryd, ond chafodd e mo'i ddewis i fynd â Chymru i Dde America. Ystyriwyd Carwyn James, Clive Rowlands a John Robins ar gyfer hyfforddi Cymru ar y daith. Y flwyddyn cynt, roedd Carwyn wedi cael gwahoddiad i hyfforddi tîm Gorllewin Cymru yn erbyn y Crysau Duon, felly roedd wedi datblygu ei brofiad yn sylweddol. O'r tri, gan John Robins roedd y profiad mwyaf o hyfforddi oedolion, ond Clive Rowlands a ddewiswyd, un oedd newydd gael ei ethol ar Undeb Rygbi Cymru.

Gwrthodwyd pennaeth rygbi Coleg Llanymddyfri felly ar ddiwedd y chwedegau a gwrthodwyd hyfforddwr y Llewod ar ddechrau'r saithdegau. Mewn cyfnod o bedair blynedd, methodd bedair gwaith yn ei ymdrechion i fod yn rhan o'r Undeb, naill ai fel hyfforddwr neu i fod ar y pwyllgor, er bod ganddo'r fath gymwysterau a phrofiad.

Ond roedd clwb Llanelli yn fodlon derbyn ei syniadau blaengar, ac roeddent yn arwain rygbi Prydain wrth wneud hynny. Ar ddiwedd tymor llwyddiannus 1972–73, ysgrifennodd ei farn ar gyflwr y gêm a phroses dewis chwaraewyr y clybiau yn ddigon clir yn *Welsh Rugby*:

> Gone are the days when a full committee of a dozen or more people get together for a couple of hours to select a side. I feel quite strongly in these days of squad systems that selection committees are quite superfluous and I'm sure that you don't need five men to pick the Welsh team.

Geiriau clir a chryno, ond doedd neb yn barod i wrando arnyn nhw. Ymroddodd i greu system carfan yn Llanelli gydag un bwriad mewn meddwl:

> Rugby football is at its best when the two sides are intent on playing the attacking creative game.

Trefn arall yn rygbi Cymru yn 1973 nad oedd wrth fodd Carwyn oedd tueddiad y clybiau i gael dwy garfan, bron cwbl wahanol i'w gilydd, sef carfan canol wythnos a charfan gemau'r Sadwrn. Yn Llanelli, dywedir i'r clwb ddefnyddio cant o chwaraewyr mewn un tymor er mwyn gweithredu hyn. Y duedd oedd i'r prif chwaraewyr chwarae ar y Sadwrn ac yna'r gweddill ganol wythnos, gan ddefnyddio nifer fawr o chwaraewyr timau pentrefi ardal Llanelli. Roedd yn arfer cadarnhaol iawn o ran datblygu perthynas rhwng clwb y dre a chlwb y pentrefi a thrwy hynny, cydnabod y berthynas hanesyddol rhyngddynt. Ond nid oedd yn drefniant a fyddai'n sicrhau undod tîm na llwyddiant. Newidiodd Carwyn y drefn yna:

> Most leading clubs in Wales are guilty of over-burdening their fixture lists with the result that by the end of an eight month season players feel a little jaded and stale. For this reason selection committees have to adopt the squad system and rest their key players in some matches to make sure that they have an edge for the important competitive games. In this context, we in Llanelli, and I take full responsibility within the system for this, owe an apology to some clubs for not turning out a full strength side – one or two of the Monmouthshire clubs have cause for complaint and I sincerely hope that this can be borne in mind in future, otherwise the clubs concerned may lose much of their support.

Roedd y dyfodol ar feddwl Carwyn bob amser, felly, dechreuodd y broses o ddewis y tîm i wynebu'r Crysau Duon a dyma atgofion y capten, Delme Thomas:

> Fe gwrddon ni yng nghartre Carwyn yn Cefneithin a ro'dd y trafod drosodd mewn llai nag awr. Dim ond rhyw dri safle y buodd trafod o ddifri yn eu cylch, sef y cefnwr, y mewnwr ac un o'r blaen asgellwyr. Bu rhyw sôn am chwarae Bernard Thomas, y canolwr, fel cefnwr, ond fe wnaethon ni setlo ar y dewis cynta, Roger Davies, yn weddol glou. Ro'dd y trafod ynglŷn a'r ddou arall lot yn fwy anodd i fi'n bersonol gan fod Alan James a Selwyn Williams wedi bod yn ddou was ffyddlon iawn i glwb Llanelli. Anodd iawn i fi hyd yn oed ystyried na fydden nhw'n chwarae. Ond ro'dd Carwyn yn glir ei feddwl fod angen dau fath gwahanol o chwaraewr i herio'r Crysau Duon. Ro'dd e wedi dod â dau chwaraewr i'r clwb, Tom David a Chico Hopkins, y ddau yn dalentog a galluog iawn a Chico wedi bod ar daith y Llewod yn '71. Dw i ddim yn amau hynny. Hyd heddi, dw i'n teimlo dros y ddau gafodd eu gwrthod i wneud lle i'r ddau newydd. Ond, dyna weledigaeth Carwyn a fe o'dd yn llygad ei le wrth gwrs!

Wedi'r cyfarfod yn Hawen, ymunodd Phil Bennett â'r triawd. Roedd yn un o'r chwaraewyr hŷn, ac wedi bod yn gapten ar daith y clwb i Dde Affrica'r haf blaenorol. Roedd Carwyn am gael ei farn. Aeth y pedwar wedyn i gael pryd o fwyd i'r Angel yn Salem ger Llandeilo. Dros bryd o fwyd a photelaid o win, trafodwyd y gêm a sawl pwnc arall hefyd.

Roedd gêm o'r fath wedi denu gohebwyr a newyddiadurwyr o bedwar ban y byd rygbi i dref Llanelli. Un o'r rheiny oedd y gohebydd profiadol a dylanwadol o Seland Newydd, Terry McLean. Ei ymweliad â Phrydain ar gyfer taith y Crysau Duon yn 1972 oedd y drydedd daith ar hugain iddo ohebu arni mewn dwy flynedd ar hugain. Yn y dyddiau cyn dydd Mawrth y gêm, cyrhaeddodd dre'r Sosban:

> It was a pleasure for me, this first night in Wales, to go with Carwyn James to his home in Cefneithin, a small village of 800 residents about twelve miles from Llanelli. I spent the night in talk with Carwyn, his older sister Gwen and their mother, an elderly lady in her seventies who is so very Welsh that to this day she prefers the Welsh rather than the English for her conversation.

Y diwrnod canlynol, aeth i Gaerfyrddin gyda Carwyn. Crwydrodd y dre ar ei ben ei hun tra oedd Carwyn yn y Drindod, ac yna cafodd fwyd gyda Carwyn a rhai o'i gyd-ddarlithwyr:

> This was for me, as a citified New Zealander, a dip into another world of strangely rural sweetness.

Aeth yn ôl i Gefneithin, cael te gyda rhieni Barry John a dychwelyd i aelwyd Hawen i sgwrsio gyda Gwen a'i mam. Gwnaeth y sgyrsiau hyn argraff benodol arno:

> ... the one thing which remained salient in my mind was the talk by Gwen and Carwyn of how they remembered, as children, seeing their father come home daily from the pit, black from the coal he had worked in, and changing, with scrubbing, into near normality; they remembered too the first signs of silicosis which

was to eat through his lungs and his life, lingeringly, painfully...
Who could doubt that a people living in intangible but constant
fear that a beam might give, a rock face fall or, perhaps worst of
all, dust creep into his lungs, would acquire some special qualities
of determination and resolution?

Daeth Terry McLean i weld yr elfennau hyn yn Carwyn ei
hun, ac roedd gweld y dyn yn ei gynefin yn codi'r llen ar y dyn
y daeth i'w adnabod ar daith y Llewod:

That was, that is, the inherent quality of Carwyn James as a
man, a scholar and, not least, a coach. He is, to meet, amusing,
charming. He loves to talk. He loves even more to sing – which he
does extremely well. There is laughter in his eyes and in his voice
and when he is especially amused his face crinkles in wrinkles of
delight... But underneath, he is steel. How could the true Welsh be
anything else, growing up in the valleys...?

Chafodd Carwyn mo'i ffordd yn gyfan gwbl chwaith, wrth
baratoi ar gyfer y gêm. Collodd rai o'r chwaraewyr i gêm yn
Murrayfield, Caeredin. Dewiswyd pedwar o fechgyn Llanelli
i chwarae yn y gêm rhwng Cymru/Lloegr a'r Alban/Iwerddon.
Roedd Phil Bennett i ddechrau'r gêm a gofynnwyd i Derek
Quinnell, Chico Hopkins a Roy Bergiers deithio fel eilyddion,
penderfyniad y disgrifiodd Carwyn fel 'a bit rough'. Os oedd
angen i Carwyn ddangos ei ddawn trin pobl wrth ddelio â
charfan o brif chwaraewyr gwledydd Prydain yn 1971,
roedd galw tebyg yn 1972, ond gyda grŵp cwbl wahanol o
ddynion. Doedd tri chwarter chwaraewyr Llanelli ddim wedi
chwarae dros eu gwlad o gwbl, er byddai rhai yn chwarae
yn y blynyddoedd wedi'r gêm honno ar 31 Hydref 1972. Ond
doedd dim gwahaniaeth. Yr un oedd y canlyniad.

Ar fore'r gêm, trefnodd Carwyn i garfan Llanelli ymgasglu
ym mhrif westy'r ardal ar y pryd, yr Ashburnham ym
Mhorth Tywyn. Roedd bwyd yno ar eu cyfer, a chafodd nifer
o unigolion amlwg eu gwahodd yno i annog ac i ysbrydoli'r
chwaraewyr – pobl fel Ray Williams, Trefnydd Hyfforddi

Undeb Rygbi Cymru. Wedi bod yn yr Ashburnham am dipyn, sylwodd Carwyn fod y chwaraewyr yn dechrau cynhyrfu gormod ac yn rhy gynnar. Mae Phil Bennett yn cofio ei ymateb:

> Carwyn noticed, I think, that we were heading to go through the roof a little too soon, especially after Norman Gale shared a few of his not so choice, direct, words with us. So he took us all out for a walk, to ease the tension a little bit. He took us over to the Ashburnham Golf Club for a short walk to get some fresh air.

Carwyn benderfynodd pryd i fynd 'nôl i'r gwesty. Wedyn, roedd yn amser i bawb fynd ar y bws i mewn i dref Llanelli ac i Barc y Strade. Gwnaeth y daith bws gryn argraff ar y blaenasgellwr ifanc a ddenwyd i Lanelli gan Carwyn ar gyfer y gêm honno, Tom David:

> There looked like there was millions of people everywhere, I could tell, what this meant to the people of this area. That was so obvious on that coach journey down. There's no doubt at all in my mind, Carwyn had that in his mind too when he decided we arrived at Stradey together by coach.

Roedd cyrraedd gêm yn y fath fodd yn newid y drefn yn llwyr i dimau rygbi. Dyna sut byddai timau pêl-droed yn cyrraedd Wembley ar gyfer ffeinal Cwpan yr FA. Roedd un dyn ar fws y Scarlets yn fwy nerfus na'r lleill, fel mae Delme Thomas yn cofio:

> Roedd Ray Gravell ar bigau'r drain yn fwy nag arfer y diwrnod 'na. Galwodd Carwyn arna i a dweud wrtha i am eistedd ar bwys Grav yn ffrynt y bws. Dw i ddim yn credu eisteddodd e'n llonydd drwy'r daith, ond o leia ro'dd cyfle i sgwrsio a siarad wast er mwyn trio'i dawelu.

Ffordd Carwyn o baratoi'r capten Delme Thomas ei hun ar ddiwrnod y gêm oedd gofyn iddo fynd ar y cae rhyw hanner

awr cyn y gic gyntaf, er mwyn profi'r awyrgylch, gweld y dorf,
a thrwy hynny werthfawrogi arwyddocâd yr achlysur hyd yn
oed yn fwy nag roedd eisoes.

'Nôl yn yr ysgafell wisgo, daeth y neges fod y Crysau
Duon wedi cyrraedd. Safodd nifer o chwaraewyr Llanelli ar y
meinciau, er mwyn edrych drwy'r ffenestri cul o dan y nenfwd.
Doedd Carwyn ddim yn hapus o gwbl. Gorchmynnodd iddynt
eistedd ar eu hunion, a pheidio â chael eu denu gan yr hyn
oedd yn digwydd y tu hwnt i'r ffenestri. Doedd dim angen
talu cymaint o barch i'r gwrthwynebwyr trwy ymddangos eu
bod yn eu hedmygu. Yn yr ystafell wisgo, rhannodd stori a
ddigwyddodd iddo ar daith y Llewod y flwyddyn cynt, yr un
ynglŷn â'i ymweliad â George Nepia. Yn ei erthygl yn rhaglen y
gêm, dywed Carwyn, wrth gofio'r ymweliad, iddo edrych drwy
lyfr sgrap taith 1924 Nepia gan ddarllen am y gêm yn erbyn
Llanelli'n benodol:

George remembered it vividly and recalled with enthusiasm
the excitement of the match. Many here today will also relive
some of those thrilling moments; will think of George Nepia and
Ernie Finch, and in true Llanelli style will say that the Scarlets
deserved to win. But the records say that they lost, and the
records will also tell us that every confrontation between the
Scarlets and the All Blacks has had a similar sad ending.

In the dressing room today the Llanelli players will be
reminded of those sad endings, they will be told that the world and
more particularly the staunch Scarlets supporters, don't want to
know a loser, but they will also be told that we have probably one
of the finest sides ever to represent Llanelli – of this, I personally,
have no doubt.

Pan ddaeth y munudau cyn y gic gyntaf, camodd Carwyn
i ochr y cae er mwyn cymryd ei le i wylio'r gêm. Ni chawsai'r
mewnwr, Selwyn Williams, ei ddewis i chwarae – penderfyniad
amhoblogaidd i nifer fawr, gan gynnwys Delme. Cyn i'r gêm
ddechrau, galwodd Carwyn ar Selwyn i ddod ato i eistedd. Hyd
heddiw, mae Selwyn Williams yn gwerthfawrogi gweithred

Carwyn, er nad yw'n gwbl esmwyth â'r ffaith na chawsai ei ddewis i chwarae.

Pan chwythwyd y chwiban olaf, fe aeth tref ac ardal Llanelli'n wallgo. Mae penawdau papur newydd am 'Scarlet Fever', 'mania' a 'the day the pubs ran dry' yn rhan o chwedloniaeth rygbi Cymru erbyn hyn. Cydiodd y fuddugoliaeth yn nychymyg diwylliant poblogaidd Cymru yn y ddwy iaith a lledaenodd dylanwad y fuddugoliaeth ymhellach a dyfnach na buddugoliaethau tebyg gan glybiau eraill yng Nghymru dros y Crysau Duon. Heb os, roedd un ffactor amlwg iawn yn gyfrifol am droi 31 Hydref 1972 yn un o ddyddiadau mawr byd rygbi Cymru, Carwyn James.

Y ddelwedd eiconig o'r fuddugoliaeth yw'r cawr addfwyn Delme Thomas yn cael ei godi ar ysgwyddau'r cefnogwyr, ac yntau'n codi ei ddwy fraich mewn gorfoledd, a'i ddau ddwrn ynghau. I rai yn Seland Newydd ac i ambell un y tu allan i fyd rygbi yng Nghymru roedd hyn yn ormodiaeth fygythiol. Ymateb Terry McLean i'r chwerwder yma oedd:

> But did they not understand, these critics, that Delme and Carwyn and all of the Welsh were brothers under the skin? That having lived so much in the misery of mining and associated crafts, they had come to believe they could, if they tried, conquer the world? Which, right now, they had done. Delme Thomas was not a man riding on shoulders, he was the Archangel of Cambria.

Elwodd nifer o chwaraewyr Llanelli lawer mwy o dan ofal Carwyn na'r gofal gawsant wrth baratoi ar gyfer chwarae rygbi. Yr enghraifft amlycaf o hyn, mae'n siŵr, oedd ei berthynas â Phil Bennett. Arferai Carwyn alw yng nghartre Phil Bennett a'i wraig Pat yn gyson. Er mai newydd briodi oedd y ddau, yn aml tua naw o'r gloch y nos, neu'n hwyrach weithiau, byddai cnoc ar ddrws eu cartre a Carwyn yn sefyll yno, ambell waith yn waglaw, dro arall â photelaid o win yn ei law. Roedd yn amlwg, meddai Phil Bennett a chwaraewyr eraill a gawsai ymweliadau tebyg, ei fod yn awchu am gwmni. Nid oedd am fentro adre'r amser hynny, a bod ar ei ben ei hun, er y byddai ei chwaer Gwen yno yn Hawen. Yn ystod yr ymweliadau hyn byddai'n sgwrsio am hydoedd, ac yn aml, byddai Carwyn wedi syrthio i gysgu cyn i'r sgwrs ddod i ben:

> Fe wnaeth Pat a fi rannu gyda Carwyn un noson, ein bod newydd brofi trasiedi bersonol fel teulu. Roedden ni newydd golli plentyn yn ifanc iawn. Yn naturiol, roedd yn ysgytwad difrifol i'r ddau ohonan ni. Ddim sbel wedi hynny, daeth y gnoc arferol ar ein drws a Carwyn oedd yn sefyll yno. Gofynnodd a oedd gennym unrhyw drefniadau ar gyfer yr wythnosau i ddod. Ein hateb oedd dweud bod y drasiedi wedi rhoi stop ar ein bywyd cymdeithasol yn gyfan gwbl. Rhoddodd ei law yn ei boced ac estyn amlen i ni. Ynddi, roedd tocyn awyren i Pat a fi fynd ar wyliau tramor, y gwesty hefyd wedi'i drefnu. Dywedodd fod angen i'r ddau ohonom orffwys a dianc a'i fod wedi trefnu'r cyfan gyda'r clwb. Dywedodd na fyddai angen i fi feddwl am rygbi nac ymarfer, gan fod pethau pwysicach mewn bywyd na hynny. Mae'n amhosib disgrifio sut roedd y ddau ohonom yn teimlo wedi i Carwyn ymateb yn y fath fodd.

Profodd tymor 1972–73 yn un llwyddiannus a llewyrchus iawn i Lanelli. Wedi'r fuddugoliaeth yn erbyn y Crysau Duon, daeth nifer fawr o wahoddiadau i ddigwyddiadau amrywiol mewn clybiau rygbi a neuaddau cyhoeddus. Trefnodd Coleg y Drindod ginio arbennig yng ngwesty'r Llwyn Iorwg yng Nghaerfyrddin.

Cafwyd llwyddiannau eraill ar y cae chwarae hefyd. Ar ddiwedd y tymor, cipiodd Llanelli Gwpan Undeb Rygbi Cymru. Ond cyn hynny, ym mis Ionawr, roedd y Crysau Duon i chwarae yn erbyn y Barbariaid yng Nghaerdydd. Traddodiad y Barbariaid yw na chânt eu hyfforddi. Ond, plygwyd y rheol honno yn 1973, pan gafodd Carwyn wahoddiad i roddi help llaw i baratoi'r Barbariaid ar gyfer eu gêm yn erbyn y Crysau Duon gan John Dawes, capten y tîm:

> I saw Carwyn in the Angel Hotel, a few nights before the game. I asked him if he would help in our preparation for the clash with

the All Blacks. He said he would. He met the squad twice before
the game, the last time on the day of the match.

Cofir y gêm am gais a sgoriwyd gan Gareth Edwards, un
o'r ceisiau gorau erioed. Bodlonwyd pwysigion a sylwebyddion
rygbi mewn sawl gwlad pan ddefnyddiwyd Carwyn i hyfforddi'r
Barbariaid. Yn rhaglen gêm Llanelli yn erbyn y Crysau Duon,
roedd gohebydd rygbi'r *Daily Telegraph*, John Reason, wedi
codi'r union bwynt:

> Sadly, Carwyn's involvement in the All Black's coming tour is
> only minimal. Because the British Lions still do not play matches
> at home against the touring sides, the chances are that the only
> contribution he will make will be the one he makes today as
> Llanelli's coach. That is not enough. What a nice gesture it would
> be if the Barbarians were to come to Carwyn James and to say to
> him, "You take over the team for the last match of the All Black's
> tour". It is a tribute he well deserves, because he has done British
> rugby proud.

Ni ddaeth y gwahoddiad swyddogol, ond rhaid diolch i John
Dawes am ofyn iddo. Collodd Seland Newydd eto ac, unwaith
eto, roedd gan Carwyn ran yn y fuddugoliaeth, fel yn y gyfres
brawf a buddugoliaeth y Scarlets. Aeth o fod yn athro rygbi
mewn coleg preswyl i fod yn hyfforddwr mwyaf adnabyddus
y byd.

Ond drannoeth y ffair, roedd gofyn iddo fod 'nôl wrth ei
waith yn y Drindod ac yn hyfforddi clwb Llanelli. Yn achos
Llanelli, roedd angen paratoi ar gyfer gemau'r gynghrair,
Cwpan Her Undeb Rygbi Cymru a thaith i Ganada ar ddiwedd
y tymor hefyd. Enillodd y clwb Gwpan Her yr Undeb, trwy
fuddugoliaeth gyfforddus yn erbyn Caerdydd. Dyna ddechrau
ar rediad o ennill y Cwpan bedair blynedd o'r bron. Roedd yn
ddatblygiad pellach yn hanes llwyddiannau'r clwb, yn rhan o
droi Llanelli yn Man U y byd rygbi.

Ond i nifer yn y clwb, y datblygiad mwyaf chwyldroadol
yn eu hanes oedd eu taith i Ganada ar ddiwedd tymor

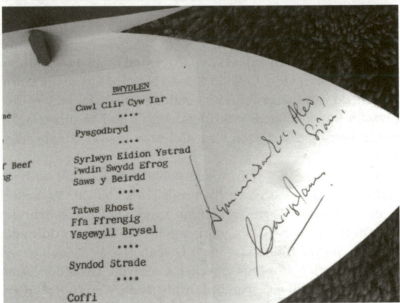

Cinio dathlu yng Ngwesty'r Llwyn Iorwg a Saws y Beirdd a Syndod Strade ar y fwydlen!

1972–73, a hynny am un rheswm. Cafodd gwragedd a chariadon y chwaraewyr eu gwahodd i fynd ar y daith. Dyna chwyldro y byddai Copernicus ei hun yn eiddigeddus ohono! Carwyn oedd yr un a fynnodd y dylai hynny ddigwydd. Ei resymeg, yn ddigon syml, oedd bod y gwragedd a'r cariadon wedi bod yn gefn i bob un o lwyddiannau'r clwb trwy gydol y tymor. O ganlyniad, roedden nhw hefyd yn haeddu cael eu gwobrwyo a'u cydnabod. Roedd y menywod, yn naturiol ddigon, wrth eu bodd, a gwraig Delme Thomas yn crynhoi eu hagwedd trwy ei alw'n 'wonderful man'. Ond i nifer ym myd rygbi gweddill Cymru, roedd caniatáu i fenywod fynd ar daith rygbi yn anathema, a Carwyn yn cael ei feirniadu am gyflwyno'r fath syniadau gan nad oeddent yn gydnaws ag ysbryd y gêm. Mae'n amlwg fod gan Carwyn syniad amgen o'r hyn ydoedd ysbryd rygbi mewn gwirionedd.

Wedi dod 'nôl o Ganada, daeth diwedd ar dymor llawn a llwyddiannus. Daeth dechrau tymor 1973–74. O'i gymharu â'r tymhorau a fu cyn hynny, roedd y tymor hwn yn un tawelach, heb yr un ymweliad tramor, na'r un achlysur y tu hwnt i'r drefn arferol. Enillodd y clwb y Cwpan unwaith eto. Newyddion mwyaf 1974 oedd i Carwyn gyhoeddi ei fod am adael Coleg y Drindod. I Norah Isaac, '… bu'r golled o fewn i fagwyrydd cydnabyddedig addysg yn un enfawr'.

Daeth perthynas Carwyn â'r Drindod i ben pan benderfynodd ei fod am fentro i fyd newyddiadura a darlledu, a bod symud i Gaerdydd yn rhan annatod o'r penderfyniad hwnnw. Parhaodd i hyfforddi Llanelli am ddau dymor arall tan 1976.

Roedd yn gyfnod anodd i golegau hyfforddi fel y Drindod, a chryn dipyn o drafod ofnus fod yr ariannu ar eu cyfer yn mynd i ddirwyn i ben, neu ei gwtogi. Gadawodd nifer o ddarlithwyr, er nad oes tystiolaeth mai'r ansicrwydd yma a barodd i Carwyn adael y Drindod. Ond roedd yn sicr yn ffactor wrth iddo bwyso a mesur cam nesa'i fywyd.

Wrth gefnu ar goridorau dysg y Drindod, tynnodd Carwyn y llen dros gyfnod cyfoethog iawn yn ei fywyd. Cyfnod mewn gwrthgyferbyniad llwyr i fywyd sefydlog Llanymddyfri. Fe'i taflwyd i sylw'r byd. Nid chwarae ei ran mewn gêm ochr yn ochr ag eraill wnaeth Carwyn, ond yn hytrach, cydiodd yn y gêm wrth ei gwar a'i hysgwyd hyd at fêr ei hesgyrn. Profodd lwyddiannau unigryw. Camodd i flaen llwyfan gwleidyddiaeth Cymru. Cyflwynodd gyfres deledu arloesol. Rhannodd gyfoeth llenyddiaeth Cymru gyda dwsinau o ddynion a merched ifanc yn y coleg. Dyddiau mwy amrywiol ac afradlon fyddai'r wyth mlynedd a hanner oedd ar ôl o'i fywyd.

8

Penylan, Caerdydd

I feel as if I had been in the world a thousand years,
and I trail my life behind me like an endless scarf.

The Seagull Anton Chekhov

NEWIDIODD BYWYD CARWYN yn 1974. Roedd wedi gwneud y penderfyniad i ddechrau pennod newydd yn ei fywyd. Cawsai flas ar y darlledu a wnaeth tan hynny a theimlai yr hoffai wneud mwy ohono, gan fod ganddo gysylltiadau ag adrannau Chwaraeon y BBC a HTV. Ond cyn y newid byd, ym mis Ionawr 1974, ac yntau'n dal yn y Drindod, cafwyd un digwyddiad allweddol yn ei hanes, un y mae fersiynau amrywiol ohono wedi cael eu hamlygu dros y blynyddoedd.

Yr hyfforddwr gadd ei wrthod?

Anfonodd Carwyn lythyr at Undeb Rygbi Cymru i ymgeisio am swydd fel hyfforddwr tîm rygbi cenedlaethol Cymru gan fod yr hyfforddwr, Clive Rowlands, am roi'r gorau iddi. Cawsai yntau ei benodi i fod yn hyfforddwr Cymru am dair blynedd yn 1968 a chan fod Cymru wedi ennill y Bencampwriaeth yn 1969 a'r Gamp Lawn yn 1970 cafodd barhau am ail gyfnod o dair blynedd yn 1971. Yn y cyfamser cawsai Carwyn lwyddiant ar daith y Llewod. Ar ddiwedd y tair blynedd honno, penderfynodd Clive roi'r gorau iddi ac fe gafodd Carwyn wahoddiad i geisio am y swydd. Cyfle ardderchog i Carwyn, meddai'r rhan fwyaf

o gefnogwyr rygbi drwy'r byd i gyd. Mae'n amlwg i Carwyn
bwyso a mesur ei ymateb yn ofalus. Ysgrifennodd lythyr hir, yn
amlinellu ei ddadl yn ofalus:

Hawen
Cefneithin
28.1.74

Dear Sirs,
Many thanks for the opportunity to allow one's name to go
forward to be considered for the position of the Welsh National
Team Coach. By implication only I gather that the terms of
reference are as ever, that is, that the present system will
continue.

Am I to understand that the appointment is a three year one?
Will the Big Five continue in its present form as a permanent
institution? Will they be appointed annually – as at present – and
the coach for three year periods?

Since the present Big Five have already nominated the
Coach of their choice is it your honest assumption that any
other nomination will be acceptable? Will there be an interview
for the post, and will the other applicants be told who is in
contention?

I feel I have to ask all these questions, otherwise one is
obviously compromising himself totally. Any National Team Coach
must surely have his own views on Coaching, Selection, Team
Management etc. and these may not necessarily tie up with the
present system. To be appointed and then to disagree, leaves one in
an invidious position.

The present Big Five obviously work happily together. They
are a team, as they should be, and I respect them for it, and their
nomination for the next Coach suggests, rightly, that they want to
remain as a team.

I personally feel that changes are now necessary. I will put my
views very briefly because certain journalists, without reference
to me, have 'jazzed up' a lengthy interview I gave to the *Swansea
Evening Post* some time ago. These are my main points:

1. That the National Team Coach, as in some other countries,
   should always be the Chairman of Selectors.

2. That the Chairman of Selectors be allowed to chose two, three, or even four Advisors to help him – preferably three.
3. That preferably these would be Coaches now active within their Clubs.
4. That they would be chosen for their experience as players (forwards/backs), as coaches, and with reference to geography.
5. That the National Team Coach and his Advisers should seek the assistance of all club coaches in Wales and attend club coaching sessions as from September. Wales, from a Rugby point of view, is sufficiently small to put these ideas into practice. Elsewhere, they would be impracticable.

Wales has been at the forefront in its thinking in recent years. It is of no use at the present moment for the W.R.U. members to bemoan the fact that other countries are catching up with us. The answer surely is that we must always try and out-think them.

Having considered my position over and over again I have reluctantly come to the conclusion that I mustn't allow my name to go forward. I know that I am asking too much of the Union – that change takes time. But I felt, however, that it was only fair to make my views known for the sake of the appointment – we all want the new man to be successful. He must be given the freedom to express himself.

A Coach, like a teacher, is an expression of personality, and he has to dominate if he has to succeed. This he can't possibly do with a small committee who are responsible for his appointment. Whatever the future policy, it is important as a matter of principle, that he is appointed by the full Executive Committee of the Union and he should always be answerable to them. The dictator must observe humility!

My questions are rhetorical and I don't expect a reply.

Yours faithfully,

Carwyn James

Nodwyd ar hyd y blynyddoedd i Undeb Rygbi Cymru wrthod cais Carwyn i fod yn hyfforddwr. Nid yw hynny'n gywir, gan i Carwyn dynnu ei gais am y swydd yn ôl yn y llythyr a sgrifennodd iddynt. Chafodd yr Undeb mo'r cyfle i'w wrthod.

Mae'r cwestiynau ynglŷn â'r broses o ddewis yr ymgeisydd ar gyfer swydd hyfforddwr yn rhai rhyfedd i'w gofyn gan ddyn nad oedd yn mynd i ymgeisio am y swydd yn y lle cyntaf. Esboniad annigonol yw dweud bod y fath gwestiynau yn rhai rhethregol, fel y gwna wrth gloi'r llythyr. Pam eu gofyn felly?

Mae'n fwy perthnasol i ddechrau chwilio am yr ateb drwy droi'r ddadl ar ei phen a holi beth ddywed y llythyr ar lefel ddyfnach am Carwyn ei hun, yn hytrach nag am Undeb Rygbi Cymru. Ond cyn hynny, rhaid nodi amseru'r llythyr. Fe'i hysgrifennwyd ar ddydd Llun 28 Ionawr. Lai na phythefnos cyn hynny, bu farw ei fam, ar ddydd Mawrth 13 Ionawr. Newydd ei chladdu oedd hi felly. Nodwyd angen greddfol Carwyn i brofi cadernid y tu ôl iddo ac oddi tano ymhob annibyniaeth barn. Erbyn ysgrifennu'r llythyr felly, roedd y cadernid mwyaf wedi mynd, ac yntau'n dechrau dygymod â'r gwacter a adawyd ganddi. Nid oedd hyn ar ei ben ei hun yn ddigon i newid ei benderfyniad, ond heb os roedd yn ffactor canolog mewn proses a ddechreuodd dipyn ynghynt.

Dyma ddyn â'i feddwl ar hyfforddi'r Llewod pan nad oedd ond yn athro ysgol ar y pryd; un a lwyddodd i wneud hynny cyn hyfforddi ei wlad; yn Seland Newydd, heriodd yr awdurdodau rygbi a'r wasg i gael ei ffordd ei hun mewn gwlad estron; hyfforddodd ei glwb i fuddugoliaeth yn erbyn y Crysau Duon, wedi iddo newid y modd y câi'r clwb ei redeg. Dyn yn amlwg na wyddai beth oedd ystyr rhwystr. Ond nawr, wyneb yn wyneb â'r cyfrifoldeb roedd pawb yn ei gredu bod ganddo'r hawl ddwyfol i'w gael, a chefnogaeth y byd rygbi i gyd y tu ôl iddo, mae'n gwrthod y cyfle. Mae'n ddigon posib mai protest oedd y llythyr.

Nid yw'n syndod iddo fod yn gymharol llugoer yn ei gais oherwydd ei brofiad o gael ei siomi gan Undeb Rygbi Cymru cyn hynny. Awgrym llai cyfarwydd fodd bynnag, sydd heb ei wyntyllu fawr ddim ers 1974, yw nad oedd Carwyn yn awyddus i gael y swydd. Mae lle i gredu bod hynny'n wir a bod mwy nag un rheswm dros awgrymu hynny.

Efallai fod cysgod melltith llwyddiant wedi dechrau lledu drosto. Sut gallai ddilyn y llwyddiant a gawsai eisoes? Roedd wedi cyflawni cymaint, mewn cyfnod byr wedi llai na blwyddyn gyda'i glwb, a phrofi llwyddiant hanesyddol gyda'r Llewod. Roedd yn enwog, câi ei barchu a rhoddid awdurdod i'w eiriau. Felly byddai pwysau disgwyliadau yn faich cynyddol ar ei fywyd. Rhaid cofio bod tîm Cymru'n llwyddiannus a byddai gofyn iddo yntau felly godi Cymru i lefelau uwch gan roddi pwysau disgwyliadau aruthrol arno.

Dyn wedi blino oedd Carwyn erbyn hyn. Fe'i llethwyd gan y sylw yn sgil ei lwyddiant. Oedd angen rhagor o sylw arno, fel hyfforddwr rygbi Cymru? Nid y Carwyn hyderus, penderfynol, penstiff, uchelgeisiol ysgrifennodd y llythyr hwnnw; nid y Carwyn a welwyd ar frig y byd rygbi am flynyddoedd cyn hynny. Mae'r pwyntiau a wneir ganddo yn unol â'i athroniaeth ym myd rygbi, ond nid oes gwir awydd y tu ôl i'r geiriau i wthio'i athroniaeth hyd yr eithaf, fel yr arferai wneud.

Fel y dywed Carwyn ei hun, roedd y dadleuon a osodwyd yn y llythyr yn rhai a wyntyllwyd ganddo droeon ar goedd ac mewn print cyn hynny. Felly fe ddaeth cais yr Undeb iddo geisio am swydd hyfforddwr Cymru a hwythau'n hollol ymwybodol eisoes o'i safbwyntiau ar faterion yn ymwneud â hyfforddi. Os oedd hynny'n faen tramgwydd aruthrol iddynt, a fyddent wedi gofyn i Carwyn ddangos diddordeb yn y swydd?

Mae'n bosibl wrth gwrs, mai gwybod yn iawn beth fyddai ymateb Undeb Rygbi Cymru oedd y rheswm pam y tynnodd ei gais yn ôl, a dim mwy na hynny. Bu'n rhan o drafodaethau'r Undeb yn ymwneud â datblygu hyfforddiant rygbi yng Nghymru, ac ynglŷn â hyfforddi tîm Cymru, ers diwedd y chwedegau ac roedden nhw'n ymwybodol o'i ymdrechion i fod yn rhan swyddogol o'r Undeb, mewn mwy nag un ffordd, ar hyd y blynyddoedd. Ond wedyn, pam na wnaeth fentro trafod ei bwyntiau â swyddogion yr Undeb, ac yna tynnu ei gais yn ôl wedi'r trafodaethau fethu? Egluro'i safbwynt oedd ei ddull arferol, a hynny er mwyn trafod. Fe wnaeth hynny drwy'r cyfryngau, ond nid gyda'r pwyllgorau a allai ddylanwadu ar y sefyllfa.

Mae nifer yn grediniol fod un agwedd ar bersonoliaeth Carwyn yn ffactor dylanwadol hefyd. John Reason sy'n crynhoi hyn:

> ... that was partly his own fault. Carwyn James had a resounding intellect but he had no idea of how to come to terms with the often rather sordid business of acquiring power. For which we are all the poorer.

Mae'r sylwadau yma'n agosach ati na sylwadau tebyg yn y cylchgrawn *Barn* yn rhifyn Tachwedd 1974:

> Eto gall Carwyn ei hun fod ag ofn bwrw'r cwch i'r dŵr. Pan ddaeth yr amser i Clive Rowlands ymddeol fel hyfforddwr Cymru, pwysodd ffrindiau arno i gynnig ei hun fel olynydd. Gwrthododd. A dyma lle y daeth ei falchder i'r wyneb. Roedd yn hen bryd i Gymru ei wahodd i'w hyfforddi – nid ei waith e' oedd ceisio am y swydd. Ni wireddwyd ei freuddwyd.

Mae'n gwneud cam â Carwyn i awgrymu iddo wrthod ceisio am y swydd oherwydd ei falchder. Cafodd ei wahodd i fod yn hyfforddwr Llanelli ond bu'n rhaid iddo fynd drwy broses o gael ei ddewis i fod yn hyfforddwr y Llewod. Dyna oedd y drefn yn Undeb Rygbi Cymru hefyd.

Nid nod y sylwadau hyn yw gwyngalchu Undeb Rygbi Cymru chwaith. Roedd un o hyfforddwyr mwyaf academig, meddylgar y byd ar gael iddyn nhw. Bu Carwyn yn rhan o drafodaethau'r Undeb ar ddechreuadau cynnar hyfforddi rygbi cyn ei lwyddiannau ond pylodd diddordeb yr Undeb ynddo wedi 1971 ac 1972. Cafodd pob ymgais ganddo i fod yn rhan o'r Undeb eu gwrthod o ddiwedd y chwedegau tan

1972. Oes unrhyw system mor anhyblyg fel na all ymateb i sefyllfa unigryw?

Wrth ei wrthod, collodd Undeb Rygbi Cymru gyfle i elwa ar wybodaeth, dawn a disgleirdeb y Maestro. Fyddai hi'n deg disgwyl i'r Undeb newid eu systemau er mwyn un dyn? Mae amser yn awgrymu y dylent o leia fod wedi rhoi cyfle iddo, a symud môr a mynydd er mwyn gwneud hynny. Amod Jimmy Murphy yn 1956 oedd mai fe fyddai'n cael dewis tîm Cymru ac nid un ar ddeg o ddewiswyr Cymdeithas Bêl-Droed Cymru. Cytunodd y Gymdeithas, a chyrhaeddodd carfan Murphy Gwpan y Byd yn 1958.

Mae dirywiad rygbi Cymru yn yr wythdegau, a'r blynyddoedd hesb a gafwyd yn y ddegawd honno, yn dyst i ffolineb gwrthod Carwyn yn 1974, pa lwyddiannau bynnag a gafodd y tîm ym mlynyddoedd olaf y saithdegau. Colli wnaeth Cymru i Seland Newydd yn 1980 o 23 i 3 ac yn erbyn yr Alban yn 1982 o 34 i 18. Roedd hadau'r blynyddoedd diffrwyth wedi'u hau. Bu diffyg dybryd i adeiladu seiliau cadarn ar lwyddiant anhygoel y saithdegau i sicrhau llwyddiant pellach yn y ddegawd ganlynol. Dyna oedd gweledigaeth Carwyn. Roedd y dyfodol wastad ar ei feddwl, ond yn amlwg nid ar feddwl pawb. Pan fyddai rhai'n herio Carwyn trwy nodi bod llwyddiant ysgubol tîm Cymru drwy'r saithdegau yn arwydd fod rygbi Cymru mewn sefyllfa iachus tu hwnt, ei ymateb bob tro oedd cydnabod y llwyddiant ond yna ychwanegu'r dywediad, 'Nid da lle gellir gwell'.

Roedd ymateb ffyddloniaid y byd rygbi rhyngwladol yn amlygu'r pwyntiau amrywiol, er mai anghrediniaeth oedd yr ymateb amlycaf. Meddai Willie John McBride:

> The reason that filtered through to me was tremendous jealousies within Welsh rugby circles and I have no doubt that was the case. It is staggering that a man of his calibre was not used by his country.

Meddai Bob Hiller:

There's a hell of a lot of politics in Welsh rugby. Wales missed a big opportunity there and Carwyn was sidelined. They really should have found a way of giving him what he wanted even if they had to disguise it.

Ymateb Colin Meads o Seland Newydd oedd:

I was shocked! I though he was the best, we all did. A big thing with coaching is handling things off the field and Carwyn could do that.

Yn ôl y newyddiadurwr, Terry McLean:

Carwyn James has been spurned, chucked out on his neck. In far off New Zealand, we are tending to think of him as a martyr – you can count the jealousies by the mile.

Y gwir amdani oedd na wnaeth yr Undeb wrthod cais Carwyn, felly does dim sail i'r honiadau fod eiddigedd a gwleidyddiaeth yn ffactorau dros ei wrthod. Ond dyna'r amgyffred ac maent yn amlygu'r math o deimladau a oedd yn corddi dan yr wyneb.

Yng Nghymru ar y pryd, roedd cryn dipyn o gystadleuaeth, neu elyniaeth hyd yn oed, rhwng clybiau'r dwyrain a'r gorllewin yn ne Cymru, a chredai llawer fod yr Undeb yn ffafrio clybiau'r dwyrain. Roedd gan ohebydd rygbi'r *Western Mail*, J B G Thomas, gryn ddylanwad ar yr Undeb a byddai'n ffafrio chwaraewyr clybiau'r dwyrain. Sut roedd y newyddiadurwr David Foot yn ei gweld hi?

In many ways, Carwyn was very much a part of the Wales' inner establishment: Welsh-speaking, white-robed, steeped in the cultures of his native heath, erudite. Yet when it came to rugby, at the highest level in his own country, he was critical and despaired of entrenched attitudes. Maybe his popularity and his strongly held views worked against him. Some of the game's hierarchy were certainly exceedingly wary of him. He was too much of an individualist, not receptive to a second point of view, they said. They bristled at his implied criticism of WRU policy and had no wish to see him up-tip the apple cart with his strong, singular presence. All right, he wanted to run the whole show and he knew he could do it better than they could.

Geiriau tebyg oedd gan Frank Keating, un arall o newyddiadurwyr y *Guardian*, ac un a oedd yn adnabod Carwyn yn dda:

In his beloved Welsh-speaking West he has long been canonised; eastwards, nearer the capital with its charcoal suits and Rotary Clubs and envious, careful middle-class, he is regarded with suspicion.

Trafododd Carwyn ei farn ar hyfforddi Cymru gyda John Reason o'r *Sunday Telegraph* a nododd y pum pwynt roedd wedi eu cyflwyno i Undeb Rygbi Cymru:

Rather sheepishly he told me about this as he looked out of my window and peered over the smoke of one of his endless succession of stratospherically tarred cigarettes. I shook my head in despair. "Carwyn," I said. "If you agree to do the job on their terms for a year and in that time beat everyone else in the international championship by forty points, you could then make your own recommendations and do the job on your own terms for the rest of your life." He chuckled. I think he was as surprised as I was that his insistence of instant totalitarianism got as close to being accepted as it was.

A ddigwyddodd y sgwrs uchod cyn i Carwyn gyflwyno ei lythyr neu wedi gwneud hynny? Mae Gareth Price, un o uwch-reolwyr BBC Cymru yn 1974, yn cofio'n iawn y sgwrs gafodd gyda Carwyn am hyn:

... dechreuodd rannu'r hyn roedd am ei ddweud wrth Undeb Rygbi Cymru. Ro'n i'n ei gynghori i bwyllo, yn dadlau'n gryf gydag e ar ambell bwynt, yn ei annog ar bwynt arall, yn trio ei berswadio i bwyllo am ryw dair awr tan wedi hanner nos. Ar ddiwedd y cyfan, trodd Carwyn ata i a dweud, "Wel, ma'n rhy hwyr beth bynnag, fe bosties i'r llythyr ddoe". Ro'n i'n gandryll gydag e. Ro'dd rhywbeth yn Carwyn a o'dd yn gallu bod yn ddigon rhwystredig ar brydiau!

Gwir hefyd fod rhai o'r tu fewn i Gymru yn ei amau oherwydd ei ddaliadau gwleidyddol ac yn amheus o'i genedlaetholdeb. Mae'n amlwg i'r amheuaeth yma fod dipyn mwy byw nag unrhyw amheuaeth oedd gan ddewiswyr Llewod Prydain ac Iwerddon yn 1970. Mae David Foot yn crynhoi fel hyn:

> No, he wasn't universally liked in Wales, it appears. Over a drink he used to talk of an undercurrent of antagonism towards him. He would colour momentarily in anger and violently rub his hands together.

Mae Fergus Slattery yn cynnig ffactor arall pam y methodd Carwyn fod yn hyfforddwr Cymru. Dywed:

> It was obvious that he was a man in demand because of his successes, so when he didn't get the Wales job, my thoughts were that maybe he didn't want to coach anymore. I remember asking does he really want it? Maybe he's had enough and he's done his bit? But that interpretation wasn't something that was spoken about much.

Roedd un dyn yng nghanol yr holl ddadl yma, sef hyfforddwr Cymru, Clive Rowlands, un o'r grŵp a oedd yn dewis y tîm cenedlaethol – y Big Five. Yn 1974, Rees Stephens, Harry Bowcott, Alun Thomas, Cliff Jones a Clive Rowlands oedd y pump mawr. Chwaraeodd bob un dros Gymru, ac roedd tri ohonyn nhw'n Llewod. Roedd Rees Stephens a Cliff Jones yn gyn-ddisgyblion Coleg Llanymddyfri hefyd.

Deuai Carwyn a Clive o ardaloedd a chefndiroedd tebyg iawn, o bentrefi Cwmtwrch a Chefneithin. Yn wahanol i Carwyn fodd bynnag, roedd Clive am fynd i weithio dan ddaear ac yn grac nad oedd ei fam wedi gadael iddo. Yn hynny o beth roedd Carwyn a Clive yn perthyn i genhedlaeth lle byddai athrawon, ac athrawon ymarfer corff yn enwedig, yn arwain hyfforddiant rygbi. Yn ôl Clive Rowlands roedd dysgu yn meithrin gallu newydd iddo fel hyfforddwr, sef y ddawn o drin pobl. Does dim gwadu i Carwyn elwa o hyn hefyd.

> Mae pobol yn dal i ddweud nad oedd y ddau ohonan ni'n dod mla'n o gwbl. Dw i ddim yn deall hwnna. Ro'n ni'n cwrdd yn gyson y tu fas i sefyllfa ffurfiol gêm rygbi. Ma lot yn credu bo fi wedi sefyll yn erbyn Carwyn a dyna pam chas e ddim y swydd. Ma hynny'n nonsens llwyr. Pan o'n i'n hyfforddi Cymru bydde pawb yn dweud mai fe ddyle fod yn hyfforddwr. Beth o'n i fod neud? Hyfforddi'r tîm i golli, fel bo nhw'n gorfod dod â hyfforddwr newydd mewn?

Mae'n dweud nad ydyw'n cofio manylion llythyr Carwyn o gwbl erbyn hyn, ac yn cydnabod efallai iddo'i anghofio'n fwriadol. Rhoddais y pum pwynt iddo wrth sgwrsio ynglŷn â Carwyn:

> A G: Y pwynt cynta, Clive. Mae'n dweud y dylai hyfforddwr y tîm cenedlaethol fod yn gadeirydd y dewiswyr, fel sy'n digwydd mewn ambell wlad arall.
>
> C R: Oddi mewn i'r Big Five yn fy nyddiau i, fi oedd wastad yn cael y gair ola os oedd unrhyw anghytuno ynglŷn â dewis rhwng dau chwaraewr. Er enghraifft, dewis Charlie Faulkner neu Glyn Shaw fel props, neu Bennett neu John yn faswr. Ar gyfer ambell gêm, bydde un yn siwto'n well na'r llall a finne fydde'n dewis, yn ôl sut ro'n i'n gweld y gêm. Ma fe'n sôn am gael hyfforddwr fel cadeirydd grŵp o bobol sy'n dangos yn glir nad oedd Carwyn am redeg popeth yn ei ffordd ei hunan, yn ôl y stori sydd wedi datblygu dros y blynydde. Ro'dd e am ga'l tîm o'i gwmpas, fel o'dd gyda fe yn Llanelli ac fel o'dd gyda fe gyda'r Llewod. Dyna beth bydde fe wedi ca'l 'da Cymru hefyd.
>
> A G: Sonia am hawl yr hyfforddwr i gael dau, dri neu bedwar arall i'w gynghori, tri yn ddelfrydol meddai.
>
> C R: Siwd ma hynny'n wahanol i'r Big Five 'te?
>
> A G: Dylai'r dynion 'ma sy'n cynghori fod yn hyfforddwyr gweithgar oddi mewn i'w clybiau.
>
> C R: Ro'dd pob un o'r Big Five ar y pryd yn weithgar oddi mewn i glybiau gwahanol ar hyd de Cymru, ac wedi bod am flynydde cyn

iddyn nhw fod ar y Big Five. Ro'dd nifer ohonyn nhw'n weithgar yn datblygu'r system hyfforddi pan nad oedd un yn bod.

A G: Dylai'r dynion yma gael eu dewis yn ôl eu profiad fel chwaraewyr, yn flaenwyr a chefnwyr; eu profiad fel hyfforddwyr a bod angen bod yn ymwybodol o ddaearyddiaeth hefyd.

C R: Ro'dd y Big Five naill ai'n chwaraewyr rhyngwladol i Gymru neu yn Llewod. Fi'n credu bod Carwyn yn cyfeirio fan 'na at y rhwyg rhwng dwyrain a gorllewin a o'dd yn bodoli. Ma fe'n iawn i wneud hynny, achos ro'dd y fath *rivalry* yn bod. Ond o ran dewiswyr tîm Cymru ar y pryd, ro'dd bois y dwyrain yn y lleiafrif. Chwaraeodd Bowcott a Cliff Jones i Gaerdydd, ond ro'dd Stephens wedi chwarae i Gastell-nedd a finne i Lanelli ac Abertawe. Ro'dd Alun Thomas wedi chware i Gaerdydd, Abertawe a Llanelli. Ond ro'dd Carwyn yn iawn i nodi'r pwynt 'na.

A G: Ac yn ola, dylai'r Hyfforddwr Cenedlaethol a'i gynghorwyr geisio cefnogaeth hyfforddwyr pob clwb yng Nghymru trwy ofyn iddyn nhw fod yn rhan o sesiynau hyfforddi ar ddechrau pob tymor. Mae Cymru, meddai, yn wlad ddigon bach i hyn allu gweithio.

C R: Fe 'nes i gael sesiynau cyson gyda hyfforddwyr pob clwb, a chanolbwyntio ar wahanol anghenion y gêm, fel ro'n i'n eu gweld nhw ar y pryd: er enghraifft, y sgrym, neu'r rheng ôl. Ond, er bod hyn yn digwydd, a felly ddim yn rhywbeth newydd i Carwyn ofyn amdano, mater arall oedd siwd ro'dd yr hyfforddwyr yn ymateb i'r hyn ro' n i'n ddweud. Byddai rhai'n gwrando ac yn gweithio'n galed ar y gofynion, ond eraill yn eu hanwybyddu. Beth o'dd 'da fi wedyn o'dd cymysgedd o chwaraewyr, rhai wedi cael eu hyfforddi fel ro'n i ishe a'r lleill ddim wedi ca'l y fath hyfforddiant o gwbl. Felly, ma hwnna'n swno'n syniad digon derbyniol ond ddim o angenrheidrwydd yn un a fydde'n gweithio.

Wrth wynebu cwestiynau ynglŷn â pham roedd yr Undeb wedi penderfynu dewis John Dawes i'w olynu, mae'n gallu cynnig awgrym:

Dw i ddim wedi meddwl am hyn o'r blaen, ond roedd yr Undeb efalle'n ffafrio sefydlogrwydd a pharhad wrth ddewis Dawes. Pan ro'n i'n gapten Cymru, ro'dd Dawes yn chwaraewr. Pan ro'n i'n hyfforddwr ro'dd Dawes yn gapten a phan ro'n i'n rheolwr, ro'dd Dawes yn hyfforddwr. Ro'dd yr Undeb siŵr o fod yn ffafrio adeiladu ar y seilie hynny. Ro'dd pethe'n mynd yn dda iawn i dîm Cymru, felly pam cymryd y risg o newid system yn gyfan gwbl yng nghanol cyfnod o lwyddiant sefydlog? Y dewis ar y pryd oedd rhwng Carwyn a John Dawes, dyna ni. Tynnodd Carwyn 'nôl, a John gerddodd mewn drwy'r drws.

Mae'r Cymro Alun Richards yn deall arwyddocâd ehangach Carwyn yn methu bod yn hyfforddwr Cymru:

> Merlin waited for the nation to call him, but the nation never did.

Beth bynnag fo ffeithiau'r sefyllfa, does dim gwadu'r amgyffred ohono ac mae Alun Richards yn crynhoi'r agwedd gyffredinol i'r dim. Mae holl ymwneud Carwyn â'r Undeb yn dwyn geiriau'r Athro Gwyn Alf Williams i gof:

> What people believe to be true is as significant for history as what actually was true. Myth itself can become an operative historical reality.

Mae gan y bennod hon ym mywyd Carwyn, Myrddin ein byd rygbi, ei rhan yn chwedloniaeth y gêm yng Nghymru, beth bynnag yw'r ffeithiau yn ei ymwneud â'r Undeb. Y gwir a saif, chafodd Carwyn ddim hyfforddi ei wlad a chollodd Cymru gyfle i gael un o'r hyfforddwyr gorau erioed i'w harwain. Ond roedd gan Carwyn ei hun fwy o rôl yn y penderfyniad hwnnw nag sydd wedi cael ei dderbyn hyd yma.

Cyrraedd Caerdydd

Wedi'i ymwneud â'r Undeb ddod i'w ddiwedd blin, gadawodd Carwyn y Drindod am Gaerdydd i ddatblygu gyrfa ym myd newyddiadura a'r cyfryngau. Mae'n siŵr i nifer fawr o'i gyfeillion a'i gydnabod feddwl yn yr un modd â Clem Thomas, pan ddywedodd am ymadawiad Carwyn â'r Drindod:

I often felt it was a mistake when he forsook the academic life to join the hurly-burly of the sports media. Sometimes I felt that it was a form of revenge at the neglect of his talent by Welsh rugby.

Yn ei swydd newydd, roedd nawr mewn sefyllfa i wneud sylwadau ar glybiau ac unigolion ac i ddadansoddi rygbi yng Nghymru. Yn sicr ni wyddai ei fod yn camu i fyd arall eto a fyddai'n esgeuluso ei ddalentau. Ar y pryd, iddo fe, roedd yn closio at wres ar aelwyd newydd, heb yr un amgyffred fod fflamau'n gallu llosgi yn ogystal â chynhesu.

Er mwyn dechrau ar ei waith newydd, roedd yn rhaid iddo symud i fyw i'r brifddinas, gadael sicrwydd Hawen yng Nghefneithin, symud i stafell ar rent yng Nghaerdydd, a daeth rygbi'n bopeth iddo am y tro cyntaf yn ei fywyd. Doedd dim dysgu na darlithio. Nid oedd yn athro mwyach er parhaodd i gyfrannu mewn cyfarfodydd a chynadleddau amrywiol.

Pennawd rhwydd ac arwynebol yw'r un sy'n dweud i fywyd Carwyn ddadfeilio y funud y symudodd i'r ddinas. Y newid mwyaf oedd y pwysigrwydd newydd a gymerwyd gan rygbi ym mhatrwm byw Carwyn. Byddai wedi bod yn newid pellgyrhaeddol petai Carwyn heb symud o Gwm Gwendraeth, ond roedd symud cartre hefyd yn ergyd ddwbwl. Roedd prif lwyddiannau Carwyn y tu ôl iddo yn 1974 a siâp gwahanol ar ei fywyd wedi hynny.

Ei gartre newydd oedd ystafell yn Llwyn-y-Grant Place, Penylan, Caerdydd a'i landlord oedd Doc, sef Derrick Jones. Brodor o Ben-y-groes oedd Doc ac roedd ei dad yn löwr yn yr un gwaith glo â thad Carwyn. Gwerthwr gyda chwmni cyffuriau meddygol oedd Doc, a dyna'r rheswm pam y galwyd y tŷ, gan ei drigolion a'u cyfeillion, yn Voltarol Towers! Roedd Derrick Jones newydd gael ysgariad ac o ganlyniad roedd nifer o stafelloedd gwag y gallai eu rhentu yn y tŷ. Bu Carwyn yn byw yno am bedair blynedd. Roedd newyddiadurwr arall yn cydletya yno hefyd, sef Bruce Morris o'r *Western Mail*. Yn eitha buan wedi i Carwyn gyrraedd, ymunodd John Dawes â nhw yn 1974, hyfforddwr newydd tîm rygbi Cymru. Roedd yr hyfforddwr swyddogol, a dewis y bobl, yn byw o dan yr un to:

> Carwyn was far too much a professional and too much of a gentleman to let that interfere in our friendship. It was Carwyn that suggested I went to stay there, as getting the Welsh coach job meant me leaving London Welsh to come back to Cardiff. We would have chats about the game, of course, and about specific forthcoming games, but he never ever imposed his views on me.

Wedi i John Dawes gyrraedd, trodd Voltarol Towers yn Coach Towers!

Arwyddocâd amlycaf amgylchiadau byw Carwyn ym Mhenylan oedd absenoldeb y rhai a fu'n bresenoldeb cyson yn ei fywyd. Nid oedd un o'r tair mam yno i ofalu amdano nac i wneud pethau ymarferol bob dydd ar ei gyfer, fel roeddent wedi gwneud ar hyd ei fywyd. Cyn hynny bu'n rhan o sefydliadau, boed yn ysgol, prifysgol, y Llynges, coleg preswyl neu goleg hyfforddi. Yn 1974, ei gartre newydd oedd ystafell sbâr mewn tŷ ffrind. Bellach doedd dim byd ond rygbi yn ei fywyd yn y ddinas, a Carwyn bellach yn ddyn adnabyddus ac enwog.

Cyn hynny, yr arwydd gweledol amlycaf o fethiant Carwyn i gadw trefn ar ei eiddo oedd cyflwr y tu mewn i'w gar a'r bŵt. Dyna lle byddai'r papurau, y sieciau heb eu talu i'r banc, tocynnau dirwyon parcio, dogfennau, nodiadau am gemau rygbi, un esgid ddigymar, cot, teis a gyflwynwyd iddo gan glybiau di-ri, cylchgronau a llawer mwy. Nawr, trodd yr ystafell lle'r oedd yn byw i fod yr un mor anniben, er iddo gadw ei hun yr un mor drwsiadus ag erioed.

Amlygwyd ambell ffaith arall am ddiffyg gallu Carwyn i wneud y pethau syml yn y cartre gan Doc yn *Un o 'Fois y Pentre'*. Dathlu geni plentyn ei ffrind, gohebydd a chyflwynydd gyda'r BBC, Martyn Williams, roedd Doc:

Tua dau o'r gloch y bore, cofiais fod caserôl wedi bod yn coginio
yn y ffwrn adre ers canol dydd. Codais y ffôn, dihuno Carwyn
a gofyn iddo ddiffodd y ffwrn. Wedi cyrraedd adref tua naw o'r
gloch bore wedyn, cerddais i mewn i'r gegin a gweld bod y ffwrn
nwy yn dal yn grasboeth. Ar y bwrdd yn ymyl safai'r caserôl. "Beth
ddigwyddodd, Carwyn?" gofynnais. Daeth yr ateb. Doedd e ddim
yn gwbod sut i ddiffodd y ffwrn.

Mae Martyn Williams ei hun yn cofio stori arall, sy'n
ymwneud â phreswylydd arall yn Voltarol Towers, Angharad
Trenchard-Jones, y gath.

Ro'dd Doc wedi bod bant o gartre am rai dyddiau gyda'i waith.
Carwyn gafodd y cyfrifoldeb o edrych ar ôl y gath yn ei absenoldeb.
Pan dda'th Doc adre, bwrodd ati i fwydo Angharad Trenchard-
Jones gyda'i bwyd arferol. Ond doedd hi ddim am flasu'r un
briwsionyn ohono. Agorodd ail dun, ond gwrthod hwnnw wnaeth
hi hefyd. Gofynnodd i Carwyn oedd unrhyw broblem wedi codi
gyda'r gath tra'i fod e bant. "Na," meddai Carwyn, "'nes i roi'r cig
oen oedd yn y gegin iddi bob dydd." Dyna'r cig oen a gawsai gan
ei chwaer ar gyfer cinio dydd Sul. Do'dd Doc yn dal ddim yn deall
pam, tan i Carwyn gyffesu nad oedd yn gwybod sut roedd agor
tuniau bwyd y gath!

Wrth gwrs, doedd dim angen coginio cymaint yng
Nghaerdydd, gan fod digon o ddewis o dai bwyta yno. Ei ffefryn
gyda'r nos oedd y Riverside, tŷ bwyta Tsineaidd, a Gibsons yn
ffefryn yn ystod y dydd. Roedd y ddau le yn fannau ymgynnull
poblogaidd i staff y BBC.

O ran y gwaith, datblygodd ei ddarlledu. Gwnaeth un
rhaglen ym mis Chwefror y flwyddyn honno, cyn gadael
y Drindod, sef *Dilyn Afon* i'r BBC. Aeth ar daith ar hyd y
Gwendraeth yn cyflwyno rhinweddau a chwedlau afon bro ei
febyd i'r gwylwyr. Roedd yn flwyddyn pan gafodd waith gan
y BBC a HTV. Cam anarferol iawn ar y pryd, gan fod y ddwy
sianel yn dueddol o ddewis person na fyddai'n cyfrannu at y
sianel arall.

Wrth i'r flwyddyn dynnu at ei therfyn, dechreuodd weithio ar gyfres Saesneg i HTV, *In Conversation*, ac fe'i darlledwyd ym mis Ionawr 1975. Gwnaeth bedair rhaglen, yn holi pedwar o enwogion a oedd yn ymwneud â'r byd chwaraeon rhyngwladol: y Gwyddel a'r Llew, Willie John McBride; y newyddiadurwr dylanwadol o Seland Newydd, Terry McLean; y gohebydd criced a cherddoriaeth, y Sais Neville Cardus, a'r gweinyddwr rygbi o Dde Affrica, Danie Craven. Roedd Carwyn ar ei orau yn y pedair rhaglen yma, yn dangos ei allu a'i ddeallusrwydd. Yn sicr, roedd y gyfres yn boblogaidd ac yn dangos hefyd fod gan Carwyn y gallu i ddenu enwau mawr o'r tu hwnt i Gymru i rannu stiwdio gydag e. Dyma'r defnydd gorau a wnaed o Carwyn mewn stiwdio deledu, lle cafodd gyfle i fynegi ei gryfderau.

Un nodwedd amlwg yn y rhaglenni hyn yw proffesiynoldeb Carwyn. Prin iawn oedd yr achosion iddo orfod ailofyn unrhyw gwestiwn a gwelir ynddynt yr egwyddorion a lywiai ei ddarlledu. Mae'r pwyslais ar gryfder y cwestiwn cyntaf oll yn gwbl amlwg. Yn unol â'r athroniaeth a nodwyd gan eraill, ac y cyfeiriwyd ato yn ei wasanaeth coffa yn y Tabernacl, byddai'r cwestiynau eraill yn codi'n naturiol o'r cwestiwn cyntaf a baratowyd. Mae ei raglen gyda Danie Craven yn enghraifft dda o gwestiwn cyntaf cadarn:

> Now, Dr Danie, I have no doubt that you are the world's no.1 rugby figure. Would this be easier for you if you were not a South African?

Pan ddaw Danie Craven 'nôl ato a gofyn beth yn union mae'n ei feddwl wrth ofyn y fath gwestiwn, ymateba Carwyn trwy ofyn yr union gwestiwn unwaith eto, ond mewn ffordd gwbl wahanol. Aiff y ddau ati wedyn i drafod sefyllfa apartheid a rygbi yn Ne Affrica. Mae i'r sgwrs ei pherthnasedd i Carwyn gan iddo brofi newid meddwl llwyr ynglŷn â sut y dylai ymateb i'r sefyllfa yn Ne Affrica. Gwrthododd edrych ar gêm tîm Llanelli yn erbyn De Affrica a gwrthod mynd ar daith y clwb i'r wlad honno. Ond yn ddiweddarach bu'n ddigon parod i deithio yno ac roedd ei gyfeillgarwch gyda Danie Craven yn ddylanwad sylweddol ar y newid meddwl hwn. Roedd y rhaglen hon yn gam pwysig ar daith Carwyn i newid ei feddwl. Eglura Danie Craven sefyllfa rygbi ac apartheid De Affrica:

> Everybody in our country realises that we are facing a problem and a very big problem at that, everybody is doing a lot of thinking in this connection and a lot has been done in the past but I think where people disagree with us is that they want to have a revolutionary way to solve our problems whereas we say, "No, we are dealing with it in the evolutionary way". The fact of the matter is that I feel it's our problem and only we can solve it; people are criticising us all the time. That doesn't help.

Hola Carwyn am y cam nesaf yn y broses roedd Danie Craven newydd ei chrybwyll a thrafodir sefyllfa hyfforddi rygbi De Affrica. Daw'n amlwg nad oedd Trefnydd Hyfforddi yn y wlad honno, fel ag y bu yng Nghymru ers rhai blynyddoedd. Doedd Danie Craven ddim yn gwbl argyhoeddedig fod angen un, er ei fod yn cydnabod bod angen strwythur hyfforddi.

Yng nghyd-destun cwestiwn apartheid, dywed nad oedd chwaraewyr du yn chwarae ar safon ddigon uchel i gael eu dewis i'r tîm cenedlaethol ar y pryd ac na fyddai unrhyw wlad yn dewis chwaraewr, os nad oedd wedi cyrraedd safon chwaraewr rhyngwladol. Roedd datblygu'r system hyfforddi i feithrin chwaraewyr du yn rhan o'r esblygiad y cyfeiriodd ato.

Daw'r rhaglen i ben wrth i Carwyn grynhoi ei safbwynt bersonol ar apartheid.

> Now, you will appreciate that during the last few seasons that I have been an opponent of what has been happening in rugby football in South Africa. Recently I was asked whether I would like to come out to coach to South Africa, could you give me some reasons why I should come along?
> Well, Carwyn, it's obvious. We form a brotherhood of sport, of

rugby. Wherever the game is played we have our friends and to me a rugby player in one country belongs to all of us, because of this world of ours which is our own and if we have a friend and he is in hospital, we go to see him. If we have a friend who gets into trouble, we support him. We stand by him. Now South Africa is in trouble but we are still rugby players, we are still respected wherever the game is played so I hope and I think it is so and that being the case, even if you have something against us, you will still be on our side and I think the more you would come to South Africa, the more you could help South Africa in its problems. But by staying away, I don't think you will help us. So you must come to us.

Yn y blynyddoedd wedi hynny, fe aeth Carwyn i Dde Affrica fwy nag unwaith. Ceir argraff gref drwy'r rhaglen fod Carwyn yn holi er mwyn deall, nid herio, na cheisio rhwydo, na beirniadu Danie Craven. Ond nid maneg felfed sy'n dal y meic chwaith. Mae'n amlwg iddo gael ei argyhoeddi gan yr atebion, os nad ar y pryd, yna'n sicr yn y blynyddoedd wedyn. Ffactor amlwg yn y broses yma o feddwl oedd ei fagwraeth yn yr ysgol Sul, a fyddai wedi ymateb yn wresog fod angen helpu rhywun mewn angen ac i ymweld â chleifion. Byddai dameg y Samariad Trugarog wedi pwyso arno'n drymach nag unrhyw faniffesto gwleidyddol. Mae'n siŵr fod yr un gwerthoedd wedi symbylu nifer i wrthwynebu apartheid ac i ochri gyda'r duon sathredig. Ond dengys gweithredoedd Carwyn o leia iddo gymhwyso'r un gwerthoedd mewn ffyrdd gwahanol.

Ym mlynyddoedd olaf ei fywyd, ysgrifennodd Carwyn ar y cyd â Chris Rea, aelod o garfan Llewod Carwyn yn 1971, y llyfr *Injured Pride*, sef hanes taith y Llewod i Dde Affrica yn 1980. Roedd Carwyn yn gohebu ar y daith honno ac yn y wlad am rai misoedd. Mae pennod gyntaf y llyfr yn dwyn y teitl 'Sport and Politics' ac yn unol ag arfer Carwyn i gadw llygad clir at y dyfodol, mae'r bennod olaf yn cynnwys ei ragolygon ar gyfer rygbi yn Ne Affrica drwy'r 1980au a'r tu hwnt.

Yn hanner olaf y saithdegau, bu sawl datblygiad ar lwyfan byd ym myd gwleidyddiaeth chwaraeon ac apartheid yn gefnlen i frwydr bersonol Carwyn. Cyfnod ydoedd o drafod cyson a thanbaid ar y berthynas rhwng gwleidyddiaeth a chwaraeon yn gyffredinol. Yn 1977, cynhaliwyd uwch-gynhadledd o gynrychiolwyr gwledydd y Gymanwlad yn Gleneagles, yr Alban, pan benderfynwyd peidio â datblygu cysylltiadau chwaraeon gyda De Affrica.

Y flwyddyn ganlynol, canslodd tîm rygbi'r Alban daith i Dde Affrica a'r un flwyddyn ni ddaeth tîm rygbi De Affrica i Brydain yn ôl y disgwyl. Yn 1979, nid aeth Awstralia ar daith i Dde Affrica, ond eto, yn yr un flwyddyn, aeth nifer o glybiau rygbi Prydain i'r wlad, gan gynnwys Llanelli, Caerdydd a Chasnewydd. Pan ddaeth y timau hyn 'nôl adre, meddai Carwyn a Chris Rea yn *Injured Pride*:

> ... they all said the same thing. South Africa had gone a long way towards fulfilling the demands of the politically minded. These reports, and their own observations, made a great impression on the Four Home Unions Committee.

Canlyniad yr argraff ffafriol a wnaed arnynt oedd i gynrychiolwyr undebau rygbi gwledydd Prydain wahodd tîm Barbariaid De Affrica i ddod ar daith i Brydain. Doedd Llywodraeth Prydain, dan arweiniad Mrs Thatcher, ddim yn hapus o gwbl. Ategu cytundeb Gleneagles wnaeth y Prif Weinidog, ond cadw at eu cynlluniau wnaeth yr Undebau Rygbi. Roedd amod i'r gwahoddiad, sef y dylai carfan y Barbariaid gynnwys wyth chwaraewr gwyn, wyth du ac wyth cymysg eu tras. Felly y bu:

> Most important of all, though, the tour was a success from every point of view, the players were good tourists, and the integration of colours was perfect.

Gwelwyd y daith yn arwydd o lwyddiant y cynlluniau i integreiddio chwaraewyr o dras ethnig gwahanol yn yr un tîm.

Ond i'r gwrthwynebwyr, gweithred arwynebol oedd hon, yn cuddio realiti'r sefyllfa yn Ne Affrica. O ran Carwyn, mae'r modd mae'n trin y daith yn y llyfr yn dangos ei fod yn cydymdeimlo â chefnogwyr y daith, a bod ymweliad y Barbariaid yn arwydd o'r cynnydd a wnaed, yn unol â sylwadau carfan Danie Craven wrth Carwyn yn stiwdio HTV, Pontcanna.

Roedd y cynlluniau i anfon y Llewod i Dde Affrica eisoes ar waith pan oedd y Barbariaid ym Mhrydain. Ond, roedd yn rhaid i undebau'r pedair gwlad gyfarfod i drafod a oedden nhw am i'r daith fod yn swyddogol ai peidio. Cafodd y pedwar undeb lythyr gan y Gweinidog Chwaraeon yn amlinellu safbwynt clir y Llywodraeth yn erbyn y daith. Cafwyd cefnogaeth unfrydol gan undebau yr Alban ac Iwerddon. Cytunodd Undeb Rygbi Cymru hefyd, ond o drwch blewyn – 13 pleidlais i 12. Undeb Lloegr oedd y diwethaf i drafod ac roedd mwyafrif mawr o blaid y daith.

Rhaid nodi, serch hynny, fod Carwyn yn glir ei wrthwynebiad i'r gyfundrefn apartheid. Mae'n crynhoi'r holl drafod am berthynas rygbi a gwleidyddiaeth:

> Few people care for the policy of apartheid which has prevailed in South Africa, but most ordinary level-headed sportsmen, and women, are too engrossed in their particular pastime to bother about the political thinking of their opponents... Until Russia invaded Afghanistan it could be said that because an Englishman wanted to run in the Olympics in Moscow it did not mean that he agreed with, or condoned the type of government under which the people in the United Soviet Socialist Republic have to live. Neither did it mean that because a man played rugby against South Africa that he agreed with or condoned apartheid.

Ni fyddai'r hyfforddwr ym Mharc y Strade yn 1970 wedi mynegi'r fath farn. Meddwl agored oedd gan Carwyn, nid un a fyddai'n aros yn ddigyfnewid, doed a ddelo. Ar ddiwedd y llyfr, wrth edrych tua'r dyfodol, mae ei sylwadau yn fwy gwleidyddol eu natur:

Time is not on the side of the white minority. They must, as soon as possible, legislate more in favour of their second-class citizens, educate them better, and give them far more responsibility in the running of the country. The voice of Bishop Desmond Tutu is an important one to which South Africa's Prime Minister must listen.

Yn y gyfres *In Conversation* yn 1975 Syr Neville Cardus oedd yn y gadair gyferbyn â Carwyn yn y rhaglen a ddarlledwyd ar 29 Ionawr 1975. Heb os roedd yn un o'r dylanwadau mwyaf ar Carwyn James. Cardus yn wir oedd meistr ei fywyd. Unwyd Carwyn a Cardus gan fagwraeth syml, dosbarth gweithiol, eu gwaith fel cyfranwyr i bapurau newydd a'u cariad angerddol tuag at gelf a chwaraeon a'r modd roedden nhw'n cyfuno'r ddau yn eu gwaith.

Roedd Cardus yn 77 mlwydd oed pan ymddangosodd ar y rhaglen a Carwyn ddeng mlynedd ar hugain yn iau nag e. Mae ysbryd meistr a disgybl yn y sgwrs, ond mae Carwyn yn fwy na dal ei dir wrth wynebu ei arwr. Mae'r ddau yn trafod yr arfer o gael bath o flaen y tân glo, canu'r modiwlator a chwarae ar strydoedd eu cynefin.

C J: I love this sentence which you wrote, Sir Neville, 'Snow glistens in all the memories of one's boyhood'. You know, this sense of wonderful fairyland amongst cricket and music for you?

N C: I don't think we talked about 'escape' in those days. … A lot of words have been invented that I never used to hear. I lived in a very poor place where we never knew where the next week's meal was coming from but I never heard the word 'frustration' and I never heard the word 'escape'. I went out in those days to enjoy myself… I decided that I was going to make my living about the things I loved and I was very fond of cricket.

Dysgodd Cardus ei griced ar strydoedd Rusholme a chae criced Old Trafford, a'i gerddoriaeth o lyfrau yn y Free Library ym Manceinion a neuadd Hallé'r ddinas. Dysgodd

Almaeneg hefyd, er mwyn gallu deall byd cerddoriaeth glasurol yn well. Gallai, fel Carwyn, siarad pedair iaith cyn diwedd ei oes.

Pan deithiai Carwyn Gymru a'r tu hwnt i annerch cynulleidfaoedd amrywiol, un pwnc y trodd ato'n weddol reolaidd oedd adnabod rhinweddau a nodweddion gwledydd amrywiol yn ôl y ffordd roedden nhw'n chwarae rygbi. Gwelodd chwaraeon yn fynegiant o'r gymdeithas y magwyd ef ynddi. Felly Cardus:

> C J: With reference to McLaren, you write somewhere about him and say, 'In those days there was aristocratic leisure'. Were there such days?
>
> N C: Now you've got the Welfare State today which has been a marvellous thing, but you have an average now. There's no working classes and there's no aristocracy and things are very average and the individuality is going. Certainly going out of cricket. The curious thing is the individuals remaining in first class cricket today are the overseas players...

Ond yn fwy na dim, yr un gwerthoedd a'r un anian oedd sylfaen edmygedd y naill o'r llall. Ysgrifennodd Cardus ddau gofiant, ond golygwyd y ddwy yn un gyfrol yn y chwedegau a'i chyhoeddi dan y teitl *My Life*. Pennod olaf y gyfrol yw 'Fulfilment':

> I became a *Manchester Guardian* writer and I travelled as far from my Manchester slum as Australia. I heard music in Vienna and I saw cricket played in Sydney. These were not so much ambitions as the dreams of a waif and stray...

Roedd Carwyn yn ffodus o'r un peth wrth iddo wynebu magwraeth galed a di-nod ar brydiau yn nwst y glo yng Nghwm Gwendraeth. Ond roedd ganddo hefyd ddiwylliant ac iaith arall a allai agor ffenest wahanol ar broblem cyflwr Cymru nad oedd ar gael i Cardus.

Esbonia *My Life* hefyd na chawsai erioed ei ddenu gan y

materol ac mae'n dod â'i stori i ben wrth sôn am yr hyn a fu wrth wraidd ei fywyd. Gallai'r pin ysgrifennu fod wedi bod yn llaw Carwyn yr un mor rhwydd, er nad oedd Carwyn wedi gorffen ei addysg pan ysgrifennai Cardus yn y pumdegau:

Without creative urge and imagination man would be less than the animals.

Roedd Carwyn a Cardus yn un ac yn anarferol am iddynt fynegi'r fath ddelfrydau trwy uno chwaraeon a diwylliant.

Un o'r cannoedd o wahoddiadau a gafodd Carwyn i annerch grwpiau neu gymdeithasau wedi dod 'nôl o Seland Newydd yn 1971, oedd i westy'r Mount Sorrel yn y Barri. Cafodd wahoddiad gan bobl fusnes y dref, ond agorwyd y cyfarfod i aelodau'r clwb rygbi hefyd. Roedd y stafell dan ei sang, a nifer fawr o'r bois rygbi yno er mwyn clywed yr athrylith yn rhannu ei brofiadau o fod gyda'r Llewod a phob un yn llawn disgwyliadau buddugoliaethus. Cododd Carwyn ar ei draed ac wedi diolch am y gwahoddiad, cyhoeddodd ei destun am y noson – 'Neville Cardus and his love of music!' Dyna roedd Carwyn am ei rannu, beth bynnag y disgwyliadau. Nid oes cofnod o union ymateb y bois rygbi.

Gwnaeth yr un fath o beth nôl yn ei filltir sgwâr. Yn sgil bwrlwm llwyddiant y Llewod, cafodd wahoddiad i annerch Clwb Cinio Gorslas, y pentre drws nesa i Gefneithin. Roedd y lle dan ei sang a phawb yn aros yn eiddgar i glywed meistr y Llewod. A'i bwnc y noson honno? 'The Art of Communication'. Wedi derbyn nad oedden nhw'n mynd i glywed chwedlau taith y Llewod, roedd pawb wedi mwynhau yn fawr, ac yn deall yn iawn bod Carwyn wedi meistroli crefft ei bwnc.

Arferai Carwyn ymarfer ei grefft o ysgrifennu yn Llwyn-y-Grant Place wrth fwrdd y gegin tan oriau mân y bore. Cynyddu hefyd roedd y galwadau arno i siarad mewn amrywiol sefyllfaoedd, a nododd ei landlord, Doc, iddo ar un adeg, annerch chwe chymdeithas wahanol ar chwe noson o'r bron, pob un ohonynt yn Lloegr. Ar gyfer y fath achlysuron, byddai'n

galw ar unrhyw un o grŵp o ffrindiau i'w yrru yno. Roedd Doc
yn un a Martyn Williams yn un arall:

> Bob tro ro'n i'n mynd ag e rhywle, ro'dd yn fwy aml na pheidio
> yn gofyn i fi fynd y ffordd mwya anuniongyrchol i'r lleoliad.
> Os oedden ni'n gadael Caerdydd er mwyn mynd i rywle yn Sir
> Fynwy, bydde'n gofyn i fi fynd lan tua Merthyr a Blaenau'r
> Cymoedd yn hytrach nag ar y briffordd tua'r dwyrain. Ro'dd
> am droi at y bryniau a'r mynyddoedd pan fydde unrhyw gyfle i
> wneud hynny, hyd yn oed os bydde hynny'n golygu bod y daith
> dipyn hirach. Falle bod e'n dweud rhywbeth amdano fe ar y pryd.

Wrth gwrs, byddai e'n gweithio'n galed, a chwarae'n galed
hefyd. Roedd tŷ a gâi ei rannu gan bedwar dyn yn gyrchfan
naturiol i gymdeithasu brwd a chyfuniad galwedigaethau'r
pedwar yn ddylanwad mawr ar y cymdeithasu. Roedd y
ffaith fod dau o'r pedwar yn ffigyrau amlwg ymhell y tu hwnt
i Gymru hefyd yn golygu y câi Coach Towers gryn dipyn o
sylw. Mae Martyn Williams yn cofio un achlysur arbennig:

> Fe gyrhaeddais y tŷ un diwrnod a mewn â fi i'r stafell fyw.
> Ro'dd rhywun yn eistedd yn un o'r cadeiriau. Fe a'th Carwyn ati
> i gyflwyno'r person i fi, ond doedd dim angen, ro'n i'n gwbod
> yn iawn pwy oedd e – Dave Sexton, rheolwr tîm pêl-droed
> Man U. Eisteddais yn dawel, yn gwrando ar y ddau yn trafod,
> yn ymwybodol iawn 'mod i yng nghwmni dau athrylith yn eu
> meysydd a'r naill yn dysgu oddi wrth y llall.

Athroniaeth ganolog Carwyn oedd dysgu gan y goreuon
mewn campau eraill. Âi ar y trên i Fanceinion i gyfarfod â
Dave Sexton yn Old Trafford, a byddai'r rheolwr yn ymweld
â Chaerdydd. Arferai fynd i wylio sêr Man U yr 1970au yn
ymarfer ganol wythnos, yn ei awch i ddysgu. Pan ymunodd yr
asgellwr dawnus J J Williams â chlwb rygbi Llanelli yn 1972,
dywedodd ei fod am ymuno â'r clwb am mai nhw oedd Man U
y byd rygbi. Nid oedd yn ymwybodol o arwyddocâd ehangach
ei eiriau.

Yn 1976, penderfynodd roi'r gorau i hyfforddi clwb Llanelli ac yntau wedi sôn am wneud hynny droeon cyn hynny. Profodd lwyddiant arbennig gyda'i glwb wrth iddynt ennill y cwpan bedair blynedd o'r bron rhwng 1973 ac 1976. Ond wedi'r pedwerydd, rhoddodd y gorau i hyfforddi Llanelli, ar ôl saith tymor llwyddiannus dros ben. Wrth wneud, cododd angor arall yn ei fywyd a fu'n gadarn am flynyddoedd lawer.

Nid dyna ddiwedd ei ymwneud â chlwb rygbi chwaith, ond cyn iddo ailgydio mewn hyfforddi, cyhoeddwyd llyfr arwyddocaol yn 1977. Nofel arbrofol, arloesol oedd *Mae Theomemphus yn hen* a ysgrifennwyd gan Dafydd Rowlands, cyfaill mynwesol Carwyn o'r Drindod. Roedd gan Carwyn ei ran yn y nofel. Nofel hunanymchwilgar yw *Mae Theomemphus yn hen* sy'n seiliedig ar ymgais yr awdur i ddeall stori teulu ei dad yn Iwerddon. Cymeriad canolog y nofel yw John Rawlins, ac fel y dywed broliant clawr cefn y gyfrol:

> Magwyd John Rawlins ar gasineb a chwerwedd tuag at ei dad. Fe'i casaodd trwy flynyddoedd unig ac anodd ei blentyndod, casineb a ddaeth yn rhan annatod o'i gyfansoddiad a'i bersonoliaeth.

Daeth adeg yn ei fywyd pan oedd am gefnu ar deimladau negyddol at ei dad, a mynd 'i chwilio am wir berson' y gŵr roddodd fod iddo, a hynny ym mro mebyd y tad yn Iwerddon. Aeth â chwmni ar y bererindod, cymeriad a elwir yn Llwyd.

Aeth Dafydd Rowlands ar daith go iawn i Iwerddon ei gyndeidiau, a mynd â chyfaill gydag e, sef Carwyn James. Carwyn yw'r sail i gymeriad Llwyd yn y nofel. Gwnaed y daith pan oedd Carwyn yn dal yn y Drindod, a hynny yn 1973 er na chyhoeddwyd y nofel tan 1977, a Carwyn erbyn hynny yng Nghaerdydd ac ar ei ffordd i'r Eidal.

Hawdd iawn yw adnabod Carwyn yn y sylwadau, yr ystumiau a'r priodoleddau a roir i Llwyd ar y daith drwy'r Ynys Werdd ac anodd peidio â gweld y cymeriad fel cofnod ffeithiol o Carwyn James. Yn ail hanner y nofel, mae Llwyd mewn tafarn yng nghefn gwlad Iwerddon, yn trafod rhinweddau Carwyn

James dros beint gyda rhai o'r dynion lleol. Ceir cyfeiriadau disgrifiadol sy'n awgrymu nodweddion ym mywyd Carwyn: car anniben yn llawn llythyrau heb eu hagor; papurau, llyfrau ac un esgid; ei arfer o gysgu wrth deithio yn y car; ei hoffter o alw am bryd o fwyd ar bob cyfle posib; ei fwynhad o win coch a Solzhenitsyn. Nodweddion Llwyd a Carwyn yn un felly.

Mewn nofel arbrofol fel hon, sy'n daith seicolegol yn ogystal ag un ddaearyddol, sy'n gerdd yn ogystal â bod yn nofel, mae cwestiynau'n codi'n gyson ynglŷn â hunaniaeth, am berthyn ac am golli. Teimladau dyfnaf ac, yn aml, tywylla'r enaid. Wrth i'w ffrind drafod y teimladau hyn, anodd gwahanu Llwyd oddi wrth Carwyn yn y nofel. Ochr yn ochr â naratif y stori, mae myfyrdodau hunanymchwiliol eu naws. Mae modd deall cryn dipyn am Carwyn gan mai ei ffrind mynwesol sy'n codi'r cwestiynau. Mae taith Dafydd Rowlands i chwilio am ei dad yn fetaffor i daith Carwyn i geisio deall yr hunan, i ddeall yr hyn ddywedodd ei ffrind mai 'mordaith yw'r hunan hefyd'.

Stori'n seiliedig ar fywyd Dafydd Rowlands yw hi, wrth gwrs, ac is-gymeriad yw'r cyd-deithiwr. Meddai Catrin Heledd Richards sy'n gwneud ymchwil ar y nofel:

> Dyna roeddwn i'n ei feddwl wrth ddechrau'r ymchwil. Ond wedi astudio mwy ar y nofel ac o fywyd Carwyn, mae'n amlwg fod y nofel yn ddibynnol ar y cymeriad sydd wedi'i seilio ar Carwyn. Mae yno i roi rhyw ysgafnder i'r stori yn un peth… sy'n wrthbwynt i'r ymchwilio seicolegol, emosiynol sy'n digwydd ym mywyd y cymeriad John Rawlins.
>
> Ond ar lefel arall, mae ymchwilio seicolegol Rawlins yn ddrych i fywyd Carwyn ei hun. Mae'n siŵr fod rhai o'r myfyrdodau ar ran Rawlins yn seiliedig ar yr hyn roedd Dafydd Rowlands yn gwybod am ei ffrind, megis y darn lle mae Rawlins yn myfyrio ar blant, am fod Dafydd Rowlands yn gwybod bod Carwyn yn dwli ar blant er nad oedd ganddo blant ei hun.

Mae darllen *Mae Theomemphus yn hen* yn sicr yn rhoi golwg ar fywyd Carwyn drwy lygaid ffrind, mewn modd gwbl wahanol i'r hyn mae Alun Richards yn ei wneud.

Ar yr wyneb roedd Carwyn yn ddyn digon prysur a chynhyrchiol yn ei newyddiadura a'i ddarlledu. Roedd yn ohebydd rygbi i BBC Cymru ac yn cyfrannu i gynyrchiadau chwaraeon rhwydwaith y BBC. Yn haf 1976, roedd yng Nghanada ar ran y BBC i sylwebu ar Gemau'r Gymanwlad yno. Dechreusai gyfrannu i'r *Guardian* hefyd.

Ond daeth llais newydd estron i alw ar Carwyn, un Eidalaidd ei dinc. Roedd ei orchestion fel hyfforddwr yn destun siarad ac roedd galw amdano. Felly, pan oedd clwb rygbi Sanson Rovigo yn yr Eidal yn chwilio am hyfforddwr, a'i berchennog am gael y gorau, aethant ati i geisio denu Carwyn i ogledd ddwyrain yr Eidal. Doedd fawr ddim angen ei berswadio. Lledodd y newyddion drwy'r byd rygbi a thrwy hap a damwain adeg y cyhoeddi, roedd y Llewod ar daith yn Seland Newydd a daeth pawb i wybod. Dechreuodd Carwyn fel hyfforddwr clwb y dre yn nechrau tymor 1977 – 1978 a symud i fyw yn yr Eidal.

Rovigo, Yr Eidal

Dissi, a quelle parole, che gli uomini che volevan fare a lor modo, bisognava che si facessino un mondo a lor modo, perché in questo non si usava cosí.

(I said, in response to his words, that men who wanted to do things in their own way had better make a world in their own way, because in this world things are not done like this.)

Benvenuto Cellini, Autobiography

MAE ROVIGO YN gorwedd ar diroedd gwastad isel, rhwng dwy afon Adige a Po yn rhanbarth Veneto'r wlad, yr un rhanbarth â Venice. Mae'r gwastadeddau'n ymestyn am filltiroedd tuag at draed y bryniau yn y pellter, gan gynnig digon o le i olau gwresog de ddwyrain yr Eidal i grwydro'n ddirwystr. Ni phrofasai Carwyn y fath ehangder mewn unman arall y bu'n byw ynddo. Nid oes yn Rovigo y pyramidiau du na llethrau cyfyngedig y cymoedd, na choncrid dinas, na chwaith goridorau cul addysg. Efallai, ac yntau'n ddyn blinedig wedi derbyn sawl siom, y byddai haul diwylliannol yr Eidal yn falm i'w enaid.

Cartre newydd Carwyn oedd rhif 5, Via i Monti yn nhre Rovigo, fflat llawr cyntaf, tair ystafell wely, a drodd yn gyrchfan i chwaraewyr a swyddogion y tîm, ynghyd ag ymwelwyr achlysurol o Gymru, am ddwy flynedd. Ond wedi cyrraedd gwlad estron, yr angen cyntaf oedd dysgu rhywfaint ar iaith y wlad a dod i adnabod tref Rovigo. Cysylltodd y clwb ag athro Saesneg yn un o ysgolion y dref, gan ofyn iddo helpu Carwyn i ymgartrefu. Dyna oedd dechrau cyfeillgarwch clòs rhwng

Carwyn ac Angelo Morello, am weddill ei ddyddiau. Athro Saesneg yn Collegio Vescovile Angelo Custode oedd Angelo Morello, a rhannodd ei atgofion am Carwyn yn Rovigo â mi:

> I had no particular interest in rugby, although living in Rovigo, it was impossible to ignore it. Rugby was everything here; it was and still is a rugby town, like no other in Italy. I'm sure that helped Carwyn settle quicker than he might have done otherwise. Franco Olivieri, the main man at Sanson Rovigo, flew to the UK to ask Carwyn to be coach at his club. There was a clear sense at the time that things weren't going that well for Carwyn in Wales. His relationship with the rugby authorities there was not good and he was not popular in all rugby circles. Olivieri asked if I could help by being an interpreter for the new coach. That's how we met.

Daeth y ddau yn ffrindiau yn syth a buan y daeth Angelo i sylweddoli i Carwyn gefnu ar agwedd 'ymosodol' a 'ffilistaidd' byd rygbi Cymru, dau air a ddefnyddiwyd yng Nghymru'n gyson wrth sôn am yr ymateb i Carwyn.

Mae John Hopkins, gohebydd rygbi'r *Sunday Times*, yn sôn am ymweld â Carwyn yn ei fflat ryw ddeufis wedi i Carwyn symud yno. Roedd yr awdur Alun Richards yno'n barod. Aeth y tri allan am bryd o fwyd gyda'r nos, a gofynnodd Hopkins i Carwyn pam y symudodd i'r Eidal:

> He was tired, he said. His success with the 1971 Lions had cast him on to a carousel that was spinning faster and faster. While his bank balance increased, his health deteriorated. The prospect of a sabbatical, as he called it, of learning a new language, of getting back to coaching and having the time to finish a book on rugby, were irresistible.

Yn yr Eidal, dechreuodd setlo i fywyd dyddiol mewn gwlad estron. Roedd angen siopa am ei fwyd ei hun, deall yr arian a'r ffordd o fyw. Trefnodd y clwb fod menyw yn glanhau fflat Carwyn dair gwaith yr wythnos a hi fyddai'n golchi ei ddillad

Carwyn a Cliff, yn trafod manylion.

David Parry Jones yn holi'r Carwyn bodlon.

Dathlu un o lwyddiannau'r Scarlets.

Carwyn yn hyfforddi Llanelli; llun y *Guardian* y diwrnod ar ôl ei farw.

Carwyn yn hyfforddi tîm Tonga, 1974.

Carwyn yn derbyn cyngor dau o ddoethion tre'r Sosban.

Ar y chwith, Peter Rees, un o gryts Michael James dan ddaear a'r un wahoddodd Carwyn i fod yn hyfforddwr tîm rygbi Llanelli.

J B G Thomas, Gareth Edwards, Gerald Davies a Carwyn yn darllen y *Western Mail*.
Llun: *Western Mail*

Carfan y Llewod yn canu yn y Maes Awyr cyn gadael am Seland Newydd, 1971.

Yr hyfforddwr wrthi yn Seland Newydd.
Llun: Colorsport

Agor gorsaf betrol wedi llwyddiant Llanelli yn erbyn y Crysau Duon, gyda Delme Thomas.

Carwyn, wedi
derbyn anrhydedd
y wisg wen
yn Eisteddfod
Hwlffordd 1972.

Y fflat llawr ucha yn
Rovigo, a'r drws yn
yr ochr.

Cerdiau post rhai o
fawrion llên Cymru
ar silff yn Rovigo.

Y garfan a'u hyfforddwr.

Rhannu ei athroniaeth mewn gwlad estron.

Llun: Luciano Pavanello

Llun: Luciano Pavanello

Ymestyn ei apêl gyda chefnogwyr Rovigo.

Lluniau: Luciano Pavanello

Munudau unig i feddwl,
i bwyso a mesur.

Llun: Luciano Pavanello

Carwyn ac un o'i hoff baentiadau, Madonna col Bambino gan Giovanni Bellini, yn yr Accademia, Rovigo.

Llun: Paolo Giolli

Plac i nodi Cystadleuaeth
Carwyn James yn
Stadiwm Rovigo.

Dau o hoff gaffis Carwyn.

Carwyn a'r Pab, wedi i Rovigo ennill y bencampwriaeth yn 1979.

Carwyn yn ei fflat yn Llwyn y Grant Place.
Llun: *The Sunday Times*

Carwyn yn nyddiau'r llyfr a'r teledu.

Tafarn y Cheshire Cheese, Fleet Street, lle bu'n aml yn rhannu peint a sgwrs gyda John Arlott, ymhlith eraill.

Fred Allen o Seland Newydd, Dr. Danie Craven o Dde Affrica a Carwyn yn Ne Affrica, taith y Llewod 1980.

Gwesty'r Krasnapolsky, Amsterdam, lle daeth y diwedd.

Noson dangosiad cyntaf rhaglen *Diacon y Sêt Gefen*, Clwb Rygbi Cefneithin. Ray Gravell, Jonathan Davies, Gerald Davies, Max Boyce a Barry John.

Rhai o swyddogion Clwb Rygbi Llanelli ar achlysur dadorchuddio penddelw i Carwyn yn stiwdios y BBC, Llandaf, 1985.

ddwyrain yr Eidal yn ei ail er mwyn osgoi ffafrio'r un yn fwy na'r llall. Wedi gêm mewn tywydd anffafriol, mae adroddiad Carwyn yn dechrau fel hyn:

> There was no sun, no light. It was a bleak, damp day, the breeze blew across the field into the stand, and it was cold, miserably cold.
> During the match my mind wandered and I thought of Spain and the sun and Hemingway's *Death in the Afternoon*. He contends, rightly I think, that the theory, practice and spectacle of bullfighting have all been built on the assumption that the sun must shine and when it doesn't shine over a third of the bullfight is missing. The sun is the best bullfighter, and without the sun the best bullfighter is not there. He is like a man without a shadow.

Roedd ganddo ddwy ffordd arall o ddysgu'r iaith. Un oedd trwy lyfr, *Living Italian*, a roddwyd iddo fel anrheg gan Anya, gwraig Hywel Gwynfryn, a'r llall oedd record yr arferai ei chwarae yn ei fflat yn gyson er mwyn clywed sŵn yr iaith. Wrth sôn am wrando ar y record, dywedodd Carwyn un tro:

> … dyna'r unig lais yn aml yn y fflat.

Sylw ffwrdd â hi, sy'n dangos nad oedd pob munud yn gyffro iddo yn ei wlad newydd. Er, penderfyniad bwriadol ganddo fe oedd peidio â gosod ffôn yn y fflat.

Anian

Roedd angen i Carwyn ddeall anian yr Eidalwyr yn ogystal â'u hiaith. Gwelodd Angelo hyn yn gynnar yn ystod tymor cyntaf Carwyn yn Rovigo a chynigiodd gyngor pendant iddo:

> I told him that he needed to be a lot less Northern European in his attitude and in his way of dealing with people and a lot more Mediterranean. There was no point in him expecting people to turn up ready and fit and knowing what to do. He needed to be more like a father telling the child "This is what you must do, do this, do

Penddelw yn Lolfa Carwyn, Parc y Scarlets.

Aled, gor-nai Carwyn, yn seremoni derbyn Carwyn i'r World Rugby Hall of Fame, 2015.

Cof y brawd.
Llun: *Western Mail*

Yr awdur a Dafydd Bowen.

Yr awdur ac Angelo Morello yn Rovigo.

hefyd, felly cafodd gefnogaeth ymarferol fel yn ei hen g
gynt. Rhoddwyd car iddo, sef Mini coch.

Nid yw'n fawr o syndod iddo ymgymryd â'r dasg o ddy
Eidaleg yn gymharol rwydd. Fel gyda'i Rwsieg, wedi iddo d
i ddeall Eidaleg darllenai lenyddiaeth yn yr iaith honno.
llyfr a oedd yn ffefryn ganddo oedd cyfieithiad i'r Eidaleg
Death in the Afternoon gan Ernest Hemingway:

> I would go to his flat and we would sit at the table and read
> through the book. It was remarkable really that Carwyn could
> learn the language by reading the novel in Italian, but he enjoyed
> so much. I would often take my daughter with me to these lessons
> and she would sit and listen to Carwyn reading.

Bu Hemingway yn byw mewn gwlad estron hefyd, ac mae
Death in the Afternoon yn ymwneud gymaint â'i argraffiadau o
fywyd Sbaen ag ydyw am hanes ymladd teirw. Hawdd gweld
Carwyn yn cynhesu at y fath awdur, yn enwedig gan ei fod
yn un cynnil ei arddull, tebyg iawn i feistrolaeth a defnydd
Carwyn o iaith ar lafar ac yn ysgrifenedig. Yn ei fywyd personol
roedd Hemingway yn ddyn cymhleth ac roedd rhyfel, cariad,
diffeithwch a cholled yn themâu amlwg yn ei waith. Daeth â'i
fywyd ei hun i ben, fel y gwnaeth ei dad, ei chwaer, ei frawd ac
un o'i wyresau.

Gwnaeth BBC Cymru, trwy Onllwyn Brace, raglen deledu
ar fywyd newydd Carwyn yn yr Eidal, *Llanelli Bolognese* ym
mis Mai 1978. Cawn un olygfa yn y rhaglen sy'n dangos Angelo
a'i ferch, Marcia, yn fflat Carwyn yn ystod gwers Eidaleg. Wedi
iddo ddarllen darn o'r llyfr, mae'n troi at y camera ac esbonio'r
hyn mae newydd ei ddarllen. Y dyfyniad a ddewiswyd ganddo
oedd un o linellau enwog Hemingway: '... without the sun,
the best bullfighter is not there. He is like a man without a
shadow'.

Yn Rovigo, cyfrannai'n wythnosol at ddau bapur newydd,
i bapur dyddiol o Bologna yn ystod y flwyddyn gyntaf ac i
bapur o Venice a ddosbarthwyd trwy rannau helaeth o ogledd

Penddelw yn Lolfa Carwyn, Parc y Scarlets.

Aled, gor-nai Carwyn, yn seremoni derbyn Carwyn i'r World Rugby Hall of Fame, 2015.

Cof y brawd.
Llun: *Western Mail*

Yr awdur a Dafydd Bowen.

Yr awdur ac Angelo Morello yn Rovigo.

hefyd, felly cafodd gefnogaeth ymarferol fel yn ei hen gartre gynt. Rhoddwyd car iddo, sef Mini coch.

Nid yw'n fawr o syndod iddo ymgymryd â'r dasg o ddysgu Eidaleg yn gymharol rwydd. Fel gyda'i Rwsieg, wedi iddo ddod i ddeall Eidaleg darllenai lenyddiaeth yn yr iaith honno. Un llyfr a oedd yn ffefryn ganddo oedd cyfieithiad i'r Eidaleg o *Death in the Afternoon* gan Ernest Hemingway:

> I would go to his flat and we would sit at the table and read through the book. It was remarkable really that Carwyn could learn the language by reading the novel in Italian, but he enjoyed it so much. I would often take my daughter with me to these lessons and she would sit and listen to Carwyn reading.

Bu Hemingway yn byw mewn gwlad estron hefyd, ac mae *Death in the Afternoon* yn ymwneud gymaint â'i argraffiadau o fywyd Sbaen ag ydyw am hanes ymladd teirw. Hawdd gweld Carwyn yn cynhesu at y fath awdur, yn enwedig gan ei fod yn un cynnil ei arddull, tebyg iawn i feistrolaeth a defnydd Carwyn o iaith ar lafar ac yn ysgrifenedig. Yn ei fywyd personol roedd Hemingway yn ddyn cymhleth ac roedd rhyfel, cariad, diffeithwch a cholled yn themâu amlwg yn ei waith. Daeth â'i fywyd ei hun i ben, fel y gwnaeth ei dad, ei chwaer, ei frawd ac un o'i wyresau.

Gwnaeth BBC Cymru, trwy Onllwyn Brace, raglen deledu ar fywyd newydd Carwyn yn yr Eidal, *Llanelli Bolognese* ym mis Mai 1978. Cawn un olygfa yn y rhaglen sy'n dangos Angelo a'i ferch, Marcia, yn fflat Carwyn yn ystod gwers Eidaleg. Wedi iddo ddarllen darn o'r llyfr, mae'n troi at y camera ac esbonio'r hyn mae newydd ei ddarllen. Y dyfyniad a ddewiswyd ganddo oedd un o linellau enwog Hemingway: '... without the sun, the best bullfighter is not there. He is like a man without a shadow'.

Yn Rovigo, cyfrannai'n wythnosol at ddau bapur newydd, i bapur dyddiol o Bologna yn ystod y flwyddyn gyntaf ac i bapur o Venice a ddosbarthwyd trwy rannau helaeth o ogledd

289

ddwyrain yr Eidal yn ei ail er mwyn osgoi ffafrio'r un yn fwy na'r llall. Wedi gêm mewn tywydd anffafriol, mae adroddiad Carwyn yn dechrau fel hyn:

> There was no sun, no light. It was a bleak, damp day, the breeze blew across the field into the stand, and it was cold, miserably cold.
> During the match my mind wandered and I thought of Spain and the sun and Hemingway's *Death in the Afternoon*. He contends, rightly I think, that the theory, practice and spectacle of bullfighting have all been built on the assumption that the sun must shine and when it doesn't shine over a third of the bullfight is missing. The sun is the best bullfighter, and without the sun the best bullfighter is not there. He is like a man without a shadow.

Roedd ganddo ddwy ffordd arall o ddysgu'r iaith. Un oedd trwy lyfr, *Living Italian*, a roddwyd iddo fel anrheg gan Anya, gwraig Hywel Gwynfryn, a'r llall oedd record yr arferai ei chwarae yn ei fflat yn gyson er mwyn clywed sŵn yr iaith. Wrth sôn am wrando ar y record, dywedodd Carwyn un tro:

> ... dyna'r unig lais yn aml yn y fflat.

Sylw ffwrdd â hi, sy'n dangos nad oedd pob munud yn gyffro iddo yn ei wlad newydd. Er, penderfyniad bwriadol ganddo fe oedd peidio â gosod ffôn yn y fflat.

Anian
Roedd angen i Carwyn ddeall anian yr Eidalwyr yn ogystal â'u hiaith. Gwelodd Angelo hyn yn gynnar yn ystod tymor cyntaf Carwyn yn Rovigo a chynigiodd gyngor pendant iddo:

> I told him that he needed to be a lot less Northern European in his attitude and in his way of dealing with people and a lot more Mediterranean. There was no point in him expecting people to turn up ready and fit and knowing what to do. He needed to be more like a father telling the child "This is what you must do, do this, do

that..." Carwyn didn't win the title in his first season because he didn't grasp this clearly enough.

Mae'n amlwg i John Hopkins a Carwyn drafod yr union bwnc ac mae yntau'n cofio un sgwrs benodol rhyngddo a Carwyn:

"Italian players are serious, but only up to a point," James said one night as we sat and talked after dinner. "There is something of the amateur spirit about them that reminds me of the pre-coaching days at home." His biggest problem he said, had been to blend his own Celtic approach with the less-disciplined, more bravura Italian temperament.

Ar lefel ymarferol, un newid a gyflwynwyd gan Carwyn wrth geisio cymhathu'r Celt a'r Eidalwr oedd gwahardd arfer chwaraewyr Rovigo i fwyta pryd llawn o fwyd awr neu ddwy cyn y gic gyntaf a hefyd rhag yfed gwin cyn chwarae. Cam dewr iawn yng ngwlad Bacchus a'i holl deulu. Ond unionodd unrhyw gam a greodd trwy gyflwyno'r arfer o sicrhau cinio i'r ddau dîm ar ôl pob gêm, fel yng Nghymru. Cyn hynny, arferai'r ddau dîm newid ar ddiwedd gêm, yna âi chwaraewyr Rovigo gartre a'u gwrthwynebwyr yn syth ar y bws.

Dro arall, ysgrifennodd Carwyn am y priodoleddau cenedlaethol roedd yn eu hwynebu wrth hyfforddi Rovigo. Ceid adlais o'r anerchiadau hynny yng Nghymru, pan fyddai'n cysylltu dull chwarae rygbi unrhyw wlad gyda phriodoleddau'r gwledydd hynny. Meddai Carwyn:

They are gentle people who burst into emotion much more easily than our players back home. They love the instant comment, the shrug of the shoulders, the volley of words. Their volatile temperament has to be curbed. Perhaps I am doing them an injustice by not allowing them to talk but I feel that discipline is far more important. In training I am deliberately quiet because I want them to be quiet as well.

Cymerodd hydoedd i Carwyn ddeall rhinweddau cenedlaethol ei chwaraewyr a'i gyflogwyr, a deall personoliaeth pob unigolyn mewn tîm o dan ei ofal. Yn ôl y disgwyl, edrychodd yn ôl dros ysgwydd ei dymor cyntaf yn Rovigo yn ofalus, a hynny cyn i'r tymor ddod i ben:

> Naturally, in my first few weeks as coach of Sanson, I made many mistakes. I didn't understand Italian Rugby. Now, having seen every team in the Championship, my understanding is better. It is likely that from now on I shall make fewer mistakes.

Pan gyrhaeddodd yr Eidal, roedd yn un o nifer o Gymru yn y wlad. Hyfforddwr prif wrthwynebwyr Rovigo, sef Treviso, oedd Roy Bish, un a adwaenai'n dda, wrth gwrs. Cyfarwyddwr Hyfforddi tîm cenedlaethol yr Eidal am flwyddyn a mwy yn ystod cyfnod Carwyn yno oedd y Cymro, Gwyn Evans. Rhwng y tri, ynghyd â chwaraewyr unigol fel Bernard Thomas, roedd gan y Cymry gyfraniad sylweddol i ddatblygiad rygbi'r Eidal yn y saithdegau.

Ymwelwyr

Alun Richards oedd y cyntaf o ffrindiau Carwyn i gael gwahoddiad i'r Eidal, arwydd sicr o'r cyfeillgarwch rhwng y ddau. Dyna fyddai'r dybiaeth o leia. Gwahanol oedd y realiti, fel yr eglura Alun Richards yn ei gyfrol ar fywyd ei ffrind:

> At this time, in 1977, although I had met him previously and known of him for most of my adult life, I did not really know him... and as I was fond of telling him, we were as different as chalk and cheese... I was known in Wales for my critical views on the Welsh establishment. He on the other hand, apart from his differences with the Welsh Rugby Union, was one of the most confident Welshmen of his generation and moved easily in those Welsh-speaking areas of Establishment Wales which, in my view, stubbornly refuse to admit that there is no greater dividing line than that formed by language.

Daeth Alun Richards i ddeall bod Carwyn wedi gwahodd nifer o'i ffrindiau i'r Eidal i aros gydag ef, eto nifer fechan aeth yno. Fel y dywed Richards, 'He needed them all. But only a few came'. Does dim gwadu awydd Carwyn i ddianc o Gymru ond roedd angen cwmnïaeth yn fawr arno hefyd. Dywed Alun Richards ac Angelo Morello fod fflat Carwyn yn fan ymgynnull i bawb o'i gydnabod. Galwai'r chwaraewyr yno'n gyson am sgwrs neu am gyngor, yn enwedig dau chwaraewr tramor y tîm, Dirk Naudè a Nelson Babrow o Dde Affrica. Anaml y byddai'r ymwelwyr lleol yn cyrraedd yn waglaw a chafodd ddigon o ofal a sylw. Wedi ymweliadau grŵp sylweddol o chwaraewyr, byddai tasg yn wynebu'r fenyw glanhau!

Cofier, byddai rhai yn cymryd mantais ar natur ffein Carwyn. Wedi i Alun Richards ddod i'w nabod yn well dywed:

> For there was in him a sensitivity that made him the prey of other people, a gentleness of nature that did not want to offend, the capacity for which he secretly admired in other people.

Câi Carwyn foddhad a chysur yn niwylliant Rovigo a'r Eidal. Dywed y rhaglen deledu *Llanelli Bolognese* am yr ardal a'i phobl:

> Y gair i ddisgrifio'r bobol yw 'gentilé' dw i'n meddwl, pobl gynnes agos atoch chi, hoff o sgwrs a'u diddordebau'n eang. Dw i'n credu eu bod nhw'n ffodus iawn fod ganddyn nhw theatr wych, oriel ddarluniau ysblennydd, eglwysi hardd a'r mwyafrif ohonyn nhw'n byw mewn villa neu fflatiau.

Mae Carwyn 'nôl yn rhythm bywyd Cwm Gwendraeth, a'r perfformiadau drama a cherdd yn neuadd Cross Hands, y sgyrsiau yn siop y Post ac ar ochr hewl, dal llaw Dafydd Morris i fynd i'r cwrdd a rygbi'n gefnlen i'r cyfan. Yn y rhaglen deledu, cawn ddarn i gamera ar lwyfan y Teatro Sociale a Carwyn wedi llwyr ymgolli yno:

Tonc ar 'Sosban Fach', emyn neu ddau, meddai Crwys, a dyna'r
wefr sy'n wynebu unrhyw chwaraewr pan ddaw allan o Barc yr
Arfau. Ond wrth droedio llwyfan fel hyn, dyma'r olygfa ysblennydd
a wynebodd Gigli, i mi un o'r tenoriaid mwya yn y byd, gwell
hyd yn oed nag Enrico Caruso, oherwydd fe ganodd Gigli yn y
theatr fach, ysblennydd hon, sy'n fy atgoffa i o theatr y Bolshoi
ym Moscow. Mae hon yn nodweddiadol o theatrau mewn llawer
iawn o drefi'r Eidal, oherwydd caiff pwysigrwydd arbennig ei roi ar
ddiwylliant ac yn arbennig ar ganu, yn arbennig ar operâu. Dw i'n
hynod o falch 'mod i wedi cael y profiad o gael gwrando ar leisiau
bendigedig yn canu mewn theatr mor wych â'r theatr hon.

Arferai deithio i dref Padua, rhwng Rovigo a Venice i weld
operâu ac wrth gwrs, i Venice ei hun. Roedd yn ymwelydd
cyson ag oriel Rovigo hefyd, yr Accademia dei Concordi.
Yn ogystal â mynd yno i werthfawrogi'r celf, âi i ambell
anerchiad cyhoeddus yno gyda'r nos. Yn yr oriel hon roedd
dau o'i hoff ddarnau celf, sef 'Madonna col Bambino' a 'Cristo
portacroce', y ddau gan Bellini. Mae'r ail yn llun emosiynol,
dwys, o Grist ar y groes a'r cynta yn un o Fair a'r baban
Iesu.

Rhwng y theatr a'r oriel, ac yng nghysgod yr eglwysi,
roedd sawl caffi a bar gwin y byddai Carwyn yn eu mynychu'n
gyson. Cyn cinio bob dydd, byddai'r bobl leol yn ymgynnull
yn y ddau brif plaza, am sgwrs a choffi, a Carwyn yn aml
yn eu plith. Erbyn diwedd ei dymor cyntaf, gallai Carwyn
gyfeirio at nifer ohonyn nhw fel ei ffrindiau.

Cyfrannodd Carwyn at fywyd yr ysgol lle'r oedd Angelo'n
dysgu hefyd. Arferai gymryd dosbarthiadau yno fel yr un ar
y rhaglen *Llanelli Bolognese*. Ynddi, mae Carwyn yn dangos
ei allu ieithyddol, trwy drafod y gair am 'cannwyll' yn
Lladin, Eidaleg, Saesneg a'r Gymraeg. Mae'n rhannu'r enw
Llanfairpwll gyda nhw yn llawn, ac yn canu 'Tôn y Botel'.

Fe aeth ei chwaer Gwen allan i Rovigo i ymweld â'i brawd
fwy nag unwaith a'r un arall a dderbyniodd y gwahoddiad
oedd Norah Isaac. Bu yno am rai wythnosau cyn Nadolig
1977. Yn ogystal â bod yn rhan o'r bywyd cymdeithasol

yng nghwmni Carwyn, dysgodd hefyd yn yr ysgol lle'r oedd Angelo Morello yn athro Saesneg. Gweithiodd gydag wyth merch ar ddehongli a chyflwyno stori Blodeuwedd.

Wedi aros yn Rovigo gyda Carwyn, daeth Nora i ddeall mai'r ffordd orau o adnabod gwlad yw byw ymhlith y trigolion fel roedd wedi cael cyfle i'w wneud. Aeth gyda Carwyn i Teatro Sociale, ynghanol pobl Rovigo:

> ... how many towns in Britain, of similar population to that of Rovigo, could boast of such a performance in such a theatre on this particular Saturday evening.

Er iddi fwynhau ymweld â chaffis a thai coffi'r dref gyda Carwyn mae tinc o siomedigaeth yn ddigon amlwg yn ei geiriau:

> The story is the same everywhere. These places exist mainly for men-folk! Where are the women-folk? Are they not like us in Britain, turning in and out of cafes for chats and scandals daily?

Mae diffyg diddordeb Norah Isaac mewn rygbi yn chwedlonol, ond ni lwyddodd i osgoi'r gêm yn Rovigo. Cyfarfu â nifer o'r chwaraewyr a'r swyddogion ac ymweld â'r stadiwm. Aed â hi, nid i wylio Rovigo Carwyn James, ond tîm dan 19 yr Eidal yn erbyn tîm dan 19 yr Almaen, a chreodd yr achlysur ac ysbryd y cefnogwyr gryn argraff arni.

Y Crysau Duon unwaith eto

Daeth cyfle arall i Carwyn baratoi tîm i wynebu'r Crysau Duon yn Rovigo. Roedd 1977 yn flwyddyn hanesyddol yn hanes rygbi'r Eidal am i gewri Seland Newydd fynd i'r wlad ar daith am y tro cyntaf. A hwythau ar eu ffordd i Ffrainc, trefnwyd un gêm yn yr Eidal ar y ffordd. Yn naturiol ddigon, gofynnwyd i Carwyn baratoi tîm XV y Llywydd. Roedd Alun Richards a John Hopkins yn aros yno ar y pryd ac fe aeth y ddau gydag e i Padua ar gyfer y gêm.

Llwybrau,
Pentkemeurig,
Carmarthen,
Dyfed,
Wales.

4: 12: 77,

My dear 'drama' friends,

May I write to you on this elongated piece of paper to say a very sincere 'thank you' for many things. First of all, I am grateful to Signor Morelli for inviting me to your school. I consider it an honour. Secondly, to you as a class for accepting me so kindly and cooperating so well in the presentation of the story of Blodeuwedd. My third round of thanks must be extended to you my 'especial drama enthusiasts' who braved the wintry weather in Rovigo to attend the voluntary session in school, yesterday. Sari's mother was so helpful with her car, and I appreciate her good service to me.

You, the eight ladies who enacted the dialogues

Llythyr Norah Isaac at ferched drama ysgol Rovigo.

Seland Newydd enillodd, o 17 pwynt i 9, ac yn naturiol mae Carwyn yn ymhyfrydu yn ymdrechion tîm Llywydd yr Eidal. 'Italian Rugby came of age,' meddai. Ymhen dwy flynedd, byddai tîm llawn y wlad yn herio'r Crysau Duon am y tro cyntaf.

Carwyn mewn print

Daeth deg ar hugain o'r erthyglau a ysgrifennodd Carwyn i'r ddau bapur newydd yn yr Eidal i'r amlwg yn ystod yr ymchwil ar gyfer y gyfrol hon. Dywed eu cynnwys gryn dipyn am Carwyn.

Yn ei lawysgrifen ei hun mae'r erthyglau i bapurau'r Eidal, heblaw un yn llawysgrifen Alun Richards a ysgrifennodd erthygl ar ran Carwyn. Yr un strwythur sydd i bob erthygl, yr agoriad yn aml yn cynnwys dyfyniad llenyddol, sylw athronyddol neu gyfeiriad hanesyddol, yna'r adroddiad ar y gêm dan sylw a fyddai'n cynnwys dadansoddiad technegol, cyn cloi'r erthygl trwy gymhwyso'r cyfeiriad yn y paragraff agoriadol er mwyn crynhoi ei ddadl. Gwna sawl cyfeiriad at Gymru hefyd.

Mewn un erthygl, o dan y teitl hyfryd, 'Between the bulging Po and the tearful Adige', mae'n sôn am gêm oddi cartre yn Piacenza a enillwyd gan Rovigo. Ond er y fuddugoliaeth, gwelodd ambell beth a achosai bryder. Try at fyd y bale i wneud ei bwynt:

> We live in a world and in an age of indiscipline. But excellence only comes through discipline. I saw evidence of this in the Teatro Sociale Rovigo on Saturday night in a demanding, physically hard presentation of *spettacolo di balletto* by Carla Fracci, Lawrence Rhodes and James Urbain. I had more pleasure there in ten minutes than in the whole eighty minutes in Piacenza.

Dengys un erthygl i Carwyn gael gwahoddiad i hyfforddi yn Awstralia:

like lightning, down the middle of the field. It is breathtaking. Gerald Davies in full flight or Phil Bennett ripping the defence of the opposition wide open.

To achieve this kind of facility requires much application in sprint training from the individual himself. Too many players are too content with the talents that God gave them. The talent withers unless it is nurtured.

The Piacenza team was tough & strong but in their play predictable & patternless. They defended strongly & their props (pilloni) were masters of the unlawful art of killing the ball at the mauls & the rucks.

I sensed a feeling of casualness about the Sanson players before this game. The feeling that they were playing a second division team come good. No team, no game, can be taken for granted. No game is won until the final whistle.

Against a team like Piacenza or Reggio Calabria it is so important to score quickly. DVtragame. Sanson had a marvellous opportunity in the first ten minutes of the game. Following a glorious mid-field break the ball was maintained by the forwards but the one important pass — the link pass between forwards & backs — was wayward & a four to one situation and a certain try was lost.

In a nut-shell Sanson played badly. The control was missing; there was unnecessary talking on the field which always leads to indiscipline; the referee's decision was questioned a few times & Sanson were rightly penalised for it; there were players in front of the ball when a penalty was successfully taken. The stupid errors of childhood.

We live in a world & in an age of indiscipline. But excellence only comes through discipline. I saw evidence of this in the Teatro Sociale Rovigo on Saturday night in

a demanding, physically hard presentation of spettacolo di
balletto by Carla Fracci, Lawrence Rhodes + James Urbain
I had more pleasure for ten minutes than in the whole eighty
minutes at Piacenza.

I appreciate + commend endeavour. But it isn't
enough. High + then higher standards must always be set.
I wrote last week that Sanson were in third gear. Even
third gear wasn't achieved on the banks of the Po until
the last ten or twenty minutes. The Adige must have been
in tears.

Dear Angelo,

Sorry I'm late. We didn't return to
Rovigo until 8.30 p.m. + it was impossible to
write on the bus.

Will you please bring this copy
to-morrow. See you 10am.
Will you at 1pm.

Many thanks.
Carwyn

Yr erthygl yn y wasg Eidalaidd a soniodd am rygbi a bale.

On Friday I received an invitation to conduct a three day coaching
seminar in Sydney to prepare the Australian team for the visit of
Wales and their tour of New Zealand. Unless they can change the
dates from the first week of December until Sanson have played
Petrarca the answer has to be a firm no.

Felly, roedd ei ymroddiad i gêm gynghrair ddi-nod Rovigo yn drech nag unrhyw wahoddiad i hyfforddi un o gewri'r byd rygbi.

Cawn gyfeiriadau cyson at seicoleg chwaraeon yn gyffredinol ac at rygbi'n benodol. Mewn un darn, mae'n dangos ei falchder fod dwy gêm roedd yn awyddus i'w gweld yn mynd i fod ar y teledu, sef Yr Eidal yn erbyn Lloegr mewn pêl-droed, a'r Crysau Duon yn erbyn Ffrainc, er mwyn dadansoddi ffordd o chwarae'r pedwar tîm ac agwedd meddwl y chwaraewyr unigol. Cawn nifer o ddywediadau bachog ganddo e.e. 'Unquestioningly matches are won and lost in the dressing room; the name of the game is pressure; a good team believes in itself; winning is not everything, but wanting to win is.'

Ym mis Ionawr 1978, sonia am hiwmor byd rygbi. Noda un stori chwedlonol a glywyd o'r Tanner Bank, y Strade, pan oedd Llanelli yn chwarae yn erbyn y Barbariaid, y gêm gyntaf o dan lifoleuadau ar y cae. Roedd un cefnogwr wedi diflasu ar chwarae amheus un o fois y Barbariaid. Yn y diwedd, doedd dim dal 'nôl i fod, ac fe floeddiodd nerth ei ben, 'Go back to Barbaria, you dirty swine!' Yn yr un gêm, roedd Llanelli ar y blaen o ddau bwynt, ond fe wnaethon nhw ildio cic gosb yn y funud olaf o flaen y pyst. Byddai ei throsi yn sicrhau buddugoliaeth i ddynion Barbaria. Wrth i'r ciciwr redeg i daro'r bêl, clywyd llais yn glir o'r dorf, 'Turn the lights off boys!' Cawn sawl stori ar ffurf jôc hefyd yn yr erthygl:

> The breathalyser had just been introduced and on the Saturday Wales were playing England at the Arms Park, Dai was explaining to his friends that the police had a fiendish new device in their patrol cars. "It smells your breath," he said indignantly, "and it can tell immediately if you've had too much to drink." "That's nothing new," came a voice from beside him. "I've been married to one of those for 20 years!"

Wrth gwrs, roedd cyfeiriad at fyd chwedloniaeth, Pwyll, yn

sicr o ymddangos rywbryd yn ystod dau dymor o ysgrifennu wythnosol, wrth iddo ddod â'r Mabinogi a Shakespeare at ei gilydd. Yna, wedi sôn bod y dyfarnwr yn amlygu ei hun lawer gormod mewn gêm, daw â Bardd Stratford i'r darlun:

> Despite his obvious ambition, many more equally reluctant suns will have peered at him before he is ready to play Hamlet.

Roedd yn Rovigo ar ddydd Gŵyl Dewi 1978 ac mae'n achub ar y cyfle i rannu hynny gyda'r Eidalwyr:

> Somehow, I had a feeling that things would go right in the week when Welshmen celebrate the birth of their patron saint, Saint David. At home, we attend concerts, we hold 'eisteddfodau' (competitive concerts) and some of us have to speak at a number of dinners, held over a period of a fortnight, joyous and wet occasions when we talk with reverence about our saint, who was a teetotaller. I shall remember this St David's day in Rovigo for three reasons: a recital in the Teatro; Wales' close victory over Ireland and Sanson's fine display against Piacenza.

Mae'n cloi ei sylwadau trwy ddweud nad yw'r tîm ond mor dda â'i gêm nesaf.

Cyfeirio roedd at fuddugoliaeth Cymru yn erbyn Iwerddon, o ugain pwynt i un ar bymtheg allan yn Nulyn, pan gipiwyd y Goron Driphlyg, y drydedd o'r bron. Hedfanodd Carwyn 'nôl i Gymru i wylio'r gêm, ac mae'n siŵr mai Carwyn oedd y mwyaf tebygol o blith sylwebwyr a swyddogion y gêm i wybod na fyddai'r llwyddiant yn para. Ni chafwyd yr un Gamp Lawn wedyn am bron i ddeng mlynedd ar hugain.

Yn ystod yr ail dymor, cadwodd at yr un strwythur yn ei erthyglau er bod newid pwyslais yn y cynnwys. Mae'n fwy myfyrgar, ceir mwy o gyfeiriadau at Gymru, llai o'r dadansoddi rygbi technegol a mwy o sylwadau cyffredinol a chyfeiriadau o'r tu allan i chwaraeon. Dengys ymwybyddiaeth ddaearyddol a llenyddol mewn un adroddiad cynnar yn ei ail dymor. Dyfynna o ddrama *Julius Caesar* gan Shakespeare wrth sôn am gêm yn erbyn tîm Algida o Rufain. Cawn sawl cyfeiriad at fywyd yng Nghymru yn yr erthyglau:

> The miracle of another spring, with a burst of new life, is upon us again. Defying the hard, snowy winter the proud yellow daffodils have surfaced in my garden in Wales as have the sweet-smelling violets in Rovigo.
>
> The main character of one of my favourite Welsh novels was a sick man but he always comforted himself with the words, 'I shall get better in the coming of spring'. But, he never did. The vitality of the rejuvenation of nature was too much for him.

Er i Carwyn gyfeirio at 'novel' yn y darn, y tebygrwydd yw ei fod yn cyfeirio at waith gan nofelydd, ac at ddarn o farddoniaeth. Ysgrifennodd T Rowland Hughes gerdd yn y gyfrol *Cân neu Ddwy*, gan gyfeirio at ei dad yn ei salwch:

Mi wellaf pan ddaw'r Gwanwyn,
Bu'r Gaeaf 'ma'n un mor hir.
A oes 'na argoel eto
Fod Gwennol yn y tir?
Mae'n anodd mendio dim fel hyn
A phen yr Wyddfa i gyd yn wyn.

Defnyddia Carwyn y darn i nodi marwolaeth un o ffigyrau amlwg clwb rygbi Rovigo na fyddai byth yn grwgnach am ei ddostrwydd.

Difyr nodi i Carwyn ysgrifennu'r erthyglau yn ei arddull arbennig ar gyfer trigolion Rovigo a'r rhanbarthau cyfagos, a fyddai wedi eu darllen dros goffi, dros beint, ar y soffa neu yn y clwb rygbi.

Ti voglio bene

Yn ei ail dymor gyda'r clwb, enillodd Carwyn bencampwriaeth yr Eidal gyda Rovigo. Ei nod oedd cyrraedd y brig ar ddiwedd ei dymor cyntaf ac yna dychwelyd i Gymru. Ond, dod yn ail wnaeth Rovigo, i Treviso, eu gelynion pennaf.

Mae stori amdano'n mynd i'r ysbyty i ymweld ag un o chwaraewyr Treviso wedi iddo gael anaf difrifol yn ystod gêm. Crëwyd cryn gyffro ymhlith pobl Rovigo wedi iddo wneud hyn. Doedden nhw ddim yn gallu deall iddo ymweld ag un o chwaraewyr y gelyn. Ond fe dderbyniwyd gweithred Carwyn yn y diwedd, am mai Carwyn a'i gwnaeth.

Doedd gorffen yn ail i dîm Treviso ddim yn ddigon da i Carwyn, a dyna pam penderfynodd aros am ail dymor. Bu'n rhaid trafod hynny gyda Rovigo wrth gwrs, hefyd gyda BBC Cymru a oedd yn ei ddisgwyl yn ôl ar ôl blwyddyn. Afraid dweud i Carwyn lwyddo i berswadio swyddogion y ddau sefydliad i sicrhau blwyddyn arall yno.

Enillodd y bencampwriaeth ar ddiwedd tymor 1979. Yn ogystal â'r anrhydedd a'r tlws, cafodd y llwyddiant ei nodi mewn modd go arbennig. Cafodd y garfan wahoddiad i fynd i weld y Pab, Carol Wojtyla o Wlad Pwyl, sef John Paul II. Yn ôl y sôn, pan ddaeth tro Carwyn i siarad gyda'r Pab, nododd hwnnw iddo glywed bod rygbi'n gallu bod yn gêm frwnt iawn. Ac ateb Carwyn gyda'r wên chwareus arferol yng nghornel ei geg, 'Nid os yw'n cael ei chwarae'n gywir'. Wrth i'r diacon ymweld â'r Vatican ychwanegodd at ei ddeuoliaethau cynhenid. Yna daeth yn bryd ffarwelio â'r Eidal a dymuno'n dda i'r rhai a fu'n deulu a chydnabod iddo am ddwy flynedd.

Rhwng dau glawr

Auden ddywedodd mai llyfr da yw'r un sy'n ein darllen ni. Dywed y llyfrau sydd yn ein casgliad gryn dipyn amdanom ni. Rhaid felly ystyried arwyddocâd y llyfrau a adawodd Carwyn yn ei fflat yn Rovigo.

Yn ôl y disgwyl, mae llyfrau chwaraeon sef: *The Autobiography of a Cricketer*, Colin Cowdrey; *Political Football – The Springbok Tour of Australia*, Stewart Harries a *My Life*, Neville Cardus. Mae cyfrol Stewart Harries yn ceisio deall y cysylltiad rhwng apartheid a rygbi a fu mor flaenllaw ym meddyliau Carwyn.

Mae llyfrau Cymraeg hefyd yn y casgliad: *Cyfle i Nabod*, T J Davies; *Tro yn yr Eidal*, O M Edwards, a gyhoeddwyd yn 1921, a chopi o'r *Caniedydd*. Hawdd meddwl amdano'n eistedd yn ei fflat yn canu ambell emyn ac yn difyrru eraill a alwai i'w weld wrth ganu emyn iddynt.

Ceir dwy gyfrol mwy gwleidyddol eu naws: *Inside Number 10*, Marcia Williams a *Kontinent 2 – The Alternative Voice of Russia and Eastern Europe*. Mae llyfr Marcia Williams yn cynnig golwg ar y byd roedd hi'n rhan ohono, fel ysgrifenyddes Harold Wilson. Mae *Kontinent 2* yn mynd â Carwyn yn ôl i'w ddyddiau yn JSSL, pan fyddai wedi bod yn yr ystafell ddosbarth gyda rhai a fyddai'n gwrthwynebu'r gyfundrefn yn Rwsia. Dyma ymateb Tony Cash, a oedd gydag ef yn y JSSL:

> It's no surprise at all that Carwyn would have a dissident Russian publication in his possession. That's where his normal inclination would lie. It is interesting however that he should still be actively involved in keeping up with that scene over twenty years since he left the JSSL. It was obviously still very real to him.

Darllenai lenyddiaeth mewn pedair iaith yn ystod ei gyfnod yn yr Eidal. Y llyfrau mwy llenyddol eu naws a adawyd gan Carwyn yn Rovigo yw *Memoirs* Benvenuto Cellini; *English Romantic Poets* Ed. M H Abrams; *A Hemingway Selection*; *A Writer's Notebook* W Somerset Maugham; *English Romantic Poets*; *The Oxford Pocket Dictionary* a geiriadur dyfyniadau Saesneg.

Ceir hefyd, gasgliad digon annisgwyl ac anarferol, sy'n codi ambell gwestiwn: *A Crowd of Lovers* Laddie Marshack; *More Sex Life Letters* Ed. Anne Hooper; *Delta of Venus* Anaïs Nin; *The Venetian Affair*, Helen MacInnes. Cyfuniad o nofelau rhamantaidd, benywaidd eu naws, a llenyddiaeth amlwg erotig.

Mae cyfrol Anaïs Nin yn arbennig o arwyddocaol gan i'r cyhoeddiad greu cryn gyffro, os nad sgandal, pan ymddangosodd wrth i Carwyn gyrraedd yr Eidal. Cyfrol sy'n gasgliad o straeon byrion erotig yn trafod hanfod rhywioldeb benywaidd, bod yn hoyw, gwrywdod ac ataliaeth rywiol: pynciau a oedd yn amlwg berthnasol i Carwyn. Yn amlwg ddigon mae ei ddarllen yn dangos hunanholi rhywiol ei natur. Roedd dau lyfr ar silffoedd ei gartre'n ôl yng Nghymru ar ddiwedd ei fywyd yn dangos yr holi hwnnw.

Yn amlwg, roedd adegau pan fyddai cymylau duon yn amlygu eu hunain yng ngwres Rovigo ac Angelo Morello fyddai'n gweld hynny. Dywed y byddai'n pryderi'n gyson am y cyfnodau pan na fyddai gan Carwyn gwmni a'r chwaraewyr a'r ymwelwyr eraill wedi gadael. 'Nôl yng Nghymru, dyna'r adegau y byddai curo ar ddrws Phil Bennett neu Derek Quinnell er mwyn rhannu cwmni a phaned neu wydraid. Ond doedden nhw na'u tebyg ddim yn byw yn yr Eidal. Angelo fyddai'n glust iddo mor aml ag roedd ei ddyletswyddau teuluol yntau'n caniatáu.

Gwêl Angelo Morello arwyddocâd yn un o weithredoedd olaf Carwyn cyn gadael Rovigo. Rhoddodd ei gopi ei hun o hunangofiant Neville Cardus iddo.

> Pam bydde fe'n gwneud hynny? Rhoi un o lyfrau mwya dylanwadol ei fywyd, ei *maestro di vita* i fi, heb fynd ag e adre gydag e? Mae hynny wedi chwarae ar fy meddwl byth oddi ar hynny.

Gŵyl Rygbi

Wedi iddo adael, mynegwyd awydd cryf yn Rovigo i barhau'r cysylltiad rygbi rhwng y clwb a Chymru, yn enw Carwyn. Ffurfiwyd Ysgol Rygbi Carwyn James a bwriwyd ati i drefnu gweithgareddau. Roedd gan nai Carwyn, Llŷr James, ran ganolog yn sefydlu'r gystadleuaeth:

> Fe es i, Dewi fy nhad, Gwilym Thomas (cefnder i Dad) a Gerallt Davies, allan i Rovigo yn 1996 a dod i nabod Angelo, a ninnau wedi clywed cymaint amdano.
>
> Y flwyddyn ganlynol, roedd Llanelli'n chwarae yng Nghwpan Heineken yn Treviso, a dros ginio yng nghlwb Rovigo yn ystod y daith honno awgrymodd Angelo y dylid cynnal cystadleuaeth

rygbi yn enw Carwyn, a thimoedd o'r Eidal a Chymru i gystadlu.
Yn 1999, daeth Angelo â 25 o chwaraewyr draw i Gymru, ym mis
Mehefin. Trefnais i dair gêm iddyn nhw, un yn Llanymddyfri a dwy
ar gae rygbi'r Gwendraeth. Ers y flwyddyn 2000, cynhaliwyd yr
Easter Trophy ac mae'n dal mewn bodolaeth.

Am wythnos yn ystod Pasg 2000 tîm rygbi o'r Tymbl
gynrychiolodd Cymru yn y gystadleuaeth a theithiodd ugain
chwaraewr, pump o'r tadau ynghyd â Llŷr, ei dad a Gerallt
Davies. Yn y gystadleuaeth honno hefyd roedd tîm Carwyn
James o'r Eidal a dau dîm o'r Ariannin:

Ddeuddydd wedyn, lawr â ni i'r mynyddoedd i'r dwyrain o Rufain
ac i L'Aquila. Roedd timau yno o ryw saith neu wyth gwlad ac fe
wnaed un tîm o oreuon y bois oedd yno o Gymru a goreuon tîm
ieuenctid tîm Carwyn. Cynlluniwyd crys arbennig iddyn nhw, yn
seiliedig ar y ffaith mai'r un tri lliw sydd gan Cymru a'r Eidal, coch,
gwyn a gwyrdd. A nhw enillodd y gystadleuaeth y flwyddyn honno.

Yn 2004, cynhaliwyd cystadleuaeth saith bob ochr i fechgyn
ifanc, gyda'r gobaith o gyrraedd mwy o fechgyn o'r Eidal.
Roedd y gyntaf yn ardal Bologna. Yn ychwanegol at y gemau a
drefnwyd yn enw'r Easter Trophy a'r saith bob ochr, aeth timau
unigol o Gymru allan i'r Eidal o ganlyniad i drefniadau Angelo;
Dolgellau, Nant Conwy a'r Tymbl i enwi tri. Cafwyd datblygiad
pellach wedyn:

Daeth yn amlwg fod angen dyfnhau dylanwad rygbi Cymru yn yr
Eidal a'r ffordd o wneud hynny oedd talu i hyfforddwyr o Gymru
fynd yno. Y cynta i fynd oedd Gareth Williams o'r Tymbl, sy'n
arbenigwr yn y gêm saith bob ochr. Ers hynny mae cyn-hyfforddwr
Cymru a Llanelli, Gareth Jenkins wedi bod mas 'na a Phil Davies,
cyn-hyfforddwr Leeds a Llanelli hefyd. Fel ma'r dywediad yn nodi,
gwell oedd dysgu i bobol yr Eidal bysgota na bwydo pysgod yn
unig iddyn nhw. Dyna oedd y tu ôl i'r cynllun anfon hyfforddwyr.

Cafwyd hwb ariannol sylweddol yn nyddiau cynnar yr
Ysgol Rygbi yn Rovigo, pan gawson nhw nifer sylweddol

o'r 500 o brintiau'r portread a wnaed gan yr arlunydd
Andrew Vicari o Carwyn. Ganwyd Vicari ym Mhort Talbot
i rieni a symudodd i Gymru o Parma yn yr 1930au. Bu'n
llywydd Ysgol Rygbi Carwyn James yn yr Eidal am bron i
ddegawd. Gwnaeth y portread o Carwyn ar gyfer Eisteddfod
Genedlaethol Llanelli yn 2000. Gwerthwyd nifer o'r printiau
gan yr Ysgol Rygbi, gan ychwanegu rhai miloedd i'w coffrau.
Yn ogystal â hyn, cafwyd nawdd gan rai o fanciau Rovigo,
cwmni teithio Angelo Morello a nawdd unigolion, sydd wedi
cynnal yr Ysgol a'r cystadlu.

Mae'r dref wedi newid cryn dipyn ers 2000 oherwydd
chwalwyd L'Aquila gan ddaeargryn yn 2009, gan ladd dros
dri chant o bobl, troi 65,000 yn ddigartref a dinistrio miloedd
o adeiladau. Eleni, cynrychiolwyd Cymru gan ddau dîm o
Sir Feirionnydd a Sir Faesyfed yn y gystadleuaeth, ond
erbyn hyn mae cryn ansicrwydd a all y gystadleuaeth barhau
oherwydd fod gan y noddwyr lleol arferol lai o arian. Yn ôl
Llŷr James:

> Bydd pob tîm o Gymru sy'n mynd mas i chwarae rygbi yn enw
> Ysgol Carwyn James yn yr Eidal, yn mynd ar daith diwrnod
> i Venice, fel rhan o nawdd yr Ysgol. Mae deall rhywfaint am
> ddiwylliant y wlad yn gwbl ganolog. Mae llinell o englyn gan y
> Prifardd Ceri Wyn Jones yn crynhoi'r rhesymau dros hynny i fi,
> 'am mai mwy na gêm yw hi'.

Ar gais yr ysgol, sgrifennwyd yr englyn ganddo i nodi'r
cysylltiad rhwng Cymru a'r Eidal yn enw Carwyn. Mae i'w weld
ar grys arbennig a wnaed gyntaf gan dîm Cwins Caerfyrddin,
a gan eraill wedi hynny. Am wn i, dyma'r unig grys erioed ag
englyn cyfan arno. Priodol iawn fod hynny yn enw Carwyn:

> Am mai mwy na gêm yw hi, mwy na champ
> Mwy na chae'r rhagori,
> Mewn byd hirgrwn unwn ni
> Y Gleision a'r Gallesi.

Progetto Galles Celtico

Wedi'i farwolaeth, mynegwyd awydd cryf i barhau'r ymwybyddiaeth o gyfraniad Carwyn i Rovigo y tu hwnt i fyd rygbi. Aeth Wynne Lloyd allan yno. Bu'n gynhyrchydd teledu a radio gan gyfrannu'n sylweddol at wasanaeth ysgolion BBC Cymru a rhaglenni cerddorol. Roedd ganddo gariad mawr tuag at yr Eidal ac ym mis Chwefror 1983 aeth ar bererindod i Rovigo. Ysgrifennodd am ei daith yn y *Faner* ym mis Ebrill 1983. Cafodd weld dylanwad Carwyn ar bobl Rovigo mewn ffordd go arbennig a chwbl naturiol:

> ... roedd llywydd y clwb yn cynnal parti mawr yn ei fferm ar
> gyrion Rovigo – *festa* yn ystod wythnos y *carnevale* cyn y Grawys.
> Roedd pawb yno'n perthyn mewn rhyw fodd neu'i gilydd i fyd y
> bêl hirgron. Wrth i'r noson gynhesu, agorai llifddorau atgofion
> hwn a'r llall am Carwyn. Doctor a chwaraeai gynt i glwb arall,
> yn dweud amdano'n dod at Carwyn am gyngor ynglŷn a'i yrfa
> – meddygaeth ai rygbi, holodd? Ateb y Cymro iddo, 'pa un sydd
> bwysicaf i ti?'
> Un arall yn dod draw a gofyn a wyddwn i'r gân a ganai Carwyn
> yn aml am y pentref â'r enw hir, gan ddechrau mwmian yn dawel
> 'Tôn y Botel'. Minnau'n ymuno gan ganu'r geiriau, yntau'n dechrau
> eu cofio, eraill yn dod atom nes, yn y diwedd, roedd yno gôr
> meibion yn ei morio hi yn Gymraeg.

Daeth yntau'n ffrind i Angelo Morello hefyd, ac ar ddiwedd yr 1990au, trefnodd y ddau gyfres o weithgareddau diwylliannol Cymreig a Chymraeg yn yr Eidal er cof am Carwyn, dan yr enw *Progetto Galles Celtico*, Prosiect Cymru Geltaidd. Fe'i cynhaliwyd rhwng 29 Tachwedd a 14 Rhagfyr 1997. Cafwyd adroddiad arno yn y cylchgrawn *Golwg* dan y pennawd, 'Nerth yr hedyn a heuodd Carwyn'. Cafwyd anerchiadau amrywiol yn ystod yr ŵyl, yn holi am natur y cysylltiad rhwng y Celtiaid a gogledd ddwyrain yr Eidal. Rhan ganolog o'r Progetto oedd arddangosfa o waith yr arlunydd Mary Lloyd Jones a chyfraniadau cerddorol gan y gantores Siân James:

Mi es allan yno gyda fy nhad. Cefais fenthyg telyn grand a drud iawn, dw i'n cofio hynny a chanu mewn dau gyngerdd. Yr un argraff fawr a wnaed arna i ar y daith oedd cymaint roedd yr Eidalwyr yn addoli Carwyn. Roedd yn syndod mawr i fi a oedd yn dod o'r un wlad ag ef.

Mae Mary Lloyd Jones yn cofio'r daith hefyd:

Dewi, brawd Carwyn, ofynnodd i fi a fydden i'n hoffi dangos fy ngwaith yn y Progetto ac fe 'nes i gytuno yn syth. Do'n i ddim yn nabod Carwyn ond yn gwybod amdano wrth gwrs. Dw i'n cofio mynd â rhyw dri deg o baentiadau gyda fi, nifer ohonyn nhw ar dop y car, a hynny drwy'r eira. Wrth sgwrsio â'r bobol yno, daeth yn amlwg fod ganddyn nhw gariad mawr tuag at Carwyn a'r hyn a welais i oedd yn eu taro'n fwy na dim amdano oedd ei greadigrwydd.

Roedd gan bobl Rovigo ffordd o gyfeirio at Carwyn: 'Un uomo di cultura fatto di semplcità' – Dyn diwylliannol o wneuthuriad syml. Efallai'n wir fod ei gymhlethdodau a gariwyd ganddo o Gymru wedi'u cuddio. Ofer yw gwadu eu bodolaeth. Ond amgyffred ei gymdogion amdano oedd ei fod yn ddyn bodlon a syml ei fyd. Mae'r ffaith iddo greu'r fath argraff yn dangos cymaint o les a wnaeth yr Eidal iddo.

Mae cof byw iawn gan Angelo hyd y dydd heddiw o rannu gwydraid o win gyda Carwyn wrth sefyll ar falconi ei fflat yn Rovigo:

Trodd ata i, wedi saib yng nghanol sgwrs weddol ddofn ynglŷn ag emosiynau a theimladau dyfna bywyd, a dweud, "Petawn i'n marw fory, fyddai neb yn becso".

Do, fe ddaeth ambell gwmwl draw o Gymru. Ond, wrth edrych ar y darlun ehangach, yn yr Eidal llwyddodd i ailgydio mewn gwerthoedd a gwreiddiau a oedd wedi dechrau llacio ac erydu a'u cnoi gan chwerwedd a siom. Wrth adael glannau gogledd-ddwyreiniol yr Eidal, gadawodd diroedd lle mae gwynt o'r enw y Maestrale, y Maestro, yn chwythu drostynt, un a ddaw o Fôr yr Adriatig, gan ddod â haul a chymylau ysgafn yn ei sgil. Am ddwy flynedd, chwythodd y gwynt yma ar Carwyn, gan symud ambell bydredd, puro rhywfaint ar y gwaed ac adfer cryn dipyn o'r celf yn y claf.

10

Y Tyllgoed, Caerdydd

Daeth Haf Bach Mihangel trwy weddill yr ŷd
Yn llond ei groen, ac yn gelwydd i gyd.

T H Parry-Williams

AC YNTAU YN ôl ar diroedd Cymru, roedd angen ailblannu'r bywyd llesol a gawsai yn yr Eidal yn ei gynefin, lle gallai'r gwyntoedd fod yn llai caredig iddo. Efallai fod y gwreiddiau yn ôl yn y tir, ond nid oedd yr elfennau yr un mor ffafriol. Roedd geiriau i'w clywed yn ei rybuddio rhag cysur ffug unrhyw dywydd caredig (geiriau ei arwr T H Parry-Williams). Daeth i brofi heb os mai ynom mae maes y gad, ynom ac yn ein plith.

Yn ystod ei hanner canfed blwyddyn, roedd yn ôl yng Nghymru, ac yng nghynteddau'r BBC yn Llandaf ailgydiodd yn ei golofn yn y *Guardian* a hefyd annerch clybiau cinio a rygbi ac ati gyda'r nos. Doedd dwy flynedd o fod allan o Gymru ddim wedi pylu dim ar ei boblogrwydd. Os rhywbeth, ychwanegwyd rhyw hudoliaeth at ei ddelwedd, gan iddo hyfforddi dramor. Yn ystod ei gyfnod yn Rovigo, dychwelodd i Gymru sawl gwaith, felly ni fu i ffwrdd yn gyfan gwbl.

Roedd angen cartref newydd arno wedi dychwelyd, ac fe gafodd fflat yn ardal y Tyllgoed, Caerdydd, trwy ei gysylltiad ag Aled Vaughan, un o arloeswyr cwmni teledu HTV. Roedd yn hynod falch o'r fflat, gan ei bod yn debycach i'w fflat yn Rovigo na'i gyn-gartre yn y brifddinas. Ymfalchïodd yn y cyfle i'w dodrefnu'n safonol. Ond nid Carwyn fu'n gyfrifol am ddewis y dodrefn nac am addurno'i gartre. Rhai o'r gwragedd a oedd yn gyfeillion agos iddo gafodd y cyfrifoldeb hwnnw a Carwyn yn rhoi arian iddyn nhw i siopa ar ei ran. Yn y fflat cafodd soffa ledr werdd foethus. Ymhyfrydai yn ei gartre newydd fel y cofia Huw Llewelyn Davies:

> Roedd yn ymfalchïo yn ei balas bach, a'r tro cynta i fi, Carol,
> Brian Davies a'i wraig Enid fynd yno, fe ddangosodd bob cornel a
> chelficyn o'r fflat i'r ddwy wraig.

Daeth yn ôl i Gymru tua'r un adeg ag y dechreuodd Radio Cymru ac ymdaflodd i waith yr orsaf. Yn 1979 gofynnwyd iddo gyflwyno pecynnau chwaraeon yr orsaf. Byddai gofyn iddo felly weithio shifftiau ac o ganlyniad cyflwyno'r pecynnau ar unrhyw adeg o'r dydd, o fore gwyn tan nos. Yn ogystal â hyn, roedd yn ail lais ar ddarllediadau byw gemau rygbi'r orsaf. Un o'r sylwebyddion oedd Huw Llewelyn Davies a'i dilynodd, nid yn unig i swydd athro Cymraeg Llanymddyfri, ond hefyd o HTV i Landaf:

> Ar y dechrau, byddai John Evans a fi'n rhannu sylwebaeth
> gêm am yn ail, rhyw ugain munud ar y tro a byddai Carwyn yn
> cynnig ei gyfraniadau yntau bob rhyw bum neu ddeng munud.
> Yn yr ugain munud pan nad oeddwn i ar yr awyr, byddai
> Carwyn yn gwneud sawl sylw ar y ffordd roedd yn gweld y gêm
> yn datblygu. Roedd y sylwadau hynny na chaent eu darlledu yn
> addysg i fi.

Y Gamp Lawn rhwng dau glawr

Daeth Camp Lawn tîm rygbi Cymru yn 1978, a Carwyn a Huw Llewelyn yn ôl yn cydweithio gydag un a fu'n warden i'r ddau yn Llanymddyfri, R Gerallt Jones. Fe wnaeth y tri gydweithio i greu llyfr o'r enw *Y Gamp Lawn: Golwg ar y Tîm a'r Tymor*, ac fe'i cyhoeddwyd gan y Lolfa. Nid dathlu buddugoliaeth sylweddol oedd unig nod y gyfrol, ond mynegodd Carwyn ei

Nodiadau un o adroddiadau radio Carwyn ar gêm rygbi.

farn fod Camp Lawn y flwyddyn honno'n ddiwedd ar gyfnod, am fod nifer o'r sêr yn ymddeol a bod hynny'n amlygu diffygion yn y system.

Yn y gyfrol mae R Gerallt Jones yn cyfrannu adroddiadau

ar y gemau, Huw Llewelyn yn rhoi portread o bob chwaraewr, a Carwyn yn cynnig ei sylwadau ar gyflwr y gêm yng Nghymru, ar ffurf cwestiwn ac ateb gyda R Gerallt Jones. Yn ogystal â'i gyfraniadau i bapurau newydd wedi dod 'nôl o'r Eidal, y llyfr yma oedd y cyntaf o bedwar y cyfrannodd Carwyn atynt, yn trin a thrafod rygbi yng Nghymru. Heb os, dyna brif gyfraniad newyddiadurol ei flynyddoedd olaf.

Yn *Y Gamp Lawn* mae'n pwyso a mesur cyfnod llwyddiannus yr 1970au yng Nghymru i'r clybiau, y chwaraewyr a'r tîm cenedlaethol ac yna mae'n cynnig ei sylwadau ar ddyfodol y gêm yng Nghymru. Fel ar sawl achlysur arall, mae'r sylwadau yn cynnwys cyfeiriadau digon technegol eu natur, mêl ar fysedd y purydd ym myd rygbi mae'n siŵr, ond yn llai melys i'r darllenwr cyffredin.

Wrth ymateb i gwestiwn R Gerallt Jones ynglŷn â'r rheswm dros lwyddiant ysgubol y saithdegau, dywed ei fod yn cydnabod bod llawer o'r clod i'r system hyfforddi a gyflwynwyd gan yr Undeb Rygbi ar ddiwedd y chwedegau:

C J: Rydw i wedi clywed rhai fel Wilf Wooller ac A.M. Rees yn sôn am y cyfnodau cynnar, ac yn dweud mai gwaith anodd oedd hi weithiau... i sicrhau priodas hapus rhwng dau fath o chwaraewr – y rhai oedd wedi cael eu hyfforddi yn yr ysgolion preswyl a cholegau Rhydychen a Chaergrawnt... a'r rhai oedd yn lowyr, neu'n llafurio yn y gwaith dur.

R G J: Pam?

C J: Wel, roedd eu disgyblaethau nhw'n wahanol. Roedd bois y colegau wedi cael eu trwytho yn y busnes o gael y bêl yn ôl i'r olwyr; roedd y gweddill yn tueddu'n reddfol i yrru'r bêl ymlaen. Roedd hi'n anodd i'w cael nhw i gydsymud fel uned.

Gwellodd y gyfundrefn hyfforddi'r sefyllfa yma, ac roedd hynny'n gyfraniad canolog i lwyddiant y saithdegau meddai Carwyn. Ond roedd gan y system ei gwendidau hefyd, meddai:

Pwynt arall ynglŷn â'r system hyfforddi ydy fod pwyslais mawr iawn yn cael ei osod bellach ar wneud llai o gamgymeriade. Ond, o'r herwydd, dydy'r gêm ddim mor anturus ag roedd hi yn y cyfnodau cynnar, yn fwy undonog i'r gwylwyr yn aml.

Yn ychwanegol at unrhyw ddylanwad ar ran y system hyfforddi, noda hefyd fod Cymru wedi bod yn ffodus iawn yn y ddegawd honno i gael cymaint o unigolion disglair:

C J: Mae wedi bod yn 'gonveyor belt' arbennig iawn, ac i raddau helaeth rydyn ni wedi dibynnu ar eu hathrylith unigol nhw i ennill gemau i ni, er gwaetha'r system hyfforddi...

R G J: A'r dyfodol? A Gerald a Gareth wedi mynd? A Phil a Cobner hefyd?

C J: Ie, dyma fydd y prawf ar natur yr hyfforddiant.

R G J: Dwyt ti ddim yn teimlo bod y system hyfforddi wedi cael ei phrofi eto?

C J: Na, dyw hi ddim wedi bod dan straen, oherwydd gallu'r sêr i'n hachub ni. Y dyfodol a ddengys.

R G J: Fyddet ti'n cytuno bod tuedd mewn rhai mannau i'r proffesiynolrwydd newydd sydd wedi dod i'r gêm yn sgil yr hyfforddi, bod rhai o'r hyfforddwyr yn annog eu timau i ennill doed a ddelo, hyd yn oed yn erbyn y rheolau, ac yn groes i wir ysbryd y gêm?

C J: Mae hynny'n wir. Fe wn i am enghreifftiau. Mae'n gas gen i'r peth. Rwy'n credu bod yn rhaid i ni ddangos hyn fwyfwy ar y bocs, cynnal ymgyrch gyhoeddus yn ei erbyn e.

Mynega felly ddadrithiad amlwg am gyflwr y gêm yng Nghymru a chynyddu wnaeth y dadrithiad hwnnw dros y blynyddoedd rhwng cyhoeddi *Y Gamp Lawn* a'i farwolaeth.

Cysgod y Bêl

Yn yr Eidal, dechreuodd drafodaethau gyda'r BBC ar gyfer gwneud cyfres uchelgeisiol ar hanes rygbi. Aeth y cynhyrchydd a'r cyfarwyddwr Dewi Griffiths i'r Eidal o leiaf unwaith i drafod cynlluniau'r gyfres gyda Carwyn. Yn 1979, cyhoeddwyd llyfr yn seiliedig ar y gyfres, *World of Rugby*. Ei gyd-awdur oedd ei gyfaill o'r *Telegraph*, John Reason. Mae'n gyfrol sylweddol sy'n olrhain hanes datblygiad y gêm ar draws y byd. Roedd y gyfrol hon yn cyd-fynd â chyfres deledu gan Ffilmiau Opix, partneriaeth rhwng S4C, BBC Cymru ac RTE yn Iwerddon. Ynddynt cawn astudiaethau technegol o bob agwedd ar y gêm, safle pob chwaraewr a phob sefyllfa allai godi mewn gêm.

Cyhoeddodd bedwar llyfr rygbi felly o fewn pedair blynedd, dau ohonyn nhw'n seiliedig ar gyfresi teledu. Mae llinyn drwy ei waith wedi dychwelyd o'r Eidal sydd yn adlais o eiriau'r canwr a'r bardd, Leonard Cohen yn ei gân 'The Tower of Song': 'I ache in the places I used to play'. Erbyn diwedd y saithdegau, diflastod, siom a phoen oedd rhai o brif emosiynau Carwyn.

Yn ogystal â dadansoddi taith benodol gan y Llewod yn 1980, a chynnig ei ddadansoddiad o sefyllfa'r berthynas rhwng rygbi ac apartheid yn Ne Affrica, mae hefyd yn dadansoddi sut y dylai'r gêm newid yn benodol yng nghyd-destun teithiau'r Llewod. Pwysleisia eto'r duedd o roi'r pwyslais ar ennill, heb ystyried y dull o chwarae'r gêm. Mae'n feirniadol iawn o Dde Affrica am feithrin chwarae negyddol.

Y ddwy gyfrol *The World of Rugby* a *Focus on Rugby* sy'n rhoi ei farn gliriaf a mwyaf uniongyrchol. Pennod agoriadol *Focus on Rugby* yw 'What is Wrong with the Game?' Pennod olaf *World of Rugby* yw 'The Union game stumbling into its second century'. Mae'r ddwy bennod yma, ynghyd â'i sgwrs gyda R Gerallt Jones yn *Y Gamp Lawn*, yn cyflwyno athroniaeth rygbi Carwyn James yn glir. Arian gaiff sylw pennaf y bennod yn *The World of Rugby*.

Players today feel no sense of dishonour or impropriety at receiving the many perquisites which are now regarded as part of the game. They see nothing wrong in playing as semi-professionals in France or Italy or of being paid inflated expenses to play the game in Wales. In this regard, the governing bodies of the game are performing successfully that most difficult of athletic contortions, which is to sit on the fence while sticking their heads firmly into the sand at the same time.

Er ei fod yn ddyn o flaen ei amser, gallai fod yn ddigon hen ffasiwn ei farn hefyd. Dadleuai fod y gymdeithas yn gyffredinol wedi troi'n fwy materol ei hysbryd a bod hynny wedi dylanwadu ar rygbi. Deillia ei ddadansoddiad o'r gêm o'i wleidyddiaeth gymdeithasol felly.

Y gyfrol olaf iddo ysgrifennu oedd *Focus on Rugby*. Yn wir, ni welodd Carwyn hi mewn print o gwbl. Cafodd ei chyhoeddi ddiwedd mis Ionawr 1983, rhyw bythefnos ar ôl i Carwyn farw. Dyna felly eiriau olaf Carwyn ar y gêm. Dywedir bod y diolch mwyaf am y gyfrol i'w gyd-golofnydd yn *y Guardian*, David Frost, a dderbyniodd y llawysgrif yn ddigon dramatig. Cafodd y canwr Max Boyce alwad ffôn gan rywun a wyddai ei fod mewn cyngerdd yn Llundain. Gofynnwyd a fyddai'n fodlon mynd â pharsel gydag e a'i roi i David Frost.

> Ond roedd un problem, roedd David Frost yn Abaty Westminster a phan gyrhaeddais, doedd y person wrth y drws ddim yn fodlon gadael fi i mewn am nad oeddwn yn rhan o'r achlysur. Bu'n rhaid i fi ddadlau fy achos a dweud bod manuscript llyfr gyda fi i'w roi yn nwylo David Frost o'r *Guardian*. Doedd dim ildio ar ran y porthor tan i fi ddweud llyfr gan bwy oedd yn fy nwylo. "Oh, Carwyn James, wonderful man!" meddai, gan agor y drws a dangos ble roedd David Frost. Yn llythrennol, roedd Carwyn yn enw a oedd yn agor drysau.

Y bennod gyntaf yw teyrnged i Carwyn gan Gerald Davies, a ysgrifennwyd wythnos wedi'r oedfa goffa i Carwyn yn y Tabernacl, Cefneithin. Wrth gyfeirio at fagwraeth Carwyn yn y pentre hwnnw, dywed Gerald Davies fod gwerthoedd y gymuned honno wedi ysbrydoli ei fab enwog:

> A miner's son in socialist West Wales, he subscribed fully to the idea of excellence and he believed passionately, where talent was concerned, in the existence of an elite. He was a product of a

community which, given a glimpse of what was possible, yearned for ideas and unprejudiced thinking.

Yna daw pennod agoriadol Carwyn, 'What is Wrong with the Game?' Unwaith eto, mae holl sylfaen dadl Carwyn yn adleisio geiriau Gerald Davies yn ei gyflwyniad. Mae'n crynhoi ei brofiad personol ei hun am rygbi ers y tro cyntaf iddo wylio'r gêm yn grwt tair blwydd oed ar ysgwyddau ei dad. Mae'r pwyslais ar yr hwyl a'r mwynhad ar ran y chwaraewyr, gan y byddent yn aml yn trefnu gemau er mwyn cael mwynhau chwarae a heb unrhyw reswm arall. Fel un o fechgyn y pentre, arferai chwarae ar hewlydd caled a dyna, meddai, lle dysgodd ochrgamu, er mwyn osgoi cael ei daclo gan y byddai hynny wedi golygu cael niwed wrth ddisgyn ar y tarmac. Yn yr ysgol wedyn mae'n ymhyfrydu nad oedd gemau ffurfiol o gwbl. Ar yr hewl ac ar yr iard roedd rygbi'n rhan o guriad calon Cefen.

Un datblygiad a gaiff ei feirniadu'n llym ganddo yw fod y gêm yn cael ei chyflwyno i blant yn llawer rhy ifanc ac yn lladd cryn dipyn ar allu unigolion i fynegi eu hunain. Dywed yn yr un bennod, wrth drafod rygbi mini mai nid cyfyngu'r unigolyn yn unig a wna rygbi ffurfiol i blant ysgol:

... screaming mums, doting dads and the competitive urge have given it the image of a monster.

Aiff Carwyn yn gwbl groes felly, i'r agwedd meddwl a oedd yn gyffredin ar ddechrau'r chwedegau cyn dechrau strwythuro hyfforddiant rygbi. Yr adeg hynny yn yr ysgol yn unig y byddai'r hyfforddi a'r gred yn amlwg nad oedd angen hyfforddiant wedi gadael ysgol. I'r gwrthwyneb oedd hi i Carwyn yn ôl ei sylwadau. Peth drwg oedd ffurfioli hyfforddiant rygbi plant yn rhy gynnar, roedd mwy o angen gwneud hynny ar oedolion.

Daw'r system addysg yn gyffredinol o dan chwyddwydr Carwyn hefyd. Mae cysylltiad, meddai, rhwng y ffordd mae addysg yn cael ei threfnu a datblygiad rygbi.

All children are equal and none is more equal than another.
Comprehensives. The new in word. Big and beautiful.

Mae ei ddirmyg yn amlwg. Effaith y dirywiad yma i Carwyn
oedd anwybyddu anghenion y plant, a hynny'n cynnwys y
ffordd y caent eu dysgu mewn chwaraeon:

Choice is the operative word in the comprehensive. A flirtation
with half a dozen team games is preferable to the discipline of one.
The disciplines of gymnastics are as repugnant as the disciplines
of spelling and counting. The sadness of the age is a lack of
understanding of the needs of children. They love discipline.
Without it there is chaos and that is the state of too many of our
schools at the present time.

Carwyn yr arloeswr oedd e wrth gwrs. Ond, roedd unrhyw
arloesi yn digwydd rhwng dau biler cadarn gwerthoedd hen
ffasiwn, traddodiadol a dylanwad sefydliadau penodol. Roedd
Carwyn yn dipyn o foi'r sefydliad, er gwaetha ei annibyniaeth
ymddangosiadol. Uchelwr a anwyd ar aelwyd sosialaidd
werinol oedd e.

Yn ei arloesi, roedd hefyd yn rhamantydd. Erbyn diwedd ei
oes, a dyddiau ei bennod agoriadol yn *Focus on Rugby*, roedd y
rhamant bron â throi'n sentiment wrth iddo ddweud nad oedd
pethau fel roedden nhw'n arfer bod yn yr hen ddyddiau, er iddo
wybod bod y llwyddiant a brofodd wedi digwydd oherwydd
iddo newid cymaint ar yr hen ffyrdd o wneud pethau ym myd
rygbi Cymru.

Mae'n siŵr iddo gredu, erbyn y diwedd, fod newid y drefn
wedi golygu colli'r ysbryd. Mae *Focus on Rugby* yn ymgais daer
i ailbriodi'r ddau. Dyma'r mwyaf personol y gwelwn Carwyn
wrth drafod ei agwedd at wir ysbryd rygbi a'i syniadau ynglŷn
â hyfforddi'r gêm. Ysgrifennodd y bennod mewn blwyddyn
anodd iawn iddo ac mae awgrym ei fod yn edrych 'nôl at y
tir mawr diogel, at ddyddiau ei fagwraeth yn ei blentyndod.
Yn union fel y byddai'n edrych 'nôl at Rydlewis, pan oedd yng
Nghwm Gwendraeth.

Pan ddiflannodd waliau'r sefydliadau, pan bellhaodd o gymuned ei fagwraeth, pan nad oedd dim yn ei fywyd ond rygbi, collodd bersbectif. Wrth i ddoe a heddiw dyddiau rygbi Carwyn blethu yn ei gilydd felly, a fory'n troi yn llai a llai sicr, mae geiriau Dylan Thomas i'w clywed yn adleisio yn ei ysgrifennu:

> The ball I threw while playing in the park
> Has not yet reached the ground.

Cysgodion

Rhoddodd Carwyn ei gefnogaeth lwyr i un fenter arbrofol newydd yn y cyfnod yma. Fel y gwnaeth gyda lansiad papur newydd wythnosol yn Llanelli, *The Llanelli News*, ynghanol y saithdegau cyn mynd i'r Eidal, cefnogodd fenter lansio'r papur Sul cyntaf yn y Gymraeg ar ôl dod 'nôl o'r Eidal. Cyfrannai'n gyson i *Sulyn* drwy'r cyfnod byr y bu mewn cylchrediad. Mewn colofn – Rygbi efo Carwyn James – cyfrannodd at y ddadl Gymreig barhaus ynglŷn â phwy ddylai wisgo crys rhif deg Cymru ar gyfer y gêm yn erbyn Lloegr. Ai Gareth Davies neu Malcolm Dacey?

> Ar ysgwyddau Gareth Davies yn fy marn i y disgyn y pwysau i guro'r Saeson. Ar y llaw arall Duw a'n gwaredo be allai ddigwydd pe buasai dewiswyr Cymru yn ffafrio arall. Os felly, gorffennaf gyda llinell obeithiol o waith un o'n poetau mawr athrylithgar o Sir Fôn, 'Amen a nef i minnau'.

Am gyfnod byr yr ymddangosodd *Sulyn* ond ei fara menyn drwy'r blynyddoedd wedi dychwelyd o'r Eidal oedd Radio Cymru a'r *Guardian*. Datblygodd ei ddawn i ddadansoddi a disgrifio gemau rygbi yn ei arddull lenyddol arferol, gan adlewyrchu ei arwr Neville Cardus fwyfwy.

Ond roedd ei fywyd personol yn newid. Cynyddodd yr yfed a gwaethygodd cyflwr ei groen. Dylanwadai'r naill ar y llall. Dechreuodd gymryd jin gyda dŵr i leddfu poen yr eczema neu'r psoriasis a oedd yn lledu dros ei gorff. Cyn hir, diflannodd y dŵr. Ni fyddai'n trafod ei glefyd ar y croen gyda neb, er gwyddai pawb amdano. Adrodda ei ffrindiau fel y byddai'n cosi a chrafu ei freichiau, ei goesau a'i gefn. Wrth eistedd a chroesi ei goesau, byddai'r trowsus yn codi gan ddangos stribedi coch ar ei goesau. Pan fyddai'n gwisgo siaced, byddai'n cadw llewys ei grys ynghau at y garddwrn, ond yn codi llewys y siaced at ei benelin, er mwyn cuddio'r creithiau a rhoi cyfle iddyn nhw gael rhywfaint o awyr iach. Wrth ei ddesg yn y BBC, byddai trwch o fflawiau croen ar wasgar dros y carped. Yn aml, byddai olion gwaed wedi sychu ar ei grysau. Ond byddai ei ddwylo a'i wyneb yn ddilychwyn. Roedd y creithiau yn gudd o dan y dillad.

Byddai'n rhan o ddiwylliant a fodolai yn y BBC wrth i glwb y Gorfforaeth yn Llandaf ddod yn gyrchfan bob amser cinio i ddiaconiaid darlledu'r genedl. Yno'r ymgasglai Gwenlyn Parry, Rhydderch Jones, T Glynne Davies, Ifan Wyn Williams ac eraill. Yn achlysurol, byddai Carwyn yn ymuno, ond yn ddi-feth byddai yn y clwb gyda'r nos. Byddai hefyd yn ymwelydd cyson â'r Gin Palace, sef cabinet diod Geraint Stanley Jones, Gareth Price, Teleri Bevan ac uwch swyddogion eraill BBC Cymru, ar drydydd llawr canolfan ddarlledu Llandaf. Roedd hefyd yn fynychwr cyson Stiwdio 4, fel y galwyd tafarn y Castell Mynach yn Llantrisant. Gwilym Owen sy'n crynhoi diwylliant y cyfnod yn y BBC:

Roedd y BBC yn lle meddw ar y pryd, a'r gred oedd bod yfed a'r weithred o greu yn mynd law yn llaw. Syrthiodd Carwyn i afael y ffordd yma o feddwl er ei waetha. Mae nifer o adegau'n dod i'r cof pan fyddai Carwyn wedi naill ai methu dod i'w waith neu'n cyrraedd yn hwyr. Ar yr adegau hynny, fyddai o ddim mewn cyflwr rhy dda i ddarlledu o gwbl a dweud y gwir.

Mi rydw i'n cofio un achlysur pan gyrhaeddais y BBC am hanner awr wedi pump y bore a Carwyn yn shyfflo i mewn a ddim yn rhy dda yr olwg. Dydw i ddim yn amau mai dyma'r tro olaf i fi ei weld yn fyw. Estynnodd ddarn o bapur i fi gan ddweud, "Wnei di anfon hwn i *Sulyn* i fi? Dw i'n gorfod mynd i rywle". Ac yn absenoldeb Carwyn, bu'n rhaid i mi anfon ei erthygl at y papur Sul.

Doedd dim modd parhau ffordd o fyw fel yna a mater o amser yn unig oedd hi cyn y byddai'n creu trafferthion iddo'i hun. I ddyn amlwg, roedd bron yn anochel y byddai hynny'n digwydd yn gyhoeddus. Ac felly y bu. Yn ystod gêm rhwng Pen-y-bont ar Ogwr ac Abertawe, roedd Carwyn yno yn ail lais i Huw Llewelyn Davies.

Ro'n i'n mynd ag e i'r gemau'n fwy aml na pheidio, ac ar ddiwrnod y gêm yma, ro'dd yn amlwg nad oedd e wedi cysgu rhyw lawer y noson cynt ac ro'dd hi'n amlwg iddo fod yn yfed. Fe gyrhaeddon ni Ben-y-bont ar y diwrnod hwnnw, wedi i Carwyn gysgu yn y car bron yr holl ffordd, ac aeth i gwrdd â John Dawes yn y clwb cyn y gêm. Â'r rhaglen ar yr awyr, rhoddodd Carwyn ei ragolwg, gan ddweud bod Abertawe'n dipyn gwell tîm a bod disgwyl iddyn nhw ennill. Wedi peth amser, clywais y cynhyrchydd, Tom Davies, yn dweud yn fy nghlust nad oedd wedi clywed Carwyn yn cyfrannu ers sbel. Y gwir oedd bod Carwyn yn cysgu'n sownd wrth fy ochor i. Fe 'nes i ei ddeffro, a rhwng cwsg ac effro, dechreuodd gyfrannu i'r rhaglen unwaith eto, gan ailgydio yn yr hyn a ddwedodd ar ddechrau'r rhaglen, trwy ganmol Abertawe. Ond Pen-y-bont oedd ar y blaen yn gyfforddus ar y pryd a doedd Carwyn ddim yn ymwybodol o hynny o gwbl.

Erbyn y Llun canlynol, roedd nifer cynyddol o staff y BBC yn poeni am iechyd Carwyn. Yn yr ysbryd hynny, fe gafodd Thomas Davies sgwrs gyda Gareth Price, fel Pennaeth Rhaglenni BBC Cymru ar y pryd. Dywedodd wrtho beth oedd wedi digwydd yn ystod gêm Pen-y-bont a sylweddolwyd bod angen gwneud rhywbeth swyddogol i ddelio gydag achos Carwyn. Dyma atgof Gareth Price o'r digwyddiad:

Y teimlad oedd bod yn rhaid disgyblu Carwyn er ei les ei hunan. Roedd yn gwbl amlwg i bawb a oedd yn gwrando ar ei gyfraniad i'r gêm ym Mhen-y-bont ei fod wedi yfed gormod. Roedd angen rhoi'r neges iddo'n garedig ond yn gadarn, nad oedd modd iddo gario mlaen fel ag roedd e a bod angen iddo edrych ar ôl ei hun dipyn gwell. Aeth Teleri Bevan a fi i'w fflat ar y dydd Llun wedi'r gêm, esbonio'n safbwynt, a dweud bod yn rhaid i ni ei wahardd o'r BBC am gyfnod. Derbyniodd y rhesymu a'r penderfyniad fel oen bach. Dim ymgais i amddiffyn nac esgusodi, ond cydsynio.

Roedd hynny ar ddiwedd tymor 1981–82 ac fe gafodd ei wahardd am ryw chwech neu wyth wythnos. Yn y mis Ionawr cyn hynny, ac yntau yn Llundain gyda'i waith i'r *Guardian*, cafodd Carwyn ei gymryd yn wael ar y Tube. Aed ag ef i'r ysbyty a bu yno am rai dyddiau. Nid oedd fawr neb yn gwybod am hynny. Llwyddodd y Carwyn preifat i gadw'r digwyddiad iddo fe ac un neu ddau aelod o'r teulu.

Ar lefel broffesiynol, wedi iddo ddod 'nôl o'r Eidal, bu cyfnod o drafod cyson ynglŷn â gallu Carwyn fel darlledwr. Nid oedd pawb yn ei edmygu fel cyflwynydd, yn enwedig ar deledu. Dyn radio oedd e i'r rhan fwyaf, ei ddarlledu'n awdurdodol ac yn ddadansoddol graff. Ar ddechrau'r wythdegau cafwyd trafodaethau ynglŷn â pharatoi rhaglenni i'r sianel deledu newydd, S4C. Mynegodd Carwyn ei fwriad i barhau gyda'i waith radio, yn lle troi at y sianel newydd. Tybed a oedd hynny'n arwydd o'i deyrngarwch i Radio Cymru neu'n fynegiant o'r un diffyg hyder a amlygwyd pan na heriodd Undeb Rygbi Cymru?

Ond tybed a gafodd yr un cyfle ar y teledu ac a gawsai ar y radio yn y BBC? A wnaed y defnydd cywir o ddoniau Carwyn gan BBC Cymru? Mynegodd nifer o'i gyd-weithwyr eu hanfodlonrwydd â phatrwm a natur gwaith Carwyn. Dywed Huw Llewelyn Davies fod lle i holi a gawsai Carwyn ei ddefnyddio yn unol â'i ddoniau a'i gryfderau:

> Cyfrannwr ac awdur syniadau oedd Carwyn, nid cyflwynydd ffeithiau ac adroddiadau. Er cystal oedd ei gyfraniadau ar rygbi, rwy'n siŵr ei fod yn teimlo ar brydiau fod rhywbeth gwag yn hynny, ac nad oedd y gwaith yn ddigon sylweddol i'w fodloni'n llwyr.

Roedd awydd cryf yn Carwyn i wneud mwy o raglenni fel y cyfraniadau a wnaeth i'r Gorfforaeth pan oedd yn Llanymddyfri.

Mae Beti George yn mynd ymhellach:

> Fe wnes i siarad gyda Dewi, brawd Carwyn, fwy nag unwaith ynglŷn â gwaith Carwyn yn y BBC, gan gynnwys ar y rhaglen *Beti a'i Phobol*. Roedd yn amlwg yn grac iawn gyda'r Gorfforaeth ac yn dweud fod gan y BBC gyfrifoldeb sylweddol dros y ffordd y daeth ei fywyd i ben. Efallai fod tuedd gofal brawd yn ei eiriau ond, mae lot yn beth ma Dewi yn ei ddweud. Ble arall ond yng Nghymru y byddai rhywun o allu Carwyn yn cael ei ddefnyddio yn y modd y defnyddiodd BBC Cymru fe? Cam ddefnydd mewn gwirionedd a hynny er cywilydd i ni i gyd.

Mae'n wir syndod i rywun o allu a dawn Carwyn orfod bod yn un o dîm a fyddai'n paratoi bwletinau chwaraeon ar y radio a gweithio system shifft. Go brin y byddai'r Gorfforaeth heddiw yn gofyn i Clive Woodward wneud yr un peth. Roedd yn sarhad ar Carwyn. Gwnaeth Undeb Rygbi Cymru ei sarhau eisoes, a gwnaeth BBC Cymru yn yr un modd. Methodd y ddau sefydliad â defnyddio athrylith Carwyn mewn modd cyfrifol ac elwa ar ei brofiad a'i ddawn. Roedd yn amlwg i BBC Cymru ystyried Carwyn fel dyn rygbi yn unig, gan ddiystyru pob dawn arall a ddangoswyd ganddo. Nid rygbi oedd popeth i Carwyn, yn ei fywyd na'i waith.

Sychu

Gan ei fod wedi ei wahardd o'r BBC, roedd cyfle iddo geisio delio â'i gyflwr. Nid oedd prinder ffrindiau bodlon a pharod i'w helpu. Cafodd gymorth gan Graham Jenkins a gawsai'r profiad o fynd i'r afael ag yfed ei frawd, Richard Burton, ac felly gwyddai sut i helpu Carwyn. Trefnodd iddo fynd i gael triniaeth yng nghlinig enwog y Priory, lle buodd Burton. Mae Beti George yn ei gofio yn dod adre wedi cwblhau'r driniaeth:

Roedd yn arfer dod i ginio dydd Sul yn ein tŷ ni mwy neu lai bob wythnos, ac felly ailgydiwyd yn y drefn pan ddaeth 'nôl o Lundain. Roedden ni i gyd yn eitha ansicr o siwd i ymateb iddo, ond fe benderfynwyd y byddai pawb yn yfed dŵr gyda'r bwyd. Felly y bu, a'r wythnos ganlynol hefyd. Dwi ddim yn cofio pryd newidiodd y drefn yna, ond yn raddol, fe wnaeth y gweddill ohonon ni ddechrau cael gwin unwaith eto gyda'r pryd bwyd ond fe gadwodd Carwyn at y dŵr. Wedi peth amser wedyn, ailgydiodd Carwyn yn y gwin hefyd.

Yn ystod y prynhawniau Sul hyn byddai Carwyn a Lorraine Davies yn ymgolli mewn sgyrsiau difyr a manwl. Lorraine Davies oedd un o gynhyrchwyr drama'r BBC ac yn gynhyrchydd ar gyfres boblogaidd Brydeinig, *Children's Hour*. Hi hefyd gynhyrchodd rai o ddramâu radio Dylan Thomas.

Y cyfan roedd y gweddill ohonom yn gallu ei wneud oedd gwrando arnyn nhw, gan edmygu eu gwybodaeth fanwl a thrylwyr o fyd y ddrama a llenyddiaeth Saesneg.

Gwyliau

Ailgydiodd Carwyn yn ei ddyletswyddau rygbi gyda'r BBC ar ddechrau tymor 1982–83. Parhaodd yr ysgrifennu. Gwnaeth ambell raglen i'r gyfres *Lloffa*, gan gynnwys rhaglen nodwedd ar John Llewitha, dyn dros ei gant oed. Roedd y darnau yn dechrau dod 'nôl at ei gilydd.

Wedi cyfnod hir o lanw a thrai emosiynol a seicolegol, sylweddolodd Carwyn fod angen gwyliau arno. Dim rhyfedd i hynny ddigwydd ar ddiwedd blwyddyn pan gafodd ei daro'n wael yn Llundain, ei wahardd o'i waith am gyfnod oherwydd goryfed, a mynd am gwrs i'r Priory. Roedd hefyd ar ddiwedd y cyfnod ffilmio ar gyfer y prosiect *Focus on Rugby*.

Roedd ysgrifenyddes Gareth Price yn y BBC eisoes wedi trefnu gydag adran gyllid y Gorfforaeth fod sieciau Carwyn yn cael eu hanfon ati hi, er mwyn iddi eu bancio ar ei ran. Cafodd Brenda Thomas gryn sioc wedi dod o hyd i bentwr o hen sieciau heb eu talu i'r banc ar wasgar yng nghhar Carwyn un diwrnod.

Digon naturiol felly oedd iddi hi fwrw ati i drefnu'r gwyliau roedd Carwyn ei wir angen.

Y Caribî oedd y dewis cyntaf, ond roedd y rhybudd yn rhy fyr i sicrhau wythnos o wyliau yno. Ceisiwyd trefnu mannau eraill yn Ewrop, ond heb fawr o lwyddiant. Yn y diwedd, awgrymodd rhywun yn y BBC westy yn Amsterdam roedd yn gyfarwydd ag ef, o'r enw'r Hotel Krasnapolsky, gan ychwanegu, wrth basio, ei fod bron ar Sgwâr Dam a bod Hitler wedi aros yno unwaith. Roedd ystafell ar gael yno, fe drefnwyd teithiau awyren cyfleus a chafodd y gwyliau eu bwcio. Hedfanodd Carwyn i Amsterdam ar ddydd Llun, 3 Ionawr 1983.

11

Amsterdam

Llithro i'r llonyddwch mawr yn ôl.

'Dychwelyd' T H Parry-Williams

WRTH I 1982 ddod i ben, fe aeth Carwyn i barti nos Calan yn nhŷ Beti George a David Parry-Jones. Y diwrnod canlynol, fe aeth i weld gêm rygbi yn y prynhawn ac yno gwelodd Clive Rowlands a'i wraig ef:

> Do'dd dim golwg rhy dda arno fe a gweud y gwir. Ro'dd e wedi bod yn aros yn tŷ ni yn Cwmtwrch cwpwl o weithie cyn hynny, a dyma ni'n gofyn iddo fe ddod aton ni eto'r noson honno, yn lle bod e ar ben 'i hunan. Gwrthod wnaeth e, gan ddweud bod gwylie wedi'i drefnu iddo fe ar y dydd Llun a'i fod yn mynd i Amsterdam. Welon ni mohono fe byth wedyn.

Yr un noson fe'i gwelwyd gan Huw Llewelyn Davies yng nghlwb y BBC:

> Roedd yn siarad gyda criw ohonon ni, ac yn dweud 'i fod am fynd bant i'r haul er mwyn cael rhyw brêc o bopeth, ond doedd dim byd ar gael yn y gwledydd lle roedd e am fynd, a felly i Amsterdam roedd e am fynd y Llun canlynol, meddai.

Dim rhyfedd. Dyma'i gartre cyntaf go iawn. Nid dyma Rose Villa na Hawen, nid lletty myfyriwr, nid barics morwr na stafell athro mewn ysgol breifat, ac nid lletty tramor dros dro. Dyma gartre Carwyn ar ei ben ei hun ac yntau o fewn misoedd i gyrraedd yr hanner cant. Mae'n siŵr i hyn fod yn fendith gymysg. Roedd ar un llaw yn cynnig y pellter oddi wrth bobl eraill a fyddai'n rhoi'r gofod iddo fyfyrio ac i bwyso a mesur. Ond hefyd roedd yn ei ynysu.

Canodd Cleif Harpwood am 'Ysbryd y Nos'. Oerodd 'sibrydion gwag y gwynt' enaid Carwyn, ymbiliodd ar ysbryd y nos i wasgaru'r ofnau cyn iddi wawrio. Ymddangos yn amlycach wnaeth yr elfen bruddglwyfus yn Carwyn a fu yno trwy gydol ei oes. Mynegodd Carwyn y duedd mewn darllediad radio i BBC Cymru ym Mawrth 1960. Dan y teitl 'Llawenydd a Thristwch', mae'n athronyddu ar natur y ddau deimlad. Mae'n amlwg o'r dechrau y byddai'r ddau yn bodoli wrth ymyl ei gilydd yn barhaol, yn dod i'r amlwg ac yn cilio o'r golwg, ond eto'n sownd yn ei gilydd. Mae'n nodi perthynas arbennig y Cymry â'r ddau emosiwn gan ddyfynnu hen fenyw o Gefneithin fel enghraifft. 'Llawenychai yn ei thristwch,' meddai. Try wedyn at atgof o'i angladd gyntaf, ac yntau'n 'grwtyn trowsus byr' yn llaw ei fam:

> Roeddwn innau yno'n gynnes yn yr ystafell yn gafael mewn llaw gynnes, ond gwn i mi'r eiliadau hynny ymwybod â gwacter a thristwch a rhyw oerni annaturiol. Pan edrychais i'w llygaid, dwysawyd y profiad i mi pan welais ei golwg bell a phrudd fel yr edrychai drwy'r llenni i gyfeiriad pwll y Cross. Yr ennyd honno, collais yr angladd a gwibiodd fy meddwl dros ffiniau amser i ryw fyd anweledig a minnau yno yn y canol yn fy angladd fy hun...

Sawl crwt trowsus byr sy'n cyfeirio'i feddyliau at ei angladd ei hun? Ond, meddai Carwyn, mae tristwch arall a ddaw ar foment o ecstasi yn un arbennig o boenus. Yr enghraifft a roddir ganddo yw adeg sgorio am y tro cyntaf dros Gymru a'r dyrfa'n bloeddio'n orffwyll:

> ... wrth ddod 'nôl i'm hanner fy hun a blasu'r awyrgylch drydanol dyma law ar fy ysgwydd a llais Rees Stephens yn torri ar fy ymsonau ac ar sŵn trigain mil: "Gwna'n fawr o'r eiliad hon 'machgen i, efalle na ddaw hi ddim eto." Llawenydd ecstatig ar

ennyd amrant wedi'i throi'n dristwch wrth sylweddoli i'r byw mewn stad gyffrous mai diflanedig yw'r eiliadau prin ac nad oes dychwelyd iddynt.

Dyma sut roedd yn teimlo cyn profi ecstasi llwyddiant Llewod '71, curo'r Crysau Duon gyda Llanelli ac ennill pedwar Cwpan o'r bron gyda'i glwb hefyd. Os dwysaodd yr ecstasi...

Y diwrnod cyn gadael Cymru

Y diwrnod wedi i Huw Llewelyn Davies ei weld yng nghlwb y BBC, roedd Carwyn yn ôl yno. Y tro hwn, T James Jones a'i gwelodd:

> Ro'n i ar fy ffordd adre wedi bod yn pregethu mewn oedfa fore Sul. Galwais yng nghlwb y BBC a dyna lle'r oedd Carwyn, ar ei ben ei hunan. Eisteddais gydag e gan sgwrsio'n ddigon cyffredinol. Doedd e ddim yn edrych yn dda iawn mae'n rhaid dweud. Soniodd ei fod i fynd ar wyliau y diwrnod canlynol, am fod angen hoe fach arno, a dyna'r tro diwetha i fi ei weld.

Yn hwyrach yr un dydd, cafodd Gareth Price alwad ffôn yn ei gartre gan Gwen, ei chwaer, o fflat Carwyn. Roedd gofid yn amlwg yn ei llais:

> Roeddwn yn adnabod Gwen, gan i fi fod yn Hawen sawl gwaith gyda Carwyn, a hithau, yn ôl ei harfer, wedi gwneud bwyd i ni ac yna ein gadael i'w fwyta, a hithau'n diflannu i'r gegin gefn. Y Sul hwnnw ar y ffôn roedd gofid amlwg yn ei llais a gofynnodd i fi fynd draw i'r fflat atyn nhw. Wedi cyrraedd, roedd Carwyn yno a doedd e ddim yn edrych yn dda o gwbl. Roedd Gwen am i fi geisio ei berswadio i beidio mynd i Amsterdam y diwrnod wedyn. Ond doedd Jams ddim eisiau gwrando, roedd am fynd ar wyliau a doedd neb yn mynd i'w ddarbwyllo fe fel arall.

Mae cofnod Gareth Price o ddigwyddiadau'r prynhawn hwnnw'n cynnwys cyfeiriad at ymateb Gwen a Dewi at gyflwr Carwyn. Dywed nad oedd y ddau wedi sylweddoli bod Carwyn yn feddw ac mai gwadu'r posibilrwydd hyd yn oed a wnaeth y ddau pan awgrymwyd hynny. Mae hynny'n anodd i'w gredu. Yn un peth, bu Dewi yn y Llynges am ddwy flynedd, ac er yn yfwr cymhedrol ei hunan, yn gwybod yn iawn beth oedd meddwi. Roedd hefyd yn ymwybodol iawn o ddiwylliant hoyw traddodiadol y morwyr. Dywed ei fab Llŷr fod ei dad wedi clywed, yn gynnar iawn yn ei gyfnod ar y môr, i un dyn droi at grŵp o ddynion eraill, gan bwyntio at un o'r morwyr ifanc golygus, a dweud, 'You leave him alone, he's mine!' Roedd yn dipyn mwy bydol-ddoeth nag oedd y ddelwedd rheolwr banc yn ei awgrymu.

Roedd Gwen hyd yn oed yn fwy cyfarwydd ag ymddygiad a fyddai'n cael ei ystyried yn wrth-gymdeithasol neu'n ganlyniad i salwch meddwl. Bu'n nyrs seiciatryddol am flynyddoedd lawer, mewn ysbyty preifat yng Nghaerloyw. Gwelodd sawl cyflwr seicolegol, emosiynol a chorfforol digon dwys ei natur ac anodd iawn credu nad oedd rhywun o'i hyfforddiant a'i phrofiad hi'n gallu adnabod rhywun â phroblemau cysylltiedig ag alcohol.

Dros y penwythnos olaf hwnnw felly, gwelodd Carwyn nifer o'i ffrindiau agosaf a mwyaf cefnogol, yn ogystal â'i frawd a'i chwaer. Teimlad rhyfedd a rhwystredig tu hwnt i bob un oedd gweld cyflwr Carwyn heb allu gwneud unrhyw beth ynglŷn ag e.

Llythyr

Ar y dydd Iau ar ôl i Carwyn gyrraedd Amsterdam, fe wnaeth Dewi, brawd Carwyn, ysgrifennu llythyr at ei fab, Llŷr. Roedd yntau newydd gyrraedd Zurich, wedi hedfan yno i weithio ar y dydd Llun blaenorol, yr un diwrnod ag yr hedfanodd Carwyn i Amsterdam:

Ysgrifennodd fy nhad lythyr ata i'n dweud ei fod yn pryderu'n arw am gyflwr Carwyn a bod angen i ni weld beth gallen ni gyd wneud i'w helpu. Roeddwn yn ymwybodol, wrth gwrs, i Carwyn gael ei gymryd yn wael flwyddyn ynghynt ac roedd ei weld mewn cyflwr iechyd nad oedd ddim cystal ag y dylai fod, hefyd yn beth cyfarwydd. Roedd cyflwr Carwyn ar y Sul cyn iddo hedfan i Amsterdam yn amlwg yn fyw ym meddwl fy nhad ac yn ei boeni. Ond oherwydd natur gwasanaeth y post tramor y dyddiau hynny, ches i mo'r llythyr tan ryw wythnos wedi i Nhad ei anfon. Erbyn hynny roedd Carwyn wedi marw.

Ystafell yn Amsterdam

Mae manylion yr hyn a wnaeth Carwyn yn ystod y saith niwrnod y buodd yn Amsterdam wedi mynd gydag ef i'w fedd. Ond nid anodd dychmygu sut y gwariodd y dyn diwylliedig yma'r oriau mewn dinas o'r fath: dinas Rembrandt ac ynddi ysgol gelf gain a ddylanwadodd ar arlunwyr sawl gwlad; dinas dan gyfaredd Van Gogh; dinas Anne Frank a'i thrasiedi ddirdynnol; dinas y blodau; dinas y camlesi, Fenis y Gogledd. Am oriau bob dydd, gallasai grwydro a rhyfeddu.

Os oedd diwylliant caffi'r Eidal wedi ei swyno, yna roedd Amsterdam yn gallu cynnig rhywbeth digon tebyg. O'r holl dai coffi, mae'n siŵr mai'r 'caffis brown' fyddai wrth ei fodd. Hawdd dychmygu Carwyn yn eistedd rhwng y waliau brown, tywyll, olion nicotin yn drwch ar y nenfwd a golau'r bylbiau pŵl yn taflu cysgodion gwan dros y rhai a oedd yno'n sipian eu coffi, yn sgwrsio ac yn darllen eu papurau dyddiol. Dyna lle byddai nifer yn rhannu eu hunigrwydd o dan fantell y mwg. Dyma hefyd ddinas goddefgarwch, lle gwelir mynegiant pensaernïol sy'n awgrymu os yw cyffuriau a phuteindra yn mynd i ddigwydd, cystal iddo ddigwydd yn agored yn hytrach nag yn guddiedig. Mor wahanol i Gymru Carwyn.

Ar y nos Sul roedd am baratoi i fynd allan i'r ddinas unwaith yn rhagor. I ble ac i gwrdd â phwy, os unrhyw un, fyddwn ni byth yn gwybod. Ond roedd yn ddigon o gwmpas ei bethau i wybod bod angen tacluso, a bod yn drwsiadus, felly aeth 'nôl i'r gwesty. Cafodd fàth ac yna dechrau siafio. Yn ddisymwth, bron flwyddyn i'r diwrnod ers iddo gael ei daro'n wael yn Llundain, cafodd drawiad ar y galon. Syrthiodd yn ei boen, bwrodd ei ben ar ymyl y bàth a disgyn i'r dŵr lle bu'n ymdrochi rhai munudau ynghynt. Bu farw. Gorweddodd yn gorff yn y dŵr dros nos, tan i un o staff y gwesty ei ddarganfod ar y dydd Llun, y diwrnod y bwriadai hedfan adre. Ni chynhaliwyd post mortem. Y cofnod swyddogol oedd iddo farw o ganlyniad i'r trawiad a nodwyd diwrnod y darganfod fel diwrnod ei farw, nid diwrnod y trawiad.

Sioc

'Nôl yng Nghymru roedd pawb yn ceisio dygymod â'r fath newyddion trist. Wedi'i farwolaeth ysgrifennwyd colofnau niferus mewn papurau newydd a chylchgronau i nodi cyfraniad Carwyn i rygbi a diwylliant Cymru. Hefyd dadansoddwyd personoliaeth y dyn a gyfrannodd gymaint – er yn ei adnabod, eto doedd neb yn gwybod yn iawn pwy ydoedd.

Cofnododd llawer lle'r oedden nhw pan glywsant y newyddion fod Carwyn wedi marw. Roedd ei nai, Llŷr, yn Zurich:

> Daeth neges ffôn o'r swyddfa yn Abertawe yn gofyn i fi ffonio rhif yng Nghaerdydd. Gwyddwn yn iawn pa fath o neges fyddai'n fy aros ar y pen arall. Rhif ffôn fflat Carwyn a roddwyd i fi. Fy nhad gododd y ffôn yn y fflat ac roedd Gwen a Huw Lewis, Gwasg Gomer yno hefyd. "Ma dy wncwl wedi marw," medde Nhad. Nid oedd yn syndod i fi o gwbl.

Clywed y newyddion ar y teledu wnaeth Bethan, merch Eilonwy, chwaer arall Carwyn:

> Roedd fy rhieni wedi trio cysylltu gyda fi, ond heb lwyddiant. Ro'n i'n byw yng Nghaerdydd yn gweithio yn y brifysgol ac yn aros gyda ffrind gan fy mod yn dechrau dod dros bwl o'r frech goch ac angen cwmni. Yn ei thŷ hi y noson honno ro'dd newyddion y BBC ar y teledu a rhwng ein clebran ni, clywais y geiriau '... Carwyn James found dead in Amsterdam'. Ces shiglad ofnadwy, gan y gwelwn Wncwl Carwyn yn weddol amal yng Nghaerdydd. Bydde Mami'n mynd yno'n aml i helpu Anti Gwen i olchi dillad a glanhau ac ati.

332

Cofnododd myrdd o bobl y tu allan i gylch y teulu eu hymateb i ymadawiad Carwyn hefyd. Roedd Frank Keating wedi mynegi ei siom nad oedd Carwyn wedi ymddangos ym mharti'r *Guardian* ar Sadwrn cyntaf 1983:

> I was having a bath. The six o'clock BBC TV news was droning on down the corridor. Suddenly I was standing in the sitting room, dripping and unbelieving. Carwyn James was dead... He had suffered a heart attack in his bath at a hotel in Amsterdam the night before – the evening the *Guardian* had hoped to see him in this very flat at their party... No, I still couldn't believe it.

Yn y BBC yn Llandaf roedd Gwilym Owen, ac mae'n cofio'r awyrgylch yno hyd heddiw:

> 'Nes i erioed weld lle o dan gymaint o deimlad, yn teimlo effaith marw rhywun i'r eithaf. Roedd ymateb syfrdanol i farwolaeth Carwyn. Roedd nifer fawr yn eu dagrau yn gyhoeddus.

O'r tu fewn i furiau'r Gorfforaeth, dyma oedd ymateb ffrind a chyd-chwaraewr i Carwyn, Onllwyn Brace:

> The sadness that we feel at his passing, is shared by Italians, Spaniards, Rumanians, Argentines, Japanese, New Zealanders, South Africans and Australians alike – the common language was rugby.

Wrth gwrs, roedd yr ergyd yn yr Eidal gymaint yn fwy gan iddo fyw a gweithio yn eu plith. Angelo Morello sy'n crynhoi'r ymateb yno:

> I only knew about Carwyn's death on Wednesday, January 12 1983. It was a very cold day, as cold as it is usually in Rovigo in January. No fog, only frost. Carwyn did not like the foggy weather, it made him sad. Nairn McEwan, the Rovigo RFC coach, said to me when I met him very early that morning:
> "Angelo, have you heard?"
> "What?" I said,

"Your friend Carwyn is dead."

I remember I was stunned and too many thoughts jumped into my brain. Nairn understood my feeling and went on explaining how it happened.

Only a few days later was I informed about his hopeless attempt to spend a quiet Christmas holiday somewhere abroad, alone, far from any of his friends. It was a sudden, terrible blow for me (and surely for many others) because he was a leading man and a true friend. He was always able to give you the right advice simply because he understood the genuine roots of life. My task with him was one of helping him know better the country he was living in, the local people's habits, their way of life. It was not just a matter of rugby – we talked about many other aspects related to our experience – art, music, literature, poetry, politics, food, travel, etc.

I was really lucky to be the only man in Italy to be able to listen to Carwyn's ideas, appreciations, projects, judgments, likes and dislikes about all that is life. And because he was such a man his death was a big loss.

The rugby supporters were shocked too, however their sorrow was mainly related to the great rugby coach or to the guy they were used to eating with at restaurants – in other words something rather superficial, although they sincerely admired the 'guru' in him. This reminds me of Wordsworth's line from one of the Lucy poems: 'The difference to me!'

Ar daith y Llewod yn 1971, roedd Ian McLauchlan wedi bod o gymorth mawr i Carwyn:

I shall always remember his gentleness. In New Zealand, he was dealing with a fairly rough bunch of blokes, but he never had to utter a harsh word and never had to raise his voice. Our success was entirely due to him.

Trwy Brydain a'r tu hwnt roedd y wasg, y radio a'r teledu yn llawn straeon am ei farw a'i fyw. 'Prince of Coaches' meddai David Frost yn y *Guardian* amdano, 'The intellectual Welsh legend' oedd geiriau Clem Thomas yn yr un papur. 'Carwyn, part of Welsh legend' meddai John Billot yn y *Western Mail* a

Mario Basini yn yr un papur yn ei alw'n 'Bard among coaches'. Roedd cartŵn ohono ar glawr *Y Faner*, englyn gan Dic Jones a theyrnged gan Huw Llewelyn Davies, 'Athrylith mewn gwewyr meddwl ac enaid'. Ym mis Chwefror, roedd teyrnged arall iddo yn *Y Faner*, gan Jams Niclas y tro hwn. 'Y Cymeriad Crwn' oedd pennawd *Sulyn* a 'Gŵr o Argyhoeddiad' oedd pennawd teyrnged Gwynfor Evans yn *Y Cymro*. Yn rhifyn Chwefror o *Barn*, roedd llun o Carwyn ar y clawr a dwy ysgrif goffa, un gan Barry John a'r llall gan Norah Isaac. Roedd teyrngedau iddo ym mhapur *Y Tyst* hefyd ac yng nghylchgrawn Undeb Rygbi Cymru, *Welsh Rugby*. Onllwyn Brace ac Alun Richards ysgrifennodd y teyrngedau.

Cafwyd un deyrnged deimladwy ddeng mlynedd wedi marw Carwyn yn *Barn* ym Mis Mawrth 1993, gan ei ffrind Dafydd Rowlands. Llythyr o ymddiheuriad at Carwyn oedd hwnnw, yn esbonio pam nad oedd wedi mynd i'w angladd. Mae'n dechrau trwy ei gyfarch fel 'Annwyl Jams,' ac yn gorffen trwy ddweud, 'Wela i ti, Rowlands.' Nid ysgrifennodd yr un gair, ni chyfrannodd yr un cyfweliad teledu na radio chwaith cyn hynny:

> Y gwir yw dy fod ti'n deall i'r dim beth yw gwerth tawelwch rhwng cyfeillion, yr ysbeidiau byr neu hir, dilafar hynny pan yw geiriau, er eu mwyn eu hunain, yn fwrn ar gyfeillach. Wyt ti'n cofio'r oriau cinio dirifedi hynny yn y Chestnut Tree Cafe? Yr Ham a Chips, y pwdin bara menyn beunyddiol yn boddi mewn môr o gwstard, a'r naill a'r llall ohonom y tu ôl i'w bapur yn mwynhau'r mwg sigarét a'r distawrwydd dieiriau wedi'r gwledda gwerinaidd. Roedd y distawrwydd hwnnw yn rhyw fath o drydydd cyfaill; roedd e'n perthyn i'r seiat.

Wrth gloi, cyfeiria'n ôl at ymweliad y ddau ag Edgbaston yn 1972 i weld y criced a Carwyn wedi dod â'r gyfrol, *Gyda Gwawr y Bore* Aneirin Talfan Davies gydag e. Dywed Dafydd Rowlands iddo edrych trwy'r gyfrol ar fore ysgrifennu ei lythyr at Carwyn:

Fues i'n troi tudalennau'r llyfr hwnnw heddi a gweld bod Aneirin Talfan yn sôn am fynd i'r theatr yn Brighton i weld un o ddramâu John Osborne. Mae e'n enwi'r ddrama, *The Hotel in Amsterdam*. Ac mae'n dweud hyn: 'Cefais y teimlad wrth wylio *The Hotel in Amsterdam* fod sŵn dioddef mawr i'w glywed drwyddi.'

Does dim modd i finne, Jams bach, na neb arall chwaith, fesur dyfnder yr eironi trist hwnnw a barodd dy fod ti, ar noson o gymdeithasu braf yng Ngwesty'r Russell, yn darllen llyfr roedd y geiriau arwyddocaol hynny yn llechu rhwng ei gloriau.

Coffâd y Gorfforaeth

Y bore Sadwrn wedi'r oedfa goffa yn y Tabernacl roedd digwyddiad digon tebyg yn y BBC, Llandaf, yr un diwrnod ag roedd Cymru yn chwarae yn erbyn Lloegr yng ngêm gyntaf y Pum Gwlad y flwyddyn honno. Yn y Stadiwm Genedlaethol byddai teyrngedau didwyll y myrdd o ffrindiau dienw i'w clywed gan selogion y clybiau rygbi a hwythau'n gwylio'r gêm. Roedd y deyrnged ar y cae yn un frwdfrydig os nad buddugoliaethus. 13–13 oedd y sgôr, a'r Pump Mawr yn amlwg wedi anwybyddu colofn Carwyn yn *Sulyn* am mai Malcolm Dacey gafodd ei ddewis yn faswr nid Gareth Davies.

Ond y bore hwnnw, yn y BBC, roedd brawd a dwy chwaer Carwyn yn bresennol, yn ogystal â rhai o enwau mawr meysydd y tu hwnt i fyd rygbi, megis Colin Welland, a enillodd Oscar am ei sgript i'r ffilm *Chariots of Fire*. Roedd yn ffrind agos i Carwyn ac mae sylw a wnaeth pan oedd yn westai ar y rhaglen radio *Desert Island Discs* yn esbonio pam. Dywedodd fod y rhan fwyaf o'i ddramâu yn '... champion the individual against the system'.

Yn y gwasanaeth cafwyd cyfraniadau gan staff BBC Cymru: y rheolwr, Geraint Stanley Jones; y cynhyrchydd rhaglenni crefyddol Meurwyn Williams; y cyhoeddwr Frank Lincoln a'r gohebydd rygbi Huw Llewelyn Davies. Hefyd, cafwyd cyfraniadau gan Willie John McBride, Clem Thomas ac Alun Richards.

Naturiol oedd dewis y cyfranwyr o blith staff BBC Cymru

I GOFIO

CARWYN JAMES
REMEMBERED
1929-1983

CYFARFOD COFFA
YNG NGHANOLFAN Y BBC
LLANDÂF
5ed Chwefror, 1983

MEMORIAL SERVICE
AT
BROADCASTING HOUSE
LLANDAFF
5th February, 1983

"Adnabod nid gwybod yw'n gobaith"
*" . . . the qualities of honour, courage
and pride in performance"*

ond roedd absenoldeb unrhyw gynrychiolydd o fyd y diwylliant
Cymraeg yn amlwg. Eironig felly i Geraint Stanley Jones nodi
wrth agor y gwasanaeth iddo fod yn fraint iddo adnabod y
Cymro cyflawn. Agorwyd trwy weddi gan Meurwyn Williams a
lwyddodd i gydio yn yr ysbryd cywir mewn ychydig eiriau:

> ... Mae i bawb ohonon ni'n harwyr, O Dad, ond ychydig ohonon
> ni sy'n cael y fraint o fod yn arwyr ein hunain. Ry'n ni'n credu i
> Carwyn gael y fraint honno yn ei ddydd a'i amser, ac iddo wisgo'r
> anrhydedd yn urddasol.

Darllenodd y cawr Willie John McBride 'The Soul of a
Nation', geiriau Carwyn ei hun ydynt, sef addasiad o'r sgript
ar gyfer y rhaglen deledu y cyfrannodd iddi yn y chwedegau,
Disunited Kingdom:

> Wales has a soul, a soul which is her own. And she can lose it.
> Education may thrive, religion may increase its hold, freedom may
> be won, the poor may arise from the dust and become powerful,
> the wealthy may be strong and flourish like the green bay, and the
> nation's soul may weaken and fade. The nation may lose itself in
> the empire, and be a dead member and not a living one, her voice
> never more to be heard. And if that calamity were to come about,
> Wales would be without a soul, and the world would be the poorer.

Ac yna colofnydd, ffrind, a'r un a gymerodd ofal tadol drosto
ar daith y Llewod i Dde Affrica lai na thair blynedd ynghynt,
Clem Thomas:

> ... He was a person who cared little for the material things of
> life. He dealt in the more substantial currencies of friendship,
> kindliness, courtesy, modesty, generosity, dignity and patriotism.
> He was famous, but devoted no time to it. He died in a lonely
> way, but he is one of those, and I quote, 'of those immortal dead
> who live again in minds made better by their presence'. He
> was without question the greatest rugby coach of all time. His
> calm intellectualism, philosophies and vision brought him that
> essential ingredient – respect – from those players fortunate to find

themselves under his command. Together, they translated their rapport into unparalleled success.

However, he was far more than just a rugby man, he was an academic, a bard of the Welsh Gorsedd and a nationalist... concerned that through the democratic processes, that Wales should be accorded its rightful stature, and that its culture, language, literature and music should be safeguarded and nourished.

If I had to write his epitaph I would say of Carwyn that he liked a quiet corner, he only had friends and no enemies and that he possessed the greatest gift of all – friendship.

Yna, ffrind arall, Alun Richards:

We celebrate and give thanks for a very 'human' human being. A man of frailties as well as strengths. As a public man, in so many ways, he was like a dedicated artist; a painter totally obsessed with the canvas in front of him, to the exclusion of all else. Most of all he was interested in the individual; in the essence of another self. This explains his gift of friendship. At the heart of it was his capacity to get to the core of things. He did this by listening. Seldom can so much deserved praise have been uttered for a man who in private said so little and listened so much.

Ar ôl darllen 'Dychwelyd' T H Parry-Williams a 'Sir Gaerfyrddin a Sir Forgannwg' Gwenallt daeth y gwasanaeth i ben gyda darlleniad byr gan Frank Lincoln. Brawddeg yn y Saesneg yn gyntaf cyn gorffen gyda'r geiriau:

O frawd angau, paham y cymeraist y ffordd arw hon o ddwyn yr anwylaf ohonom, ei ddwyn o'n plith a'i fabinogi ffraeth ddifrif ar ei hanner?

A dyna'r cofio a'r cydnabod ffurfiol drosodd, ar 5 Chwefror 1983. Ni fyddai'n bosib, yn yr wythnosau cyntaf hynny yn 1983, i osgoi'r ffaith fod Cymru wedi colli dyn go arbennig. Nid oes carreg fedd i'w gofio, na phlac mewn amlosgfa chwaith. Ni chafodd ei lwch ei wasgaru mewn man a oedd yn agos i'w galon, nac mewn unrhyw fan arall.

| ON TRIAL? Top chat with CLIVE ROWLANDS | WALES v ENGLAND with JOHN SCOTT and J.B.G. THOMAS |
| CARWYN JAMES Tributes from ONLLWYN BRACE, ALUN RICHARDS | COMPETITIONS Who was Santa? Winners announced inside |

British **TELECOM**~~~**INTERNATIONAL SPECIAL**
Wales and the Marches Board

Teyrnged i Carwyn yn y cylchgrawn, llun o'r Pump Mawr ar ei glawr.

Drych

Damwain a hap oedd iddo fod yn Amsterdam ac nid oes unrhyw sail i sylwadau a wnaed ers hynny fod y ddinas yn ddewis bwriadol am resymau amheus. Tra oedd yno, a gafodd gip ar ei Afallon? Llysenw hoffus trigolion Amsterdam ar eu dinas yw Mokum. Daw o Hebraeg yr Hen Destament, a'i ystyr yw 'lle', neu 'lle diogel'. Er gwaetha'r stormydd a oedd yn corddi yn ei esgyrn, mae'n gysur gwybod iddo adael y byd yma a'r cyfarwydd yn gwmni iddo. Ym Mokum agorwyd un neu ddwy o ffenestri bach Afallon a oedd wedi'u cau'n sownd yng Nghymru. I ddyn mor sythweledol a chraff â Carwyn, mae'n siŵr ei fod e'n sylweddoli hynny hefyd.

Bu dau dymor yn yr Eidal yn rhyddhad ac yn awyr iach iddo ac felly hefyd dyddiau Amsterdam. Ond fel yn yr Eidal hefyd, ni chwythwyd pob cwmwl du o'i ffurfafen yn yr Iseldiroedd. Byddai ei sensitifrwydd cynhenid wedi tynnu sylw at y creithiau hefyd yn oriau tawel y ddinas a rhwng pedair wal y stafell wely yn y Krasnapolsky. Heb wybod ei fod yn gwneud hynny am y tro olaf yn ei fywyd, safodd o flaen y drych i siafio. Defnyddiwyd y ddelwedd o ddrych gan Alun Richards i sôn am Carwyn ei hun ar un adeg:

> Of late, he was in many ways like an old-fashioned mirror, wreathed in cigarette smoke very often. And in the end, like the game he loved, was heavily sponsored. And in this mirror, chipped a little at the edges, when you looked into it you got a better reflection of yourself. This is a gift of a friend indeed.

Bu Carwyn yn gyfrwng i eraill weld eu hunain. Pa adlewyrchiad o Carwyn James a welodd Carwyn James o flaen y drych y diwrnod hwnnw? Cafodd sawl galwad yn ystod y cyfnod hynny i'w ysgogi i holi am gyflwr ei gorff, ei feddwl a'i enaid.

Yn 1764, brawddeg olaf William Williams yn ei ragair i *Bywyd a Marwolaeth Theomemphus* yw:

> Ond cymmerwch Theomemphus ar ei ffyn baglau, a charwch ef, canys y mae yn tynnu tua'r bywyd.

Hawdd iawn fyddai rhoi enw Carwyn yn lle Theomemphus yn nyddiau cyntaf 1983.

Ym mlwyddyn gythryblus 1982 dywed nifer o'i ffrindiau iddo ymweld â'r seiciatrydd Dr Dafydd Huws. Cyfrannodd i raglen *Diacon y Sêt Gefen* a manylu ar ei sgyrsiau gyda Carwyn cymaint ag y gallai heb fradychu ei gyfrinachedd. Mae ei gyfraniad yn ddadlennol:

> Roedd Carwyn yn ddyn a oedd yn cario beichiau niferus iawn a'r beichiau yna'n fwy nag y gall y rhan fwyaf ohonon ni ei ddirnad, heb sôn am eu diodde. Roedden nhw'n feichiau seicolegol ac yn feichiau corfforol, a dwi ddim yn gwybod siwd ro'dd e wedi dal cystal ac i fod yn ddyn mor gynhyrchiol.

Byrdwn y sgwrs rhwng Carwyn a Dafydd Huws oedd awydd Carwyn i geisio sefydlogi ei fywyd, a Dafydd Huws yn gweld hynny'n brif angen i les meddwl Carwyn. I'r seiciatrydd, roedd bywyd Carwyn yn un a oedd yn ddiwreiddiau, bywyd allan o siwtces ac wrth esbonio hyn i Carwyn, meddai, daeth ymateb a chydnabyddiaeth yn syth ganddo:

> ... cyn bo fi'n dweud dim pellach, dyma fe'n dweud, "Ti'n gwybod beth sydd gyda fi wneud, rhaid i fi fynd gatre a dyfrhau fy ngwreiddiau!" A wedes i, ie, ti wedi'i deall hi.

Roedd Carwyn wedi colli'r berthynas â'i filltir sgwâr, y cynefin a fu mor ganolog i'w fywyd a'i waith. Llwyddodd i gario'r cynefin gydag e i sawl man wedi gadael Cefneithin. Ond roedd ei afael wedi llacio ers sawl blwyddyn. Erbyn dechrau'r wythdegau roedd y man lle'r oedd yn rhoi ei ben ar y gobennydd ar ddiwedd dydd hefyd yn rhan o'r broblem, fel y manylodd Dafydd Huws:

> ...(roedd) byw mewn dinas yn anodd iawn i ddyn â phroblemau fel Carwyn. Ac wrth gwrs, roedd byw ar wahanol gyfandiroedd a theithio o gwmpas y byd yn waeth byth wrth gwrs... Roedd e wedi deall mai sefydlogi yn ddaearyddol oedd angen, mynd 'nôl at ei wreiddiau ac ailgydio yn y capel. Roedd am adfer hen batrymau a oedd yn rhoi canllawiau sicrach a mwy pendant iddo fe. Eto i gyd, roedd y rhain, fel gyda dyn yn boddi, yn llithro o'i afael e.

Roedd 'fel adyn ar gyfeiliorn, neu fel gŵr ar ddyfroedd hunlle'n methu cyrraedd glan' yng ngeiriau T H Parry-Williams. Cyflwr sy'n ynysu yw iselder a phan ddigwydd yr ynysu, daw datgysylltu yn ei sgil. Daw eco yn ôl o eiriau J R Jones, a Carwyn yn byw mwy a mwy yn ei 'ofod diffiniau'.

Daeth i ddeall nad oedd symud 'nôl i Hawen yn gam i'r cyfeiriad cywir. Ni fu'n byw yn Rhydlewis erioed, a gellid cadw'r pentre hwnnw fel y man gwyn man draw seicolegol sy'n help i ddygymod â bywyd. Nid oedd y ddau le'n rhan o'r patrwm roedd angen ei adfer, ond yn hytrach gwerthoedd y ddau le oedd yr edafedd fyddai angen arno i weu patrwm newydd. Daeth y teulu hefyd yn ymwybodol iawn ei fod yn ceisio ailgydio yn ei wreiddiau yn ôl ei nai, Llŷr James:

> Roedd lot o drafod ar y pryd, yn naturiol, ac roedd pethau'n dechrau syrthio i'w lle o safbwynt ein cynlluniau ni fel teulu. Yn gynnar yn 1983, roedd fy nhad ar fin ymddeol, finnau nôl yn gweithio yn Abertawe fel cyfrifydd, ac roedd fy chwaer, Non, yn ddeietegydd yn Ysbyty Glangwili Caerfyrddin. Felly, bydde'r tri ohonan ni o gwmpas i helpu mewn gwahanol ffyrdd. Ond, yn anffodus, fuodd Carwyn ddim byw i elwa o'r tri pheth yna.

Byddai bwriadau ei deulu agosaf wedi newid bywyd Carwyn yn sylfaenol. Byddai fframwaith deuluol wedi bod yn help iddo ailblannu gwreiddiau cadarn roedd yntau wedi dod i ddeall bod arno eu hangen. Ond ni chawsant gyfle i'w gwireddu.

Y Croen a'r Capel

Os oedd Auden yn sôn am lyfrau yn ein darllen ni, perthnasol hefyd yw geiriau C S Lewis pan ddywedodd fod gan ddarllen un pwrpas pendant nad oedd yn un llenyddol. 'We read to know we're not alone', meddai. Cwmni pa ffrindiau felly, a geisiodd Carwyn? Gadawodd rai yn yr Eidal, a gwelwyd eisoes eu bod yn ffrindiau da. Roedd un ystafell yn Hawen â silffoedd llyfrau ar bob wal. Symudodd nifer o'r llyfrau hyn i'r Tyllgoed yng Nghaerdydd. Yn eu plith, gwaith James Baldwin a Federico García Lorca. Dau ddyn llenyddol yn ymdrin â'r berthynas rhwng rhywioldeb a'u hunaniaeth fel unigolion, a hefyd perthynas rhywioldeb â'u tras a'u hil.

Gellir nodi sawl baich a oedd yn pwyso ar ysgwyddau Carwyn a baich siom yn y byd rygbi yn un amlwg. At y siom bersonol a brofodd daeth dadrithiad oherwydd safon chwarae'r gêm a'i gweinyddu. Yn y *Guardian* dywed gydag elfen o chwerwder:

> In these first weeks of the 1982–1983 season I have watched
> four of the top English clubs and twice as many Welsh. On most
> occasions I have been bored to tears... If I had my time over again
> I would prefer to be a soccer manager than a coach of a rugby
> club in which half a dozen or more committee men interfere with
> selection.

Ond roedd un baich yn pwyso'n drymach na'r lleill. Dros flynyddoedd olaf ei fywyd a'r blynyddoedd ers ei farw, y sôn a'r siarad oedd mai ei rywioldeb oedd ffynhonnell y beichiau a'r problemau a yrrodd Carwyn i ymbalfalu'n ddigyfeiriad yn y cysgodion. Oedd Carwyn yn hoyw? Pam nad oedd e'n briod? Os oedd pobl eraill yn holi'r fath gwestiynau, mae'n siŵr i Carwyn eu clywed, ac iddo holi'r un cwestiynau iddo'i hunan.

Nid oedd prinder sibrydion nac amheuon ynglŷn â rhywioldeb Carwyn tra oedd yn fyw. Yn y blynyddoedd ers ei farw, gwnaed datganiadau fod Carwyn yn hoyw. Ond mae golwg fwy manwl ar y sylwadau hynny'n dangos nad oes fawr ddim sylwedd iddynt. Unwaith eto, daw Dylan Thomas i'r meddwl, ei yfed yn benodol yn hytrach na'i rywioldeb. Mae'r rhai sydd wedi astudio yfed Dylan wedi sylwi na fyddai'r angen yn codi cymaint pan deimlai fod gwres breichiau cynefin cyfarwydd yn cydio amdano. Hynny yw, bod gwahaniaeth rhwng y straeon a'r patrwm go iawn.

Rhaid diystyru cryn dipyn o'r siarad a fuodd am rywioldeb Carwyn, er mwyn gallu ceisio deall beth oedd y sefyllfa go iawn. Byddai Carwyn yn ymwybodol o leisiau beirdd o Gymru ac yn gwybod am gerdd Gwenallt i Prosser Rhys, y bardd hoyw o'r 1920au:

Cymru a roes i'r Cardi ei foesoldeb,
hyhi a'i cododd uwch cythreuldeb rhyw;
ac anodd yw cerdded un o lwybrau Cymru
heb daro rhywle yn erbyn Duw.

Roedd 'cythreuldeb rhyw' yn gyfaill agos arall i Carwyn, fel y tawelwch a fu'n gwmni i Dafydd Rowlands ac yntau yng nghaffis Sir Gâr.

Mae nifer sylweddol o bobl a oedd yn agos at Carwyn, dros gyfnod hir o amser, yn dweud yn sicr nad oedden nhw wedi gweld unrhyw arwydd fod Carwyn yn hoyw. Nid oedd aelodau o garfan Llewod 1971 yn amau am eiliad fod Carwyn yn hoyw nac ychwaith neb a holwyd o Golegau Llanymddyfri a'r Drindod. Mae geiriau Fergus Slattery yn crynhoi'r hyn ddywedodd y lleill i gyd:

Nothing that came to light after he died, no story or account of any incident, made any of us look back and think, Ah, yes, maybe that explains such and such now then. Nothing of the kind. We weren't aware of any such thing at the time, and hindsight hasn't enlightened us either.

O ble felly y daeth y fath sibrydion? Roedden nhw'n frith ym mlynyddoedd olaf ei fywyd, ar ddiwedd y saithdegau a dechrau'r wythdegau. Nid yw'r ambell awgrym penodol a amlygwyd yn ddigon i ddatgan yn bendant beth oedd rhywioldeb Carwyn, er iddynt gynnig eglurhad clir o'r beichiau a rannwyd ganddo â Dafydd Huws.

Rhannodd tri chyn-aelod, a fu ar bwyllgorau rhanbarthol Undeb Rygbi Cymru, wybodaeth iddyn nhw orfod amddiffyn Carwyn wedi i ambell aelod ddatgan nad oedden nhw am bleidleisio dros Carwyn yn etholiadau'r Undeb am nad oedden nhw am bleidleisio dros 'rywun sy'n cysgu 'da dynion'. Hyd yn oed ddeugain mlynedd yn ddiweddarach roedd y tri hyn yn annibynnol ar ei gilydd yn ofni rhannu'r stori ac am aros yn ddienw.

Dienw hefyd yw dwy stori am ddynion penodol y cafodd Carwyn berthynas gyda nhw. Dywed mwy nag un o'i gyd-weithwyr yn y BBC iddo gael perthynas gyda golygydd ffilm yn y BBC yn Llandaf. Mae'r stori arall yn ymwneud ag un dyn yn honni wrth ddau berson gwahanol iddo gysgu gyda Carwyn. Roedd yr unigolyn hwn yn ffrind da i Carwyn ers ei ddyddiau Coleg yn Aberystwyth.

Tystiolaeth un gŵr hoyw o Lanelli yw i Carwyn ac yntau ddod yn gyfeillion agos. Dywed Jonathan Thompson i Carwyn ar un achlysur ofyn iddo fynd 'nôl gydag e i'w fflat, ac i hynny ddigwydd yn ystod sgwrs rhwng y ddau yn Llanelli yn 1974, unwaith eto, enghraifft gynnar iawn.

Mae dynion hoyw yn gwybod yn reddfol os yw dyn arall yn hoyw ac roedd yn gwbl amlwg i fi o'r cyfarfyddiad cynta mai dyna oedd Carwyn. Roedd yr un mor amlwg mai nid gwahoddiad diniwed oedd y cais i fynd 'nôl i'w fflat. Ar y pryd, roeddwn wedi bod mewn perthynas sefydlog ers bron i bymtheg mlynedd, a dw i'n dal yn yr un berthynas, ac felly nid oedd gen i ddiddordeb yn ei gais. Fe arhoson ni'n ffrindiau wedi hynny, ac roedd yn amlwg yn cymryd cysur o allu siarad gydag un a oedd yn gwybod beth oedd yn wir amdano. Er, dw i ddim yn gwbl sicr ei fod wedi derbyn yr hyn a oedd yn digwydd iddo. Yr adeg hynny, roedd yr holl beth yn sicr yn frwydr iddo.

Mae straeon hefyd am Carwyn yn dod i'w waith wedi bod allan drwy'r nos, wedi iddo ymweld â chlybiau hoyw yng Nghaerdydd. Dywed rhai o'i gyd-weithwyr yn BBC Cymru eu bod yn ymwybodol i Carwyn gyrraedd y gwaith un bore â dau lygad du, wedi iddo fod mewn clwb dros nos. Y stori oedd i Carwyn gyfarch rhyw ddyn yn ystod y nos y tu allan i glwb hoyw a'i gamgymryd am ddyn hoyw, er nad oedd mewn gwirionedd. Roedd hyn yn ystod 1982, wedi'r salwch, y gwahardd a'r sychu.

Cefais sgyrsiau penodol gydag unigolion perthnasol o

gylchoedd Undeb Rygbi Cymru, y BBC a thri unigolyn. Mae
lle i gredu, wedi siarad â'r bobl hyn, eu bod nhw a'u straeon
yn ddibynadwy. Daeth y sibrydion i sylw'r teulu hefyd. Gan fod
Bethan Cox, ei nith, yn gweithio yng Nghaerdydd, clywsai bobl
yn trafod rhywioldeb ei hewythr.

> Doeddwn i ddim wastad yn dangos fy mod yn perthyn i Carwyn.
> Nid am fod gen i gywilydd o hynny, dim o gwbl. Ond am fy mod
> yn un sy'n *embarrassed* gyda'r holl syniad o enwogrwydd. Dw i
> ddim yn berson fwy sbesial am fod Carwyn James yn wncwl i fi a
> dw i ddim yn hoffi'r syniad fod pobol falle'n credu hynny. Fel 'na
> i ni fel teulu.
>   Dw i'n cofio bod mewn grŵp lle ro'dd Carwyn fod siarad ond
> na'th e ddim troi lan. Ro'n i'n deall bod hynny'n digwydd o bryd
> i'w gilydd. Ond sioc aruthrol oedd clywed esboniad rhai o'r dynion
> pam nad oedd e yno. 'Ma fe siŵr o fod gyda rhyw ddyn rhywle'
> oedd yr esboniad. Ro'dd clywed hynny'n ergyd drom.

Yng nghylchoedd rygbi Caerdydd y clywsai Bethan Cox
hynny, nid yn y brifysgol lle roedd hi'n gweithio nac yn y
cylchoedd Cymraeg:

> Do'dd dim un ffordd yn y byd y gallen i rannu'r hyn glywes i gyda'r
> teulu. Do'dd dim modd trafod y peth o gwbl am nad oeddwn i am
> ypseto neb. Sut bydde pawb wedi ymateb? Rhaid cofio naws y
> cyfnod, lle ro'dd awgrymu bod yn hoyw yn sgandal llwyr.

Dywed Bethan Cox iddi fentro yn y diwedd i ddechrau'r fath
sgwrs gyda Gwen. Roedd yn gyfarwydd â thrafod popeth gyda'i
modryb, yn fwy na gyda'i mam, am fod Gwen yn fwy bydol-
ddoeth, meddai. Ond, cafodd ymateb pendant gan Gwen:

> "Ma lot o bobol ddim yn briod," medde hi wrtha i'n blwmp ac yn
> blaen. Ro'dd fel amddiffyniad o Carwyn, cadw'i ochr e. Ond, trwy
> hynny, ro'dd gen i deimlad ei bod hi'n gwybod mwy nag roedd am
> ei ddweud. Dw i'n credu i Carwyn a Gwen ddod i ddeall ei gilydd,
> a bod rhyw ddealltwriaeth rhyngddyn nhw – 'na'i ddim dweud os
> na wnei di ofyn. Do'dd ganddi hi ddim plant chwaith, fel ei brawd,

ac ro'dd hwnnw'n llinyn emosiynol ychwanegol rhwng y ddau, yn enwedig pan fuodd Mam-gu farw a neb arall gan Gwen i edrych ar ei ôl.

Eto, anghyfrifol fyddai honni'n bendant fod Gwen yn gwybod yn iawn fod Carwyn yn hoyw. Ond rhaid nodi bod ei dirnadaeth hi o gyflwr emosiynol ei brawd yn ddyfnach ac yn fwy treiddgar na'r rhan fwyaf o bobl eraill. Rhaid cofio ei bod cryn dipyn yn hŷn na'i brawd a bod profiad bywyd yn dylanwadu ar ei dehongliad o'i brawd ifancach. O ran ei gwaith fel nyrs seiciatryddol mewn ysbyty preifat gwelodd 'gleifion' o dan ei gofal a gawsai eu hanfon i'r ysbyty er mwyn eu gwella o'u rhywioldeb 'annaturiol'. Meibion aelodau amlwg byd cyhoeddus Lloegr a Phrydain oedd y rhain, yn farnwyr, yn aelodau seneddol a doctoriaid, na allent dderbyn bod eu meibion yn hoyw a bod arnynt angen triniaeth oherwydd eu salwch meddyliol honedig.

Cafodd brofiad uniongyrchol felly o ddynion yn ymrafael â'u rhywioldeb ac o agwedd cymdeithas a geisiai ymateb i'r ymrafael hwnnw. Sonia'n rymus am Carwyn a'i frwydr emosiynol:

Lots of things in Wales are kept quiet. Nobody knows anything about them. Be far better if things are not bottled up. It would give more people a chance to live their life as they would like to.

Ac yna wedi seibiant hir, ystyrlon, dywed yn ddigon dwys a phwerus:

Of course they say life is what you make it. Not with everybody.

Roedd y chwaer yn deall; yn deall sut roedd delio gyda'i theulu ac yn deall sut roedd ymateb i'w brawd bach. Mae yma adlais cryf yn ei geiriau o eiriau Dafydd Bowen yn y cyfnod pan oedd Carwyn ac yntau'n rhannu'r pethau 'a erys yn gyfrinach rhwng dau ffrind mynwesol'.

Tra oedd Carwyn ar dir y byw, roedd rhai o'r straeon a'r sibrydion cyffredinol wedi bod yn ddigon cryf i ennyn diddordeb un papur newydd Prydeinig. Cafodd un o gyd-weithwyr Carwyn yn BBC Cymru, Martyn Williams, ei holi gan gynrychiolydd ar ei ran:

> Roedd gan y papurau newydd yr hyn ma nhw'n ei alw'n *stringers*, sef cynrychiolwyr lleol trwy Brydain a fyddai'n chwilio am straeon a fyddai o ddiddordeb Prydeinig. Ro'dd boi fel 'na gyda'r *News of the World* yng Nghaerdydd. Yn un o dafarndai'r ddinas, y City Arms, fe ddaeth ata i a dechrau holi am Carwyn. Roedd am wybod oedd y straeon ei fod yn hoyw yn wir. Gwadu'r cyfan 'nes i ac fe ildiodd y boi yn y diwedd. A bod yn onest, do'dd dim prawf 'da fi ei fod yn hoyw ac felly nid dweud celwydd 'nes i. Yr hyn oedd yn gwbl amlwg am Carwyn yn y cyfnod yna yw, os oedd e'n hoyw, roedd yn cadw'r peth yn breifat a hefyd, yn amlwg, bod brwydr uffernol yn digwydd yn ei ben.

Mae'n rhyfeddod, ac yn fendith i Carwyn a'i deulu, mai dim ond un newyddiadurwr gydiodd yn y sibrydion a'i fod yntau wedi rhoi'r gorau i'r stori yn eitha buan.

Nid nod y cofiant hwn yw defnyddio'r fath straeon fel sail bendant i brofi bod Carwyn yn hoyw. Mae'r sefyllfa'n fwy cymhleth na hynny ac mae'n werth ystyried geiriau rhywun a fuodd drwy'r un fath o frwydr â Carwyn. Roedd barn bendant gan y dyfarnwr rygbi Nigel Owens:

> Dyw e ddim lan i ti benderfynu oedd Carwyn yn hoyw neu beidio os nad oedd e wedi dweud ei hunan ei fod e.

Anodd dadlau ag un sydd wedi bod trwy boen ac ing wrth ddatgan ei fod yn hoyw. Nid yw'n bwysig i ni wybod chwaith a oedd Carwyn yn hoyw neu beidio. Ond am fod cryn frwydr ynglŷn â'i rywioldeb, efallai, wedi rhwygo enaid Carwyn, rhaid eu cynnwys. Mae'n rhan o'r broses o'i ddeall, yn enwedig ym mlynyddoedd olaf ei fywyd, sef dyddiau'r beichiau amlwg.

Yn achos Nigel, arweiniodd y fath deimladau at ymdrech i

ddod â'i fywyd ei hun i ben. Cymrodd ffawd drosodd i gyflawni'r dasg ar ran Carwyn. Dyma sut y mae Nigel Owens yn sôn am y teimladau hynny:

> Dw i'n credu mai'r her fwyaf y gall unrhyw un wynebu yn ei fywyd yw gallu derbyn pwy ydych chi. Doeddwn i ddim yn gallu derbyn pwy oeddwn i o gwbl. Doeddwn i ddim yn hoffi'r hyn roeddwn i. Roedd yn effeithio ar fy mherfformiadau fel dyfarnwr ac roeddwn yn agos at gael fy nhynnu oddi ar restr y dyfarnwyr. Doeddwn i ddim ishe bod yn hoyw. Roedd yn syniad gwbl wrthun ac estron i fi, yn erbyn gwerthoedd fy magwraeth a'r gymuned lle roeddwn i'n byw. Roedd teimladau'n digwydd i fi nad oedd gen i unrhyw syniad beth oedden nhw ac fe anfonodd y fath deimladau fi i le tywyll iawn.

Proses gymhleth, anodd a phoenus i'r unigolyn yw deall yr hyn sy'n digwydd iddo, a mater anos hyd yn oed yw meddwl trafod hynny gydag eraill. Erbyn diwedd bywyd Carwyn, ac yntau'n 53 oed, prin iawn oedd y dynion agored hoyw ar y pryd. Anodd, ar ddiwedd y saithdegau a dechrau'r wythdegau, oedd gwybod wrth bwy y gellid rhannu cyfrinach mor bersonol a chymdeithasol annerbyniol heb wynebu rhagfarn. Mae'n hawdd anghofio heddiw gymaint o dabŵ oedd bod yn hoyw yn y cyfnod hwnnw. Digon yw dweud mai dim ond dau enw amlwg yn y byd rygbi, Nigel Owens a Gareth Thomas, sydd wedi dweud eu bod nhw'n hoyw, dros ddeng mlynedd ar hugain ers marw Carwyn. Yn y cyfnod, felly, roedd yn anorfod fod yn rhaid delio â'r teimladau yn gwbl gyfrinachol.

Yn y cyfnod byddai nifer helaeth yn gwbl anymwybodol fod y fath beth â gwrywgydiaeth, fel y'i gelwid ar y pryd, i'w gael o gwbl. Byddai ambell ddyn yn cael ei ystyried yn ferchetaidd a'r mynegiant amlycaf o hynny oedd cymeriad Sion Probert, Maldwyn Novello Pughe, yn y ffilm *Grand Slam*. 'Camp' oedd y gair a ddefnyddid i ddisgrifio dynion o'r fath. Go brin y byddai unrhyw un yn credu bod cysylltiad rhwng hynny a gwrywgydiaeth.

Nid oedd patrwm bwyta Carwyn yn un llesol iddo o gwbl.

Yn ogystal ag ysmygu hyd at drigain sigarét y dydd, ac yfed jin yn gyson, nid oedd yn bwyta'n iach nac yn rheolaidd. Fel plentyn, pigo ei fwyd y byddai e'n ei wneud. Cafodd hyn effaith ar ei gorff. Roedd ganddo psoraiasis gwael, a'r corff yn adlewyrchu'r hyn y byddai'n ei fwyta'n feunyddiol. Mewn un ffordd, gallai'n hawdd roi'r argraff mai afiechyd y croen oedd yn ei boeni mewn gwirionedd. Ond byddai hyd yn oed yn cuddio hynny oddi wrth nifer o bobl, neu o leia yn gwrthod ei drafod.

Byngalo oedd y cartre yng Nghefneithin ac yn 1982 byddai Gwen yn mynd i aros at Carwyn yng Nghaerdydd yn gymharol reolaidd. Dyma ddywedodd wrth gyfeirio at fflat Carwyn yn y Tyllgoed:

> Y flwyddyn ddiwetha, geson ni amser hapus iawn 'da'n gilydd. Bydde fe'n mynd mas, ac er mwyn i fi bido ca'l ofon rhywun yn dod lan y staere yn y nos, ro'dd e wastad yn rhoi rhyw whistl fach, ac o'dd hwnna'n gymorth mawr i fi.
>
> Ond, do'dd ei iechyd e ddim yn rhy dda. Dw i'n gwbod bod clefyd y croen arno yn ofnadw. Ond chlywes i mohono fe erioed yn dweud dim amdano, er mod i'n gorfod ei drin e.

Byddai'r cyn-nyrs yn trin y clwyfau felly, ond y claf yn gwrthod cydnabod na thrafod ei gyflwr wrth iddi wneud hynny. Byddai'n caethiwo'i deimladau ac yn dewis yr hyn roedd am ei rannu. Dyma adlais o sylw ei gyn-athro, Gwynfil Rees, am ymateb Carwyn i beidio â chael ei ddewis i dîm ysgolion Cymru. Sylw'r athro oedd iddo gredu bod Carwyn wedi derbyn y newyddion yn dda iawn a bod ei osgo yn un cadarnhaol wrth iddo '...gymryd y cyfan yn gwbl hamddenol'. Ond roedd darganfod y darn o farddoniaeth a ysgrifennwyd gan Carwyn yn sgil derbyn y fath newyddion, 'Siom', wedi dangos ymateb mewnol cwbl wahanol.

Taflodd y capel gysgod hir a thrwm dros fywyd Carwyn. I'w ffrindiau, ei deulu a'r rhai o'u plith a wyddai am ei frwydrau emosiynol, roedd y capel yn faich ynddo ei hunan. Nid y ffydd

Gristnogol ei hun o angenrheidrwydd, ond etifeddiaeth y ffydd honno, ei waddol. Baich euogrwydd oedd disgrifiad un o'i deulu o'r cyflwr, y *guilt trip* cynhenid, y cywilydd, a'r meddwl greddfol gor ddwys ynglŷn â beth fyddai pobl eraill yn ei ddweud. Rhan real iawn o frwydr Carwyn oedd deall sut roedd ei ffydd yn dylanwadu ar ei gyflwr emosiynol. Roedd y diacon yn taro yn erbyn Duw yn aml.

Ond nid mynegiant o frwydr seicolegol ei rywioldeb yn unig oedd clefyd y croen. Beth bynnag oedd ei dueddiadau rhywiol, byddai cyflwr ei groen wedi bod yn rhwystr iddo ddinoethi ei hun o flaen rhywun arall, yn ddyn neu yn fenyw. Dyma ran o ing seicolegol y clefyd a ddioddefai. Gallai greu anfodlonrwydd i ddiosg dillad o flaen eraill, a hyd yn oed gallasai greu ofn ynddo a'i atal rhag gwneud. Roedd mewn cyflwr truenus. Grŵp bach agos ato yn unig felly, a fyddai wedi cael unrhyw awgrym, nid yn gymaint fod rhywbeth yn bod, ond y rheswm dros ei gyflwr.

Delio gyda'i deimladau mewnol oedd nod y ffilm ddogfennol *Carwyn* a wnaed gan gwmni Green Bay yn 1999. Gydag Aneirin Hughes yn chwarae rhan Carwyn, ailgreir dyddiau olaf Carwyn yn Amsterdam. Portreadir dyn wedi'i rwygo, yn isel iawn ei ysbryd ac mae holl naws y ffilm yn dywyll, gydag awgrym bod Carwyn wedi mynd yno i farw. Wedi ei wau i mewn i'r portread ceir cyfweliadau ffeithiol gan deulu a chydnabod Carwyn. Mae'n ffilm grefftus.

Ond teg nodi nad oedd yr un o'r rhai a holwyd ar gyfer y cofiant yn canmol y ffilm. Dywed un fod y ffilm yn 'budr elwa ar enw Carwyn ac yntau heb gyfle i esbonio'i hun'. Roedd y teulu'n anhapus gyda ffilm roedden nhw'n ei hystyried yn ddiflas, ond eu ffrndiau yn unig a ysgrifennodd at awdur y sgript. Er rhaid nodi nad ei gyfrifoldeb yntau oedd y driniaeth derfynol. Gellid dadlau fod y ffilm yn drysu realiti a dychymyg, trwy gymysgu dehongliad dramatig a sylwadau ffeithiol. Ond efallai fod yr ymateb i'r ffilm yn fwy o adlewyrchiad ar agwedd bositif y Cymry at Carwyn nag o feirniadaeth gelfyddydol ar raglen deledu.

Gan nad oedd Carwyn yn un i rannu teimladau mwyaf personol ei enaid, hawdd deall fod yna garfanau o Gymry Cymraeg a di-Gymraeg nad oeddent yn gwybod rhyw lawer am agweddau canolog i'w bersonoliaeth a chofiwn sylw Alun Richards fod pawb yn gwybod amdano ond neb yn ei adnabod. O ganlyniad, nid yw'n syndod fod clywed am yr ochr fwyaf annerbyniol o gymeriad Carwyn wedi creu cryn dipyn o sioc i garfan helaeth o Gymry. Gan ei fod mor annisgwyl iddynt roedd o ganlyniad yn annerbyniol. Ond cofier nad yw awgrymu bodolaeth y tywyllwch yn lladd y goleuni a ddisgleiriai ym mywyd Carwyn.

Yr Wylan

Lloches parod i nifer o dan yr un baich â Carwyn oedd troi at briodas i gynnig mantell parchusrwydd i dueddiadau a fyddai ar y pryd yn cael eu hystyried rywle rhwng annerbyniol ac afiach. Mae'n wir i Carwyn drafod y posibilrwydd o briodi gydag un fenyw. Roedd hynny yn 1972, adeg Eisteddfod Hwlffordd. Y fenyw dan sylw oedd Ruth Price, un o uwch-gynhyrchwyr y BBC, ac ymwelydd cyson â Carwyn yn Llanymddyfri.

Y chwedl ymhlith gweithwyr y BBC yw iddo yntau ofyn iddi hi ei briodi. Ond stori wahanol sydd gan y teulu. Ruth Price wnaeth y gofyn yn ôl yr hyn a drosglwyddwyd i'r teulu ar y pryd. Anodd dychmygu Carwyn yn cymryd y fath gam ac yn hynny o beth, mae'n bosib taw'r teulu sy'n fwy tebygol o fod yn gywir. Ond does dim gwadu bod gofyn wedi digwydd.

Roedd Dewi a Gwen wedi trafod y posibilrwydd o Carwyn yn priodi hefyd, ar raglenni amrywiol wedi i'w brawd farw. Medd y brawd:

> Y peth mwya annoeth wnaeth e oedd na fydde fe wedi priodi a chodi teulu achos ro'dd e'n ffond iawn o blant, ffond iawn. Er bod fy chwaer yn edrych ar ei ôl, doedd e ddim 'run peth â pe bydde teulu gyda fe, bydde fe?

Barn y chwaer oedd:

Wedes i lawer gwaith wrtho fe am beidio â 'ngadael i fod yn
rhwystr iddo fe. A 'na gyd wedodd e wrtha i o'dd bod e'n falch nad
oedd e ddim wedi priodi. Wedyn, beth o'dd gen i 'weud?

Mae ei nith, Bethan Cox, yn cofio'i hewythr yn trafod y
syniad o briodi gyda Gwen, a hithau'n bresennol:

Agwedd Carwyn yn y sgwrs honno oedd, oherwydd ei fywyd allan
o siwtces, yn teithio fan hyn a fan draw, na fyddai e'n gwneud gŵr
da i unrhyw un. Dw i'n ei gofio fe'n gofyn, "Siwd fath o ŵr bydden
i beth bynnag?" Ond rhaid dweud i fi gael yr argraff wrth iddo
ddweud hynny ar y pryd, a hyd y dydd heddi, mai *smokescreen*
oedd y fath safbwynt.

Mae'n ffaith serch hynny fod Carwyn wrth ei fodd yng
nghwmni plant. Byddai'n mynd â meibion Gareth Price,
Meirion Edwards, Beti George, R H Williams a nifer o rai
eraill i weld gemau rygbi. Arferai chwarae tennis bwrdd
gyda'r bechgyn yma hefyd, lle bynnag y byddai hynny'n bosib.
Ac yn unol â'i ysbryd cystadleuol, ni fyddai'n gadael i'r plant
ennill!

Mae Gareth Price yn cofio ei fab yn dod 'nôl wedi bod gyda
Carwyn i gêm rygbi yng Nghaerdydd:

Roedd yn amlwg mewn rhyw fath o benbleth a rhywbeth yn pwyso
ar ei feddwl. Wedi holi pellach, deallais iddo glywed ambell un yn y
dorf yn dweud rhywbeth tebyg i 'dyna Carwyn gyda bachgen ifanc
'to!' Roedd yn sioc clywed e'n dweud y fath beth. Ond doedd gen i
ddim unrhyw amheuaeth fod unrhyw elfen anweddus i ddiddordeb
Carwyn yn fy mab, a does gen i ddim tan heddi. Siarad peryglus ac
anghyfrifol oedd y fath sylw.

Nid oedd gan neb arall ofnau nac amheuon chwaith a
pharhaodd Carwyn i fynd â phlant gydag e i'r gemau tan ei
farwolaeth. Mae'r fath sylwadau gan gefnogwyr yn awgrymu

mwy amdanyn nhw a'u hamgyffred o Carwyn nag am Carwyn ei hun.

Dywedodd David Parry Jones ei fod yn debyg i Socrates yn ei hoffter o gwmni dynion ifanc. Dywed Plato nad oedd Socrates wedi gweithredu'n rhywiol mewn unrhyw ffordd ar ei deimladau, ac yn ôl ei ddisgybl, Xenophon, roedd gan ei athro hunanddisgyblaeth lwyr. Nid oedd awgrym o rywioldeb na chysylltiad corfforol o unrhyw fath rhwng athro a disgybl, am y byddai hynny'n wrthun iddo. Felly, mae disgrifiad David Parry Jones o Carwyn yn taro deuddeg.

Nid oedd ganddo ei blant ei hun. Felly rhaid ymhyfrydu ym mhlant ei frawd a'i chwaer, a manteisio ar gwmni plant pobl eraill ar bob cyfle. Dyna'r agosaf y deuai Carwyn at ddiwallu'r angen ynddo i genhedlu a chreu bywyd ar ei lun a'i ddelw ei hun. Ei rinweddau fel athro a greodd ynddo ddiddordeb yn y bobl ifanc dan ei ofal; eu lles a'u datblygiad nhw oedd y rheswm yr aeth yn athro. Parhaodd yr un argyhoeddiad drwy ei fywyd. Annheg, anghyfrifol ac anghywir yw cysylltu hyn gydag unrhyw ddiddordeb rhywiol.

Mae lloches o fath arall i'w gael yng nghwmni plant hefyd, un y cydiwyd yn ei ysbryd gan Norma Farnes, rheolwr y digrifwr Spike Milligan, pan ddisgrifiodd union yr un duedd yn y digrifwr:

He had an affnity with children. They never hurt him.

Roedd diogelwch i Carwyn yng nghwmni plant a phobl ifanc. Tra byddai eraill yn ei siomi a pheri loes iddo, ni wnâi plant mo hynny.

Mae darn o nofel *Mae Theomemphus yn hen* yn disgrifio'r cymeriad John Rawlins yn meddwl am ei blant 'nôl adre yng Nghymru ac yna'n myfyrio ar blentyndod yn gyffredinol. O wybod mai Carwyn yw Llwyd ac o wybod bod yr awdur Dafydd Rowlands a Carwyn yn ffrindiau agos, mae'n amhosib peidio â gweld meddyliau Carwyn ym myfyrdodau Rawlins ar blentyndod.

A yw plant yn ffrwyth awen y cnawd? Fe bery'r tad marw yng ngherddediad byw ei blentyn, fel y bardd mud yn llais ei greadigaeth.

Ymaflodd Carwyn yn realiti'r ffaith na fyddai mynegiant i awen ei gnawd yntau a hynny fel dyn a oedd yn dwli ar gwmni plant.

Yn y nofel, mae'r wylan yn symbol cyson, a llun yr aderyn sydd ar glawr y llyfr. Hoff ddrama Carwyn gan Chekhov oedd *Yr Wylan*, drama gan ddyn na châi ei dderbyn gan ei bobl ei hun. Mae'n siŵr y byddai Dafydd Rowlands yn gwybod am hoffter ei ffrind o waith y Rwsiad hefyd. Mae'r wylan, yn nwylo Dafydd Rowlands a Chekhov, yn fetaffor i fywyd Carwyn ei hun. Mae'r aderyn yn arwydd o ryddid, o fynegiant artistig, ac o dristwch. Mae hefyd yn cynrychioli enigma.

Giovanni a Federico

A dyma droi'n ôl at y ddau a gadwodd gwmni i Carwyn ar bererindod blynyddoedd olaf ei fywyd, sef James Baldwin a Federico García Lorca. Ar ei silff yn ei gartre, roedd gan Carwyn gopi o *Giovanni's Room* gan Baldwin a *The Assassination of Federico García Lorca* gan Ian Gibson. Roedd yn troi at y ddau yn fwy cyson nag unrhyw un arall.

Stori *Giovanni's Room* yw helyntion David, Americanwr sydd yn byw ym Mharis. Mae wedi gofyn i Susan, ei ddyweddi, ei briodi ac mae hi wedi mynd i Sbaen i ystyried ei hateb. Ac yntau ar ei ben ei hun ym Mharis, mae David yn dechrau perthynas gyda Giovanni. Roedd Baldwin yn awdur Americanaidd o dras Affro-Caribeaidd ac yn hoyw. Cyhoeddwyd *Giovanni's Room* yn 1956.

The Assassination of Federico García Lorca oedd cyfrol gyntaf Ian Gibson ar y bardd a'r dramodydd Sbaeneg, a gyhoeddwyd yn 1979. Mae'r llyfr yn mynd i'r afael â'r ffordd y cafodd y Sbaenwr ei ladd ym misoedd cyntaf Rhyfel Cartref Sbaen yn 1936. Cafodd ei saethu, ac nid yw ei gorff wedi cael ei ddarganfod hyd y dydd heddiw. Un o'r rhesymau a roddir dros ei ladd yw'r ffaith ei fod yn hoyw. Cadwyd ei rywioldeb yn dawel am flynyddoedd lawer.

Yn y Rhyfel Cartref roedd Lorca ar ochr y Sosialwyr a'r Marcswyr gan wrthwynebu unbennaeth adain dde Franco gan ei fod am ddiogelu rhyddid mynegiant a rhyddfrydiaeth. Galwai'r wladwriaeth a'r eglwys hwy Yr Annymunol, am nad oeddent yn cytuno â'r grymoedd traddodiadol a oedd wedi rheoli Sbaen, rhai'n arddel syniad cul o wrywdod a moesoldeb Sbaenaidd. Yn ystod ei fywyd profodd y pwysau a ddaeth o orfod byw bywyd dwbl. Ar un lefel roedd yn fardd, yn gerddor, yn ddramodydd, yn arlunydd poblogaidd ac yn ddyn cyhoeddus. Ond ni fyddai Sbaen yn fodlon derbyn bod eu hoff fardd yn hoyw. Ni fyddai'r wladwriaeth, y gymdeithas, yr Eglwys Babyddol na'i deulu chwaith yn fodlon derbyn ei rywioldeb, er eu bod yn ei edmygu fel arwr diwylliannol. I Lorca roedd hynny'n golygu brwydr fewnol ffyrnig.

Hawdd gweld Carwyn yn ymateb i frwydr Lorca. Roedd yntau ar yr un llaw yn boblogaidd, yn adnabyddus mewn sawl gwlad oherwydd ei lwyddiant yn ymwneud â rygbi ac wrth gyflwyno diwylliant Cymru. Ond fel y dywedodd Dafydd Huws, roedd yn gorfod cuddio elfennau a oedd yn ganolog i'w gyflwr emosiynol a seicolegol. Fel Lorca byddai'r tensiwn wedi bod yn gwbl wahanol pe na bai'n ddyn cyhoeddus.

Mae pennill o waith Lorca yn dangos hefyd fod elfen arall i'r brwydro, gan y gellir meddwl am blant wrth feddwl am ffrwyth yn 'The Song of The Barren Orange Tree'.

Woodcutter
Chop away my shadow.
Let me escape the pain of seeing
Myself with no fruit.

Lorca hefyd yw awdur y ddrama *Yerma* – y gair Sbaeneg am hesb. Mae'n ymdriniaeth bwerus o bobl nad ydynt yn gallu cael plant.

Roedd James Baldwin wedi mynnu'r hawl i fod yn ddyn

croenddu hoyw yn America, yn awyddus i'r byd ddod yn gyfarwydd â'r hyn ydoedd. Gwnaeth gyfuno hunaniaeth bersonol a hunaniaeth hil a chenedl yn ei eiriau trwy gydol ei fywyd a'i waith. Daw'r tensiwn hwn i'r amlwg yn rymus yn *Giovanni's Room*. Mae'r cymeriad David yn cwestiynu ei rywioldeb ac yn amau'r dreftadaeth roedd wedi ei eni ynddi. Wrth deimlo'i hun yn mentro i gyfeiriad hunaniaeth rywiol a fyddai'n cael ei gwrthod a'i gwadu gan y bobl roedd yn gymaint rhan ohonynt. Cwestiynodd ei hun o ganlyniad. A oedd yn Americanwr wedi'r cyfan? Os oedd Carwyn yn teimlo'r un tueddiadau, a'r Cymry Cymraeg a'r di-Gymraeg y cawsai ei fagu yn eu plith yn gwadu bodolaeth y fath deimladau, a oedd yntau'n Gymro? Roedd ei gwestiynu'n mynd at wraidd hunaniaeth Carwyn. Mae modd deall beichiau a brwydrau'r Cymro ym mywydau a gwaith awdur croenddu Americanaidd a hoff fardd Sbaen.

Yn *Mae Theomemphus yn hen* defnyddia Dafydd Rowlands ymadrodd yng nghyd-destun y nofel sydd yn berthnasol iawn i'r ffordd yma o feddwl yn Carwyn, sef '… agosáu o bellter'. Dyna wnaeth Carwyn droeon yn y broses o ddeall yr hunan. Fe wnaeth hynny yn y Llynges, yn Llanymddyfri, yng Nghaerdydd. Dyna oedd y tu ôl i'w agwedd at Rydlewis, a oedd yn fyth i'w gyrraedd o bell ond eto i gyd yn agos. Yn amlwg fe wnaeth hynny yn Rovigo. Heb os, dyna a wnaeth yn ystod saith niwrnod olaf ei fywyd yn Amsterdam hefyd. Roedd cyfnodau pan oedd symud i Carwyn wedi golygu datgysylltu a diwreiddio. Ond yn unol â'i duedd at ddeuoliaethau roedd gadael yn aml yn help iddo agosáu o bellter.

Rhan hanfodol yn y broses o agosáu o bellter yw ymrafael yr enaid i ddeall y syniad o ble mae gartre, y filltir sgwâr, y cynefin roedd Gwenallt a B T Hopkins yn cyfeirio ato. Mae dau ddyfyniad canolog i'r feddylfryd yma yn *Giovanni's Room*:

Perhaps home is not a place but simply an irrevocable condition.

Ac yna,

You will go home and then you will find that home is not home anymore. Then you really will be in trouble. As long as you stay here, you can always think: One day I will go home.

Daeth i deimlo'r angen i gydio'n dynn yn yr *irrevocable condition* a fyddai wedi sugno'n ddwfn ar ddyddiau Cefneithin, tra ar yr un pryd, cadw'r syniad o'r 'un dydd', yr oedd Rhydlewis wedi ei gynnig iddo am gymaint o flynyddoedd. Yng Nghaerdydd roedd ganddo'i gartre'i hun am y tro cyntaf. Ond roedd yn ei chael hi'n anodd iawn agosáu at y cartref mwy ysbrydol hwnnw, lle mae'r cariad sy'n cyfannu.

Wrth ei ystyried yn *Un o 'Fois y Pentre'* a *Diacon y Sêt Gefen* gwneir cam â Carwyn. Daw'r niwed wrth feddwl amdano fel dim mwy na'n 'Carwyn bach ni' sy'n cael ei awgrymu gan y ddau deitl. Carwyn y sedd gefen, Carwyn, un o'r pentre. Roedd e'n dipyn mwy na hynny. Mae perygl i ni ei fygu wrth geisio ei dynnu i'n mynwes yn y modd cyfarwydd a chyfforddus fel yna. Yn yr un modd ag roedd Undeb Rygbi Cymru a'r BBC yn methu â dygymod ag athrylith fel Carwyn, roedd gweddill y gymdeithas Gymreig a Chymraeg yn methu dygymod â'r dyn, oedd ar un llaw yn un ohonon ni, ac ar y llaw arall yn athrylith o flaen ei gyfnod. Canlyniad y fath anallu i ddygymod oedd awydd cryf i wthio Carwyn i fowld o'n gwneuthuriad ni ein hunain, a hynny heb ystyriaeth i'r hyn roedd Carwyn ei hun am fod.

Llun

Ac yntau'n gorwedd yn gorff yn y bàth yn Amsterdam roedd llun bach eiddil, heb ffrâm, yn gorffwys yn ddigon balch wedi crymanu ar silff ben tân ei fflat yng Nghaerdydd. Llun babi newydd-anedig. Roedd Ann, merch Dai Dolanog, un o'i ffrindiau gwyliau haf yn Rhydlewis y pedwardegau, wedi rhoi genedigaeth i'w phlentyn cyntaf ym mis Rhagfyr 1982. Anfonodd hithau lun o'i phlentyn at Carwyn ac roedd yntau'n ddigon balch i anfon arian at y teulu bach ac i roi llun y babi newydd mewn man amlwg, cynnes, yn ei gartre. Ac yntau'n

Gymro wedi marw mewn gwlad estron, roedd yn fynegiant o fywyd newydd yn Rhydlewis ar aelwyd glyd ei gartre. Ond ni chafodd gyfle i gydio'n dynn yn y brigyn newydd yma ar goeden ei dreftadaeth, er iddo weld yr angen i wneud hynny. Mor agos. Mor bell.

Esgid

Am flynyddoedd lawer, un esgid oedd ar sedd gefn anniben car Carwyn. Wedi blynyddoedd o fethu â sylweddoli hynny, daeth y dydd o'r diwedd pan welodd yr angen i gyfannu'r pâr. Dechreuodd chwilio am yr esgid goll, yr hanner arall. Bu'n ddyfal yn twrio, ymbalfalu a chwilio amdani. Ac yna, o'r diwedd, gwelodd yr esgid arall. Bu bron â chydio ynddi. Ond wrth ymestyn, syrthiodd i ddyfroedd berw y tiroedd isel a diflannodd y ddwy esgid, gan lithro i'r llonyddwch mawr yn ôl.

Un o hoff baentiadau Carwyn. Cristo Portacroce gan Giovanni Bellini, yn yr Accademia dei Concordi, Rovigo.

Atodiad 1

Cerddi i gofio Carwyn

MAE NIFER O gerddi wedi eu cyfansoddi er clod i Carwyn James. Rhai cyn iddo farw ond y rhan fwyaf wedi iddo'n gadael. Dyfynnir o ambell gerdd yng nghorff y testun ac mae'r cerddi hynny yma yn eu cyfanrwydd.

1.
Carwyn James

Yn nhai dysg, ofer disgwyl – y maswr
    Nac ym maes y Brifwyl:
   Ni ddaw o gynnar arwyl
   Amsterdam i Strade'i hwyl.

                 Dic Jones

2.
Carwyn James

Daeth braw i aelwyd Hawen – awr astud
    A thristwch du'r wybren:
   Un fu'n llyw, yn fab ein llên,
   Llwch ydyw, gynt llucheden.

Ingol fu torri'r gangen – mawr ei les,
    Ac mor llawn ei raglen:
  Edrydd yr hirgron bledren
  A'i lawn hwyl, a'n hil yn hen.

Cofio am fab y Cefen – urddasol
    A siriol, gwir seren:
  Hardd y llais, gŵr priffordd llên
  'N ddilys i'r olaf ddalen.

Un brwd, nid amrwd Gymro – ac mor slic
    Ei dro cwic cyn cicio:
  Un di-frad a da i'w fro,
  Ohoni aeth i huno.

Yn gydnaws â'i hynawsedd – ei dalent,
    Mor deilwng ei duedd.
  Ŵr annwyl a'i wir rinwedd
  Yn mynnu byw er mewn bedd.

Isel lef fab tangnefedd – a rhywfodd
    Anodd rhifo'i fawredd,
  Hen awr fud a chynnar fedd
  I ŵr ifanc mae'n rhyfedd.

D Brinley Thomas

3.

Carwyn James

Darllenai'r gêm, fel darllen cerdd, â dawn
Y meistr troes pob chwarae'n farddoniaeth fyw,
Ym mhair swnllyd y Strade ar brynhawn,
Efe oedd bensaer pob symudiad siw,
Ond mwy oedd ef na'r gêm, y sgolor gwych
A wybu ddatrys gyfrinachau llên,
A'u rhoi gerbron myfyriwr fel mewn drych,

Neu dynnu'r mêl o ryw lawysgrif hen.
Yn neuadd dysg neu stadiwm froch y bêl,
Ar werth yr unigolyn bydda'i fryd;
Y gŵyl gymhellydd a'i fonheddig sêl,
Y Cymro Cyfan yn ei gyfan fyd.
Tra erys awdl a phêl nid a ar goll
Enw athrylith unig y doniau oll.

Glyn Hopkins

4.

I'm Cyfaill, Carwyn James

Ni phrofais i mo'r awydd
A brofaist ti, erioed.
Sef bwrw i chwaraeon
A chicio rhyw bêl droed:
Na'i thaflu hi o law i law
Heb falio dim am wynt a glaw.

Ni theimlais ias 'run dyrfa
Yn gweiddi gwres ei gwaed:
Am hen war ei gwefus
Yn gyrru'n gynt fy nhraed:
A thorri trwy ryw 'set o facs'
A sgorio trei mewn dŵr a llacs.

Eisteddais dro mewn cadair –
Anesmwyth lawer pryd:
A throi y bwl i wrando
Ar bicil dwl y byd:
Neseais wedyn at y tân
I nyddu pennill bach neu gân.

Ond cefaist ti'r anrhydedd
O chwarae dros dy wlad;
Nes rhoi i ni'r segurwyr
Trwy d'ymdrech wir fwynhad:
I ti, sy'n eilun bach a mawr,
Dos yn dy flaen, fe ddaeth dy awr.

D H Culpitt
(*Heulwen Tan Gwmwl*, Llyfrau'r Dryw, 1960)

5.

Carwyn James (detholiad)
(*Cerdd Fuddugol Eisteddfod Gadeiriol Llanilar, 1 Ebrill 1983*)

Dail y tiwlip yn llipa
Heb liw mewn gaeafol bla
A'r genhinen las heno
Yn friw ym mherllannau'r fro.

A noeth yw Parc Cefneithin,
Yn wag fel costrel heb win
A'i dalent yn y dulawr
Llonydd dan y Mynydd Mawr.

Y mae'r bwlch yng Nghymru'r bêl
Yn rhewi yn yr awel,
Gwae'r maes heb sgôr y maswr,
Heb lein gais, heb lun y gŵr.

A thristáu wna llwybrau llên,
I'w glyw ni ddaw sigl awen
Arwyr o Rydcymere
A'r Allt Wen o dir y De.

Eilun o foi! Ail ni fu
I Garwyn yn gwiweru
Lawr y maes rhwng gwylwyr mud,
A hwy'n wyrgam eu hergyd!

Hyfforddwr praff o urddas,
Un dewr oedd ffyddlon i'w dras.
A oes troed ar faes Strade
Nad yw yn ei ddyled e?

Ef, y glew ym mysg Llewod
A'i ddawn wych i gyrraedd nod,
Yn deyrn ar y Crysau Du
Arnynt heb unwaith chwyrnu.
A'u dal yn Nyfed eilwaith,
Y 'naw: tri' oedd twr ei waith.

Yr hen Sosban a ganai
Oriau hir drwy'r tir a'r tai,
Ei hencôr i sgôr y sgwad,
Ias gorlif i'r crys sgarlad!

... Ni welai ef haul y wawr
Wr unig ar rwn Ionawr
'N Amsterdam darfu'r tramwy
I senedd maes ni ddaw mwy.

Dewin diwyd yn dawel
Ymhell o hyd byd y bêl,
Hir ei barch, a phedwar ban
Yn cofio'r Cymro cyfan.

Vernon Jones

6.

Cofio Carwyn – detholiad

Mae dagrau'n staen o hiraeth
dros y Mynydd Du,
a chopaon Sir Gâr
yn wylo.

Cwm Gwendraeth a'r Mynydd Mawr,
Y Strade, a choridorau ysgol a choleg,
Aethost ymhell tu draw
I'w ffiniau hwy.
Ond ni ddihengaist erioed
rhag dy gynefin
yn y Pethe:
ni ddymunaist ddianc chwaith
oblegid yno'r oedd y Tŵr Cadarn.

Plygaist gyda Gwenallt
Yn ias rhyw bererindod
Na ŵyr y bobol slic amdani.
Adnabuost dy Gymru,
Cymru'r saint a'r pechaduriaid:
Aethost i gell ddirgel
ei chalon a'i serch.

Fe gofiwn amdanat
pan ddaw'r munudau syml
cynhwysfawr.
Ni ddiffydd dwyster
oriau'r Tabernacl,
na democratiaeth dy gariad
at arwyr y llwch ofnadwy.
Dal i ffynnu a wna fflam
dy goffa.

Alun Page

7.
Carwyn James

Yn Llanymddyfri cofiwn y nos Sul
Y gwelsom Carwyn gynta yn y cwrdd,
A'i fechgyn coleg yn y seti cul
Yn eistedd o flaen sacrament y bwrdd.
Meistr ein hiaith a gŵr hyddysg yn ein llên,
Dewin y gêm sy'n rhoi i Gymro ias
Yn gwrando'r gair sy'n gyfoes er yn hen,
A phlygu yno gerbron gorsedd gras.
Er iddo wedyn lwyddo ar y sgrin
Yr wron unig ac yn eilun gwlad,
Bu'n ffyddlon byth i Grist y dorth a'r gwin,
Ac i'r pethe a berthyn i'n treftâd.
Trist yw y genedl wrth dy golli di,
Cipiodd yr angau ddarn o'i chalon hi.

William Davies, Castellnewydd Emlyn

8.
Carwyn James 1929–1983

Ar yr awyr yrŵan – yn llennyrch
    Llên a chelf ym mhobman:
  Yn Salem, y gêm a'r gân
  Mae'r cof am Gymro cyfan.

Dic Jones

9.
Cywydd Coffa Carwyn

Yn ein treftad mae adwy
Enaid y Maes nid yw mwy.
Wele fedd ein celfyddyd,
A baich yw cleber y byd;
Mud pob stryd ger y Strade
A di-air pentrefi'r De.

Heno aeth o Gefneithin
Yr haul a dynerai'r hin.
Eildro ni ddaw'r ucheldrem
A welai gynt steil y gêm,
Y mwynder a'r praffter prin,
Yr hudwr anghyffredin.

Oer yw bro heb yr awen
A llwm yw cynteddau'n llên.
Gorau ŵr coleg yr hil,
Cyweiniwr geiriau cynnil
A roi fin ei ddoethineb
Inni'n hael, heb wrthod neb.

Maswr y bàs bwrpasol,
Un ciwt ei gic at y gôl,
Y myth chwimwth â chamau
Fel gwenci trwy gewri'n gwau.
Yn y gêm y clywai'r gân
A gwelai wynder Gwylan.

Hyfforddwr craff ei arddull,
Apostol a'i ddynol ddull;
Malu gwŷr y Cwmwl Gwyn
A rhwysg yn y goresgyn,
Dewinwaith yn melltennu
Am sgerbwd o Darw Du!

Ond daeth brad a'n gwaradwydd,
Ni wêl y saint uchel swydd.
Nid hoff gan Gymru broffwyd
A gair noeth a ddygo'r nwyd;
I gyffroi, i lywio'i wlad
I'r heulwen ni ddôi'r alwad.

Wybr o waed goruwch brodir
Cwm Gwendraeth a'i alaeth hir;
Y mae cur yn nhrem y coed
Yn edrych am lanc hoywdroed,
Traed chwim ar y meini mân
A'r llais mewn adlais coedlan.

Daw cryd oerllyd y mwrllwch
Hyd yr allt ar fyd yn drwch,
A thry haul ei athrylith
Yn bendrwm fel plwm o'n plith.

Yn naear y glo carreg
Daw y brain i doeau breg,
A'r gwynt i ddinoethi'r gwŷdd
Yn y wlad heb weledydd.

Robat Powell

10.

Carwyn

O barc i barc yn y bôn,
dienaid yw gêm dynion;
y fywoliaeth gic-filain,
gêm a'i mêr yn gerrig main.
mae'r ddau dîm a'u hyrddio dig
yn chwim o ddiddychymyg:
rhedwyr fel teirw ydynt,
deunaw stôn o stydiau ŷnt.

Ond yn wir, gwelai Carwyn
ym mhoen y gwaed y man gwyn:
mawrhâi'r gêm a'i herio i gyd
i feddwl, i gelfyddyd.
Pwysai sill fel pàs allan,
gloywai iaith fel bylchiad glân;
clywai grwth mewn tacl gre'
a gair emyn mewn sgrymie.

I'r canolwyr cynilach
â'u hodl bert, dawel bach,
trewai gord cerdd dant ar gae
a chyweirio'r cyd-chwarae.
I garreg ein llên gwerin
Yn ei thro, naddwn *Nine-Three*'n
annwyl iawn a'i alw e'n
Daliesin yr ystlyse.

Ceri Wyn Jones

11.

Carwyn James

Gwleidydd glew, athro Llewod – a droediai'r
    Strade ag awdurdod;
  Parchai Dduw, a'i fyw a'i fod
  Yn actau o Gymreictod.

              Y Parch. Eirian Davies

12.

Carwyn James

Rwy'n dy gofio di yn gefnwr athrylithgar yn Ysgol y Gwendraeth
Pan oeddwn i yn aelod tila o dîm Ysgol Dyffryn Aman.
Dy symudiadau annisgwyl fel delweddau bardd ar ddalen y cae,
Yn synnu ac yn drysu'r chwaraewyr telynegol, a gredai mewn
    trefn.
Yn Aber, ti oedd y canwr naïf yn Sadyrnau'r 'Lion Royal'
(Diwylliant pentref Cefneithin yn ymdreiddio i'n meddwdod
    colegol)
'Yr Aderyn Pur', yn llatai o'r de diwydiannol
yn hedfan rhwng y peintiau academaidd, fel atgof o'n plentyndod
    eisteddfodol.

Ti oedd pencerdd y maes gwyrdd,
Disgybl ysbas, a ddaeth yn fardd llys ac yn Llew y Llewod.
Carwr ein cenedl, a gariodd faich diferched ein balchder
Rhwng y pyst symbolaidd.
Carwyn cymhleth
a fu farw mewn gwely pell yn Amsterdam;
sut gallwn ni, genedl gyfyng,
dderbyn dy golli?

              Bryan Martin Davies

13.
Carwyn

Mewn stafell yn Llanelli
Sy'n gynnes o'n hanes ni,
Yn rhan o ddoe'r un a ddaeth
I ail-lunio'n chwedloniaeth,
Y Gwydion mawr ei ddoniau,
A Myrddin cyfrin y cae.

Ym merw sgarlad Strade,
Rhwng muriau'r lleisiau mae'r lle
Yn barhad o falchder bro,
Yn aeafau o gofio:
Fan hyn, yn Garwyn i gyd,
Mae'r dioddef, mae'r dedwyddyd.

Yma'n nheyrnas y maswyr
Mae ei wedd ar bedwar mur,
Muriau'r sgrym a'r sigarét,
Muriau sêl Cymro solet,
Muriau'r gŵr ym merw'r gad,
Y muriau o gymeriad.

                    Idris Reynolds

14.
Detholiad o Faled Parc y Strade
(Buddugol yn Eisteddfod Genedlaethol Llanelli 2002)

Ond os bu gwibiwr ysgafn droed
Erioed ar faes rhyngwladol,
Fe saif yr enw'n uwch nag un
Yng Ngharwyn athronyddol,
Dewiniaeth dros y borfa las,
Ei ffug bàs a'i bàs wrthol.

Ni dderfydd siarad am y gŵr,
Yr un hyfforddwr greddfol,
Mor amlwg heddiw yn ei sedd
A'i ddelwedd lysgenhadol,
Er iddo groesi y 'ffin gwsg',
Mae'n peri'n swyngwsg bythol.

Roy Davies

15.

Amsterdam

Bu rhywun yma heno sy'n byw yn Amsterdam.
Canmolai'r ddinas am ei bod, medde fe,
'yn cadw dyn yn ifanc'.

Fûm i erioed yn Amsterdam,
Ond rhyw ddiwrnod cyn bo hir mi af
I grwydro'r strydoedd a'r camlesi ar fy mhen fy hun.
Nid cyffur lanternau'r cnawd
A'm dena yno;
rhy hen wyf bellach i'm cadw'n ifanc.
Mi af yn dawel a dieiriau;
rhyw fath o bererindod,
gwrogaeth dddistaw.

Bu farw cyfaill i mi yn Amsterdam.
Yn ifanc.

Dafydd Rowlands

16.

carreg hollt

i'r anwylyn, Carwyn, er cof,

un a oedd yn ddau

        o'r dechrau'n deg

y Carwyn cudd

        a'r un cyhoeddus

ei nef iddo'n gynefin

        yn unig yn Annwn

ein nodyn hyder

        yn orbryderus

yn un ohonom

        yn wahanol

athrylith o reolwr

        mor ddidoreth

enaid rhwystredig

        ar ben ei ddigon

y corff holliach

        yn grach ar groen

yn dwlu ar ganu Gwenallt

    cyn disgyn yn ysbail dost
    i ystrad oer Amsterdam
    a'i gario'n glwyf agored
    lan tyle Carreg Hollt.

        T James Jones

17.

Y Maswr

Yn hardd a chwim, yn ŵr o ddychymyg,
Ei osgo ar faes a gariai fiwsig;
Yn wên â'i addysg, yn llyw bonheddig,
Rhy wych ydoedd, yn un o'r ychydig,
Yn rhy frau yno ar frig – yr ysgol,
Ei friw'n wahanol a'i farw'n unig.

Gwelai ef â channwyll glir
Y doniau nad adwaenir;
Gwelai, ym mhwll ei galon,
Anadl wael y genedl hon;
Gwelai'i wlad yn ei adael
Yn ffordd goch, ac o'i phridd gwael
Ond a gaet oedd llond gwter,
Ein rhodfa faith yn ffrwd fer;
Trwy ein llaw, âi'r tir yn llai
A'r bychan a grebachai
A gwelai'i hun, yn ein gwlad:
Diofalwch a dadfeiliad.

Mae gan wlad ddisgwyliadau;
Rhoi mwy, a'r llwyth yn trymhau,
Wna ar 'sgwyddau'i gorau gwŷr,
Chwarae â beichiau'r harwyr;
Os brwd oedd ei ysbryd ef,
Ni wyddem am ei ddioddef.

Yn ddyn â chur, roedd yn chwedl,
Un gwahanol i'w genedl,
Âi'n ei flaen yn aflonydd
A'i daith heb na nos na dydd,
Yn siwrnai i gwrsio arni
Ond ta waeth am ei nod hi.

Gwelai ef, echdoe, yn glir
Ei undod mewn bychandir;
Ei filltir sgwâr a garai,
Ei fro ei hun a fawrhâi;
Gwyndra a duwch Cwm Gwendraeth
Oedd ei nerth a tharddu wnaeth
Ei ddewiniaeth oddi yno;
Glo carreg ei gemeg o,
Y ddaear hon oedd ei rin
A'i iaith oedd iaith Cefneithin.

Yno, hawlid bywoliaeth – yn nannedd
Ewynnog marwolaeth,
Aur y cwm oedd i'r gwŷr caeth
Yn elor a chynhaliaeth.

Poenau mam a lenwai'r tramiau, - codent
Fwcedi o lanciau
I gael o fab fara'r glofâu
A thanwydd o'i wythiennau.

Ond yr oedd, drwy'r c'ledi, er hyn, - galon
I golier yn perthyn,
Fe ddoi gwên o'i berfedd gwyn,
Tisiadau o wit sydyn.

O gleisiau'r stryffaglio isel – dôi'r gwŷr
I dir gwynt ac awel,
Heidio i barc rhyddid y bêl,
Y cochion a'r gic uchel.

Mewn cynghanedd, mewn gweddi – yn y cwrdd,
Mewn cân, roedd dadeni,
Roedd eu croes, angerdd eu cri
Yn emynau'r tomenni.

Yng Nghefneithin eu llinach, - yn y cof
Cyfyng, gweld ymhellach;
A chael ar stryd eu byd bach
Dynged y byd ehangach.

Iddo, cof oedd y 'Cefen';
Gardd ei bridd, gwreiddiau ei bren,
Ei siôl wen, siôl gynnes, lân
Yn un â'i groen ei hunan.

Roedd nerth yn yr hen werthoedd;
Rhwng to a tho, gwrtaith oedd
A arweiniai y rhai iau
I ddynwared y ddawn orau.

Yn ei blwy, adnabu wlad;
Yn ei griw, canfu gread;
Cael ddoe cain yn y clawdd cau,
Cael ffenest rhwng cul ffiniau.

Hon ei Enlli a'i hunllef;
Daeargrynfâu ei ofnau ef
Y gwelai yntau gilio:
Colli'r cwm oedd colli'r co'.

Hen löwr fel hen leuad
Byr ei wynt, heddiw'n barhad
O fwrllwch duwch y De;
Mae'n gaeth; cryman y 'Gwithe'
A roes i'r siafft ei braffter;
Dal i fyw ar anadl fer
Wna â'i hen lamp mewn cornel lwyd,
Yn golier carreg aelwyd.

Neuaddau â'u pen iddynt
Heb angerdd y gyngerdd gynt;
Oes y sgrîn fach sgwâr yw hi,
Edwinodd y cyd-ynni

Ac yn nhŷ Gosen heno,
Nid yw'r tân yn codi'r to.

O fewn y cartref henoed,
Mwy na dyn sy'n mynd i oed;
Yn nwylo rhew'r gofal rhad,
Heneiddiodd ein gwareddiad.

Y niwl yn cau a welai:
Chwalu'r tip a chlirio'r tai;
Torri'r gwydr; distewi'r gân
Yn ei adael yn fudan;
Tawelu pwll; atal pâu;
Mynd â'r hwyl a'r mandrelau;
Llai o rwyf; colli'r afiaith;
Colli'r rhai iau; colli'r iaith.

Aeth yn oes na pherthyn neb;
Aeth dyn yn beth di-wyneb.

Gwelai o hyd argoel haf
Ym mhoeri ein storm arwaf
A'i raid o hyd oedd rhoi'i dân,
Rhoi i hon ei ddur ei hunan
Ond ar wib yr oedd ei draed,
Byw ar lam y byrlymwaed
Ac nid oedd pridd mwy iddo:
Bwrw'i hwyl heb angor bro
Heb un lan, heb hafan hon,
Heb yr haul, heb orwelion.

Yn merw'r stadiwm a'r stiwdio – mor hawdd,
Mor hawdd oedd anghofio,
Ond â'i dŷ unig amdano,
Galwai'r cwm gan ddatgloi'r co'.

Yn y gwin, cael siôl gynnes,
Dod 'nôl â'i freuddwyd yn nes,
O wydr i wydr, ffoi o'r dref:

Gwydrau y rhedeg adref,
Ond o lwyd y ffrwd lydan,
Ni welai ef lesni glân.

Nid oedd draeth i'w hiraethu – na dinas
I'w dân: câi ei faeddu
O don i don, ei dynnu
I nos ddofn y gamlas ddu.

Perfformio tra bo bywyd – oedd ei gân,
Cyrraedd gwefr y funud,
Troi'r meddiant yn basiant byd,
Yn feddiant ar gelfyddyd.

Ond ni cha'th lwyfan canwr – yn ei wlad,
Nid oedd le i'r pencampwr
Na thŷ i athrylith o ŵr
Na maes i dalent maswr.

Ar gae'r hwyl ac yng nghlyw'r gri – y mae tîm,
Mae torf yn cefnogi,
Ond unig, unig yw hi
Ar gyrion y rhagori.

Nid gyda gordd yr hyfforddai, ymroi
Am amrywiaeth fyddai;
Yn ei wŷr, ymddiddorai,
Gwylied y bois, nid gweld bai.

Anogai'r sgil unigol – yn y tîm;
Pob tymer wahanol,
Rhoddwr oedd a âi ar ôl
Rhyddid y dalent wreiddiol.

Roedd lle i draed rhwydd, lle i ysgwyddau, – lle i feddwl
A lle i feiddio weithiau,
I roi pas, i roi pwysau,
I'r llafn oer a lle i fwynhau.

Y doniau ym myw dynion; – llencyndod
Llawn ceinder afradlon,
Uno wnâi'n y garfan hon
Gwlwm o unigolion.

Ar faes, gwiwer o faswr;
Anadl oedd nas daliai ŵr;
Gwyro i mewn ac agor mas
Yn eogbert â'i ffugbas;
Un clir gip ei daclwr gâi
Ond o'i flaen y diflannai.

Eiluniaeth gaiff ddilyniant;
Arwr plwy yn chwarae'r plant
Wêl orau'i gamp lawer gwaith,
Ei hwyl gan y cryts eilwaith
A byw gaiff disgleirdeb gŵr
Yn nhraed ei ddynwaredwr.

Daw'r gŵr cymhleth eto'n gwmni dethol
I faes y Strade a'i fwstwr hudol
Gan lenwi'r prynhawn â'i ddawn farddonol
A'n sobri o hyd â'i wefr ysbrydol;
O wlad y niwl, daw yn ôl – bendefig,
Ei farw'n unig a'i friw'n wahanol.

                    Myrddin ap Dafydd

18.

Daeth y darn nesa at Glwb Rygbi Llanelli o Walton on Thames, Surrey, ar ddydd Sadwrn 17 Ionawr 1983 – wythnos wedi i Carwyn farw. Roedd yn amlwg newydd gyfarfod Carwyn James, yn weddol fuan cyn iddo farw. Wrth gyfarch cadeirydd y clwb yn ei lythyr, mae'n gofyn iddo dderbyn y pennill fel arwydd o barch tuag at gyn-lywydd y clwb gan gloi 'Yours sincerely, Tom Bellion. Welsh Rugby.' Fe oedd awdur y llyfr *And the Tankard Spent a Comfortable Night: Welsh Rugby in the 70s* a gyhoeddwyd yn 1979.

Carwyn James – Llanelli and Wales – extract

Carwyn James, the prophet
With the Treorchy in accord
Talking of His beauty,
I list' to every word.

He himself appointed
By a powerful man of God
To tread the path of learning
Where T P Williams trod.

The 'quick heel and God's blessing'
In that order stood
A place of dedication
Of what in life is good.

Then onward to Llanelli
The prophet's guiding word;
For Sosban and for Lions
The prophet's word was heard.

His loves in life, his passions
He came from the wilderness
To make his mark upon the world,
His nation's game to bless.

The wisdom of his teaching
Where others went before,
The deep thought and conviction
Are part of rugby lore.

Quietly with understanding,
Soft-spoken is his voice,
He brought to them a victory,
Gave cause for them, rejoice.

He will live in history,
His niche in life secure,
The faith in life so humble,
His faith in God so pure.

Once I met, a privilege,
My pleasure so to meet,
I heard his words of wisdom,
My appetite replete.

Llyfryddiaeth

Carwyn

Rupert Cherry, Carwyn James, Chris Rea, *Injured Pride* (Arthur Baker, 1980)

Huw Llewelyn Davies, Carwyn James, R Gerallt Jones *Y Gamp Lawn* (Y Lolfa, 1978)

Carwyn James, John Reason *The World Of Rugby* (BBC, 1979)

Carwyn James *Focus on Rugby* (Stanley Paul, 1983)

John Reason (ed.) *The Lions Speak* (Rugby Books, 1972) – ailgyhoeddwyd fel *How We Beat The All Blacks* John Reason (Aurum, 2013)

Cofiannau Carwyn

John Jenkins (gol.) *Un o 'Fois y Pentre'* (Gomer, 1983)

Alun Richards *Carwyn* (Christopher Davies, 1984)

Rygbi

Gerald Davies *Gerald Davies: An Autobiography* (Allen and Unwin, 1979)

Rhodri Davies *Undefeated: The Story of the 1974 Lions* (Y Lolfa, 2015)

David Foot *Fragments of Idolatry* (Fairfield Books, 2001)

Alun Gibbard *Who beat the All Blacks?* (Y Lolfa, 2012)

Gareth Hughes *One Hundred Years of Scarlet* (Llanelli RFC, 1983)

Barry John *The Barry John Story* (Collins, 1973)

Frank Keating *Up and Under: A Rugby Diary* (Hodder & Stoughton Ltd., 1983)

Howard Lloyd *Crysau Cochion* (Llyfrau'r Dryw, 1958)

Willie John McBride with Peter Bills *Willie John: The Story of my Life* (Piatkus, 2004)

Ian McLauchlan *Mighty Mouse: an autobiography* (Stanley Paul, 1980)

Terry McLean *They Missed the Bus: Kirkpatrick's All Blacks of 1972/73* (AH & AW Reed Limited, 1973)

Geoffrey Nicholson, Clem Thomas *Welsh Rugby: The Crowning Years 1968–80* (Collins, 1980)

Roger G K Penn *Three Feathers and a Silver Fern* (Gomer, 2013)

Ross Reyburn *The Man who changed the world of Rugby: John Dawes* (Y Lolfa, 2013)

Huw Richards *A Game for Hooliogans: The History of Rugby Union* (Mainstream, 2007)

Richards, Stead and Williams (ed.) *Heart and Soul: the character of Welsh Rugby* (UWP, 1998)

David Smith, Gareth Williams *Fields of Praise: Official History of the Welsh Rugby Union 1881–1981* (UWP, 1980)

Delme Thomas gydag Alun Gibbard *Delme* (Y Lolfa, 2013)

J B G Thomas *Rugby in Focus 1978: A review of rugby union football* (Pelham Books, 1979)

David Tossell *Nobody Beats Us: The Inside Story of the 1970s Wales Rugby Team* (Mainstream Publishing, 2010)

J J Williams with Peter Jackson *JJ Williams: the life and times of a rugby legend* (Y Lolfa, 2015)

Llanymddyfri

W Gareth Evans *A History of Llandovery College* (Trustees of Llandovery College, 1981)

R Brinley Jones *Floreat Landubriense* (Trustees of Llandovery College, 1998)

Cwm Gwendraeth a Llanelli

Glyn Anthony *Coal Dust and Dogma* (Alun Books, 1988)

Aneirin Talfan Davies *Crwydro Sir Gâr* (Llyfrau'r Dryw, 1955)

Hywel Teifi Edwards (gol.) *Cwm Gwendraeth* (Cyfres y Cymoedd) (Gomer, 2000)

Jon Gower *Real Llanelli* (Seren, 2009)

James Griffiths and his Times (The Labour Party Wales, 1976)

James Griffiths *Pages from Memory* (Littlehampton Book Services Ltd., 1969)

Hywel Gwynfryn *Ryan a Ronnie* (Gomer, 2013)

Gareth Hughes *A Llanelli Chronicle* (Cyngor Bwrdeisdref Llanelli, 1984)

Gareth Hughes (ed.) *Looking Around Llanelli with Harry Davies* (Cyngor Bwrdeistref Llanelli, 1985)

Elwyn Jenkins *Pwll Pêl a Phulpud* (Gomer, 2008)

D Huw Owen *Hanes Cymoedd y Gwendraeth a Llanelli* (Y Lolfa, 2014)

T W Pearce (gol.) *Gwendraeth 1925–1975* (Christopher Davies, 1975)

D Ben Rees *Arwr Glew y Werin: Cofiant James Griffiths* (Y Lolfa, 2014)

Ann Gruffydd Rhys *Cwm Gwendraeth/Llanelli* (Cyfres Broydd Cymru) (Carreg Gwalch, 2000)

K C Treharne *Glofeydd Cwm Gwendraeth* (Cyngor Bwrdeistref Llanelli, 1995)

Gwleidyddiaeth a Hanes

Kate Bosse-Griffiths *Trem ar Rwsia a Berlin* (Gomer, 1962)

Mike Benbough-Jackson *Cardiganshire and the Cardi c.1760–c.2000: Locating a Place and its People* (UWP, 2011)

Tony Cash, Mike Gerrard *The Coder Special Archive* (Hodgson Press, 2012)

John Davies *Broadcasting and the BBC in Wales* (UWP, 1994)

John Davies *Hanes Cymru* (Penguin, 2007)

Russell Davies *People, Places and Passions* (UWP, 2015)

Evans, Jarman, Jones, Pierce, Thomas, Wade-Evans *Seiliau Hanesyddol Cenedlaetholdeb Cymru* (Plaid Cymru, 1950)

Rhys Evans *Rhag pob Brad: Cofiant Gwynfor Evans* (Y Lolfa, 2005)

Katie Gramich *Narrating the Nation: Telling Stories of Wales* (*North American Journal of Welsh Studies* Vol. 6, 1 Winter 2011)

Ieuan Gwynedd Jones *Ar Drywydd Hanes Cymdeithasol yr Iaith Gymraeg* (Prifysgol Cymru Aberystwyth, 1994)

W J Lewis *Atlas Hanesyddol Ceredigion* (Cymdeithas Llyfrau Ceredigion, 1955)

Elystan Morgan *Elystan: Atgofion Oes* (Y Lolfa, 2012)

Kenneth O Morgan *Rebirth of a Nation: A History of Modern Wales 1880–1980* (OUP, 1987)

Roger Turvey *Cymru Mewn Oes o Newidiadau 1815–1918* (Y Ganolfan Astudiaethau Addysg, Aberystwyth, 2002)

Llenyddiaeth

James Baldwin *Giovanni's Room* (Delta, 2000)

Cyfansoddiadau a Beirniadaethau, Eisteddfod Hwlffordd 1972 (Gomer/Llys yr Eisteddfod, 1972)

Bryan Martin Davies *Cerddi Bryan Martin Davies: Y Casgliad Cyflawn* (Barddas, 2003)

Walford Davies *The Loud Hill of Wales* (Dent, 1991)

T S Eliot *T.S. Eliot Collected Poems 1909–1935* (Faber and Faber, 1946)

Bernard Evans *Glaw Tyfiant* (Carreg Gwalch, 1990)

Bernard Evans *Y Meini'n Siarad* (Carreg Gwalch, 1992)

Caradoc Evans *My People* (Seren, 1995)

Ian Gibson *The Assassination of Federico García Lorca* (Penguin Books Ltd., 1983)

Christine James (gol.) *Cerddi Gwenallt: Y Casgliad Cyflawn* (Gomer, 2001)

T James Jones *Cymanfa* (Gomer, 2014)

R Gerallt Jones *T.H. Parry-Williams* (Cyfres Dawn Dweud) (Gwasg Prifysgol Cymru, 1999)

Bethan Mair (gol.) *Cerddi Sir Gâr* (Gomer, 2004)
Moelona *Teulu Bach Nantoer* (Hughes a'i Fab, 1913)
T H Parry-Williams *Cerddi T.H. Parry-Williams* (Gomer, 2011)
Angharad Price *Ffarwél i Freiburg: Crwydriadau Cynnar T.H. Parry-Williams* (Gomer, 2013)
Dafydd Rowlands *Mae Theomemphus yn hen* (Christopher Davies, 1977)

Cyffredinol

Teleri Bevan *Years on Air* (Y Lolfa, 2004)
Neville Cardus *My Life: Neville Cardus* (Collins, 1965)
John Cosslett (ed.) *The Century Collection: An anthology of best writing in the* Western Mail *throughout the 20th Century* (The Breedon Books Publishing Company, 1999)
T I Ellis *Crwydro Ceredigion* (Llyfrau'r Dryw, 1953)

Y llyfrau a adawyd gan Carwyn yn yr Eidal

M H Abrams (ed.) *English Romantic Poets* (OUP, 1977)
Y Caniedydd (Undeb yr Annibynwyr Cymraeg, 1960)
Neville Cardus *My Life: Neville Cardus* (Collins, 1965)
Benvenuto Cellini *Memoirs* (Unit Library Ltd, 1903)
Colin Cowdrey *M.C.C.: The Autobiography of a Cricketer* (Hodder & Stoughton Ltd., 1976)
T J Davies *Cyfle i Nabod* (Christopher Davies, 1977)
Owen M Edwards *Tro yn yr Eidal* (Hughes a'i Fab, 1921)
Stewart Harris *Political Football – The Springbok Tour of Australia, 1971* (Gold Star Publications, Melbourne, 1972)
Ernest Hemingway *A Hemingway Selection* (Longman, 1977)
Anne Hooper (ed.) *More Sex Life Letters* (HarperCollins, 1977)
Kontinent 2 – The Alternative Voice of Russia & Eastern Europe Amrywiol (Hodder & Stoughton, 1978)
Helen MacInnes *The Venetian Affair* (Fontana Books, Collins, 1968)
Laddie Marshack *Crowd of Lovers* (Corgi Childrens, 1978)

W Somerset Maugham *A Writer's Notebook* (Heinemann, 1978)

Anaïs Nin *Delta of Venus* (W.H. Allen & Co, 1978)

The Oxford Pocket Dictionary (OUP, 1961)

Inside Number 10 Marcia Williams (New English Library., 1975)

Roedd hefyd ymhlith y llyfrau gyfrol o ddyfyniadau Saesneg.

Mynegai

Pobl

Baldwin, James 343, 356–7
Baines, Menna 39
Bebb, Dewi 180, 217
Bennett, Phil 16, 239, 249, 250–1, 253, 305
Bish, Roy 82, 207–8, 292
Bosse-Griffiths, Kate 166
Bowen, Dafydd 92, 94–6, 102–9, 180–1, 189, 190, 348
Boyce, Max 224, 317
Bragg, Melvyn 116, 231

Cardus, Neville 154, 275, 280, 282, 303, 305, 320
Cash, Tony 113, 116, 118–9, 188, 304
Chekhov, Anton 115, 126, 230, 259, 356
Cooper, Jilly 243–4
Cox, Bethan 134, 332, 347, 354
Craven, Danie 275–7, 279

Davies, Aneirin Talfan 239, 241, 335–6
Davies, Cadfan 159, 178, 193, 196
Davies, Dai Rees 25, 34, 64, 111
Davies, Denzil 135, 204
Davies, E Hudson 102, 119
Davies, Eic 159, 183–4, 185
Davies, Y Parch. Gareth 43
Davies, Gareth 320, 336
Davies, Gerald 24, 108, 136, 211–2, 216, 317–8
Davies, Huw Llewelyn 159, 180, 184, 312, 314, 322–3, 327, 329, 335–6
Davies, Lorraine 325
Davies, Ryan 181
Davies, Terry 120–1, 129, 131, 167, 170–3, 176, 184

Davies, Thomas 19, 181, 183–4, 322
Davies, Walford 28
Dawes, John 196, 223, 254–5, 270–3, 322
Day, Robin 202
Dora, Miss 74–9, 88, 92, 94, 102

Eckley, Geraint 144–5, 148
Edwards, Gareth 24, 161, 214, 255
Evans, Bernard 15, 39, 41
Evans, Caradoc 35–7, 41, 65
Evans, Gwynfor 22, 103, 105, 148, 199–201, 204, 335
Evans, Gwynne D 47, 57–9, 88
Gabe, R T 180, 185
Gealy, David 147, 152, 186, 246
George, Beti 162, 324, 327, 354
Greville, Handel 17, 83, 245
Griffiths, Jim 44
Gwenallt 19, 21, 26, 28–9, 39, 44, 76–79, 92–94, 227, 241, 339, 345, 358, 367, 375

Harpwood, Cleif 231, 328
Hemingway, Ernest 289–290, 304
Hiller, Bob 209, 265
Hopkin, Deian Syr 143, 147–8, 150, 183
Hopkins, B T 28, 358
Huws, Dafydd 342, 345, 357

Isaac, Norah 158, 225–8, 232, 234, 257, 294–296, 335

James, Annie 32, 34, 36, 38, 40, 43, 66, 108, 191
James, Dewi 11, 13, 19, 24, 34, 38, 40, 43, 50, 58, 64, 66–7, 85, 90, 108, 111, 134, 242, 305, 309, 324, 329–30, 353

Lleoedd

Rhaglenni Radio a Theledu

Darlledodd Carwyn dros bedair degawd. Mae'r rhaglenni y cyfrannodd Carwyn iddynt yn benodol mewn print du. Ar ben hynny, wrth gwrs, roedd adroddiadau a wnaeth ar gemau unigol, a chael ei holi ar raglenni newyddion amrywiol.

Papurau Newydd a Chylchgronnau

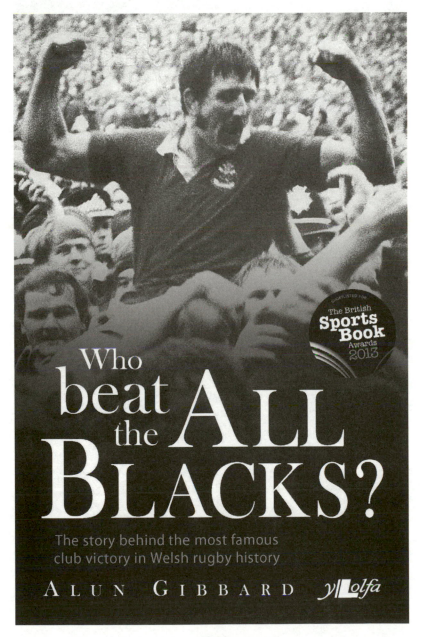

SHORTLISTED FOR
The British
**Sports
Book**
Awards
2013

Who
beat ALL
the
BLACKS?

The story behind the most famous
club victory in Welsh rugby history

A L U N   G I B B A R D   y Lolfa

£9.99

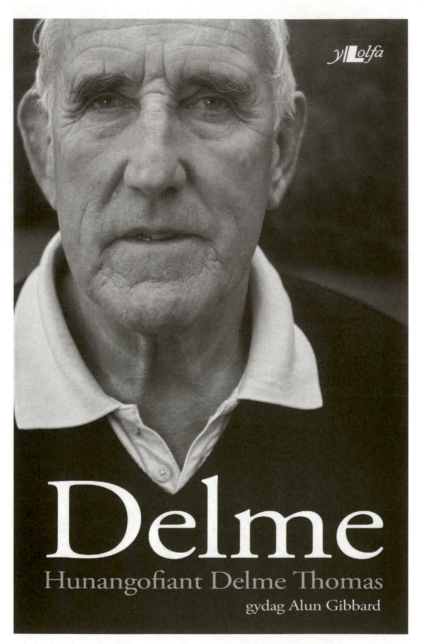

Delme

Hunangofiant Delme Thomas

gydag Alun Gibbard

£9.99

From Byron, Austen and Darwin

to some of the most acclaimed and original contemporary writing, John Murray takes pride in bringing you powerful, prizewinning, absorbing and provocative books that will entertain you today and become the classics of tomorrow.

We put a lot of time and passion into what we publish and how we publish it, and we'd like to hear what you think.

Be part of John Murray – share your views with us at:

www.johnmurray.co.uk

 johnmurraybooks

@johnmurrays

johnmurraybooks